绿洲科学丛书

冯　起　主编

绿洲乡村发展评价与多元治理

马利邦 等　著

科　学　出　版　社

北　京

内 容 简 介

本书着眼于乡村振兴和可持续发展这一重大民生问题，针对绿洲地区乡村发展的特殊性，以人地关系地域系统、可持续发展等为理论支撑，融贯地理学、经济学、社会学等多学科理论体系，综合解析绿洲乡村聚落的演变历程、现实表征、多元治理及重构思路，探寻绿洲乡村可持续发展的模式与路径。本书系统探讨了绿洲乡村研究的理论基础，包括相关概念和基本理论；从绿洲乡村的不同方面，如聚落时空演变、韧性水平评估、多功能性评价、产业融合发展、压力与治理等，通过深入剖析绿洲乡村的发展特点和现实挑战，提出了一系列评估和治理策略。

本书为研究者、决策者和政策制定者提供了全面且具有实践意义的参考指南，可供从事乡村振兴、城乡融合发展、社会治理等领域的研究人员、技术人员和管理人员阅读和参考，同时可供高等院校相关专业学生阅读和参考。

审图号：甘S（2025）1号

图书在版编目(CIP)数据

绿洲乡村发展评价与多元治理 / 马利邦等著. 北京：科学出版社，2024. 11. --（绿洲科学丛书 / 冯起主编）. -- ISBN 978-7-03-080047-3

Ⅰ. F320. 3；D638

中国国家版本馆CIP数据核字第2024LE5289号

责任编辑：林　剑 / 责任校对：樊雅琼

责任印制：徐晓晨 / 封面设计：无极书装

科学出版社出版

北京东黄城根北街16号

邮政编码：100717

http://www.sciencep.com

北京九州迅驰传媒文化有限公司印刷

科学出版社发行　各地新华书店经销

*

2024年11月第　一　版　开本：787×1092　1/16

2024年11月第一次印刷　印张：17 1/2

字数：410 000

定价：258.00元

（如有印装质量问题，我社负责调换）

总　序

绿洲指在荒漠背景基质上，以小尺度范围内具有相当规模的生物群落为基础，构成能够稳定维持的、具有明显小气候效应的异质生态景观，多呈条、带状分布在河流或井、泉附近，以及有冰雪融水灌溉的山麓地带。绿洲土壤肥沃、灌溉条件便利，往往是干旱地区农牧业发达的地方。我国绿洲主要分布在贺兰山以西的干旱区，是干旱区独有的地理景观，为人类的生产、生活提供基本的能源供应和环境基础，也是区域生态环境保持稳定的重要“调节器”，其面积仅占西部干旱区总面积的4%~5%，却养育了干旱区90%以上的人口，集中了干旱区95%以上的工农业产值和资源。

近年来，随着人类活动增强，绿洲数量、规模和空间分布发生了显著改变，其生态系统功能也发生了不同程度的变化，这种变化不仅反映了人类对干旱区土地的利用开发程度，更是对干旱区生态与资源环境承载力等问题的间接反映。人类活动对绿洲的影响包括直接影响和间接影响两个方面，直接影响主要是指人为对绿洲进行开发，导致水资源时空分布发生改变，从而导致绿洲和其他土地类型之间发生转变；间接影响是指地下水资源的过度开采，导致地下水资源不足，使得天然绿洲退化，土地荒漠化，而大量修建平原水库、灌溉干渠和农田漫灌，又使地下水位抬升，产生次生盐渍化和返盐现象，对绿洲的发展造成不利影响。因此科学分析和掌握绿洲的发展变化过程及由此产生的绿洲农业资源开发与环境问题、绿洲城镇格局演变与乡村聚落变迁、绿洲景观生态风险与安全、绿洲水土资源空间演变与空间优化配置等问题，对绿洲合理开发利用和实现绿洲生态环境持续健康发展具有重要的现实意义。

“绿洲科学丛书”是围绕干旱区绿洲变化和生态保护，实现干旱区绿洲高质量发展系列研究成果的集成。丛书试图从不同角度剖析干旱区绿洲在开发利用过程中的城镇发展格局与优化、乡村振兴与多元治理、农业资源利用与区划、绿洲生态安全与风险防控、绿洲土壤污染与修复、绿洲大数据平台开发与应用等关键问题，并从理论高度予以总结提升。该丛书的价值和意义在于，通过总结干旱区绿洲生产-生活-生态存在的问题及内在动因，探究绿洲社会经济发展与生态环境保护的协调关系，提炼绿洲区高质量发展和生态文明建设的实践与案例，提供有效防范因绿洲社会经济发展和资源环境的矛盾而引发的区域生态环境风险的应对及优化策略，提出解决绿洲城镇、乡村、农业、生态、环境统筹协调发展问题的新模式，为我国干旱区发展建设提供先行示范。

丛书致力于客观总结干旱区绿洲社会经济发展和生态文明建设的成绩与不足，力图为实现区域绿色发展，构建绿洲人与自然和谐共生提供理论依据与实践案例。丛书可为区域城乡规划管理、生态环境修复与治理、资源空间布局与优化等领域的专家学者和各级政府决策者提供干旱区绿洲高质量发展与生态文明建设的科学参考。

2024 年 5 月

前　言

近几十年来，我国乡村发展经历了深刻的变革与转型，而绿洲乡村作为其中的重要组成部分，在这一进程中扮演着举足轻重的角色。本书的初衷，正是基于对绿洲乡村发展的关注与探索，旨在深入剖析其背景与问题，并探讨可行的发展路径和解决方案。自我国改革开放以来，城乡发展的不平衡问题逐渐凸显，城市化进程带来了大量农村人口向城市转移，加剧了乡村的人口减少、资源匮乏、经济落后等问题。同时，传统农业模式面临着生态环境恶化、农业生产效率低下等挑战，需要寻找新的发展路径。在这一背景下，绿洲乡村作为乡村振兴战略的重要载体之一，吸引了广泛的关注和研究。然而，绿洲乡村的发展并非一帆风顺，其面临着诸多问题与挑战。首先，绿洲乡村基础设施滞后、公共服务不足，影响了居民生活质量及生产和生活条件。其次，绿洲农业产业结构单一，缺乏核心竞争力，难以满足乡村经济发展的需要。再次，绿洲土地资源利用效率低下，农业生产面临着土地资源浪费和生态环境破坏的问题。最后，乡村人才流失、文化传承断裂等问题也日益突出，制约了绿洲乡村的可持续发展。为了应对这些挑战和问题，需要深入理解绿洲乡村发展的背景与现状，找准发展的瓶颈和问题所在，寻求符合实际的解决方案和发展路径。本书将通过系统地研究和分析，力图探索绿洲乡村发展的新思路和新路径，以期为促进绿洲乡村可持续发展和我国乡村振兴事业提供理论支持和实践指导。

本书共分为12章，第1章主要介绍研究背景、研究意义，说明绿洲乡村发展的必要性，对本书的研究案例区、研究内容、研究方法、框架及内容安排进行介绍。第2章辨析了本书的核心概念，介绍人地关系地域系统理论、乡村地域系统理论、协同治理理论和可持续发展理论，并阐述其在本书中的应用。第3章概述绿洲的形成过程与空间分布、梳理其特征并进行分析，明确绿洲系统的运行逻辑，凝练绿洲乡村发展存在的问题和发展机遇。第4章从实体地域尺度和行政地域尺度开展乡村聚落空间演化研究，探究自然环境和人文社会要素对乡村聚落演变的驱动机制，解析乡村聚落与水土空间资源的耦合性。第5章从生态、经济、社会三个维度构建绿洲乡村韧性综合评价指标体系，对其乡村韧性水平进行综合测度，通过样带分析深入剖析乡村韧性差异并揭示其形成机制。第6章开展绿洲乡村多功能评价，从乡村功能权衡协同的视角识别绿洲乡村发展过程中的具体问题，并基于此划分村庄类型并提出具体的优化治理策略及模式。第7章通过梳理乡村治理的演变历程，分别评价乡村政治能人治理能力和乡村产业融合发展水平，以揭示乡村政治能人治理能力与产业融合发展的耦合关系及作用机制。第 8 章从可持续发展的视角厘清乡村发展压力与乡村“三留”问题的内涵、现实表征和互动关系，识别乡村发展压力与“三留”问题的互馈机制。第 9 章从生产环境、生活环境和生态环境三个维度构建绿洲乡村人居环境质量评价体系，识别绿洲乡村人居环境质量的影响因素，基于分区治理的思路划分地域分区并提出差异化的治理策略。第 10 章从留守人口的角度构建乡村宜居性评价指标体系，以三种留守人口个体成长需求为基础，结合乡村的宜居性识别留守村庄类型，针对不同类型的村庄提出不同的治理路径。第 11 章从要素视角（人–地–业）构建绿洲地区农村居民点整理分区框架，划分农村居民点整理分区及类型，并制定具体的整理策略。第 12 章基于分区分类的思路构建乡村振兴地域类型，并基于此划分绿洲地区乡村振兴空间分区，从而提出差异化的发展指引，构建乡村振兴类型划分体系并识别村庄类型，凝练绿洲乡村发展模式并提出绿洲乡村实施路径。全书由马利邦审阅、定稿。

十分感谢成书过程中以下人员所付出的辛勤劳动：石志浩、豆浩健、吴姗姗、车兴龙、方芳、田亚亚、姚礼堂、张文博、陶天民、李雅薇、李梓妍、张豫晴、朱志航、宗艳玲、李洁玉、李思霞、祝清、赵守存、钟懿。

本书成书过程中得到了西北师范大学地理与环境科学学院石培基、张学斌、白静的指导和帮助；特别感谢西北师范大学张明军副校长的支持和鼓励。感谢诸位同事、同行的帮助、支持与鼓励，在此一并表示衷心的感谢。愿我们的努力能够为绿洲乡村的可持续发展添砖加瓦，为我国乡村振兴贡献我们的智慧和力量。由于作者水平有限，书中难免存在不足和疏漏之处，敬请读者批评指正。

马利邦

2024 年 3 月

目　录

第1章

绪　　论

本章首先介绍相关研究背景，即在新时代、新征程下中国式现代化的时代使命和绿洲乡村振兴的迫切需求。其次介绍本书的研究意义，以期为政府部门提供决策依据，为农村地区发展提供借鉴和指导。再次介绍本书的研究方案设计，包括研究案例区选择、数据来源和研究方法。最后介绍本书框架及内容安排。

1.1 研究背景

1.1.1 中国式现代化的时代使命

实现现代化是人类社会发展的共同趋势，是世界人民共同追求的目标。中国共产党领导中国人民进行艰辛而卓有成效的探索，在新中国成立特别是改革开放以来长期探索和实践的基础上，经过党的十八大以来在理论和实践上的创新突破，成功推进和拓展了中国式现代化。中国式现代化，是中国共产党领导的社会主义现代化，既有各国现代化的共同特征，更有基于中国国情的中国特色。党的二十大报告提出“中国式现代化，是中国共产党领导的社会主义现代化”，即中国式现代化是人口规模巨大的现代化，是全体人民共同富裕的现代化，是物质文明和精神文明相协调的现代化，是人与自然和谐共生的现代化，是走和平发展道路的现代化。

伴随着社会经济快速发展、经济体制改革不断深化、城乡壁垒逐步破除，我国城乡关系正在从城乡二元结构向城乡融合转变，城乡要素流动进入双向自由流动阶段，乡村发展取得重大成就。党的二十大报告提出“以中国式现代化全面推进中华民族伟大复兴”“城乡区域发展和收入分配差距仍然较大”等，也间接反映了我国城乡发展不平衡、不充分的问题依然突出。“全面推进乡村振兴”“建设宜居宜业和美乡村”是党的二十大基于以中国式现代化推进中华民族伟大复兴的内在要求和客观现实作出的战略部署，旨在“着力促进全体人民共同富裕，坚决防止两极分化”。因此，如何增强乡村内生发展动力、构建新型工农城乡关系以推动城乡融合发展、实现共同富裕成为新时代新征程解决“城乡发展不平衡、不充分”的重点任务。

经过8年持续奋斗（2012～2020年），我国完成了新时代脱贫攻坚目标任务，消除了绝对贫困和区域性整体贫困，近1亿贫困人口实现脱贫，取得了令全世界刮目相看的重大胜利。尽管如此，全面建设社会主义现代化国家“最艰巨最繁重的任务仍然在农村”。首先，长期以来城市优先发展的政策导向使城市成为经济发展的引擎，导致城乡差距逐渐加大。其次，乡村地区以农业生产为主，农业产业结构失调、发展动力不足。最后，乡村地区通常是重要的生态源头和生态环境保护区域，长期的资源浪费和环境破坏导致生态系统紊乱。中国式现代化对乡村发展提出了新的要求，包括城乡一体化发展、实现全面发展和共同富裕、促进人与自然和谐共生等，以期解决城乡发展不平衡、不充分等问题，推动全面建设社会主义现代化国家的进程，进而推动中国式现代化进程向纵深发展。因此，本书以乡村发展评价为基本手段，探究绿洲乡村发展的困境，基于多学科理论交叉的方式提出绿洲乡村多元治理策略，为地方乡村可持续发展提供借鉴。

1.1.2 绿洲乡村振兴的迫切需求

(1) 绿洲乡村聚落可持续发展是乡村振兴的重大挑战

绿洲乡村聚落的可持续发展是乡村振兴面临的重大挑战之一。绿洲乡村聚落是指位于沙漠或半沙漠地区，由于特殊的水资源条件而形成的人类活动区域。这些独特的聚落在乡村振兴过程中面临着许多困境和挑战。水资源是绿洲乡村聚落的核心约束要素，绿洲地区的水资源相对匮乏，且由于气候变化等因素，面临着日益严重的水资源压力。绿洲地区拥有丰富的植被和野生动植物资源，然而长期以来的过度开发和人类活动对生态环境造成严重破坏。传统农业和旅游业是绿洲地区的主要经济支柱，但面临市场需求、劳动力问题等方面的变化和不确定性。此外，经济结构转型和发展模式创新、绿洲生态系统保护和基础设施建设等均是绿洲乡村聚落可持续发展的核心任务和重大挑战。因此，如何合理利用、节约和保护水资源成为绿洲乡村聚落可持续发展的关键。其次，生态环境保护也是绿洲乡村聚落可持续发展的重要议题。综上所述，为实现绿洲乡村的可持续发展，亟须推动绿洲乡村聚落的经济结构转型，注重创新和多元化发展，提供高质量的公共服务，加强跨部门、跨领域合作，注重保护生态环境，提升居民生活质量，助推绿洲乡村聚落可持续发展。

(2) 绿洲乡村聚落发展与生态环境间的矛盾日益突出

绿洲乡村聚落发展与生态环境之间的矛盾日益突出是绿洲区域的新特征。虽然绿洲地区的生态环境具有独特的生态系统和珍稀的生物多样性，但随着人类活动的增加和经济发展的压力，生态环境面临着严重的威胁。首先，绿洲乡村聚落的生态环境受到人类过度开发和资源利用的冲击。为了满足人们的生产和生活需求，不合理的开垦和过度放牧导致了植被破坏和土地退化，不仅破坏了当地生态系统，还导致水土流失、沙漠化等问题，对农田和生态环境的可持续发展构成威胁。其次，人类活动带来的污染物排放和废弃物处理对绿洲乡村聚落的生态环境造成了严重影响。工业污染、农业化肥和农药的使用以及生活垃圾的处理等都导致水体和土壤的污染，不仅危害了当地的生态系统，还对人类健康产生负面影响。最后，旅游业的快速发展也对绿洲乡村聚落的生态环境造成了压力。为了满足旅游需求，开发建设过程中对环境资源的过度利用和对原有生态系统的破坏不可避免。大量的游客涌入绿洲地区，加剧了水资源的压力、土地的消耗及生态景观的破坏。为了解决绿洲乡村聚落发展与生态环境之间的矛盾，需要采取一系列综合的措施。首先，加强环境保护意识和教育，提升居民和游客的环境意识。其次，加大执法力度，严厉打击非法开垦和滥用资源行为，保护绿洲地区的生态系统和自然资源。此外，要推动绿色发展，鼓励可持续的农业生产方式和旅游模式，减少对生态环境的损害。最重要的是，需要制定科学合理的政策，加强政府和社会组织的合作，形成多方共治的机制，确保绿洲乡村聚落在可持续发展中真正实现人与自然的和谐共生。

1.2 研究意义

随着城镇化进程的加速和区域发展不平衡、不充分问题日益凸显，绿洲乡村发展问题逐渐成为绿洲地区的焦点问题。首先，本书从绿洲乡村发展的经济环境、社会环境、文化环境和生态环境等多方面综合考察绿洲乡村发展态势，拓宽了绿洲乡村发展的研究视角，有助于提高对绿洲乡村发展的整体性认识。其次，城镇化进程带来的农地流失、生态环境退化、农村劳动力流失等问题给绿洲乡村发展带来了诸多挑战，传统的乡村发展模式已经不能适应当前乡村发展需求，本书旨在借助多元治理的思路，探究多元治理主体如何参与乡村发展、有效整合社会资源，推动绿洲乡村发展走上一条以绿洲为基础、多元主体参与的可持续发展道路，从而缓解城镇化进程中的负面效应。最后，城乡一体化发展是构建和谐社会的重要组成部分，本书旨在促进城乡之间的资源流动、产业转移和信息交流，实现城乡共生的发展目标。综上所述，本书深入探讨绿洲乡村发展的综合性问题，提出多元治理的理念，促进城乡协同发展，推动绿洲乡村发展的精细化管理，为构建和谐社会和实现乡村振兴提供理论和实践指导。本书不仅可以引发学术界对于这些问题的探讨，也可以为政府部门提供科学决策的依据，为广大农村地区的发展提供借鉴和指导。

1.3 研究方案设计

1.3.1 案例区选择

基于绿洲乡村的特殊性，从实体地域和行政地域两个尺度选择研究案例区。实体地域尺度指的是以地理实体为基础的尺度层次，主要关注地球表面上的自然地理要素，侧重于地理要素的空间分布、地貌特征、气候条件等。行政地域尺度则是以行政区划为基础的尺度层次，主要关注政治和管理层面的地理区域划分，以行政单位为界限进行研究，更强调行政管理、政策决策和社会经济发展等方面的问题。实体地域尺度和行政地域尺度并不是完全独立的，它们之间存在一定的联系和重叠。行政地域单位一般是考虑自然地理条件和资源特征（即实体地域）的基础上进行划分。最后，本书的研究区涉及甘肃省嘉峪关市、酒泉市、张掖市、金昌市和武威市全域（图 1-1）。

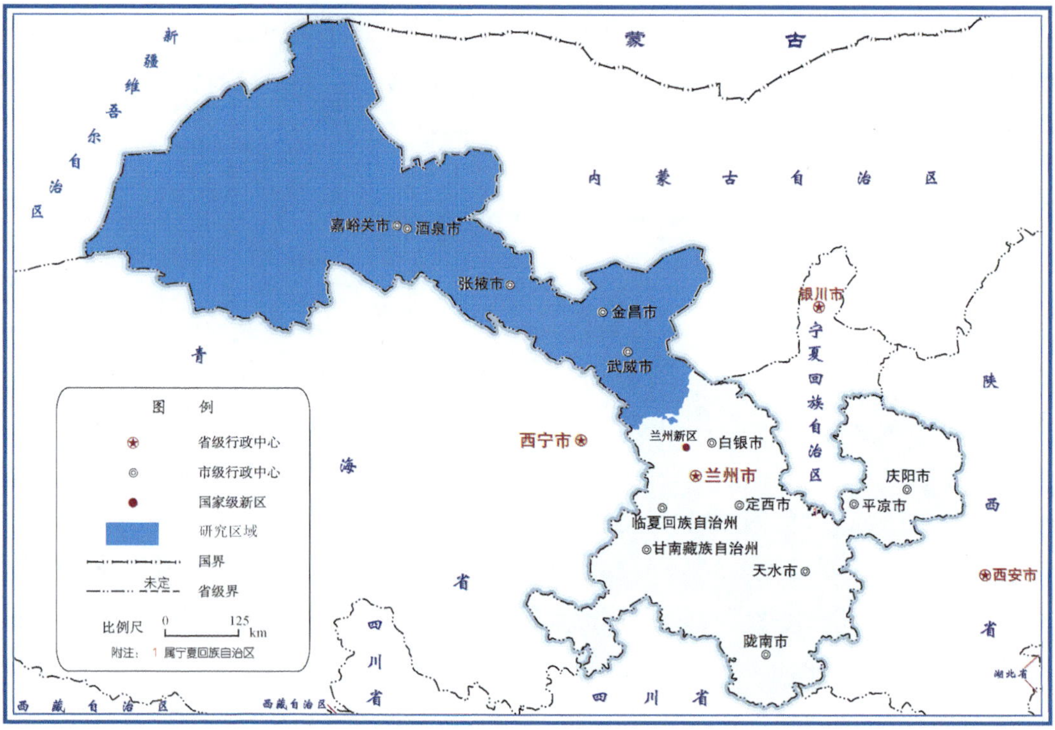

图 1-1　甘肃绿洲-荒漠区位置图

1. 实体地域尺度：甘肃绿洲-荒漠区

甘肃绿洲-荒漠区包括甘肃省 5 市（嘉峪关市、酒泉市、张掖市、金昌市、武威市），位于河西走廊东北部，跨度在 98°22′E ~ 104°04′E，38°07′N ~ 41°24′N 之间，面积为 5.86 万 km^2。外围分别被腾格里、巴丹吉林沙漠包围，研究区也成为扼守两大沙漠合围的重要生态屏障。结合研究区实际情况，利用归一化植被指数（NDVI）将研究区分为绿洲区（NDVI≤20%）、过渡带（20%<NDVI<35%）和荒漠区（NDVI≥35%）。其中，过渡带在稳固绿洲、防治荒漠化等方面发挥着重要作用。近年来，随着社会经济发展，绿洲化、荒漠化双向作用下导致过渡带面积呈快速下降趋势。1990 ~ 2020 年，绿洲区、荒漠区面积分

别由9276km²、31 637km²上升至14 078km²、32 134km²，而过渡带面积由17 468km²锐减至11 719km²，研究区生态可持续发展面临巨大挑战。2022年底区域总人口268.45万人，其中农村人口90.52万人，乡村聚落面积469.15km²，人均518.28m²，远超国家标准，用地集约水平亟须提高。耕地总面积1861.46万亩①，有效灌溉率69.43%，占研究区总用水量75.28%，而生态环境用水仅占10.75%，用水结构有待调整。1990~2020年研究区城市化率由20.51%上升至63.54%，农村人口由196.79万人锐减至96.13万人，乡村聚落面积反而从373.20km²增至445.88km²，耕地面积由5708.59km²快速增至7357.58km²。干旱区灌溉农业作为“用水大户”，随着耕地面积持续上升，自河道引用水量增加造成下游河道干枯，荒漠化加剧导致绿洲外围生态系统趋于失衡，深刻影响绿洲区可持续发展目标的实现。因此，研究区用水、用地结构亟须调整改善。

2. 行政地域尺度：张掖绿洲、山丹县、永昌县

（1）张掖绿洲

张掖绿洲（38°32′N~39°53′N，98°58′E~100°52′E）地处我国西北内陆腹地，黑河流域中游，总面积2205.22km²，集聚了黑河流域80%以上的绿洲、人口以及GDP，横跨甘肃省张掖市的甘州区（张掖市政府驻地）、临泽县和高台县三个县（区）级行政区。截至2020年底，张掖绿洲区常住人口为80.53万人，下辖37个乡镇，451个行政村，乡村聚落规模达165.36km²。该区域多年平均年降水量为60~158mm，属于半干旱区。研究区地貌类型从北向南可简单分为戈壁荒漠区、走廊平原区和山前冲积扇。绿洲分布于走廊平原区，面积占整个研究区的20.53%，乡村聚落镶嵌在绿洲内部或边缘区域，占绿洲面积的7.50%（依据2020年数据计算），其余大部分为荒漠和戈壁。

（2）金昌市

金昌市（101°04′35″E~102°43′40″E，37°47′10″N~39°00′40″N）地处甘肃省河西走廊东段、祁连山北麓，市域总面积9593km²。地势南高北低、山地平川交错，戈壁绿洲相间，属大陆性温带干旱气候、光照充足，气候干旱、全年多西北风，四季温差较大。境内气温北高南低，降水量由东北向西南随地势升高而增加，平原区降水少，山区降水多。由于地处内陆干旱区，金昌市生产和生活用水主要依赖祁连山区降水和东大河源头高山冰雪融水的供给。金昌市所在的地区紧邻河西走廊的三大内陆河之一——石羊河，地表水均来源于山区降水和高山冰雪融水，汇集为东大河、西大河和金川河等支流。地下水在这些地区普遍分布，但水量很小，其补给主要靠山区沟谷潜流、山前河流渠道及降水渗入。金昌市是我国110个重点缺水城市和13个资源型缺水城市之一，也是我国西部自然生态环境比较脆弱的地区。

---

① 1亩≈666.67m²。

金昌市辖2个县（区），12个乡镇，133个行政村（本研究将行政村作为评价单元）。按照乡镇行政管辖界线，分为西河灌区（红山窑乡、新城子乡）、东河灌区（东寨镇、六坝乡、南坝乡）、四坝灌区（城关镇、焦家庄乡）、金川灌区（河西堡镇、宁远堡镇、双湾镇）、清河灌区（朱王堡镇、水源镇）5个片区。2019年，全年地区生产总值340.3亿元，常住人口45.82万人，其中乡村人口13.31万人，城镇化率达到70.95%，处于甘肃省前列；城乡居民人均可支配收入分别为40 553元和15 719元，恩格尔系数分别为29.6%和30.42%。

（3）永昌县

永昌县（101°04′E～102°43′E、37°47′N～38°39′N），地处河西走廊东端、祁连山北麓，全县总面积为4506.94km²（不含甘肃中牧山丹马场），境内山地平川交错，戈壁绿洲相间，地势自西南向东北倾斜，地貌以山地、平原为主，戈壁、绿洲、荒漠东西展开，南北则呈现更替与相间分布的特点。全县最低海拔为1452m，最高海拔为4442m，平均海拔为2000m，耕地海拔在1452～2400m。永昌县属大陆性温带干旱气候，特点是光照充足、干旱少雨、盛行西北风，导致四季温差较大。永昌县水资源较为缺乏，年蒸发量是降水量的10.8倍，这一干旱气候特征使得永昌县成为全国重点缺水和资源型缺水地区之一。永昌县工农业和城市用水主要依赖祁连山区降水和东大河源头高山冰雪融水供给，少量依靠地下水水源。

永昌县辖10个乡（镇）、112个行政村。兰新铁路、连霍高速（G30线）、G312线、G570线及省道S212线等重要交通干线穿境而过，使永昌县成为丝绸之路经济带上的一个重要节点城市。2020年，全县常住人口45.82万人，其中农村人口13.31万人，占总人口的29.05%。农村居民人均可支配收入15 719元，人均生活消费支出11 568.7元，恩格尔系数30.4%。

（4）山丹县

山丹县（100°41′E～100°42′E、37°56′N～39°03′N）地处甘肃西部，东靠永昌县，西邻民乐县，西北与甘州区接壤，东南与肃南裕固族自治县相连，南以祁连山冷龙岭与青海省为界，北跨龙首山与内蒙古自治区阿拉善右旗相望，是典型的“绿洲”地区。县域总面积为5402.43km²，南北长约136km，东西宽约89km。山丹县属大陆性高寒半干旱气候，太阳辐射强、日照时数长、气温低、昼夜温差大、降水量少而集中、蒸发量达2351.2mm、无霜期165天。全县海拔介于1549～4444m，最高点位于祁连山冷龙岭，最低点则位于东乐乡西屯沙河。境内有马营河、霍城河、寺沟河、山丹河等河流，以及大黄山浅山区的流水口、瓷窑口、大口子、南山口等小沟小岔。

山丹县辖2乡（李桥乡、老军乡）、6镇（清泉镇、陈户镇、霍城镇、位奇镇、东乐镇、大马营镇），共有110个行政村、6个居民委员会、754个村民小组。截至2020年末，全县常住人口为15.0万人，其中城镇常住人口为8.3万人，城镇化率达到55.33%。山丹县是一个少数民族散杂居地区，现有回族、东乡族、藏族、满族、壮族、苗族、土族、土家族、裕固族、保安族、蒙古族、彝族、达斡尔族、锡伯族等14个少数民族共747人，占全县总人口的0.498%。2020年全县地区生产总值61.7亿元，三次产业结构为24.4：25.0：50.6。其第一产业薄弱，第二产业发展也有待加强，产业结构尚需进一步优化调整。

1.3.2　数据来源

1. 基于遥感影像的相关数据

遥感影像来源于美国地质勘探局，选取1990年、2000年、2010年和2020年的Landsat TM、ETM+、OLI影像（带号131～135；行号032～034），空间分辨率均为30m，选择6～9月且云量少于10%的影像，在ENVI 5.1中进行影像的前期预处理（辐射定标，大气校正，影像拼接，裁剪）和波段运算（各期影像统一选择1～5波段）。

（1）土地利用覆被数据

利用决策树分类算法，结合目视解译进行绿洲等信息的提取，参考1990年1：10 000地形图，2000～2020年Google Earth高清影像及NDVI分布直方图，确定划分绿洲、荒漠-绿洲过渡带和荒漠的阈值，总体精度达到90%。根据研究区土地利用的实际情况并参照《土地利用现状调查技术规程》相关规定，将研究区的土地分为耕地、林地、草地、水域、城市建设用地、未利用地和乡村聚落7种类型，并获取乡村聚落图斑、耕地图斑及河流图斑，数据解译精度为88.95%。

（2）热度、湿度、干度和植被覆盖度

基于ENVI 5.1平台，利用波段运算运行热度、湿度、干度和植被覆盖度的计算公式，以计算相关数据。

2. 数字高程模型

数字高程模型（DEM）数据来源于地理空间数据云（https://www.gscloud.cn），数据时期为2009年，空间分辨率为30m，并基于DEM提取地形起伏度和海拔等相关数据。

3. 社会经济数据

社会经济数据主要包括统计资料类数据和实地调查数据（一手资料），为研究提供了可靠的数据源。具体包括以下几个数据源。

（1）统计年鉴

《甘肃省统计年鉴》（1990～2021年）、《甘肃省水资源公报》（1999～2021年）、《甘肃省行业用水定额（2021年）》来源于甘肃省统计局，《张掖市统计年鉴》、《甘州区统计年鉴》、《高台县统计年鉴》、《临泽县统计年鉴》、《山丹县国民经济统计资料》、《山丹县统计年鉴》等市（县）统计资料来自于张掖市统计局、山丹县、高台县等各市县的官方网站，主要包括1990～2021年各地区人口、地区生产总值、旅游业产值等相关数据。

（2）实地调查数据（一手资料）

基于参与式农村评估方法（participatory rural appraisal，PRA），通过问卷调查、交流访谈和现场踏勘等方式，收集农村居民的生产、生活方式、意见和经验，深入了解村民的需求、问题和潜力，反映真实的农村情况。

1）山丹县调研：研究团队于2015年7月和2016年6月两次前往山丹县开展实地调查，重点了解山丹县乡村聚落景观、生产空间布局、生活空间布局、居民点现状、乡村产业发展现状等方面的信息，获得当地乡村聚落的感性认识。

2）金昌市调研：研究团队于2019年9月和12月分两次对金昌市进行了为期25天、2021年5月进行为期7天的入村调研，共计32天，获取了2019年、2020年、2021年各行政村人口、耕地、产业、社会保障、设施、居民生活、农田水利、教育科技文化、医疗卫生、村集体经济、村庄行政制度等11个方面的相关资料。

4. 基础地理数据

各市县地形图（1∶250 000）、矢量行政边界（1∶250 000）来源于甘肃省基础地理信息中心（原甘肃省测绘局）；河流、道路等数据来源于全国地理信息资源目录服务系统（http://www.webmap.cn）；本书所有图件制作均是基于甘肃省标准地图在线服务系统（https://gansu.tianditu.gov.cn/bzdt/portal）审图号为甘S（2023）32号、甘S（2024）63号和甘S（2024）257号的标准地图制作，底图边界无修改。

1.3.3 研究方法

（1）文献研究与对比分析

通过文献研究，收集和分析已有相关领域的文献资料，从中了解和总结农村发展的理论、政策和经验，并对比不同地区、不同时间的研究结果，寻找其相似点和差异，帮助确定绿洲乡村调研的重点和方向。

（2）田野调查与专家咨询

通过实地走访绿洲地区农村社区，与农民、村干部等多元主体开展访谈与交流，收集信息和观察现象，深入了解农村居民的日常生活、经济活动、社会关系等方面的情况。借助领域专家的专业知识和经验，通过面谈与咨询等方式，获取农村发展领域的专业建议和观点。

(3) 社会网络与系统分析

采用社会网络理论对农村社区中的社会关系进行综合研究，包括农民之间的互动、合作，以及他们与农村组织、政府和其他利益相关者之间的联系，了解不同农民之间的信息传播、资源共享和决策影响的方式，从而更好地了解农村社区的运行机制。借用系统论综合考虑农村社区内外的各种因素，探索要素间相互关联和相互影响的机制，以揭示农村发展中的主要动力、阻力和反馈机制。

(4) 计量分析与空间分析

利用统计学和数学模型等方法，通过收集和分析统计数据，量化农村发展中的各种变量和关系，可以验证研究假设、推断因果关系、评估政策效果等。通过地理信息系统（GIS）等工具，分析和可视化农村发展中的空间模式和变化趋势，从而为制定农村规划和项目决策提供参考依据。

(5) 多学科理论交叉融合

多学科理论交叉融合是将不同学科领域的理论和方法结合起来，形成综合的研究框架。本书综合经济学、社会学、地理学、环境科学等多个学科的理论和方法，以探索和解答农村发展中的复杂问题，深入理解农村发展的多样性和复杂性，为制定综合性的农村发展策略提供科学依据。

1.4 本书框架及内容安排

在国家自然科学基金项目“‘梯度-行为-差异’视角下乡村聚落转型与重构研究”（项目编号：41961033）和“近40年来疏勒河中下游农业水土资源开发与生态环境效应的耦合关系研究”（项目编号：41661105）的资助下，本书以甘肃省的绿洲地区为研究区，从“宏-中-微”视角开展绿洲乡村发展评价与多元治理研究。本书共分为12章：

第1章绪论。主要介绍研究背景、意义，说明绿洲乡村发展的必要性，对本书的研究案例区、研究内容、研究方法以及本书框架及内容安排进行介绍，为后续章节的内容提供背景和引导。

第2章绿洲乡村评价的理论基础。对本书的核心概念“绿洲”“乡村与乡村聚落”“乡村治理与乡村空间治理”进行界定，介绍人地关系地域系统理论、乡村地域系统理论、协同治理理论和可持续发展理论，并阐述其在本书中的应用。

第3章绿洲乡村概述。概述绿洲的形成过程与空间分布，梳理其特征并进行分析，明确绿洲系统的运行逻辑；梳理绿洲乡村的研究进展，通过对绿洲乡村发展现状的梳理明确绿洲发展现状，凝练绿洲乡村发展存在的问题和发展机遇。

第4章绿洲乡村聚落时空演变研究。从实体地域尺度和行政地域尺度开展乡村聚落空间演化研究，探究自然环境和人文社会要素对乡村聚落演变的驱动机制，解析乡村聚落与水土空间资源的耦合性，从可持续发展视角和聚落空间布局优化的视角开展乡村聚落的模拟研究。

第 5 章绿洲乡村韧性水平评估与提升对策研究。从生态、经济、社会三个维度构建绿洲乡村韧性综合评价指标体系，对其乡村韧性水平进行综合测度，通过样带分析深入剖析乡村韧性差异并揭示其形成机制，提出差异化的绿洲乡村韧性优化治理路径。

第 6 章绿洲乡村多功能性评价及优化治理。从绿洲乡村的农业生产、生活保障、经济发展、生态环境等方面评价绿洲乡村的多功能，从乡村功能权衡协同的视角识别绿洲乡村发展过程中的具体问题，并基于此划分村庄类型并提出具体的优化治理策略及模式。

第 7 章绿洲乡村产业融合发展与乡村治理主体。通过梳理中国乡村治理的演变历程，构建乡村“政治能人治理能力–产业融合”的逻辑框架，分别评价乡村政治能人治理能力和乡村产业融合发展水平，以揭示乡村政治能人治理能力与产业融合发展的耦合关系及作用机制。

第 8 章绿洲乡村发展压力与“三留”问题治理。从可持续发展的视角理清乡村发展压力与乡村“三留”问题的内涵、现实表征和互动关系，明确乡村发展的类型及特征，探析乡村发展压力的多个因子对乡村留守状况的影响，识别乡村发展压力与“三留”问题的互馈机制，并分别针对乡村发展压力和留守问题提出相应治理路径。

第 9 章绿洲乡村人居环境质量评价及分区治理。从生产环境、生活环境和生态环境三个维度构建绿洲乡村人居环境质量评价体系，识别绿洲乡村人居环境质量的影响因素，基于分区治理的思路划分地域分区并提出差异化的治理策略。

第 10 章绿洲乡村宜居水平评价及分类治理。从留守人口的角度从构建留守老人个性、留守妇女个性、留守儿童个性及三者的共性四个维度构建乡村宜居性评价指标体系，评价村庄的综合宜居水平，以三种留守人口个体成长需求为基础，结合乡村的宜居性识别留守村庄类型，针对不同类型的村庄提出不同的治理路径。

第 11 章绿洲农村居民点整理方案设计与策略选择。从要素视角（人–地–业）构建绿洲地区农村居民点整理分区框架，构建“人–地–业”系统协调发展水平评价体系，并分析“人–地–业”的系统耦合协调情况，基于“分区分类”治理的思路划分农村居民点整理分区及类型，并制定具体的整理策略。

第 12 章绿洲乡村振兴模式与路径。基于分区分类的思路构建乡村振兴地域类型，并基于此划分绿洲地区乡村振兴空间分区，从而提出差异化的发展指引，构建乡村振兴类型划分体系并识别村庄类型，凝练绿洲乡村发展模式并提出绿洲乡村实施路径。

第2章

绿洲乡村评价的理论基础

本章旨在构建绿洲乡村评价的理论基础，以探讨绿洲乡村发展中的关键概念和相关理论框架。通过辨析绿洲、乡村与乡村聚落、乡村治理与乡村空间治理等基本概念，以确立本书的基本范围和研究对象。在此基础上，以人地关系地域系统理论、乡村地域系统理论、协同治理理论及可持续发展理论等相关理论为基础，深化对绿洲乡村评价的理论支撑。通过以上分析，为后续章节对绿洲乡村的实证评价提供理论指导和分析框架，进一步为绿洲乡村发展的可持续性和协同治理提供理论支撑。

2.1 基本概念辨析

2.1.1 绿洲

绿洲又称为沃洲、沃野、水草田、博斯坦（维吾尔语），其英文 Oasis 来源于拉丁语，指利比亚荒漠中肥沃的土地，即荒漠中能“住”（Oweh）和“喝”（Saa，科普特语）的地方（Cloudsley-Thmpson，1984）。绿洲与荒漠是相伴而存在的，荒漠地区才有正宗的“绿洲”。为强调这一点，部分研究还冠之以“荒漠绿洲”或“沙漠绿洲”。关于绿洲的概念，基于不同的研究视角和目的，有着不同的认识。《辞海》将绿洲定义为“荒漠中水草丰美，树木滋生，宜于人居住的地方”；陈正祥（1944）认为绿洲是“沙漠之中可耕地”；周立三（1990）提出“凡是世界上极端干燥区域之内，孤立散开，经常有水草，而能生产的地点，特别是那些可以集约灌溉农耕、足供人类永久居住的所在，都称作沃洲”；申元村等（2001）认为绿洲是“干旱地区具有稳定水源对土地的滋润或灌溉，适于植物或作物良好生长，单位面积生物产量高，土壤肥力具有增强的趋势，适于人类从事各种生产及社会活动的，明显区别于周围荒漠环境的独特地域”；陈仲全和詹名仁（1995）则视绿洲为“干旱沙漠、戈壁环抱下的自然地理实体和人类改造自然的社会经济实体所组成的复杂系统”。

综上所述，本书认为绿洲是具有一定规模人口、耕地、居民点和必要的生产、生活条件，可以作为人类长期聚落开发的场所，是对干旱区、半干旱区进行广度、深度开发的根据地。它不仅具有突出的地域性，还对周边地域的水土资源表现出强烈的依赖性，是荒漠区中人类活动集中、位置相对独立的地理景观。

2.1.2 乡村与乡村聚落

1. 乡村

乡村是一个与城市具有诸多不同特征的，且具有特定自然景观和社会经济条件的地域空间。由于乡村具有动态性、不整合性和相对性等特点，乡村与城市之间的界限难以明确划分，学界对乡村的理解和定义存在一定差异（表 2-1）。从“城乡二元划分”的角度看，乡村被认为是城市之外的广大地域，大部分与乡村相关的研究都遵循这一概念界定。从“城乡一体”的角度看，乡村性成为理解乡村的关键概念，每个地区都同时具备城市性和乡村性，其中城市性强的地区是城市地域，而乡村性强的地区是乡村地域，城乡之间是连续的。实质上，乡村是人类历史发展阶段中自然形成的经济、文化、社会、自然等要素于一体的综合体。随着生产力水平的提高，乡村将逐渐被城市这种更加高效的地域综合体所替代。

表 2-1　乡村概念辨析

来源		概念
学者观点	袁镜身（1987）	乡村是相对于城市而言的，涵盖村庄和集镇等各种规模不同的居民点的一个总的社会区域的概念。由于它主要是农业生产者居住的地方，所以又统称为农村。
	石忆邵（1992）	乡村是介于城市之间，由多层次的集镇、村庄及其所管辖的区域组合而成的空间系统，且城市与乡村是一个动态连续体。
	张小林（1998）	乡村作为一个有机整体，是一个极其复杂的特大系统，它包含着生态、经济、社会等多方面的极其丰富的内容，在每一个侧面又包括着各种不同的层次和诸多的因素。在研究乡村时，应更多地关注乡村性这一概念，在一定地域内考察乡村性质的强弱。
	龙花楼和屠爽爽（2018）	乡村是在一定地域范围内，由若干相互联系、相互作用的要素构成的具有一定结构和功能的复合系统，包括内核系统和外缘系统、主体系统和客体系统，具有生活功能、生产功能、生态功能和文化功能。
	王介勇等（2019）	农民为主体，农业为指导，村庄为载体的农村地区，具体是指土地以集体产权为主，居民为农村户籍的行政管理空间单元。
	宁志中（2019）	乡村是以农业经济为主，社会结构相对简单、稳定，以人口密度低的集镇、村庄为聚落形态的地域总称。
国家规定	《关于统计上划分城乡的规定》(2008 年)	乡村是指本规定划定的城镇地区以外的其他地区，包括集镇和农村。集镇是指乡、民族乡人民政府所在地和经县人民政府确认由集市发展而成的作为农村一定区域经济、文化和生活服务中心的非建制镇，农村指集镇以外的地区。
	《城乡规划学名词》(2020 年)	乡村为具有大面积农业或林业土地使用或有大量的各种未开垦土地的地区，其中包含着以农业生产为主，人口规模小、密度低的人类聚落。
	《中华人民共和国乡村振兴促进法》(2021 年)	乡村是指城市建成区以外具有自然、社会、经济特征和生产、生活、生态、文化等多重功能的地域综合体，包括乡镇和村庄等。

对乡村这一综合性概念进行描述，应从以下几个角度展开：①产业的角度，乡村居民主要从事农业生产活动；②包含对象的角度，乡村包含了集镇、村庄等各种规模不同的聚落；③空间范围的角度，乡村指除市和镇政府驻地辖区以外的其他区域；④景观生态的角度，乡村的人口密度、建筑密度、聚落景观、土地利用特征不同于城市；⑤社会关系的角度，乡村是一种基于自然、居住地基础的文化经济共同体。因此，本书认为乡村不仅是以多层次农村居民点及其所辖区域而构成的空间范围，也是具有自然、社会、经济等多元特征和生产、生活、生态、文化等多重功能的地域综合体，它与城镇互促互进、连续一体，共同构成人类活动的主要空间。

2. 乡村聚落

聚落来源于人类的聚居，其形成和发展是人与环境相互作用的结果。在古代文献书籍中聚落常被注释为村落，在近现代则更多地被理解为居民点的一种形式。《现代地理学辞典》将其定义为“人类为了生产和生活的需要而集聚定居的各种形式的居住场所”。一般而言，聚落分为城市聚落与乡村聚落，前者由后者演化而来。当前，关于乡村聚落的概念解析较为丰富，且侧重点不同。《城乡规划学名词》中对乡村聚落解释为“乡村地区以农业生产为主，人口规模小、密度低的人类聚落”。学术界则认为乡村聚落是指在地域和职能上与农业密切相关的人口聚居地（李瑛和陈宗兴，1994），由人、自然、社会、建筑、支撑网络等要素构成的复杂系统（吴良镛，2001），包括村庄（自然村与中心村）与集镇（一般集镇与中心集镇）等空间类型（海贝贝和李小建，2013）。就其功能属性而言，可大致分为生产、生活及生态三类空间；而从空间规划和利用的角度看，乡村聚落的空间范围在地图上可用具体的图斑表示。

在总结乡村聚落概念界定的基础上，结合各研究区乡村实际，本书认为乡村聚落指的是乡村地区中以农业生产为主要经济活动的人群长期居住、生产生活的场所，包括所有的村庄居民点和未达到建制镇标准的一般乡镇和集镇。

2.1.3 乡村治理与乡村空间治理

1. 乡村治理

全球治理委员会 1995 年发表的《我们的全球伙伴》指出，治理是各种公共的或私人的个人或机构管理其共同事务的诸多方式的总和。在国内，乡村治理的概念最早由徐勇教授提出。他认为，乡村治理是通过解决乡村面临的问题，实现乡村的发展和稳定，涉及乡村治理主体、权力结构、治理目标、治理机制等不同维度（徐勇，2003）。与“村民自治”“村级自治”等概念相比，“乡村治理”这一概念对于研究处于转型和变革中的我国乡村更具适应性，能够将社会变迁中的农村政治、经济、社会等诸多方面融合起来，进行综合分析（苏敬媛，2010）。现如今，乡村治理受到不同学科领域、不同学术流派和不同地理区域的学者广泛关注，其内涵也十分丰富。但不论从哪一角度，乡村治理都可以被理解为由治理目标、治理主体、治理客体、治理方式等构成的完整体系（丁志刚，2014）。作为国家治理重要组成部分，乡村治理的目标应指向助力乡村全面振兴和推进农业农村现代化。治理主体明确了谁来治理乡村。由于治理是社会的共同行为，那么治理主体就不限于正式组织（乡镇政府、村两委），企业、社会组织、社会群体、村民等也会参与到乡村治理中。治理客体指向的是客观存在的乡村主要矛盾，它存在于政治、经济、空间、社会、文化、生态等诸多方面。治理方式是乡村治理的关键要素。乡村治理不同于乡村统治，它依靠民主和法治，而非政府强权。这意味着乡村治理的方式是多元的，既包括法制的、行政的、政策的，又包括市场的、文化的、社会的。

2. 乡村空间治理

“空间治理”可以被理解为对物理空间的管控和干预行为。当前，关于“空间治理”的定义多来源于地理学和社会学领域。地理学领域将治理理论引入空间科学，旨在推动国土空间规划的有效实施；社会学领域将乡村视为治理的场域，旨在通过治理解决一系列乡村空间问题。从地理学的角度，乡村空间治理强调通过乡村空间的综合治理，实现“自上而下”的国土空间用途管制和空间治理目标的层级传导机制（林坚等，2019；樊杰，2019），进而提高空间治理能力和完善空间治理体系。集“物质-组织-权属”为一体的空间治理体系，旨在重构空间结构功能、重组空间组织关系、重塑空间价值分配，进而实现乡村空间综合治理（戈大专和龙花楼，2020）。基于关于“乡村治理”的概念界定，本书认为，乡村空间治理是以乡村空间（物质空间、社会空间）面临的各类问题为治理对象，在多元主体（各级政府、村两委、企业、社会组织、村民等）的共同参与下，通过规划和协商等方式，协调乡村空间社会关系，落实乡村空间管控策略，重构乡村空间物质安排，进而推动乡村空间结构和功能优化，实现乡村战略任务与乡村发展需求有效衔接的过程。

2.2 相关理论基础

绿洲乡村地域自然环境、资源分布及人口分布等具有显著的区域分异特征，即人类活动与地理环境之间存在复杂的互动关系，各要素相互作用、相互影响共同构成了复杂的地域系统。本书针对绿洲乡村发展现状与现有研究的不足，以人地关系地域系统理论为基本出发点，以乡村地域系统理论、协同治理理论为基础，从可持续发展理论视角建立基本分析框架。

2.2.1 人地关系地域系统理论

人地关系地域系统是以地球表层一定地域为基础的人地关系系统，是人与地在特定的地域中相互联系、相互作用而形成的一种动态结构（吴传钧，1991）。人地关系地域系统中包含人、地和地域系统三大要素：人是指具有主观能动性，可以利用并改造地理环境的社会性人；地是指在空间上存在地域差异的地理环境，是人类赖以生存的物质基础和空间载体；地域系统是人地关系的具体表现形式，是指人类活动和地理环境相互作用而形成的地域单位，是地球表层的一部分（陈慧琳，2013；刘彦随，2020）。地理学中的人地关系地域系统强调人类活动与自然环境之间的相互作用和关系，即研究的核心范畴是人地系统中人与自然的相互影响与反馈作用，核心目标是探寻人地关系的协调路径，通过从空间结构、实践过程、组织序变、整体效应、协同互补等方面去认识和寻求全球的、全国的或区域的人地关系系统的整体优化、综合平衡及有效调控的机理，为有效地进行区域开发和区域管理提供理论依据（吴传钧，1991；樊杰，2018）。因此，人地关系地域系统理论的精髓就是人类活动与自然环境相互作用形成的地域功能、系统结构、时空过程、效应差异及其可调控性。

人类活动和自然环境的相互作用促进了地球表层的格局和演变过程，其相互作用机理、动力机制、表达效果和产生的影响呈现出综合性的基本属性，其功能特征和时空变化规律具有明显的区域分异性（郑度，1998；樊杰，2004）。人地关系地域系统为绿洲乡村研究提供了理论框架和方法论基础，有助于深入探究绿洲地区乡村发展与自然环境之间的关系，评估其空间结构、功能分化和发展趋势，为绿洲地区发展提供科学依据，促进绿洲乡村的可持续发展和多元治理。

2.2.2 乡村地域系统理论

随着乡村要素流动的日益加快，乡村地区的综合发展和可持续性不断受到决策者和研究人员的广泛关注，乡村研究逐步转向系统综合视角。乡村地域系统是人地关系地域系统在乡村地理学研究实践中的理论拓展，是指在一定乡村地域范围内，由自然禀赋、区位条件、经济基础、人力资源、文化习俗等要素交互作用构成的具有一定结构和功能的开放系统（龙花楼和屠爽爽，2017）；其本质上是由人文、经济、资源和环境相互联系、相互作用下构成的，具有一定结构、功能和区际联系的乡村空间体系，包含城乡融合体、乡村综合体、村镇有机体、居业协同体等多种地域实体（刘彦随等，2019）。乡村的人文要素、生态要素、产业要素和资源要素等构成了乡村地域的内核系统，地方政策、城镇化进程和发展策略等要素构成了乡村地域系统的外缘系统，内核系统与外缘系统通过物质流、信息流和能量流进行互动，从而促使乡村地域系统功能不断演化（白宇，2023）。因此，乡村地域系统具有系统综合、功能多元、动态演化和包容开放的特性。

乡村地域系统的核心在于对乡村地域进行综合分析和研究，强调了乡村地域的多元性和系统性。其具体内涵涵盖了对乡村地域的地理环境、人文环境、经济发展、社会文化等多方面因素的综合考量，探讨这些因素之间的相互关系和影响，以及它们对乡村发展的作用和影响。本书中，一方面运用乡村地域系统理论，重点分析绿洲乡村在人文、经济、资源和环境等方面的特征及其内在联系，旨在把握绿洲乡村发展的差异性和动态性，优化绿洲区域村镇格局，解决绿洲乡村地域系统面临的关键问题，从而有效促进乡村振兴和城乡融合发展。另一方面，借鉴乡村地域系统理论，综合考虑不同利益相关者的需求和利益，通过深入分析乡村地域的多元因素，找到各方共同利益点和潜在矛盾点，促进多元治理的协调和合作，实现乡村发展的可持续性和共赢局面。

2.2.3 协同治理理论

作为治理理论的重要内容，协同治理是将系统科学中的协同学引入治理理论发展而来的（李增元，2013）。协同治理理论最初应用于物理学领域研究事物的系统结构，主要观点是“在一定条件下，由于构成系统的大量子系统之间相互协同的作用，在临界点上质变，使系统从无规则混乱状态形成一个新的有序状态”（哈肯，2013）。协同是立足于地位平等基础上的协作同步，而并非建立在依附关系的屈服与服从，治理即是政府与社会进行合作进而高效地管理公共事务的形式。二者的关系可以理解为，协同是治理的一种制度安排，治理为协同提供工作对象和目标（伊宏斌，2019）。协同治理理论强调不同治理主体之间的互动与合作，以实现公共利益和可持续发展。

协同治理理论作为一种跨部门的合作现象，将社会看作由不同子系统组成的有机整体，以解决不同社会主体之间的矛盾和分歧为目标，强调不同子系统之间的协同、互动，通过建立制度化和开放性的协商、谈判机制，更好地消除矛盾冲突，维护不同利益主义的利益需求，使总系统处于动态平衡，最终实现效益最大化。简言之，即在实际运用中，既突出政府在公共事务中的引导和协调，强调市场在资源配置和服务提供中的作用，又突出社会组织和公民在公共事务中的参与和合作。

在绿洲乡村发展评价中，协同治理理论可以作为评价绿洲乡村发展的重要指标和理论框架。重点在于通过该理论来评估绿洲乡村各方主体参与的程度和效果，分析各方主体在绿洲乡村发展中的作用和贡献，探讨如何实现绿洲乡村的协同发展路径。在绿洲乡村多元治理中，重点在于借鉴该理论中对政府、市场和社会三者之间的协同合作思想，促进绿洲乡村的多元治理模式，实现政府、市场和社会的协同发展。通过该理论来指导绿洲乡村的规划和管理，促进绿洲乡村的协同发展和共赢局面。

2.2.4 可持续发展理论

可持续发展思想起源于生态环境领域，起初是从生态的可持续性来定义可持续发展的，强调维护和强化生态系统的生产与更新能力，随后其内涵经历了社会属性、经济属性到综合属性的变革（王继庆，2007）。1992 年，联合国环境与发展大会报告《我们共同的未来》对可持续发展的概念进行了界定，即“既满足当代人的需求，又不损害后代人满足其需要能力的发展”（世界环境与发展委员会，1997）。可持续发展理论反映了社会经济发展从传统的无序开采向代际公平的价值原则转变，获得了世界范围的广泛认同。

可持续发展理论强调了对经济、社会和环境之间的平衡与协调，以满足当前需求而不损害未来世代满足其需求的能力。具体内涵包括三个方面：经济发展、社会公正和环境保护。经济发展要有质量和效益，社会公正要求满足所有人的基本需求，环境保护要求保持生态平衡和资源可持续利用。

将可持续发展理念贯穿于绿洲乡村的发展评价与多元治理对于促进绿洲区乡村振兴和城乡融合发展具有非常重要的意义。一方面，基于可持续发展理论的经济可持续性原则，分析绿洲地区乡村的经济产业发展模式，评估其对资源的利用和环境的影响，从而为绿洲地区乡村的经济可持续发展提供指导；基于社会可持续性原则，重点关注绿洲地区乡村的社会结构、社会公平、社会福利和社会参与程度，探讨如何实现绿洲地区的社会可持续发展；基于环境可持续性原则，强调保护和恢复绿洲地区乡村生态环境，以满足当前和未来世代的需求，关注绿洲地区的生态环境状况，评估其对生态系统的影响，探讨如何实现绿洲地区的环境可持续发展。另一方面，可持续发展理论可以作为指导绿洲乡村治理的重要理论基础。重点借鉴该理论中对经济、社会和环境的协调发展思想，平衡不同利益相关者的需求和利益，促进绿洲乡村的多元治理模式，指导绿洲乡村的规划和管理，促进绿洲乡村的可持续发展和多元治理。

第3章

绿洲乡村概述

绿洲乡村是指位于干旱地区或沙漠周边的绿洲地带，因其水资源丰富、土地肥沃而成为人们聚居、农耕的重要地区。这些绿洲乡村在地理学上具有非常重要的地位，不仅是生态系统的重要组成部分，也是人类社会与自然环境相互作用的重要场所。本章将以甘肃省河西走廊绿洲为例，首先，从绿洲的形成与分布、特征与分类对绿洲系统进行概述；其次，从国内和国外相关研究综述绿洲乡村研究进展，从乡村人口发展、乡村经济发展、乡村社会发展和乡村人居环境四个方面对甘肃绿洲乡村现状特征进行分析；最后，结合绿洲乡村特征，从生产、生态和社会文化三个视角分析绿洲乡村的多元价值。

3.1 绿洲概述

3.1.1 绿洲的形成与分布

绿洲是指在沙漠地区中适宜人类居住的区域，有稳定的水源供给和植被覆盖，一般呈带状分布在水源附近，水源大多是高山地区冰雪融水，绿洲土壤肥沃，灌溉条件优越（马晨等，2022）。全球绿洲面积仅占干旱区土地面积的4%~5%，但干旱区90%以上的人口和人类活动都集中在绿洲，是干旱区重要的人类活动区域（王录仓和高静，2014）。水资源和土壤环境是人类生存和社会经济发展的基础，尤其对于草木生长、农牧业发展和人类居住来说，它们更是不可或缺的要素。绿洲是荒漠戈壁中因有水源存在而形成的特殊地区，由于水源的滋养，绿洲的土壤得以保持湿润，也为人类的聚居提供了可能。

绿洲的形成和发展既受自然环境因素影响，也受人类活动作用影响。天然绿洲是特殊气候条件、水文条件、土壤条件、地质地貌条件叠加的结果，是无人工干预状况下，以水为主导因子所塑造的自然生态景观。随着干旱区人类活动的日趋频繁，半人工绿洲、人工绿洲开始扩张，绿洲演变逐渐从自然条件主导向人类活动主导方向转变。因此，绿洲形成主要有以下几个条件：一是干旱的气候条件。绿洲以干旱荒漠为背景，通常具有≥10℃的积温、日照时间长、昼夜温差大、降水稀少等气候特点。二是稳定的水源条件（唐霞和李森，2021）。水源是绿洲，尤其是天然绿洲的形成的主导因子，正所谓“无水是荒漠，有水变绿洲”（王涛，2010）。绿洲的水源包括地表水和地下水两种，地表水主要由高山冰雪融水、季节性积雪融水和降水补给的河川径流构成；地下水则来源于潜水溢出带和泉流河。三是适合的地质、地貌条件。绿洲分布往往与中、新生代以来抬升的构造隆起高山相关。以我国西北为例，大多数绿洲都分布在山前洪积、冲积扇缘与冲积平原，这些地带坡度较小，相对平坦，有利于水流汇集、停留和溢出。四是适宜的土壤条件。绿洲基本分布在水成或风成聚集的细土地带，具备一定厚度的泥土层能够保水保肥，提供植被生长发育的营养条件。五是有效的防风固沙屏障。与绿洲化相对应的则是荒漠化。绿洲若缺乏绿色屏障保护，便难以在荒漠中生存。天然绿洲主要依托天然林木阻挡风沙，人工绿洲则以抗风沙的人工林、人工草地作为屏障（乔标等，2006）。六是人文条件。一定的人口规模，劳动者的习惯、素质与分工情况与人工绿洲的形成和发展密切相关。对于人工绿洲而言，人类的开发经营活动是其形成的决定性条件（赵克俭等，2005）。

受季风气候和青藏高原的影响，我国绿洲集中分布在包括内蒙古西部地区在内的西北地区，尤其是甘肃河西走廊以西的荒漠与半荒漠区（郝丽娜和粟晓玲，2015）。根据不同地理位置，我国绿洲可分为新疆北疆绿洲区、新疆南疆绿洲区、河西走廊绿洲区、柴达木盆地绿洲区、河套平原绿洲区和阿拉善绿洲区（申元村等，2001）。其中，河西走廊绿洲区是本书研究的重点区域。以大黄山、宽台山、黑山为界，河西走廊被分为石羊河、黑河和疏勒河三个内陆河流域，沿河发育着一系列绿洲，如敦煌、瓜州、酒泉、金塔、张掖、金昌、武威等。

3.1.2 绿洲的特征与分类

1. 绿洲的特征

（1）唯水性

在干旱气候控制下的沙漠戈壁中，大气降水极少，蒸发力强，水资源成为绿洲兴衰存亡的关键因素，维系着绿洲生态系统稳定和社会经济发展。绿洲规模很大程度上取决于水资源的开发规模、利用程度和管理水平。一旦水资源供应短缺，绿洲将不可避免地面临退化萎缩（穆桂金等，2013）。水土资源是绿洲最基本的构成要素，绿洲的"唯水性"体现了绿洲与水资源的高度耦合关系，而水资源的丰度又进一步决定了灌溉土地的规模，进而影响对社会经济的承载能力。绿洲聚落不仅是人口聚集的现实载体，也是人类经济活动的集中体现。人类活动不仅是人工绿洲形成的关键因素，也是驱动绿洲动态演化的主导力量。人类对绿洲水土资源的开发利用方式、方向和强度，最终会体现在绿洲聚落的演变上。由于人口增加、人类活动加剧和全球气候变暖，绿洲地区水资源的刚性约束进一步加剧，部分绿洲已开始退化，甚至逆向演替为荒漠（王录仓和高静，2014）。

（2）地缘性

人地关系作为人文系统与自然环境系统动态关系的简称，是描述人类与其赖以生存和发展的地球环境之间关系的重要概念。人地关系不仅是现代地理学研究的重要课题，也是人类认识世界的永恒命题。在处理人地关系时，需要综合考虑经济、社会、文化、生态等多方面因素，以实现人类与自然环境的和谐共生。从景观生态学的角度看，绿洲被戈壁荒漠所环绕，具有相对明确且清晰的边界范围，是一个相对独立的生态系统。在甘肃省域内，有主要依靠祁连山冰雪融水、雨水形成的地表、地下径流补给的绿洲，如武威、张掖、酒泉等绿洲；也有主要靠地下水出露补给的绿洲，如南湖绿洲；还有需要人工引水的工矿绿洲，如金昌、嘉峪关的部分绿洲（王忠静等，2002）。

（3）脆弱性

绿洲的唯水性和地缘性决定了其脆弱和易变的特性。由于绿洲所处环境降水稀少、蒸散发量大、土质疏松、风力强劲且灾害频发，一旦人类进行掠夺式经营和水资源过度开发，就极易出现土地荒漠化、盐渍化和贫瘠化问题，导致绿洲萎缩甚至消亡。脆弱性加剧了绿洲土地遭受危害的过程和强度。近年来，随着城镇化的快速推进，绿洲地区城乡之间的人员、资源和信息流动日益加强。一方面，绿洲乡村劳动力转移到城市地区，部分农村土地转化为城市土地，导致绿洲乡村趋于“空心化”；另一方面，绿洲乡村居民生活水平和生活方式的变化对农村生产生活提出了新的要求，绿洲乡村聚落数量增加，耕地面积扩大，水网密度增加。绿洲乡村土地利用的结构和形式发生了巨大变化，人口与水土资源的关系也随之发生适应性变化，这对绿洲乡村的可持续发展产生了深远影响（马利邦等，2018）。

（4）高效性

与周围戈壁荒漠地区相比，绿洲在水、土、光、热等资源组合上具有显著优势，人口、产业、技术、资金等要素配置全面，生产、生活、生态空间协调，具有良好的社会、经济和环境效益。为了实现绿洲的稳定和良性循环发展，必须追求高效率（包括经济效益、环境效益、社会效益）（李森等，2020）。

（5）演化性

我国的绿洲主要分布在天山南北麓、昆仑山和祁连山北麓以及黄河流经的河套平原，发育了新疆北疆绿洲、新疆南疆绿洲、河西走廊绿洲、河套平原绿洲、柴达木盆地绿洲。新中国成立后，伴随着西部大开发的重大政策和人民发展经济的热情，我国西北地区的绿洲规模大幅度扩张。然而，绿洲低水平、无序的开发导致绿洲用水矛盾日益突出，在一定程度上加剧了绿洲内部和外围的荒漠化，导致绿洲化和荒漠化的对立矛盾日益严重，绿洲的可持续发展受到威胁。绿洲化和荒漠化是此起彼伏的两个过程。遵循自然发展规律，科学配置资源要素，协调绿洲人地关系，将促使绿洲向良性循环方向发展；反之，则向荒漠化方向演化。绿洲-荒漠区在水热条件共同作用下，通过植被和土壤特征展现出土地在长期的外动力综合作用形成景观过渡特征，由内到外依次为绿洲区、过渡带、荒漠区。近年来，随着社会经济快速发展，一方面在绿洲外围的土地开发使绿洲快速扩张（绿洲化），另一方面新垦的人工绿洲土地面临强烈的风沙危害（荒漠化），聚落外扩、耕地开垦、土地沙化等都发生在从绿洲到荒漠之间的过渡地带，绿洲生态系统安全和区域可持续发展因此受到巨大挑战（李志刚，2010）。

2. 绿洲的分类

关于绿洲的分类，由于不同角度、不同目的，绿洲可被划分为多种类型。按人类干预程度及对自然环境的影响程度，绿洲可划分为天然绿洲、半人工绿洲和人工绿洲。近年来，由于经济的发展和巨大的经济利益驱动，人工绿洲所占比例大幅增加，导致一系列生态问题，主要表现为人工绿洲扩张，天然草地、草场、野生动物栖息地、自然水域减少。近些年来，绿洲变化呈现出人工绿洲代替天然绿洲的演变模式（张青青等，2012），而人工绿洲面积过大必然导致天然绿洲面积减小，加剧了绿洲沙漠化和盐渍化问题，进而影响了绿洲稳定性和绿洲安全（谢余初等，2015）。根据形成过程和建设周期，绿洲可划分为古绿洲、老绿洲和新绿洲；按地质地貌和土地条件，可划分为扇形地绿洲、冲积平原绿洲、山前盆地绿洲、山前沟谷绿洲、山前倾斜平原绿洲、干三角洲绿洲、湖滨三角洲绿洲等（刘普幸等，2003）；根据经济成分和职能结构，可划分为农业绿洲、工矿绿洲、城镇绿洲、综合性绿洲等（角媛梅等，2003）。

3.1.3 绿洲系统

绿洲-荒漠过渡带（以下简称过渡带）是一个在地理学和生态学上具有重要意义的概念。它指的是绿洲与荒漠之间的一个特殊地带，这个地带既不同于纯粹的绿洲，也不同于完全的荒漠。在这个过渡带中，地形通常较为破碎，植被结构也相对复杂，呈现出一种混合的特性（许鹏，1997）。过渡带的存在对于理解绿洲与荒漠之间的相互作用、物质能量交换以及生态系统的稳定性具有重要意义。它承载着丰富的生物多样性，为多种动植物提供栖息地，同时也在维护区域生态平衡和水分循环方面发挥着关键作用。过渡带在地理上起到了分隔流动沙漠与绿洲的作用，对于维护绿洲的生态安全和稳定具有重要意义。同时，它也是研究荒漠化过程、绿洲演变以及人类活动对生态环境影响的重要区域（孙帆等，2020）。首先，自然环境因素显著影响过渡带的演变，长期的气候干旱可能会导致荒漠化的扩展，使过渡带向绿洲内部推移。反之，降水量的增加可能有助于植被的恢复，使过渡带向荒漠方向移动。其次，人类活动对过渡带范围的影响同样显著。不合理的土地利用方式，如过度放牧、乱砍滥伐等，会破坏过渡带的植被导致土地退化和荒漠化。而合理的土地利用规划和生态保护措施，如退耕还林等则有助于植被的恢复和生态环境的改善。而对于干旱区而言，NDVI 对植被覆盖度差异的探测能力较强，因此常被用作过渡带的划分依据。例如，有研究利用复合植被指数搭建的数学模型反演了研究区的植被覆盖度现状，并利用现场实际测量的植被覆盖度与其反演结果进行了精度的验证。确定植被覆盖小于20%的区域为荒漠区，过渡带定义为植被覆盖度20%~35%的区域，绿洲定义为植被覆盖度大于35%的区域（边慧芹和王雪梅，2020）。也有学者就黑河中游绿洲边缘的植被群落进行研究，发现其平均植被覆盖度为24%；并得出过渡带的植被在防止土地沙漠化、保持水源涵养等方面具有重要作用，对其植被覆盖度的持续监测和研究具有重要意义（王蕙等，2007）。还有研究人员对塔里木盆地南缘人工绿洲进行了研究，将过渡带划分为植被覆盖度小于15%的区域（任晓等，2015）。

3.2 乡村及绿洲乡村研究进展

3.2.1 国外研究进展

19世纪至20世纪20年代，乡村聚落地理的研究尚处于萌芽时期。在这一阶段，研究者们开始认识到乡村聚落并非孤立存在，而是与周围的自然环境、地形地貌、气候等因素密切相关。他们通过观察、描述和分析乡村聚落的布局、规模和类型，尝试揭示其背后的地理逻辑和规律。20世纪20~60年代，乡村聚落研究进入快速发展阶段，研究内容快速扩展，集中在乡村聚落的形成、发展模式、类型划分、结构功能等方面。第二次世界大战后，随着城市的重建以及经济的迅速发展，城市化浪潮席卷全球，这不仅推动了城市地理学研究的高涨，同时也对乡村地理学的发展产生了一定的影响。虽然城市化浪潮使得大量人口涌向城市，但乡村地区仍然是人类社会的重要组成部分（Neil et al., 2005）。20世纪60~80年代，受“计量革命”的广泛影响，乡村聚落地理在方法上产生了巨大改变，开始趋向定量与定性相结合（George，1964）。此后，乡村聚落地理的研究迈入了一个全新的发展阶段，研究内容趋于丰富化和多元化（Paul，1980）。在后现代主义、人本主义地理学、结构主义地理学和批判现实主义地理学的影响下，西方乡村地理学研究范式开始向社会和人文方向转型。20世纪90年代“文化转向”进一步推动了乡村地理学理论的发展，这一转向引入了后结构主义的理论并且引发了对乡村不同社会群体乡村生活的多样性研究（Michael，2002）。进入21世纪，全球范围内的乡村聚落研究出现了显著的转变和深化。国外学者们在研究乡村聚落时，不再局限于传统的地理学视角，而是逐渐与多个学科进行融合形成了一个跨学科的综合性研究体系。这种跨学科的研究方法使得乡村聚落的研究更加全面、深入，也更能揭示乡村聚落的复杂性和多样性（Paul，2009）。研究主题也逐渐涉及人口密度与乡村聚落的关系、乡村聚落与社会经济转型发展、基于地理信息系统（GIS）方法来研究乡村聚落景观类型与土地利用可视化、城郊乡村变迁中的社区等方面（Marjanne，2007）。

随着气候变暖、人口快速增长，水资源短缺已成为全球性问题（Robinson，2003）。水土资源作为干旱区的发展基础，两者相互依存。水资源的丰度直接决定了土地开发的潜力和可持续性。水资源丰富的地区，如河流、湖泊等水源地附近，通常能够支持更大规模的农业灌溉、工业生产和城市生活用水，从而促进了土地开发的广度和深度。水系分布格局对土地开发方向也具有重要影响，不同的水系形态和流向决定了土地开发的布局和模式。随着工业化与城镇化发展，研究的关注点从乡村聚落的传统特征逐渐转移到乡村聚落空间发展模式与空间重构上，这一转变反映了人们对乡村发展认识的深化和时代的需求（Woods，2007）。其中，有学者对非洲和亚洲部分国家绿洲乡村聚落的分布与演变进行研究（Kandel and Conard，2012）。大量考古资料揭示了阿曼、以色列、南非、埃及、也门等国家绿洲乡村聚落的布局、演变与自然环境因素之间的紧密关系。这些绿洲乡村聚落作为人类在这些地区的重要居住形式和现实载体，其形成（Giraud，2009）、发展（Livneh et al.，2010）和演变深受水利、农业和土地利用等环境因素的影响。在干旱区用水、用地紧张的背景下，气候舒适度、地貌、水文、环境质量、可访问性和接近供应成为绿洲聚落选址的关键因素（Siebert et al.，2005）。

3.2.2 国内研究进展

在干旱区，由于水资源的稀缺性和环境条件的特殊性，绿洲乡村聚落的选址显得尤为重要。地形地貌、水文条件、生态环境、交通条件等成为绿洲乡村聚落选址的关键因素，这些因素共同决定了绿洲乡村聚落的选址、生存和发展。在干旱区，水是生命之源，绿洲乡村聚落的生存和发展离不开水源的供应。因此，选址时需要考虑到河流、湖泊、地下水等水资源的分布和可利用性，确保乡村聚落居民能够获得稳定可靠的水源。水土资源是内陆河流域生态系统的基础，水是生命之源，土是万物之母。水土资源的丰歉状况直接决定了内陆河流域生态系统的健康程度。只有在水土资源得到合理利用和保护的前提下，生态系统才能保持平衡和稳定，为人类社会的可持续发展提供坚实的生态保障。内陆河流域的水土资源具有敏感性和脆弱性。由于气候变化、人类活动等多种因素的影响，内陆河流域的水土资源面临着日益严峻的挑战（王录仓和高静，2014）。绿洲作为生态系统的一部分，其规模和稳定性直接影响到乡村社会的可持续发展（杨发相，1990）。绿洲的规模决定了可以承载的人口数量和经济活动的规模，而环境稳定性则关系到农村居民的生活质量和生态系统的健康。水资源基础则是绿洲人地共生发展的核心，它决定了乡村聚落的发展方向和潜力（乔标等，2005）。一方面，绿洲生态系统的“唯水性”特点体现在其对水资源的极度依赖（乔标等，2006）。绿洲作为干旱区中的湿润岛，其形成和维持完全依赖于外部水源的供给。这种对水的依赖性不仅决定了绿洲的规模和分布，也影响了绿洲型乡村地区的规划和布局。在乡村发展过程中，水资源的获取、分配和利用成为了至关重要的环节。因此，干旱区往往具有独特的水资源管理和利用策略，以确保农村地区的可持续发展（赵克俭等，2005）。另一方面，绿洲生态系统的“旱生性”特点则体现了其适应干旱环境的特殊生存策略。这种适应性使得绿洲生态系统在干旱区中具有独特的生态功能，如保持水土、调节气候、维护生物多样性等。这些功能进一步影响了绿洲型人类社会的生态环境和居民生活方式（方创琳等，2004）。自然环境特征对绿洲人居环境格局的演变起着决定性的作用。它限制了绿洲发展所必须遵循的自然发展规律、生态环境格局和生态承载力阈值。例如，水资源的有限性决定了绿洲的规模和分布，而气候和地貌条件则影响了绿洲的生态环境和乡村发展潜力（杜宏茹和刘毅，2005）。我们需要在充分认识和尊重自然规律的基础上，通过科学合理地规划和管理，实现绿洲乡村的可持续发展（张小雷和雷军，2006）。绿洲作为干旱地区中独特的生态现象，其微观特性在居民生活、农业生产以及整体布局等多个方面均有所体现。绿洲居民聚集度高的特点与绿洲的生态环境密切相关，绿洲居民的生活与耕地和灌渠之间的空间分布密切相关。然而，农村居民点的分布却相对分散，与绿洲居民的高聚集度形成鲜明对比。这主要是由于绿洲地区的地形地貌、水资源分布以及人类活动等多种因素共同作用的结果（高小琛等，2011）。

通过对现有文献进行综述，可以发现国内相关研究主题集中在两个方面：一是从规模数量、空间分布、形态模式等方面探索乡村聚落的时空演变格局及特征。例如，师满江等（2016）的研究工作综合运用了多种研究方法和技术手段，为深入了解干旱区绿洲乡村聚落的演变规律提供了有力的支持。他们的研究成果不仅丰富了我们对乡村聚落的认识，也为干旱区绿洲的可持续发展提供了重要的科学依据。杨凯悦等（2020）通过对黄土高原地区乡村聚落的空间分布和规模等级特征等进行探讨，研究发现该地区的乡村聚落规模处于非均衡发展阶段，其空间布局具有明显的历史继承性。马利邦等（2018）的研究不仅深化了对绿洲乡村聚落时空演变特征的认识，也为理解乡村聚落与水土资源的关系提供了新的视角。其综合运用景观格局指数及空间耦合关联等方法，对河西走廊绿洲区乡村聚落的时空演变格局展开了深入分析，并探讨了乡村聚落与水资源、土地资源之间的耦合关系。二是在乡村聚落空间扩张的预测模拟研究中，采用了更为综合和前沿的方法。他们在已有的研究方法基础上，将历史土地利用数据与人工神经网络（ANN）相结合，对2030年通州区乡村聚落空间扩张的未来发展趋势进行了科学预测。他们认为乡村聚落的演化是一个复杂且多维的过程，它受到自然区位、社会经济、政府政策等多因素的共同影响。例如，周国华等（2011）在乡村聚落演变的研究中，从宏观层面提出了一个三轮驱动机制，该机制包括基础因子、新型因子和突变因子，为理解乡村聚落的演变过程提供了新的视角。

3.3 绿洲乡村现状特征

3.3.1 乡村人口发展现状

乡村人口是农村社会的基础和支柱，其数量、结构和素质直接关系到乡村经济发展、社会稳定和国家整体发展。绿洲地区的乡村人口发展受到地理环境、资源条件、经济发展等多方面因素的影响，具有一定的特殊性。深入了解绿洲乡村人口的发展现状，把握其特点和问题，对于制定有针对性的政策措施、促进绿洲地区乡村振兴具有重要意义。下面以甘肃绿洲为例，分析乡村人口发展的现状及特征。

1. 人口规模

随着城镇化进程不断加快，为谋求更好的生活和更高的收入，乡村人口不断向城镇转移，导致乡村人口规模不断减少。绿洲乡村发展深受自然条件和社会经济条件的制约，乡村人口外流特征更加明显。第五次、第六次和第七次全国人口普查数据显示，绿洲乡村人口规模变化在不同时期具有不同的变化特征，但总体呈现减少的趋势（表3-1）。

表3-1 2000年以来河西走廊绿洲地区乡村人口规模变化

地区	第五次全国人口普查/万人	第六次全国人口普查/万人	第七次全国人口普查/万人	2021年		2022年	
				人口数/万人	占比/%	人口数/万人	占比/%
酒泉市	48.50	53.07	36.31	36.63	34.78	35.91	34.10
张掖市	90.32	77.04	53.99	53.29	47.48	52.10	46.51
武威市	146.78	130.43	75.46	74.73	51.78	73.20	50.65
金昌市	20.68	17.37	9.52	9.39	21.57	9.17	21.10
嘉峪关市	2.31	1.46	1.56	1.76	5.57	1.75	5.53
总计	308.59	279.37	176.84	175.80	40.23	172.13	39.40

2000~2010年为我国城镇化进程加速发展阶段。特别是随着西部大开发战略的提出，进一步将西部的资源优势转化为经济优势，加快了西部地区城镇化进程。这一时期武威、张掖和金昌等地区的乡村人口减少明显，但受到城镇化发展水平的限制，包括就业机会有限、社会保障制度不完善等，以及农村居民对城市生活适应的不确定性，乡村人口减少的速率相对较慢。2010年以来城镇化发展进入提质增速阶段。随着社会经济的发展和改革的持续深入，城市基础设施更加完善、就业机会不断增多，这一时期大量乡村人口向城市转移，对比第六次和第七次全国人口普查数据，金昌绿洲乡村人口减少7.85万人；武威绿

洲乡村人口减少54.97万人。从三次全国人口普查数据总体来看，武威绿洲乡村人口减少规模最大，减少人口数为71.32万人；其次为张掖，绿洲乡村人口减少数量为36.33万人；酒泉和金昌绿洲乡村人口减少数量较少，分别为12.19万人和11.16万人；嘉峪关乡村人口数量减少规模最小，减少人口0.75万人。

截至2022年末，甘肃绿洲地区总人口规模为436.90万人，其中乡村人口数量为172.13万人，占总人口规模的39.40%。武威绿洲乡村人口规模最大，乡村人口数量为73.20万人，占武威总人口的50.65%；其次为张掖和酒泉，嘉峪关绿洲乡村人口规模最小，仅占本市常住人口的5.53%。

2. 人口分布

绿洲所处的干旱区气候干燥、降水稀少，加之受资源条件和地域环境的双重影响，乡村人口地域分布不均衡的特征显著，绝大多数人口集中在水资源条件相对较好的中部绿洲区。随着城镇化发展，乡村人口逐渐向城镇转移，绿洲地区人口压力呈现出以城镇为高值中心并向外围乡村递减的“核心-边缘”结构。

绿洲乡村人口的空间分布与乡村聚落的空间分布基本一致，主要可以概括为条带状、团块状和星点状三种分布形态。靠近河流和道路干线有利于生产生活，吸引了人们在此定居，形成了条带状的人口分布形态，随着乡村聚落的不断集聚，人口密度也随之增加，在不受环境和生存条件制约的前提下，条带状人口分布会沿着河流和道路不断延伸。绿洲城镇通常是人口密集、经济发展水平高的地区，周边乡村地区人口被吸引，集聚形成具有位序-规模等级的乡村聚落，从而形成了团块状的人口分布形态。绿洲边缘、绿洲-荒漠和绿洲-山地过渡带地理环境复杂、资源分散且人口稀少，乡村聚落零散分布，形成了星点状的人口空间分布特征。

3. 人口结构

根据第七次全国人口普查结果（表3-2），河西走廊绿洲地区人口中，0~14岁人口为27.33万人，占总人口的15.41%；15~44岁人口为49.78万人，占总人口28.06%；45~59岁人口为63.87万人，占总人口36.01%；60岁及以上人口为36.40万人，占总人口20.52%。从各地区人口主要年龄段看，0~14岁人口占比普遍较小，武威市最高仅为17.53%；15~44岁人口占比较大，除金昌市占比较小外，其他地区人口占比均大于25%，嘉峪关市最高为30.41%；45~59岁人口占比最大，各地区虽有不同但占比相差较小；60岁及以上人口占比相对较大，除武威市最低为17.88%外，其他地区占比均大于20%，金昌市占比高达28.69%。可以看出，15~59岁年龄段的人口占绝对优势，尤其是各地区45~59岁年龄段人口数均大于15~44岁人口数，这表明绿洲地区人口以中年和中老年人口为主，未来人口老龄化风险极大。从不同年龄段人口的地域分布看，武威市各个年龄段人口数均大于其他地区，其次为张掖市和酒泉市。

表 3-2　河西走廊绿洲地区不同年龄段人口数及占比

地区	0～14 岁		15～44 岁		45～59 岁		60 岁及以上	
	人口数/万人	占比/%	人口数/万人	占比/%	人口数/万人	占比/%	人口数/万人	占比/%
酒泉市	5.44	14.39	11.09	29.35	13.17	34.85	8.09	21.41
张掖市	8.01	14.54	15.57	28.26	19.45	35.31	12.06	21.89
武威市	12.77	17.53	20.26	273.80	26.80	36.78	13.03	17.89
金昌市	0.92	9.29	2.33	23.54	3.81	38.48	2.84	28.69
嘉峪关市	0.19	10.92	0.53	30.46	0.64	36.78	0.38	21.84
总计	27.33	15.41	49.78	28.06	63.87	36.01	36.40	20.52

从人口性别结构看，河西走廊绿洲地区男性数量为 93.65 万人，占总人口 51.42%；女性数量为 88.49 万人，占总人口 48.58%（图 3-1）。从各地区男性和女性数量占比来看，男性数量占比整体高于女性数量占比，其中嘉峪关男性和女性数量占比相差较大，男性占比 55.32%，女性占比 44.68%；张掖和武威等男性数量和女性数量占比相差较小。从不同年龄段来看，60 岁以下人口男性数量占比均高于女性，其中 0～19 岁人口男性数量占比略高于女性，20～59 岁人口男性数量占比明显高于女性；60 岁及以上人口，男性数量占比整体上略小于女性，尤其是 65 岁以上人口。

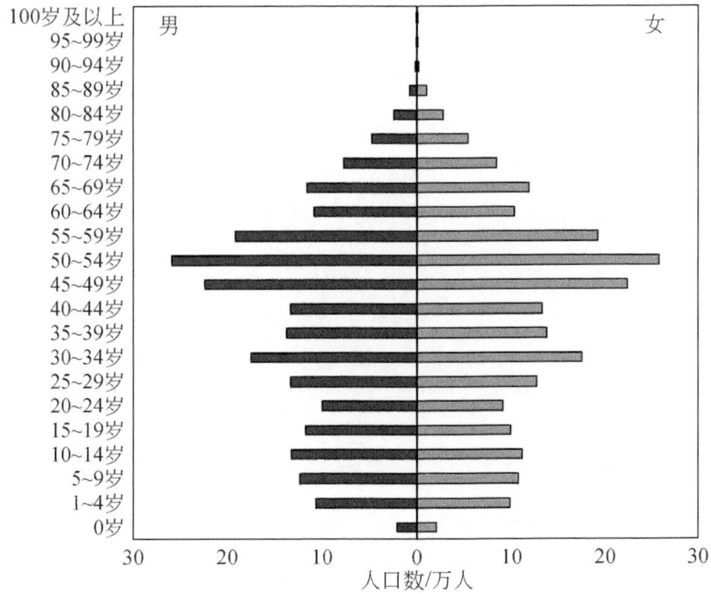

图 3-1　河西走廊绿洲地区人口年龄段性别金字塔

数据来源：甘肃省第七次全国人口普查统计数据

第3章　绿洲乡村概述

3.3.2 乡村经济发展现状

近年来，绿洲地区以乡村振兴战略为抓手，坚持深入推进农业供给侧结构性改革，努力提高农业综合效益和竞争力，发展现代寒旱特色产业，聚力发展绿色循环农业、现代设施农业和智慧农业，不断促进农业高质高效发展，农业农村经济呈现稳中提质、稳中趋优的良好发展态势。农村居民收入增速快于城镇居民收入增速，城乡居民人均收入差距继续缩小。农业供给侧结构性改革取得成效，农民收入继续保持较快增长，为绿洲地区农村经济社会发展提供了有力支撑。

1. 农业经济

西部大开发以来，绿洲地区充分发挥地域优势，探索形成了各具特色的农业经济发展模式。2000 年以来，绿洲地区农业农村经济总体呈现稳中有增的良好态势，2022 年农林牧渔业总产值达 10 682 792 万元（表 3-3）。2022 年武威农林牧渔业总产值为 3 743 332 万元，占整个绿洲地区农林牧渔业总产值的 35. 04%。种植业发展水平持续提升，2022 年农作物种植面积达 396. 2 万亩，相比 2021 年增加 10. 9 万亩，其中粮食播种面积 240. 3 万亩，产量 124 万 t，同比增长 1. 5%，经济作物播种面积 122. 8 万亩，比 2021 年净增长 8. 8 万亩。蔬菜和瓜类等特色优势产业规模稳步提升，产量分别为 291. 4 万 t 和 18. 7 万 t，分别同比增长 7. 4% 和 72. 3%。规模化养殖稳步增长，畜牧产品产量大幅增长。酒泉市农业经济发展势态良好，总量保持稳定增长。2022 年酒泉市市地区生产总值 840. 0 亿元，比上一年增长 6. 1%，其中第一产业增加值 143. 3 亿元，增长 6. 5%；农林牧渔业总产值达到 2 966 988万元，增长 6. 4%，农业总量连续 9 年保持全省第一。张掖市 2022 年全市地区生产总值 581. 51 亿元，比上一年增长 6. 1%，其中第一产业增加值 170. 33 亿元，同比增长 6. 36%；农林牧渔业总产值为 3 169 807 万元，占绿洲地区农林牧渔业产值的 29. 67%。农作物播种面积 474. 88 万亩，增加 7. 25 万亩，同比增长 1. 55%。粮食产量、蔬菜产量、园林水果产量、中药材产量和肉类、牛奶产量等均实现了不同幅度的增长。嘉峪关市以发展精品、珍品、旅游观光“两品一游”城郊型特色农业为重点，把农业产业化经营作为促进农业增效、农民增收的根本措施，现已初步形成农业产业化经营格局。围绕培育区域性优势产业和地方性特色产品，通过积极引导群众调整产业结构，现已形成优质洋葱、精细蔬菜、特色制种、优质西甜瓜、优质土豆、优良畜禽等优势产业和特色产品。2022 年金昌市地区生产总值 522. 52 亿元，其中第一产业增加值 32. 46 亿元，同比增长 5. 9%，增速分别高于全国、全省 2. 9 个和 0. 2 个百分点。农林牧渔业产值为 698 104 万元。金昌市市农作物播种面积同比增长 1. 96%，蔬菜种植面积 27. 45 万亩，同比增长 10. 77%，蔬菜产量 105. 14 万 t，同比增长 12. 14%。

表 3-3　河西走廊绿洲地区农林牧渔业总产值

地区	2000 年		2010 年		2020 年		2022 年	
	总产值/万元	占比/%	总产值/万元	占比/%	总产值/万元	占比/%	总产值/万元	占比/%
酒泉市	273 765	24. 41	1 000 023	30. 45	2 271 171	28. 16	2 966 988	27. 78
张掖市	399 450	35. 62	1 069 020	32. 56	2 418 238	29. 99	3 169 807	29. 67
武威市	355 072	31. 66	976 361	29. 73	2 713 771	33. 65	3 743 332	35. 04
金昌市	82 638	7. 37	198 759	6. 05	575 520	7. 14	698 104	6. 53
嘉峪关市	10 545	0. 94	39 559	1. 21	85 552	1. 06	104 561	0. 98
总计	1 121 470	100. 00	3 283 722	100. 00	8 064 252	100. 00	10 682 792	100. 00

2. 产业结构

乡村经济是国家经济的重要组成部分，也是农民谋求生计的重要来源。绿洲地区水资源相对充足，为农作物生长提供了充足保障，因此成为干旱地区中的重要的农业产业集中地。随着绿洲乡村经济的快速发展和转型，乡村产业结构不断调整和优化，传统的农业生产已经逐渐向多元化、多产业并存的格局转变，呈现出新的发展趋势。当前，绿洲乡村产业已经形成以农业为主导，兼顾畜牧业、工业产业和旅游业等多个领域的产业结构模式。

（1）农业依然是主导产业

农业依然绿洲乡村经济发展的主导产业，仍然在产业结构中占据主导地位，同时，随着农业产量的增加和市场需求的变化，农副产品加工业逐渐兴起。近年来，以张掖市为代表的绿洲地区大力实施乡村振兴战略，深化农业农村改革，围绕制种玉米、蔬菜、中药材、食用菌、肉牛、奶牛等特色优势产业，深入推进现代丝路寒旱农业特色优势产业，按照“建基地、强龙头、延链条、兴园区、育集群、创品牌、拓市场”的思路，加快建设各类园区，全力打造玉米制种、绿色蔬菜、肉奶牛、特色种养四大产业，农业产业化基地面积不断扩大。酒泉绿洲作为典型的绿洲灌溉农业区，自然条件优越，是全国重要的商品粮棉基地和特色农产品制种基地。

（2）通过农畜产品精深加工推动现代农业转型发展

例如，武威绿洲已初步形成“沿山沿川沿沙三大产业带”，牛、羊、猪、禽、果、菜、菌、草产业发展势头强劲，以农产品精深加工为主的生态工业蓬勃发展。坚持用高新技术和先进适用技术推动传统产业实施产业链培育行动和质量提升行动，开发高附加值产品，提高特色优势产业质量效益。以产业园区为载体，重点围绕全国优质绿色食品生产供应基地建设，大力发展以特色畜产品加工、特色果蔬加工、特色酿造加工、特色主食加工为主的农畜产品精深加工业。强化技术改造和产品研发，集中优质要素资源，打造形成特色鲜明、产品多样、品牌认知度高的产业集群。农业科技的进步对农村经济的产业结构起到了积极的推动作用。新技术和新品种的应用提高了农业生产效率，农民通过科技创新获得了更多的经济效益。例如，农村电商的兴起，为农产品销售提供了新的渠道。

(3) 乡村旅游促进绿洲乡村产业结构多元化

乡村旅游作为一种新兴的产业形态，日益受到农村地区的重视。随着旅游业的兴起，丰富的农村文化和乡土特色吸引众多游客前来观光、度假，当地居民通过整合农田、农庄等资源，打造独特的乡村旅游景区，通过开展农家乐、民宿等旅游服务项目，将农业生产与旅游服务相结合，实现产业的多元化发展，提高农民的收入水平。同时，乡村旅游业的发展需要大量的农产品供应，有效促进了当地农产品加工业的发展。农产品加工业可以为当地农产品增值，提高产品的市场竞争力，同时也为乡村旅游业提供了丰富的特色农产品，促进了产业的良性循环。随着乡村旅游业的发展，配套的服务项目和服务设施不断完善，能够促进绿洲乡村服务业的发展，为乡村产业结构的优化升级提供支撑。将当地的文化遗产和传统习俗作为旅游资本，有助于保护和传承当地的文化遗产，提升当地居民的文化自豪感和认同感，同时也为乡村旅游业提供了独特的吸引力。

综上所述，绿洲乡村产业结构的特点之一是农业的主导地位。由于绿洲地区的气候和土壤条件适宜农业生产，农业在当地经济中扮演着重要角色，是主要的产业支柱。其次是畜牧业，也在绿洲乡村产业结构中占据重要地位，为当地经济发展提供了重要支撑。随着经济的发展和城市化进程，绿洲乡村产业结构逐渐呈现出工业产业兴起的趋势，为当地就业和产业升级提供了新的动力。乡村旅游业作为新兴产业正在逐渐崛起，为绿洲乡村产业结构带来了新的发展机遇。农业、畜牧业、工业产业和旅游业等产业在绿洲乡村地区相互交织、相互支撑，形成了相对完整的产业体系，促进了产业的协调发展。

3. 农民收入

绿洲乡村作为农业生产的重要组成部分，提供了丰富的土地资源和水资源，农民通过种植农作物或发展养殖业等满足基本的生活需求。随着区域社会经济政策对绿洲乡村经济发展的影响，农业生产、农村旅游等产业的发展为当地居民提供了就业机会，提高了农民的收入水平。同时，绿洲乡村的发展也带动了相关产业的兴起，促进了当地经济的多元化发展。

近年来，河西走廊绿洲地区农村居民人均可支配收入呈现较快增长的良好态势（表 3-4）。2022 年，河西走廊绿洲地区农村居民人均可支配收入平均水平为 20 820 元，远高于甘肃省农村居民人均可支配收入。相较于 2021 年绿洲地区农村居民人均可支配收入增加 1285 元，增长 6.58%。从绿洲地区农村居民人均可支配收入水平的区域分布看，2016 年及以前，嘉峪关市农村居民人均可支配收入最高，其次为酒泉市和金昌市，武威市农村居民人均可支配收入最低；2017 年以来，嘉峪关市农村居民人均可支配收入仍保持区域最高水平，酒泉农村居民人均可支配收入实现较快增长，仅次于嘉峪关市，其次为金昌市、张掖市和武威市。

表 3-4　河西走廊绿洲地区农村居民人均可支配收入　（单位：元）

地区	2015 年	2016 年	2017 年	2018 年	2019 年	2020 年	2021 年	2022 年
酒泉市	13 603	14 596	15 764	17 104	18 609	19 912	21 923	23 416
张掖市	10 823	11 646	12 612	13 710	14 944	16 020	17 670	18 855
武威市	9 101	9 784	10 596	11 518	12 566	13 471	14 858	15 898
金昌市	11 459	12 284	13 291	14 434	15 719	16 788	18 500	19 647
嘉峪关市	15 371	16 462	17 796	19 291	21 027	22 478	24 727	26 283
总体水平	12 071	12 954	14 012	15 211	16 573	17 734	19 535	20 820

绿洲农村居民收入来源主要包括工资性收入、经营净收入、财产净收入和转移净收入四大项，近年来四大项收入实现全面增长，共同支撑农村居民人均可支配收入的稳步增长。整体来看，河西走廊绿洲地区农村居民收入结构基本稳定（表 3-5）。甘肃省全面落实稳岗就业政策，积极出台稳就业政策措施，农业生产、农村旅游等产业的发展为当地居民提供了就业机会，提高了农民的收入水平，工资性收入持续增长，乡村发展内生动力提升。2022 年绿洲农村居民人均工资性收入为 7649 元，比上一年增长 5.39%，是农村居民收入的重要来源，占可支配收入的 36.74%。经营性收入占比最大，这得益于绿洲乡村全面贯彻落实粮食安全战略，在撂荒地复耕、粮食生产和主要农产品供给等方面取得了良好效果。粮食产量丰收、畜牧业稳步发展，主要的农畜产品价格稳定，农村经营净收入稳步增长。2022 年绿洲农村居民人均经营性净收入为 10 988 元，比上一年增长 7.25%，占可支配收入的 52.78%。由于绿洲农村居民投资渠道有限、理财意识薄弱等，农村居民财产净收入仍然较低，具有较大的增长潜力。2022 年绿洲农村居民人均财产净收入 760 元，占人均可支配收入的 3.65%，比例最小，是绿洲农村居民收入的短板。随着绿洲地区加大基本民生的兜底力度，提高了居民基础养老金最低标准，完善了最低生活保障制度，提高医疗报销力度，农村居民的幸福感和获得感明显增强。2022 年绿洲农村居民人均转移净收入 1423 元，比上一年增长 9.04%，占可支配收入的 6.83%。

表 3-5　河西走廊绿洲地区农村居民人均可支配收入来源结构　（单位：元）

地区	工资性收入		经营净收入		财产净收入		转移净收入	
	2021 年	2022 年	2021 年	2022 年	2021 年	2022 年	2021 年	2022 年
酒泉市	6 686	6 802	13 395	14 535	193	189	1 649	1 890
张掖市	6 514	6 935	9 165	9 790	436	460	1 555	1 670
武威市	4 254	4 548	8 587	9 214	209	219	1 808	1 917

续表

地区	工资性收入		经营净收入		财产净收入		转移净收入	
	2021 年	2022 年	2021 年	2022 年	2021 年	2022 年	2021 年	2022 年
金昌市	6 248	6 684	9 371	9 893	1 559	1 634	1 322	1 436
嘉峪关市	12 588	13 274	10 707	11 508	1 239	1 299	193	202
总体水平	7 258	7 649	10 245	10 988	727	760	1 305	1 423

3.3.3 乡村社会发展现状

随着我国脱贫攻坚战胜利收官，乡村地区经济条件明显改善，人民生活已经摆脱了绝对贫困的困境，乡村地区的发展从脱贫攻坚转向乡村振兴的新阶段（李建琴等，2023）。绿洲乡村社会发展受地域自然环境的制约，随着城市化进程的加快和农业现代化的推进，绿洲乡村社会发展挑战与机遇并存。

从教育发展现状看，教育资源分配不均衡现象突出，大部分教育资源主要集中在城市区域，绿洲乡村教育资源紧张。加之教育经费投入不足，学校的教学设施陈旧，乡村教师数量不足，无法满足教学需求。由于教育资源的不均衡分配，绿洲乡村的教育质量普遍较低。小学和初中的教师教育水平相对有限，缺乏先进的教学理念、教学方法落后，学生的学习兴趣和能力无法得到充分发展。从绿洲乡村整体来看，教育经费占地方财政预算的比例较低，这极大限制了学校在改善教学设备和教学设施环境等方面的投入。

从医疗保障现状看，虽然国家对绿洲乡村医疗设施建设的投入力度不断加大，但是由于资金数量有限，加之各级财政投入不足，少量优质医疗资源主要集中在城市，县级医疗结构基础设施滞后，对乡村基础医疗的带动和帮扶作用较弱。绿洲乡村基础医疗设施建设尚不完善，导致医疗服务水平十分有限。村级医疗人员技术水平普遍不高，且薪资待遇较低，缺乏高水平的医疗人才，导致医疗服务水平不高，无法满足农村居民的医疗需求。此外，绿洲乡村基层医疗设施建设投入有限，业务用房面积不足、职工周转宿舍缺乏、设备配备不全等问题仍普遍存在，一定程度上影响了医疗服务的质量和效果。

从基础设施建设现状看，绿洲乡村基础设施不断完善，为乡村发展提供了有力支撑。新一轮农村基础设施建设的推进，使得农村交通、供水、供电等基础设施得到了相应改善。农村公路的建设和改造，缩短了农民的出行时间，使得农村居民能够享受到更为便捷和稳定的生活服务，这些提高对于促进农村的发展，提高农民的生活质量具有重要作用。

3.3.4 乡村人居环境现状

乡村人居环境是一个具有复杂性、动态性、区域性和历史性特征的生态社会经济系统，其涉及人类与自然环境之间的相互作用，涵盖了生活环境、生产环境、生态环境和文化环境等多个维度，具有多元化和互动性的特征。同时，乡村人居环境受到自然、经济、社会和文化等多种因素的影响，具有时空变化和区域差异的特征。

在生活环境方面，绿洲乡村基础设施与公共服务设施配套不平衡。部分绿洲乡村地区缺乏基础设施建设，如道路、供水、供电等，影响了农民的生产生活条件。乡村地区的公共服务设施如学校、医院、文化娱乐设施等相对不足，农民享受公共服务的便利性不高。乡村基础设施与城市相比存在明显差距，导致城乡发展不平衡，农村居民享受的公共服务水平较低。目前，乡村垃圾的处理方法及措施还不够完善，仍然是通过最为原始的填埋和堆放进行处理；污水处理问题依然存在，生活污水排放达标和资源化利用等问题未得到足够重视；卫生厕所的覆盖率极低，厕所革命还需进一步推进（方芳，2021）。

在生产环境方面，绿洲地区通常具有较好的灌溉条件，适宜农业生产。绿洲乡村积极贯彻落实各级工作部署，集中力量发展绿色蔬菜、奶牛肉牛、现代种业、现代设施农业，农业产业集群不断壮大。然而，在部分地区，由于土地资源受限且土壤质量不佳，影响了农作物的生长和产量。农业生产结构可能趋于单一化，缺乏多样化种植和养殖业态，因此容易受到市场波动的影响。此外，部分河西走廊绿洲乡村地区的农业生产技术水平相对滞后，缺乏现代化农业技术支持，这在一定程度上影响了农产品的质量和产量。在农业生产过程中，可能存在化肥农药过度使用、土地沙化等环境问题，对生态环境造成一定的负面影响。同时，农产品销售渠道的不畅通也是农民面临的一大挑战，这往往导致部分农产品滞销或价格波动较大，影响了农民的收益。

在生态环境方面，促进新型生态农业发展是推动乡村振兴的根本基础。将人居环境效益与现代农业经济发展相融到乡村生态效益之中，是当前乡村振兴发展战略背景下人居环境整治的重点和核心内容。绿洲乡村农业生产和经营依然是依靠自然资源的消耗和环境污染，这些现象尚未得到有效遏制。人们往往只关注经济效益的融资模式，而未能高度关注生态问题，导致对自然资源和能量的过分消耗，如畜禽粪便及其他秸秆综合利用率较低等。绿洲乡村生态环境改善的主体是农民，但当前农村面临空心化问题，集体认同感逐渐弱化，农民更倾向于关注个人利益而忽视集体利益。生态环境是一种特殊的公共物品，需要多主体协商和共同治理。长期以来，受到经济建设和乡村村民自治等因素影响，农村地区的公共治理一直过分强调效率或社会经济效益，忽视了居民生产和生活所产生的污染物对居民生态宜居性的严重影响。绿洲边缘乡村与荒漠生态环境交错共生，受土地沙化、荒漠化影响较为严重，需要提高森林植被覆盖率，减少风沙危害，控制沙漠扩张，增强绿洲系统的稳定性。

3.4 绿洲乡村价值分析

乡村在适应农业生产和满足农民生活的过程中，逐渐形成特有的社会结构和文化体系，并作为有机整体展现出特殊价值，这种价值不仅表现为乡村生产价值和生态价值，也表现为乡村的文化价值和社会价值。绿洲乡村在推进乡村振兴进程中，要深刻认识到，不是因为乡村衰败了而去挽救乡村，而是乡村有其独特和重要的功能，能满足人民群众的美好生活需要，能弥补城市功能的缺失，在现代化进程中有不可替代的作用。因此，甘肃省在推进乡村振兴的过程中，不仅要补农业农村的短板，更要扬乡村的长处，彰显乡村的价值和功能，只有全面深刻认知乡村价值，提升乡村价值，才能科学推动乡村振兴。

3.4.1 生产价值

乡村是涉农第二、第三产业的发展载体，也在成为一些高科技产业的新发展空间，能为建设现代化经济体系开辟新领域。乡村不仅是农业生产基地、食物供给之源，也是城市重要的经济腹地，具有日益多元的新经济功能。一方面，绿洲地域特征优势明显，拥有丰富的水资源，往往能够进行高效的农业生产，不仅适宜发展种植业，同时也适宜发展果树和经济作物，特别是发展特色产业，如水果、中药材等。这些特色产业不仅可以带动当地经济发展，还有利于提升乡村形象和吸引游客。另一方面，绿洲乡村由于生态环境相对优越，往往能够生产一些高品质的生态产品，如有机农产品、绿色食品等。这些生态产品在市场上有一定的竞争优势，也符合现代人对健康、环保的追求。

绿洲乡村的生产价值直接影响当地居民的经济收入和生活水平，通过农业生产、畜牧业和特色产业等，乡村居民可以获得稳定的收入来源，提高生活质量。生态产品的生产和销售也可以带动当地经济发展，增加就业机会，促进乡村经济的繁荣。绿洲乡村的生产活动促使居民之间形成合作关系，增进社会凝聚力和团结意识，同时也促进了乡村社会的发展和进步，提升居民的生活品质和幸福感。因此，乡村生产价值对社会稳定和发展具有重要意义。特色产业生产反映了当地的传统文化和乡土风情，甘肃绿洲地处沙漠边缘，光热资源丰富，武威、张掖、酒泉等地充分利用光热资源优势，积极发展大棚蔬菜、制种业等“阳光农业”，带来了巨大的经济效益，促进了绿洲乡村经济的繁荣发展。

2010 年以来，随着农村改革不断深化，以及强农惠农富农政策力度持续加大，河西走廊绿洲地区农业综合生产能力大幅提高（表 3-6）。2020 年，绿洲地区粮食产量为 344.09 万 t，相较 2010 年增加 62.47 万 t，增长幅度为 22.18%；蔬菜产量为 628.70 万 t，相比 2010 年增加 174.58 万 t，增长幅度为 38.44%；肉类产品产量为 40.51 万 t，相比 2010 年增加 10.58 万 t，增长幅度为 35.35%；奶类产品产量为 19.79 万 t，相比 2010 年增加 8.06 万 t，增长幅度为 68.71%。绿洲地区乡村农产品产量的增加意味着提供更多的销售额和利润，带动当地农业产业链的发展，增加就业机会，提高农民收入，从而提升乡村的整体经济水平。保持主要农产品产量的稳定增长对于乡村及全省，乃至全国粮食安全至关重要。保障农产品产量的稳定性和增加产量可以确保足够的食物供应，也可以有效维护乡村的生产价值和社会稳定。另外，农产品产量的增加可以带动乡村的社会发展。丰富的农产品资源可以促进农村旅游业的发展，提高农产品的附加值，推动乡村产业多元化，促进当地社区的繁荣。

表 3-6　2010～2020 年河西走廊绿洲地区乡村主要农产品和畜产品产量

（单位：万 t）

地区	粮食产量		蔬菜产量		肉类产量		奶类产量	
	2010 年	2020 年	2010 年	2020 年	2010 年	2020 年	2010 年	2020 年
酒泉市	36.74	48.65	104.83	144.98	6.41	8.52	4.01	1.86
张掖市	116.21	144.54	107.71	132.13	10.23	12.26	4.62	9.11
武威市	97.08	103.38	176.52	262.90	11.93	17.94	0.80	3.15
金昌市	30.88	44.64	50.00	74.52	1.13	1.40	1.80	4.79
嘉峪关市	0.71	2.88	15.06	14.17	0.23	0.39	0.50	0.88
总计	281.62	344.09	454.12	628.70	29.93	40.51	11.73	19.79

3.4.2　生态价值

乡村是生态产品的主要供给者，良好的生态环境是农村的最大优势和宝贵财富，能提供更多优质生态产品以满足人民日益增长的优美生态环境需要。乡村活动具备明显的正外部性，如同区域中的“绿色基础设施”，为城市源源不断提供新鲜的水和空气、绿色资源、开放空间、生态屏障、调节气候、涵养水源、维持生物多样性，弥补了城市生态的不足。乡村生产方式是以尊重自然、敬畏自然为基础，乡村生活是与大自然节拍吻合的生活节奏，是一种有利于生态和生命健康的可持续的生活方式，这些都是城市人的新向往、新需求。实施乡村振兴战略，生态宜居是关键，激活乡村生态价值，建设生态文明是中华民族永续发展的千年大计。

河西走廊绿洲地理位置特殊，在长期的自然环境的作用下形成了主要包括绿洲核心区、绿洲缘边区和绿洲过渡带等生态区域。这种生态格局形成于干旱地区的独特气候和地形条件下，呈现出多样化的生态景观和生态系统，具有重要的生态价值。绿洲核心区是乡村集聚区，也是绿洲地区的主要农业生产区，拥有丰富的水资源和灌溉设施。绿洲核心区的乡村耕地、果园和人工林地布局紧凑，形成了绿色的耕作景观，为当地居民提供粮食和经济作物。绿洲核心区的生态系统稳定，生物多样性丰富，对维持当地生态平衡和农业生产至关重要。绿洲过渡带是绿洲核心区和绿洲缘边区之间的过渡区域，具有丰富的生态资源和生物多样性。这里乡村密度相比于核心区较小，湿地、草原和沙漠相互交错，形成了复杂的生态系统。绿洲过渡带对于维持绿洲地区的水文循环、土壤保持和生态平衡至关重要。绿洲缘边区是绿洲核心区和荒漠之间的过渡带，具有独特的生态环境。这里的植被覆盖相对较少，土壤贫瘠，但是适应了干旱环境的植物和动物种类繁多。绿洲缘边区的生态系统对于维持绿洲地区的生态平衡和生物多样性具有重要作用。

绿洲地区丰富多样的生态格局赋予了绿洲乡村丰富的生态价值。绿洲地区的生态系统通过水文循环和植被覆盖，维持着当地的水资源供应。绿洲地区的湖泊、河流和灌溉系统为农业生产和居民生活提供了必要的水资源保障。绿洲地区的生态系统拥有丰富的物种多样性，包括多种植物和动物物种。这些物种相互依存、相互作用，构成了复杂的生态网络，对维持生态平衡和生态稳定性至关重要。绿洲乡村的生态价值通过当地居民对植被、湿地和水资源的保护，以及对生态平衡的维护而得以实现。绿洲乡村的生态保护工作有助于提高环境质量，提升居民的生活品质。绿洲地区的植被覆盖和农田耕作方式对土壤保持起着重要作用。得益于植被的保护、合理的耕作以及有效的水土保持措施，绿洲地区有效减少了水土流失，从而保持了土壤肥力和生产力。另外，绿洲地区的独特生态景观和文化遗产吸引着众多游客前来观光旅游。发展生态旅游业不仅可以促进当地经济发展，还可以提升人们对生态环境保护的意识。

综上所述，绿洲乡村的生态格局丰富多样，具有重要的生态价值，对于保护生态环境、维持生态平衡和促进可持续发展具有重要意义。保护和管理好绿洲地区的生态系统，是实现生态文明建设和可持续发展的重要举措。

3.4.3 文化价值

乡村是优秀传统文化的发源地，是礼仪文化、农耕文化、民俗文化的重要载体；同时，它也是坚定文化自信的根基所在。乡村文化不仅表现在山水风情自成一体，特色院落、村落、田园相得益彰，更体现在独特的乡风民俗和深厚的文化底蕴之中。特别是耕作制度、农耕习俗、节日时令、民间信仰等活态的农业文化，无不体现着人与自然和谐发展的生存智慧，在食品保障、原料供给、就业增收、生态保护、观光休闲、文化传承、科学研究等方面也具有重要价值。此外，尊老爱幼、守望相助、诚实守信、邻里和睦等优秀传统，是乡风文明和乡村治理的重要文化资源。可见，乡村的优秀传统文化为乡风文明建设和乡村治理提供了有效途径。

甘肃绿洲地区地理位置独特，历史文化积淀厚重，留存有史前、上古、中古和近代以来大量的文物古迹，包括史前的聚落和墓葬遗址，以及历史时期的遗址、古城、墓葬、长城、烽燧、关隘、驿站、古道、石窟、寺院、佛塔、摩崖、古建、民居等，数量丰富，在中华文明历史长河中有不可替代的地位。同时，甘肃绿洲地区所在的河西走廊是周边几大区域文明接触、交流的中间地带和交流点。据考古发现，早在史前的马家窑文化和齐家文化中，人类文明已经在河西走廊交汇。到了乌孙、月氏、匈奴时期，在河西走廊发现的遗迹中存在浓厚的中原、中亚、西域文明的成分。到了汉唐时期，这里依然是周边几大文化交流的通道和舞台，其中以敦煌石窟艺术和藏经洞多民族语言写本为代表。综观中国历史，自汉代以来，河西走廊作为官方丝绸之路的中间通道，一直扮演着中西文明交流的重要过渡地带角色。在河西走廊绿洲的历史文明进程中，中华文明与外来文明的融合从未停止过，这种融合体现在河西走廊留存下来的丰富的历史文化遗产当中。

绿洲乡村在丰富的历史文化遗产沃土上发展，孕育了具有独特性、历史传承和社会意义的文化元素和传统。绿洲乡村通常拥有丰富的生态文化传统，包括与自然环境和生态系统相关的传统知识、技艺和习俗。这些生态文化传统反映了当地居民对自然的理解和尊重，体现了人与自然和谐相处的理念。农耕文化遗产是乡村文化价值的重要组成部分，包括种植技艺、农耕习俗、传统农具等，它们共同反映了当地居民的农耕生活方式和传统农业文化。绿洲乡村的民俗风情表现了当地居民的生活方式、宗教信仰、节日庆典等。这些民俗风情通过民间歌舞、传统手工艺、节庆活动等形式表现，彰显了当地独特的文化魅力。绿洲乡村的历史文化传承丰富多彩，从古老建筑、传统村落到口述历史，无不反映着当地人民的历史记忆和文化传统，体现了绿洲乡村在历史发展中的重要地位和作用。绿洲乡村的文化价值还体现在对生态环境的保护意识和行动上。当地居民通过传统文化和习俗传承了对自然的尊重与保护理念，促进了生态环境的可持续发展。绿洲景观的自然美景为艺术家和文化工作者提供了创作的灵感与表现空间。艺术作品可以通过描绘绿洲景观的美丽和独特之处，传达对自然、生活和文化的深刻情感。绿洲景观还是文化交流的桥梁，吸引不同地域和文化背景的人们前来参观与交流，这种文化交流互动能够促进不同文化之间的相互理解和包容，推动文化多样性的发展。此外，绿洲景观还是天然的文化教育的场所，不仅通过展示当地的历史文化、民俗风情等，为学生和游客提供学习和体验的机会，还促进了文化传承和教育。

近年来，绿洲乡村依托乡村旅游等产业逐渐充分发挥文化资源优势，基于深厚的文化底蕴，深化对传承中华优秀传统文化重要性的认识，进一步增强了乡村文化自觉和文化自信。绿洲乡村的文化价值多元、内涵丰富，对于弘扬中华文化、促进文化交流和传承具有重要意义。保护和挖掘绿洲乡村的文化价值，有助于实现文化传承和乡村振兴的目标。

3.5 绿洲乡村存在的问题

3.5.1 人口流失严重，乡村振兴建设主体缺失

人口流失问题是绿洲乡村地区面临的一个重大挑战，由此带来的乡村人口空心化问题也逐渐显现。河西走廊绿洲地区5市流失人口数量呈逐年上升趋势（图3-2）。其中，酒泉市流失人口最多，至2020年流失8.64万人；金昌市流失人口最少，至2020年流失1.67

万人；而且流失的人口以是青壮年为主。

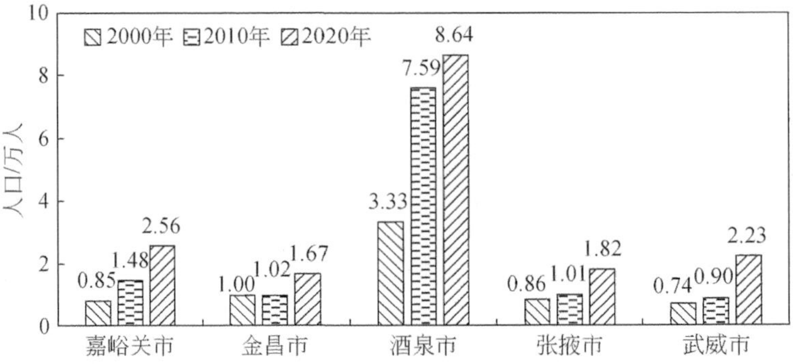

图 3-2　2000～2020 年河西走廊绿洲地区 5 市流失人口统计

2000～2020 年除嘉峪关市，其余 4 个市的 15～64 岁人口均呈现波动下降或连续下降的趋势（图 3-3）。农村青壮劳力过速非农化，加剧了留守老人、留守妇女、留守儿童问题。一些乡村文化衰退、产业衰落，“三留人口”难以支撑现代化农业与新农村建设。有地无人耕、良田被撂荒成为普遍现象，农村经济发展受到严重影响。5 个城市的人口多流向省外，主要的目的地为青海、新疆和四川等地。绿洲乡村人口流失的主要原因是经济发展滞后、就业机会不足、生态环境问题，以及基础设施和公共服务水平较低等。乡村人口流失导致当地人力资本存量下降，势必会给乡村振兴战略的实施带来阻碍。

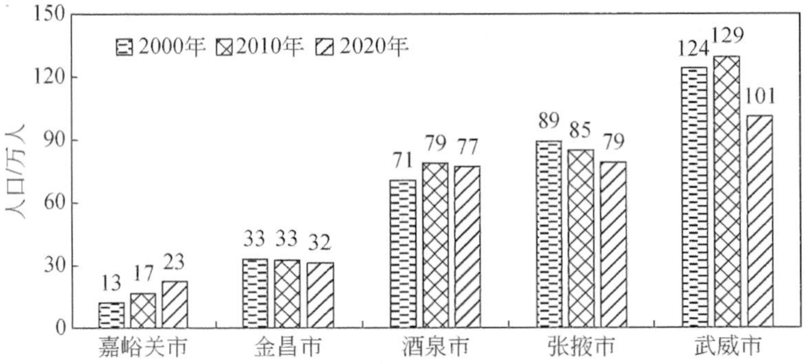

图 3-3　2000～2020 年河西走廊绿洲地区 5 市 15～64 岁人口统计

3.5.2　文化素质偏低，农业产业发展人才匮乏

据统计，河西走廊绿洲地区乡村人口的受教育水平相对较低。2020 年 5 个城市初中及以下学历的人口比例较高，超过全部受教育人口的半数（表 3-7）。这说明绿洲地区农村人口普遍缺乏职业技能和知识，难以适应现代化的生产和生活方式。同时，还存在大量乡村优秀人才外流现象。

表 3-7　2020 年河西走廊绿洲地区 5 市受教育情况统计　（单位：人）

地区	未上过学	小学	初中	高中	大学专科	大学本科	硕士研究生
嘉峪关市	1 309	22 694	36 766	25 881	23 912	11 187	485
金昌市	6 534	40 019	56 442	32 425	20 079	12 812	598
武威市	15 033	77 910	104 817	82 467	45 470	21 805	675
张掖市	11 361	80 742	109 479	66 850	35 536	32 271	722
酒泉市	12 314	71 579	111 349	69 771	47 762	25 157	641
总计	46 551	292 944	418 853	277 394	172 759	103 232	3 121

农业现代化需要有专业技能和管理能力的人才支撑，然而，河西走廊绿洲乡村的农业人才短缺，尤其是农业技术人才和管理人才。根据调查数据，河西走廊绿洲乡村的农业技术人员比例仅为20%，而农业管理人员比例更是低于10%。加快农业农村现代化，需要一批高素质新型农民，当前河西走廊绿洲地区5市乡村人口文化素质整体偏低，农业现代化发展将面临人才匮乏的困境。

3.5.3　老龄化问题突出，乡村养老面临挑战

河西走廊绿洲地区5市的乡村人口平均老龄化水平由2000年的4.06%增加到2020年的11.7%。乡村人口老龄化速度远快于城镇地区，随之而来的是乡村老年赡养压力日益加重。河西走廊绿洲地区5市乡村人口老年赡养比基本呈逐年增加的趋势。2000～2020年嘉峪关市、金昌市、酒泉市、张掖市和武威市老年人口抚养比分别上升10.51个百分点、13.39个百分点、10.69个百分点、12.84个百分点和12.97个百分点（图3-4）。根据乡村人口年龄结构预测，未来一段时间河西走廊绿洲地区5市乡村老年人口将保持快速增加态势，乡村养老问题将面临严峻挑战。

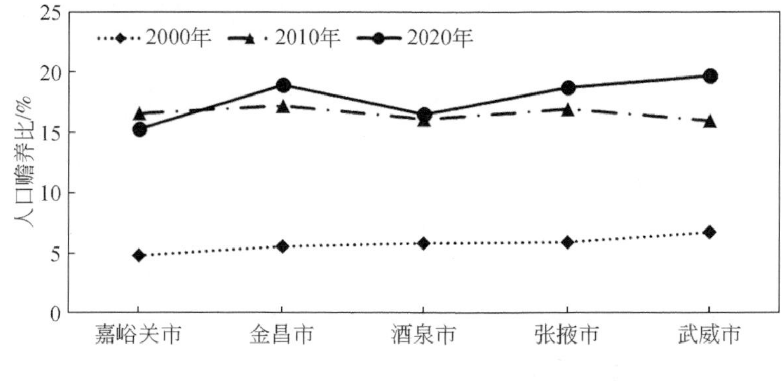

图 3-4　2000～2020 年河西走廊绿洲地区老年人口赡养比

河西走廊绿洲地区自然条件和社会经济条件差异较大，人口基数和老龄化程度也不尽相同，致使老龄化的速度和强度不同步。2000～2010 年，河西走廊绿洲地区 5 市平均老龄化水平增幅为 3. 45 个百分点，增幅最大为嘉峪关市（3. 89 个百分点），最小为张掖市（3. 03 个百分点）。2010～2020 年，河西绿洲 5 个市（州）平均老龄化水平增幅为 4. 19%，增幅最大为张掖市（5. 98 个百分点），最小为金昌市（3. 19 个百分点）（表 3-8）。

表 3-8　2000～2020 年河西绿洲地区人口老龄化水平　（单位:%）

地区	2000 年	2010 年	2020 年
嘉峪关市	3. 77	7. 66	11. 17
金昌市	4. 05	7. 89	11. 08
酒泉市	3. 92	7. 21	11. 01
张掖市	4. 14	7. 17	13. 15
武威市	4. 45	7. 59	12. 11

3. 5. 4　消费需求不旺，乡村振兴内生动力不足

全面激活乡村消费大市场，对打通城乡经济循环，促进乡村全面振兴具有重大战略意义。长期以来，受城乡二元经济结构影响，乡村地区消费需求不旺，既是经济循环的短板，也是振兴乡村的焦点。绿洲农村地区，尤其是远离城镇地区的偏远农村地区，农民参与市场经济的意识不足，且缺乏应对市场风险的能力。此外，绿洲农村服务型消费占比偏低，2020 年河西走廊绿洲地区 5 市农村居民的消费支出仍然以生存型的实物性消费为主，服务型消费占比较小，这进一步制约了乡村消费市场的多元化发展（表 3-9）。消费需求不旺主要是因为乡村经济发展缓慢，产业结构单一，导致乡村居民收入水平较低，消费能力有限。乡村旅游业发展不够成熟，缺少吸引力的旅游资源和设施，也限制了消费需求的提升。另外，由于城乡发展不平衡，乡村居民对城市商品的依赖性较高，使得乡村消费需求不足。

表 3-9　2020 年河西走廊绿洲地区 5 市居民消费价格指数　（单位:%）

指标	嘉峪关市	金昌市	酒泉市	张掖市	武威市
居民消费价格	101. 7	102. 4	101. 1	101. 9	101. 6
食品烟酒	105. 8	107. 3	105. 3	105. 1	106. 5
衣着	97. 3	101. 1	97. 7	99. 7	100. 9
居住	101. 2	100. 2	101. 7	99. 2	97. 5
生活用品及服务	99. 6	99. 9	99. 4	100. 7	100. 0
交通和通信	96. 7	98. 8	96. 2	97. 9	98. 0

续表

指标	嘉峪关市	金昌市	酒泉市	张掖市	武威市
教育文化和娱乐	101.2	99.2	100.8	101.7	100.9
医疗保健	100.9	100.2	100.3	102.0	101.0
其他用品和服务	102.5	101.7	102.2	106.4	102.7

3.5.5 生活条件存在差距，乡村人居环境有待改善

近年来绿洲地区持续推进乡村基础设施建设，乡村生活条件有所改善，然而与城镇相比仍存在一定差距。从农村人居环境来看，虽然农村“脏乱差”问题初步得到解决，但由于农村建设投资长期不足，农村人居环境依然较差，远未能充分满足农村居民日益增长的美好生活需要。从住房质量上看，城镇住房以钢筋混凝土结构为主，乡村住房以混合结构为主。从配套情况上看，城镇住户炊事燃料以燃气为主，乡村住户使用柴草燃料的仍占一定比例；乡村住宅中配备洗澡设施和管道自来水的比例均低于城镇；近四成的乡村住宅使用旱厕或没有厕所，使用水冲式卫生厕所的占比不到六成。因此，改善乡村人居环境，建设美丽宜居乡村仍需继续努力。

良好的生态环境，是农村相对于城市地区的最大优势和宝贵财富，但绿洲地区乡村环境污染问题日益突出，主要表现形式包括：①农业污染。绿洲地区农产品尤其是粮食增产高度依赖化肥、农药等农业化学品，长期过量使用农药、化肥、地膜以及规模化畜禽养殖产生的大量排泄物，导致耕地板结、土壤酸化、水污染等问题。②工业污染。一些绿洲乡村地区的工业企业排放的废气、废水、废渣等污染物对环境造成了严重破坏，影响了当地居民的健康和生活质量。③生活垃圾和污水也是绿洲乡村环境污染的重要来源。由于农村地区基础设施不完善，垃圾处理和污水处理设施缺乏，导致生活垃圾和污水随意排放，污染了土壤、水源和空气。④非法采矿、采砂等活动也加剧了绿洲乡村的环境污染。这些行为破坏了生态环境，导致水土流失、土地荒漠化等问题，给当地居民的生活和健康带来了严重的影响。

3.5.6 农业基础薄弱，乡村振兴竞争力不足

1. 水资源短缺制约绿洲农业发展

首先，绿洲地区水资源对农业发展具有重要制约作用。若水资源充足，农业灌溉条件良好，农作物产量和质量将大大提高，从而促进农业生产的发展和农民收入水平的提升。相反，如果水资源匮乏，灌溉用水不足，会限制农业生产能力，造成农田干旱，导

致农作物减产甚至绝收，严重影响农业发展。其次，水资源短缺也会影响农业结构和经济效益。在水资源匮乏的情况下，农民可能转向种植耐旱作物或降低种植密度以节约水资源，导致农业结构单一和产量下降，减少了农民的收入和地区农业经济的总体效益。这些现象直接制约了绿洲农业的可持续发展。另外，水资源供需矛盾也会导致农业生态环境问题。如果水资源过度开发利用，可能会导致水资源污染、土地盐碱化等问题，损害农田生态环境，影响土地长期耕作和作物生长，从而影响绿洲地区农业的可持续性发展。

2. 乡村产业竞争力不强

河西走廊绿洲地区总体发展水平较低，经济总量较小，截至2020年地区生产总值约占甘肃省生产总值的25.41%，处于相对较低的水平。河西走廊绿洲地区传统制造业较多，而传统制造业在价值链中处于低端，产业链条较短且集聚程度较低，导致产品竞争力不足，面临较大的结构转型升级压力；科技创新能力较弱，且地区间的协同创新机制尚不健全，这限制了创新驱动的发展模式；创新创业服务体系不完善，缺乏有效的政策支持和引导，导致创新资源分散，难以形成有效的创新网络；民营经济发展滞后，对高端要素的吸引能力不强，在一定程度上制约了经济的增长和产业结构的优化升级。以武威市为例，当地工业发展相对较为薄弱。统计数据显示，2000～2020年，武威市的国内生产总值从63.63亿元增长至526.41亿元，虽处于稳定增长态势，但第二产业增加值仅从18.61亿元增长至85.12亿元，增幅较为有限。第一、第三产业增加值则分别从22.37亿元、22.65亿元增长至161.71亿元、279.59亿元，增幅远高于第二产业。

产品类型方面，绿洲地区企业生产的产品主要集中在加工产业，产品技术含量较低，缺乏具有市场竞争力和特色的新产品。这导致这些产品难以进入国内外市场，市场推广受到限制。因此，缺乏产品的差异化和竞争优势，也制约了当地农村聚落的经济发展和空间演化。此外，与全国水平相比，河西走廊绿洲地区的多数特色林果业还缺乏有效的市场竞争力，有些地区农产品的产业结构比较单一、科技含量低、农业市场化程度低、产业链条短，新型经营主体综合实力和带动能力较差，无法与其他省市形成强有力的竞争。

3.6 绿洲乡村发展机遇

当今世界正经历百年未有之大变局，我国已迈上全面建设社会主义现代化国家新征程。“十四五”时期，河西走廊经济带处在多重机遇的叠加期。习近平总书记视察甘肃时作出的一系列重要指示为河西走廊经济带发展带来历史性机遇。新发展格局的构建、“一带一路”建设、西部陆海新通道建设的深入推进、新时代西部大开发新格局的推进、黄河流域生态保护和高质量发展及乡村振兴战略的深入实施，为河西走廊经济带和绿洲的建设与推动高质量发展提供了新的发展机遇。

3.6.1 绿洲乡村金融

绿洲乡村金融为农村地区提供了多元化的金融服务。通过金融机构的支持，绿洲地区农民获得了更便捷的贷款和资金支持，用于发展农业、养殖、种植和农村产业等，促进了农村经济的发展和农民收入的提高，推动农村地区实现经济转型和可持续发展。创业者可以通过金融机构的贷款和信用担保等方式，获得创业资金，开设农产品加工厂、农家乐、乡村旅游等业务，创造就业机会并提高农民收入。借助金融创新手段，发展农村电商平台、农产品合作社等，帮助农民将产品推广到更广阔的市场，支持农产品的流通和营销。同时，金融机构提供的供应链金融服务可以促进农产品的产销一体化，加强农产品质量安全和溯源体系的建立，提升农产品的市场竞争力。通过建立更加完善的金融体系和服务网络，提供包括存贷款、保险、支付结算等全方位的金融服务，提升农民获得金融服务的便利性和可及性，满足农民的多元化金融需求，同时帮助农户提高金融素养和风险管理能力。通过投融资、风险管理、金融产品创新等方式，助力农村产业升级、农村基础设施建设、农村环境保护等方面的发展。

近年来，通过市县择优推荐、多轮对接筛选、专家评估论证等方式，甘肃省财政厅与张掖市和金昌市分别签订了张掖市乡村振兴投资基金协议和金昌市农业特色产业投资基金协议，率先成为甘肃省乡村振兴投资基金的首发签约对象。同时，甘肃省财政厅与多家省内金融机构签署了金融支持乡村振兴投资基金战略合作协议，以凝聚金融机构、投资机构等各方力量，全面支持甘肃省河西走廊绿洲地区乡村振兴和县域经济发展。此外，中国人民银行甘肃省分行通过“精准”对标绿洲乡村主体需求、“精心”培育品牌、“精细”业务管理，深化移动支付便民工作建设，指导银行和支付机构持续优化“支付 App+”服务体系，推介新型支付工具应用，推动甘肃绿洲地区“云闪付之城”建设，提升乡村旅游示范村餐饮、零售等场景服务，全面实现“点对点”支付、集中化收银，为甘肃省河西走廊绿洲地区乡村可持续发展提供了良好的资金保障。

3.6.2 绿洲地区改革开放程度深化

深化改革开放为绿洲地区乡村发展注入了新的活力和创造力，提供了持续的创新动力。随着深化改革开放进程的持续推进，绿洲乡村地区在破除体制机制弊端、活化资源要素流动等方面取得了巨大成就。新形势下深化农村改革，主线仍然是处理好农民和土地的关系，尤其体现在坚持和完善农村基本经营制度、深化农村土地制度改革、创新现代农业经营体系、完善农业支持保护制度、健全城乡融合发展体制机制、创新乡村治理体系等方面。

近年来，随着甘肃省河西走廊绿洲地区改革开放的进一步深化，政务环境、营商环境、开放环境持续改善。“放管服”改革持续发力，“不见面”审批、“不来即享”全面推开，发展环境更加优化。国企改革有序推进，混合所有制改革取得积极进展。甘肃省河西走廊绿洲地区通过加强与周边地区和国家的贸易合作，促进了地区内外的贸易往来。为吸引外商投资和推动经济发展，甘肃绿洲地区积极建设经济合作区，通过提供优惠政策、便利条件和服务保障，吸引了更多的国内外企业前来投资兴业，促进了经济的多元化和结构优化，进一步加大了与中亚、西亚等国家的经贸合作力度，还积极参与“一带一路”建设，拓展了对外贸易渠道，加快了融入“一带一路”的进程。此外，加速发展交通物流体系，推进陆港、空港等物流基础设施建设，提升了交通运输效率。例如，武威国际陆港和嘉峪关、敦煌国际空港建设稳步推进，酒泉被列入国家陆港型物流枢纽布局规划，对内对外交流合作更加密切。除了经济领域，甘肃省河西走廊绿洲地区还加强了与其他国家的文化交流合作。通过举办文化展览、艺术交流、学术研讨等活动，增进了地区间的相互了解和友好关系，为未来的合作共赢打下了良好基础。

3.6.3 绿洲村民回乡创业

返乡创业农民通过在外务工，形成了创业资金、技术、信息、人力资本等方面的优势，与家乡自然地理、创业政策等优势资源整合，能有效带动地区经济社会发展。全国农民工返乡创业试点区、国家“双创”示范基地贵州省遵义市汇川区就是通过农民创业盘活农村闲置资源，培育农村新产业、新业态，调优农业产业结构，促进农村一二三产业融合发展，有效促进了乡村振兴战略实施。例如，返乡农民工创办的“梦润鹌鹑”“大坡葡萄”“杨老大米粉”等一批特色种植养殖基地和农产品加工企业迅猛发展，带动了特色种植养殖、农产品精深加工、餐饮服务、乡村旅游等产业蓬勃发展，形成了以山地高效特色农业、农旅一体化、农产品精深加工等为主导的现代农业产业集群。

在河西走廊绿洲地区，返乡创业农民已经为绿洲乡村的发展带来了诸多成效，为绿洲乡村的可持续发展和乡村振兴注入了强大动力。以张掖市高台县为例，当地深入贯彻习近平总书记关于“鼓励外出能人返乡创业”的重要批示精神，把做好农民工等人员返乡入乡创业作为重大政治责任，先后被评为国家级开展支持农民工等人员返乡创业试点县、省级农民工返乡创业示范县。2018～2023年，累计吸引各类返乡入乡人才1.3万人，实现人才引进与创业发展同频共振、精准对接；充分利用多种媒介，全方位、多层次宣传各类创业信息，年均举办“春风行动”“直播带岗”等线上线下招聘活动90余场（次），发布用工信息5800余条，提供就业岗位15000多个，为返乡入乡人员搭建“全天候”“全链条”创业载体，提供“一站式”“一条龙”对接服务平台。嘉峪关市通过提高创业担保贷款额度，将小微企业和个人创业担保贷款额度在现行最高担保额度的基础上提高20%，发放创业担保贷款2088万元，吸纳带动就业144人。除此之外，嘉峪关市积极加强创业就业孵化示范基地建设，3家创业就业孵化示范基地入驻企业和个体工商户到达122户，吸纳带动就业1147人；积极落实“陇原惠岗贷”政策，共为41户企业发放“陇原惠岗贷”6602万元。

3.6.4 绿洲乡村环境

良好生态环境是绿洲农村最大优势和宝贵财富。国家大力推动绿洲乡村自然资本增值提速，实现百姓富、生态美的统一，深入落实“双碳”目标。具体要求包括加强工业企业碳排放改造，大力发展河西走廊新能源；加快推动金昌、敦煌国家低碳城市和嘉峪关国家低碳工业园区建设，鼓励金昌、嘉峪关等重点工业城市率先达峰；加快森林、草原碳汇项目储备，积极参与市场交易；促进科技创新与绿色产业发展深度融合，共同推进重点行业和重要产业绿色化改造，大力提升非化石能源消费比例；发展壮大环保节能产业，推广绿色低碳生活方式，加快现有建筑节能改造和城市建筑绿色化，推广清洁能源汽车，开展“零碳”城市创建活动；探索自然资源等生态产品价值评估、核算和价格形成机制，深入推进排污权、用能权、用水权、碳排放权市场化交易等。

国家高度重视绿洲乡村人居环境优化，统筹推进多方整治工作。在垃圾治理方面，建立健全符合绿洲农村实际、方式多样的生活垃圾收运处置体系，推进垃圾就地分类和资源化利用，着力解决绿洲农村垃圾乱扔乱放的问题。在污水治理方面，持续推进绿洲农村“厕所革命”，开展卫生厕所建设改造和粪污治理，普及不同水平的卫生厕所，因地制宜梯次推进绿洲农村生活污水治理，着力解决绿洲农村污水横流、水体黑臭等问题。在村容村貌提升方面，以通村组道路、入户道路为重点，彻底解决绿洲农村通行不便、道路泥泞的问题，同时推进公共空间和庭院环境整治，加强传统村落民居和历史文化名村名镇保护，为绿洲乡村事业的发展奠定基础。

3.6.5 乡村旅游业

乡村旅游是旅游业的重要组成部分，对于全面推进乡村振兴具有重要意义。党的十八大以来，习近平总书记高度重视乡村旅游工作，强调“全面推进乡村振兴，要立足特色资源，坚持科技兴农，因地制宜发展乡村旅游、休闲农业等新产业新业态”。绿洲乡村拥有优美的自然风光、丰富的生态资源和独特的文化特色，这些优势为发展生态旅游、文化旅游等提供了得天独厚的条件。新时代的乡村振兴，要把特色农产品和乡村旅游搞好。乡村旅游高质量发展是乡村振兴的重要标志和主要成果，又是助推乡村振兴的有效载体。随着国家对乡村旅游业的支持，绿洲乡村地区的乡村文化旅游价值、农民的积极性主动性创造性等不断提高，为绿洲乡村旅游业的发展带来了极大的机遇。

2016年，甘肃省设立大景区管委会，在此基础上，张掖丹霞、敦煌雅丹等旅游大景区启动创建5A级旅游景区工作。同时河西走廊绿洲地区依托大景区建设，加紧创建国家全域旅游示范区，乡村旅游业得到快速发展。嘉峪关市通过改善乡村旅游基础设施、培育乡村旅游业态、完善乡村公共文化服务、优化乡村旅游服务环境等措施有力推动和促进了乡村旅游的整体发展。截至2023年，嘉峪关市共有星级农家乐51家、星级乡村旅馆（民宿）33家、全国乡村旅游重点村1个（黄草营村），省级乡村旅游示范村6个。金昌市坚持以文旅融合为重要抓手，注重旅游服务品质提升，通过开展文明旅游志愿服务活动、举办文旅行业培训班等方式快速提升全市文旅行业服务技能水平。2023年，金昌市共接待旅游人数859.9万人次，实现旅游综合收入48.6亿元，同比分别增长177.4%和196.3%，全年实施重大文旅项目5个并完成投资2.65亿元，招商引资到位资金2.74亿元。2023年1～11月，甘州区乡村旅游接待游客966.64万人，实现旅游收入28.99亿元。酒泉市充分利用敦煌文化、丝路文化、长城文化、边塞文化、红色文化、航天文化等多种文化聚集的特质，全面带动乡村旅游同步发展；通过大敦煌文化旅游经济圈建设，实施旅游景区建设提升、旅游小镇建设、乡村旅游提升、星级饭店和特色民宿建设、文化旅游品牌创建等九大工程，着力打造世界文化遗产保护典范和敦煌学研究高地。

3.6.6 绿洲乡村电商

随着数字经济的兴起，电子商务成为乡村经济的重要组成部分。通过电商平台，绿洲乡村可以将当地特色农产品、手工艺品等推向全国甚至全球市场，拓展销售渠道，提高产品的知名度和市场竞争力，为乡村经济发展注入新的动力。河西走廊绿洲地区把建立农村电商平台，作为对农村工作的重点进行落实。中国人民银行甘肃省分行积极响应甘肃河西走廊绿洲5市电商扶贫发展需要，以“金融服务+电子商务+移动支付”模式优化支付服务环境，推动绿洲地区电商从试点到示范的成功跨越；集中开展“甘味”系列农业特色产品线上推介，帮助当地特色企业和农户、众多特色商品拓宽销售渠道。

在甘肃河西走廊绿洲地区，永昌县充分发挥国家电子商务进农村综合示范县带动效应，全方位推动电商产业高质量发展，2021年完成网上销售额1.62亿元，同比增长168%。金昌市全力支持金川区电商创业园发展数字经济和新农村电商两大核心产业。张掖、武威、酒泉等绿洲乡村电商通过网络平台嫁接各类服务于农村的资源，配合密集的乡村连锁网点，以数字化、信息化的手段，通过集约化管理、市场化运作、成体系的跨区域跨行业联合，构筑紧凑而有序的商业联合。嘉峪关市构建了电商市场体系“最先一公里”，打造农村电商市场体系，推动电商企业组织化、专业化、规模化程度，促进物流、金融等现代服务业加快发展，带动传统产业和实体经济转型升级。金昌市金川区通过“合作社+农户+电商”模式，鼓励低收入家庭发展“庭院散养、设施种植、陆地果蔬”等小产业，当地土鸡、土鸡蛋、有机蔬菜等农特产品，借助电商渠道，销往全国。

第4章

绿洲乡村聚落时空演变研究

乡村聚落空间及周边环境共同构成了生产、生活、生态的功能空间，是人们物质生产和精神生活的物质载体。随着社会经济转型、经济结构调整、社会关系变迁以及城乡要素融合不断冲击着绿洲乡村聚落空间，这些因素导致其演变加速，且绿洲不同区域的乡村聚落由于自然本底条件的不同，聚落呈现出不同的演变特征。基于此，本章运用核密度分析、冷热点及地理探测器等方法，从聚落的空间格局演变及机制分析、聚落质量评价及其空间重构、聚落与水土资源的空间耦合关系以及聚落演变模式及优化模拟四个方面展开研究。深入分析聚落及周边环境的演变特征和趋势，并探究其驱动机制，从而协调经济增长与生态之间的关系，实现绿洲乡村聚落生产、生活、生态空间的融合，促进绿洲乡村聚落健康持续发展。

4.1 引　　言

聚落是人类为了生产和生活的需要而集聚定居的各种形式的居住场所，也可称之为居民点。按照性质与规模等的不同，聚落通常划分为城市聚落和乡村聚落两大类。目前，我国约有5.9亿农村常住人口居住在200多万个自然村中，乡村聚落是我国人口的主要聚居形式。近年来，随着我国新型城镇化的快速推进以及“三农”问题、新农村建设、城乡统筹、美丽乡村等国家重农政策的提出和实施，我国乡村进入新的发展阶段，乡村聚落空间密度和形态发生显著变化，空间结构正在重构，聚落地域功能分化凸显。与此同时，聚落面积快速无序扩张、空心化及不合理利用等现象也日益严重（孙贵艳等，2011）。这一系列问题成为制约我国乡村建设和空间合理发展的主要因素，迫切需要优化乡村空间布局，并采取相应的策略应对上述挑战。

国外乡村聚落研究相对较早，集中在乡村聚落空间布局及其影响因素（贺艳华等，2014）、乡村聚落的空间形态及类型（刘彦随等，2009）、乡村聚落模式演变及重构（王介勇等，2010）、乡村聚落用地及景观生态（罗光杰等，2010）以及乡村聚落研究视角的社会化（陈玉福等，2010）等方面；也有学者对亚洲和非洲部分国家绿洲聚落的分布与演变进行研究，得出环境因素对绿洲聚落具有决定作用，水利、农业、土地利用等与绿洲聚落分布亦存在着密切的关系（马利邦等，2015）。在干旱区用地资源紧张的条件下，气候舒适度、地貌、水文、环境质量、可访问性和接近供应成为绿洲聚落选址的关键因素（张佰林等，2015）。国内长期以来受重城轻乡思想的影响，乡村聚落研究始终滞后于城市聚落研究。近年来，受到国家农村发展战略的驱动，部分学者对乡村聚落的形态与结构（海贝贝等，2013）、乡村聚落功能（郭晓东等，2012）、乡村聚落演变及驱动机制（杨忍等，2012），以及乡村居民点空心化和土地整理（龙花楼等，2009）等开展了一系列研究。研究区域主要集中在西南喀斯特山区、黄土高原丘陵区、黄淮海平原、环渤海地区、长株潭地区等，研究方法逐步向综合方向发展，对 GIS、遥感（RS）以及景观方法等的综合应用增加（孔雪松等，2014）。

国内已有研究从县域到更大尺度探讨了乡村聚落的空间优化与重构问题，提出了相应的重构思路和模式，对于宏观层面指导乡村土地整治和集约利用起到了较好的作用。但是，缺乏较为微观的、具有空间可操作性的乡村聚落空间优化方案，同时较少考虑绿洲区这一特殊地理单元乡村聚落生活空间与生产空间受到水土资源质量的影响。基于此，本章开展四方面的工作：一是以河西走廊的张掖市为例，综合运用核密度、全局 Getis-Ord G 和局部 Getis-Ord G^*、地理探测器等方法，从宏观层面分析绿洲乡村聚落的时空格局及其演变特征，揭示乡村聚落演变的驱动因素和影响机制。二是以河西走廊的山丹县为例，综合运用 GIS 空间分析技术和模型模拟方法，以 1km 格网作为评价单元，评价 1998～2015 年山丹县微观尺度乡村聚落质量格局，并对 2015 年格网尺度上乡村聚落的空间布局进行调整和优化，确定微型聚落（面积≤0.1hm^2）和乡村聚落质量双低值区的搬迁安置去向，同时对比分析空间重构效益。三是在第二部分基础上，探讨了山丹县绿洲乡村聚落与水土资源的空间耦合关系，丰富荒漠绿洲乡村聚落空间重构及荒漠绿洲区乡地域发展的研究案例。四是总结了绿洲-荒漠区乡村聚落的演变模式及模拟优化途径，以期为河西走廊绿洲区美丽乡村建设提供科学依据。

4.2 绿洲乡村聚落格局演变及机制分析：以张掖绿洲为例

4.2.1 研究方法

1. 核密度分析

核密度方法用于分析与验证乡村聚落空间分布密度的大小，是一种统计非参数密度估计方法，计算公式为（谭雪兰等，2015）：

$$f(x,y) = \frac{1}{nh^2}\sum_{i=1}^{n} K\left(\frac{d_i}{n}\right) \tag{4-1}$$

式中，$f(x,y)$ 为 (x,y) 位置的核密度；n 为乡村聚落斑块数；h 为带宽；K 为核函数；

d_i 为（x，y）位置距第 i 个观察点的距离。核密度值越高，说明乡村聚落空间分布密度越高，反之越小。

2. 全局 Getis-Ord G 和局部 Getis-Ord G^*

全局 Getis-Ord G 用于分析乡村聚落用地规模在区域全局性布局模式，包括高值聚集和低值聚集；局部 Getis-Ord G^* 用于检测乡村聚落用地规模在局部地域是否存在高值和低值聚集区，即是否存在局部“热点”或“冷点”。数学模型为（马晓冬等，2012）：

$$G(d) = \sum_{i=1}^{n} \sum_{j=1}^{n} W_{ij}(d) x_i y_j \Big/ \sum_{i=1}^{n} \sum_{j=1}^{n} x_i y_j \tag{4-2}$$

$$G_i^*(d) = \sum_{i=1}^{n} W_{ij}(d) x_j \Big/ \sum_{j=1}^{n} x_j \tag{4-3}$$

式中，$G(d)$ 和 $G_i^*(d)$ 分别为全局检验值和局部检验值；$W_{ij}(d)$ 为 x_i 和 x_j 间的距离权重；x_i 和 x_j 分别为 i 和 j 区域的观测值；n 为乡村聚落斑块数。采用以下公式分别对 $G(d)$ 和 $G_i^*(d)$ 进行标准化：

$$Z(G) = [G - E(G)] / \sqrt{\mathrm{VAR}(G)} \tag{4-4}$$

$$Z(G_i^*) = [G_i^* - E(G_i^*)] / \sqrt{\mathrm{VAR}(G_i^*)} \tag{4-5}$$

式中，$Z(G)$ 和 $Z(G_i^*)$ 分别为 $G(d)$ 和 $G_i^*(d)$ 的标准化值；$E(G)$ 和 $E(G_i^*)$ 分别为 $G(d)$ 和 $G_i^*(d)$ 的数学期望值；$\sqrt{\mathrm{VAR}(G)}$ 和 $\sqrt{\mathrm{VAR}(G_i^*)}$ 分别为 $G(d)$ 和 $G_i^*(d)$ 的数学方差。当 $G(d)>0$ 时，存在高值聚集，反之存在低值聚集；当 $Z(G_i^*)>0$ 时，属于高值聚集的“热点”区，反之为低值聚集的“冷点”区。

3. 地理探测器

地理探测器是探测空间分异性，并揭示其背后驱动力的统计学方法。其核心思想是某个自变量对因变量有重要影响，那么自变量和因变量的空间分布应该具有相似性（王劲峰和徐成东，2017）。模型公式如下：

$$P_{(D,U)} = 1 - \frac{1}{n\sigma_U^2} \sum_{i=1}^{m} n_{D,i} \sigma_{U_{D,i}}^2 \tag{4-6}$$

式中，$P_{(D,U)}$ 为影响因素 D 对乡村聚落规模变化的探测力指标；$n_{D,i}$ 为次一级区域样本数，n 为整个区域样本数；m 为次一级区域个数；σ_U^2 为整个区域乡村聚落规模方差；$\sigma_{U_{D,i}}^2$ 为次一级区域的方差。假设 $\sigma_{U_{D,i}}^2 \neq 0$，模型成立，$P_{(D,U)}$ 的取值范围为 $[0,1]$，$P_{(D,U)}$ 值越大，说明 D 因素对格网内乡村聚落规模动态变化的影响程度越高。

4.2.2 绿洲乡村聚落格局演变特征

1. 乡村聚落时空分布密度特征

借助 ArcGIS 工具箱中核密度分析工具，对 2000 年、2010 年和 2020 年张掖绿洲范围内的聚落斑块核密度分布情况进行分析和制图（图 4-1）。张掖绿洲聚落斑块核密度分析结果显示：①2000 ~ 2020 年张掖绿洲聚落斑块核密度最高值的区域有所增长，表明部分地区范围面积内聚落斑块数量有所上升，其中研究区格网中聚落斑块面积测算的核密度最高值由 2000 年的 16.1565 上升至 2010 年的 16.7837 及 2020 年的 38.8541，上升幅度分别为 0.6272 和 22.0704。②核密度在空间分布上，2000 年、2010 年和 2020 年的核密度图的分布格局大致相似，主要呈现“局部聚集-沿绿洲分布”的特征。东南部区域是聚落高密度聚集的区域，该区域是张掖市市政府所在地，交通便捷，且水热条件和耕地资源禀赋好；西北区域聚落主要以县城为中心聚集，该区域荒漠较多，聚落密度较低。③2000 年、2010 年和 2020 年聚落核密度最小值均为 0，表明部分地区单位面积内没有聚落斑块，这主要是由于黑河流域中有部分地区位于张掖的荒漠区域，在此区域中没有聚落的衍生。

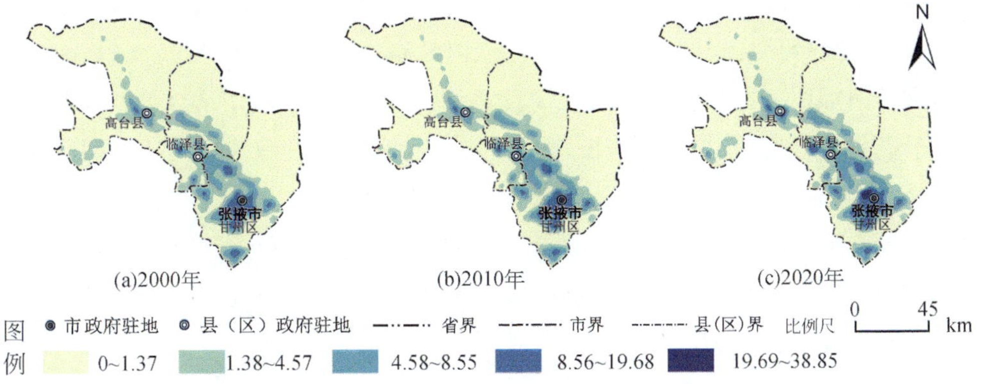

图 4-1　张掖绿洲地区乡村聚落核密度空间分布特征

2. 乡村聚落规模集聚演变特征

根据各阶段乡村聚落的面积，利用 ArcGIS 中空间统计分析方法计算 2000 年、2010 年和 2020 年三个时间点的乡村聚落面积的 Getis-Ord G_i^* 指数，分析张掖绿洲的乡村聚落面积的演变情况（表 4-1）。其中，当 G_i^* 指数正显著时，表示乡村聚落面积高值空间聚集区域，即热点区；当 G_i^* 指数负显著时，则表示乡村聚落面积低值空间聚集，即冷点区。

表 4-1　2000～2020 年张掖绿洲地区聚落高/低聚类分析

年份	Getis-Ord G_i^* 统计指标	Getis-Ord G_i^* 统计指标期望值	Z 值	P 值
2000	0.000 034	0.000 044	−9.154 543	0.000 000
2010	0.000 034	0.000 045	−8.852 137	0.000 000
2020	0.000 035	0.000 044	−3.508 749	0.000 450

以乡村聚落面积为变量，采用全局性空间聚类校验和空间“热点”探测的方法对张掖绿洲地区聚落的分布特征进行探讨。由表可知，P 值均小于 0.001，通过了显著性检验，Z 值均为负值，且历年的聚落面积 Getis-Ord G_i^* 统计指标的观测值均低于期望值，说明张掖绿洲聚落规模分布的低值空间聚集特征较为明显，且聚落分布出现了多个低值聚集区。

通过局域的空间关联测度，从张掖绿洲聚落规模的热点区（高值聚簇区）与冷点区（低值聚簇区）的空间分布演变中（图 4-2），可以看出：①2000～2020 年聚落聚集规模呈“北大南小”地域分异特征。乡村聚落斑块面积个体之间差异较大，2000～2020 年最小斑块面积为 0.0615hm²，2000～2010 年最大斑块面积为 254.76hm²，而 2020 年最大聚落斑块面积达 928.49hm²，2000 年、2010 年平均斑块面积为 6.89hm² 与 6.98hm²，2020 年平均聚落斑块面积增长至 7.77hm²。②2000～2020 年热点区（红色）主要集中在张掖绿洲北部的高台县，这些地区乡村聚落规模大，主要是得益于张掖绿洲特殊的自然环境，适合乡村聚落发展，尤其是高台县县政府驻地区域，热点值最高，表明该地区聚集规模较大的村落。③张掖绿洲的南部地区主要呈现冷点区（蓝色），表明张掖绿洲南部区域村落规模小，其主要是由于该区域是张掖市的主要城镇区，且受到地形影响，导致村落规模偏小。④2000～2020 年热点区与冷点区的数量都在逐渐缩减，其中 2010～2020 年，乡村聚落空间规模缩减程度显著，其缩减程度较强的区域冷点区与热点区分布比较广泛，到 2020 年冷点区域有明显的缩减，其缩减程度较强的冷点区域集中在张掖绿洲南部的甘州区及其周边地区。

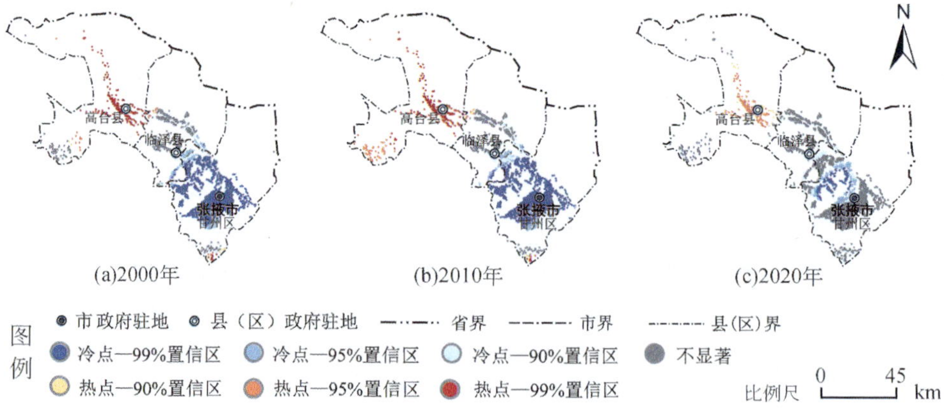

图 4-2　张掖绿洲乡村聚落规模空间分布特征

从整体上来看，张掖绿洲乡村聚落规模呈现“北大南小”地域分异特征，2000～2020 年张掖绿洲乡村聚落规模的冷热点区域都逐渐呈现缩减趋势。

4.2.3 绿洲乡村聚落格局演变驱动因素选取

乡村聚落空间分布与演化通常受到地形、地貌、气候等自然环境要素和人口、经济、交通等社会人文因素的共同影响，尽管各因素的作用方式、程度、效应和机理不同，但其本质仍然是乡村生产、生活与周边各环境因素的统一。自然地理环境是乡村聚落空间分布的基础，地形因素是制约乡村聚落区位分布的因素之一。由于张掖绿洲区地形差异较小，且聚落点全部位于绿洲区，因此高程和坡度对乡村聚落的制约力较小，不将其作为主要影响乡村聚落空间格局发展的驱动力因素，绿洲地区发展主要受荒漠和河流的影响较大。因此，本节以格网内居民点用地面积动态变化为因变量，借鉴以往研究成果，综合考虑张掖绿洲的区域性特征，指标科学性、代表性，以及数据易获取性，从影响乡村聚落的自然环境要素和人文社会要素两个方面选取气温（X_1）、降水量（X_2）、到河流的距离（X_3）、到荒漠的距离（X_4）、人口密度（X_5）、人均 GDP（X_6）、人均耕地面积（X_7）和到城区的距离（X_8）8 个指标为自变量进行分析。

1. 自然环境因素

（1）水热条件与乡村聚落分布之间的关系

水热条件对人类生活、生产有决定性影响，是聚落分布的重要自然因素。张掖绿洲地处西北干旱区，蒸发量远大于降水量，水热矛盾突出，对以农业生产功能为主的乡村地区有巨大的影响。采用自然断点法将年平均降水量分为四级，分别是 0～121.59mm、121.60～159.69mm、159.70～217.19mm 和 217.20～320.39mm。

张掖绿洲降水量地域差异明显。通过统计各等级乡村聚落的分布特征发现，三个时期中，张掖绿洲年平均降水量在 121.60～320.39mm 的区域主要分布在临泽县和甘州区的大部分地区，这里也是乡村聚落的主要集聚区。而年平均降水量<121.60mm 的区域则主要分布在高台县，乡村聚落分布也相对较少。

由表 4-2 可知，2000 年乡村聚落集中在 121.60～320.39mm 的斑块面积为 26 546.56hm^2，占乡村聚落总面积的 99.99%；2010 年乡村聚落集中在 121.60～320.39mm 的斑块面积为 33 818.16hm^2，占乡村聚落总面积的 91.01%；2020 年乡村聚落集中在121.60～320.39mm 的斑块面积为 30 312.05hm^2，占总面积的 90.65%。从时间尺度来看，乡村聚落面积随降水增加呈逐渐减少的趋势，三期乡村聚落数量变化主要集中在 121.60～320.39mm 的范围内。综合表明，研究区乡村聚落整体呈现出向高降水区集聚的趋势。

表 4-2 乡村聚落面积与降水量关系表

年份	0～121.59mm		121.60～159.69mm		159.70～217.19mm		217.20～320.39mm	
	面积/hm^2	比例/%	面积/hm^2	比例/%	面积/hm^2	比例/%	面积/hm^2	比例/%
2000	3.24	0.01	2 539.46	9.57	12 773.27	48.11	11 233.83	42.31
2010	3 342.40	8.99	12 028.38	32.37	10 846.31	29.19	10 943.46	29.45
2020	3 127.40	9.35	8 493.44	25.40	11 993.20	35.87	9 825.41	29.38

张掖绿洲地处西北干旱区，气温变化明显。为探究气温变化对乡村聚落分布的影响，采用自然断点法将研究区气温划分为 5 个等级，分别是-4.62～2.32℃、2.32～5.73℃、5.73～7.45℃、7.45～8.31℃和 8.31～9.29℃，并与乡村聚落进行叠加分析。结果显示：研究区气温介于-4.62～9.29℃，大部分区域位于 8.31～9.29℃的气温范围内。三个时期中，气温变化较小，超过 90% 的区域为 7.45～9.29℃，主要分布在海拔较低的平原谷地，该区域内的乡村聚落从 2000 年的 35.61% 增长至 2020 年的 43.68%，呈逐年增加的趋势（表 4-3）。综合表明，研究区乡村聚落整体呈现出向气温适宜区域集聚的趋势。

表 4-3 乡村聚落面积与气温关系表

年份	-4.62～2.32℃		2.32～5.73℃		5.73～7.45℃		7.45～8.31℃		8.31～9.29℃	
	面积 /hm^2	比例 /%	面积 /hm^2	比例 /%	面积 /hm^2	比例 /%	面积 /hm^2	比例 /%	面积 /hm^2	比例 /%
2000	2 279.45	5.91	11 400.59	29.56	11 156.01	28.92	13 701.02	35.52	34.11	0.09
2010	10 489.73	19.16	11 569.86	21.14	11 202.77	20.47	10 846.31	19.82	10 626.00	19.41
2020	9 896.36	15.80	12 852.04	20.52	12 529.76	20.00	12 128.63	19.36	15 233.70	24.32

（2）水资源与乡村聚落分布之间的关系

绿洲地区发展受水资源的影响较大，为探究水资源条件对张掖绿洲乡村聚落布局的影响，将研究区到河流的距离划分为 10 个缓冲区，分别是<2400m、2400～5500m、5500～8500m、8500～12 000m、12 000～15 000m、15 000～20 000m、20 000～25 000m、25 000～30 000m、30 000～35 000m 和>35 000m。结果显示：乡村聚落大部分集中在黑河流域，以距离小于 35km 的缓冲区内乡村聚落分布最为集中，并主要分布在绿洲河谷地带，且每个缓冲区内乡村聚落的分布相对协调。

良好的水资源条件是居住选址的重要因素，黑河流域水资源较贫乏，河流则可以向居民提供生产生活用水。从表 4-4 可知，2000 年张掖绿洲有近 65% 的乡村聚落分布在0～20km 的河流缓冲区，2010 年这一比例达 71.18%，2020 年达 70.92%，呈逐渐增加的趋势，聚落邻水特征明显。表明乡村聚落距河流越近，越方便农村生产生活，越能促进乡村聚落的快速发展；而距河流越远，乡村生产生活用水越不便，聚落发展越易受到限制。通过实地走访发现，张掖绿洲乡村聚落受水资源条件影响比较明显，甚至有部分乡村聚落因缺水而荒废。

表 4-4 乡村聚落面积与到河流距离关系

到河流的距离/m	2000 年		2010 年		2020 年	
	聚落面积/hm^2	比例/%	聚落面积/hm^2	比例/%	聚落面积/hm^2	比例/%
<2 400	13 198. 98	10. 96	13 370. 38	12. 00	14 894. 00	11. 97
2 400 ~ 5 500	13 244. 94	11. 00	13 423. 15	12. 04	14 961. 32	12. 02
5 500 ~ 8 500	12 972. 44	10. 78	13 158. 72	11. 81	14 701. 36	11. 82
8 500 ~ 12 000	12 620. 17	10. 48	12 805. 75	11. 49	14 192. 49	11. 41
12 000 ~ 15 000	13 886. 03	11. 53	14 071. 18	12. 62	15 626. 15	12. 56
15 000 ~ 20 000	12 319. 11	10. 23	12 501. 05	11. 22	13 861. 11	11. 14
20 000 ~ 25 000	12 997. 75	10. 80	13 163. 55	11. 81	14 518. 21	11. 67
25 000 ~ 30 000	14 733. 80	12. 24	4 229. 26	3. 79	5 449. 70	4. 38
30 000 ~ 35 000	11 536. 02	9. 58	11 705. 16	10. 50	12 987. 47	10. 44
>35 000	2 891. 17	2. 40	3 035. 02	2. 72	3 216. 21	2. 59

(3) 荒漠与乡村聚落分布之间的关系

张掖绿洲位于河西走廊三大内陆河流域中荒漠化较严重的黑河流域，研究区荒漠化面积占比高达 61. 04%，严重影响着乡村的生产生活。本节将研究区乡村聚落到荒漠的距离划分为 5 个等级，分别是<1. 57km、1. 57 ~ 4. 08km、4. 08 ~ 7. 05km、7. 05 ~ 10. 89km 和 10. 89 ~ 18. 61km。结果表明：2000 ~ 2020 年，远离荒漠的区域在逐渐扩大，而乡村聚落大部分分布在远离荒漠的绿洲区域，以黑河流域最为集中。

表 4-5 表明，距离荒漠<1. 57km 的乡村聚落面积由 2000 年的 146 614. 76hm^2 减少至 2020 年的 127 661. 17hm^2。距离荒漠 10. 89 ~ 18. 61km 的区域，乡村聚落面积从 2000 年的无聚落状态增加至 2010 年的 11 694. 26hm^2，至 2020 年减少到 8501. 77hm^2，乡村聚落远离荒漠地带性特征明显。

表 4-5 乡村聚落数量与荒漠关系表

年份	<1. 57km		1. 57 ~ 4. 08km		4. 08 ~ 7. 05km		7. 05 ~ 10. 89km		10. 89 ~ 18. 61km	
	面积/hm^2	比例/%	面积/hm^2	比例/%	面积/hm^2	比例/%	面积/hm^2	比例/%	面积/hm^2	比例/%
2000	146 614. 76	80. 41	14 685. 17	8. 05	14 300. 04	7. 84	6 722. 96	3. 7	0. 00	0. 00
2010	131 828. 09	71. 16	14 008. 08	7. 56	13 759. 24	7. 43	13 957. 48	7. 54	11 694. 26	6. 31
2020	127 661. 17	69. 29	16 176. 67	8. 78	16 010. 38	8. 69	15 883. 42	8. 62	8 501. 77	4. 62

2. 人文社会要素

乡村聚落空间分布受乡村自身、城镇和区域社会经济要素的综合影响，对乡村聚落空间分布的影响因素分析不能脱离区域宏观经济与社会背景。本节以 1km×1km 的格网为单元，选取人均 GDP、人口密度、人均耕地面积和到城区的距离 4 个指标分别探讨经济发展水平、人口、耕地及到县城区的距离等社会经济要素对乡村聚落空间分布的影响（表 4-6）。

表 4-6　社会经济要素指标

指标名称	指标含义
人均 GDP	地区生产总值/总人口数
人口密度	总人口数/乡村聚落总面积
人均耕地面积	耕地总面积/总人口
到城区的距离	ArcGIS 中近邻分析计算得出，城市中心为张掖绿洲区各县区点

（1）人均 GDP 与乡村聚落分布之间的关系

乡村聚落时空演化与地区经济密不可分，经济的增长促使人民生活水平逐步提高，思想观念不断提升，追求美好生活的动力不断增加，这些变化又反作用于农业、工业和商业，从而推动城乡结构演变。为探究地区经济水平对乡村聚落的影响，本节以人均 GDP 为衡量指标，将其分为 5 个等级，分别是<0.27 万元、0.27 万～0.49 万元、0.49 万～0.77 万元、0.77 万～1.53 万元和>1.53 万元，统计各等级乡村聚落面积分布情况（表 4-7）。

表 4-7　乡村聚落面积与人均 GDP 关系

年份	<0.27 万元		0.27 万～0.49 万元		0.49 万～0.77 万元		0.77 万～1.53 万元		>1.53 万元	
	面积/hm^2	比例/%	面积/hm^2	比例/%	面积/hm^2	比例/%	面积/hm^2	比例/%	面积/hm^2	比例/%
2000	14 782.66	20.22	14 718.24	20.14	14 712.24	20.13	14 455.86	19.77	14 427.70	19.74
2010	10 235.34	15.03	13 510.89	19.84	14 838.65	21.79	14 849.65	21.80	14 673.73	21.54
2020	16 536.24	21.46	15 143.86	19.65	15 048.23	19.53	15 120.29	19.62	15 215.07	19.74

结果显示：2000 年人均 GDP 在<0.77 万元的聚落面积达到总面积的 60% 以上，而 2010 年人均 GDP<0.77 万元的乡村聚落面积占总面积的已少于 57%，呈现出乡村聚落向 GDP 较高的地区集聚的现象。2020 年后，人均 GDP>0.77 万元的乡村聚落面积有所降低但下降趋势不明显，表明从 2000～2020 年，乡村聚落呈现向 GDP 较高区域集中的态势。

（2）人均耕地面积与乡村聚落分布之间的关系

耕地作为乡村发展的重要载体，严重制约着乡村居民的生产与生活，为探究耕地分布情况对乡村聚落的影响，本节选取人均耕地面积作为衡量指标来分析耕地与乡村聚落之间的关系。将人均耕地指标分为 5 个级别，分别是<0. 30hm²、0. 30 ~ 0. 83hm²、0. 83 ~ 1. 71hm²、1. 71 ~5. 05hm² 以及>5. 05hm²，统计各等级乡村聚落分布情况（表 4-8）。

表 4-8　乡村聚落面积与人均耕地面积关系

年份	<0. 30hm²		0. 30 ~0. 83hm²		0. 83 ~1. 71hm²		1. 71 ~5. 05hm²		>5. 05hm²	
	面积/hm²	比例/%	面积/hm²	比例/%	面积/hm²	比例/%	面积/hm²	比例/%	面积/hm²	比例/%
2000	6381. 73	26. 84	9710. 55	40. 84	1868. 24	7. 86	3369. 99	14. 18	2444. 43	10. 28
2010	2991. 58	14. 07	8823. 55	41. 43	2840. 14	13. 33	3260. 1	15. 30	3380. 41	15. 87
2020	5301. 89	23. 17	3691. 66	16. 13	2806. 11	12. 27	4031. 71	17. 62	7048. 79	30. 81

结果显示，2000 年人均耕地小于 0. 83hm² 的乡村聚落面积达到 16 092. 28hm²，占聚落总面积的 66% 以上，其中介于 0. 30 ~ 0. 83hm² 区间内的聚落最多，占到总面积的 40. 84%；2010 年，人均耕地面积介于 0. 30 ~0. 83hm² 的乡村聚落面积占总面积的绝大多数，但是其处于<0. 30hm² 的区间的聚落面积比例在下降，而>0. 83hm² 的区间聚落面积比例在增加；2020 年，乡村聚落主要集中在>5. 05hm² 的区间范围内，占到聚落总面积的 30. 81%，<0. 83hm² 区间内的乡村聚落面积比例持续降低。综合来看，3 个时期中，乡村聚落呈现出向人均耕地面积增加的区域集中的趋势。

（3）人口密度与乡村聚落分布之间的关系

人口是乡村持续发展的主要动力，为探究人口因素对乡村聚落布局的影响，本节选取人口密度作为衡量指标，分析其与乡村聚落面积之间的数量关系。因此，将人口密度分为 5 个等级，分别是<0. 09 人/m²、0. 09 ~0. 52 人/m²、0. 52 ~2. 68 人/m²、2. 68 ~5. 56 人/m² 和 5. 56 ~8. 61 人/m²，统计各等级乡村聚落分布情况（表 4-9）。

表 4-9　乡村聚落面积与人口密度关系

年份	<0. 09 人/m²		0. 09 ~0. 52 人/m²		0. 52 ~2. 68 人/m²		2. 68 ~5. 56 人/m²		5. 56 ~8. 61 人/m²	
	面积/hm²	比例/%	面积/hm²	比例/%	面积/hm²	比例/%	面积/hm²	比例/%	面积/hm²	比例/%
2000	14 825. 23	99. 98	2. 75	0. 02	0. 244 3	0	0. 002 4	0	0. 005 9	0
2010	14 976. 74	99. 97	4. 38	0. 03	0. 13	0	0. 01	0	0. 01	0
2020	16 515. 17	99. 87	18. 85	0. 12	2. 06	0. 01	0. 16	0	0. 13	0

结果显示，3 个时期中，乡村聚落面积均集中在小于 0. 09 人/m² 人口密度的区间内，分别占比为 99. 98%、99. 97% 和 99. 87%。从 2000 ~2020 年，乡村聚落面积在相同的人口密度区间内变化幅度在 0. 1% 之内，基本呈不变状态。综合来看，就本研究区而言，人口密度对乡村聚落的发展影响不大。

（4）到城区的距离与乡村聚落分布之间的关系

聚落区位是影响乡村聚落时空演化的重要因素之一，聚落到城区的近邻距离是聚落人口、物质和信息资源流动的基础。本节将到城区的距离分为 5 个等级，分别是<1500m、1500 ~ 3000m、3000 ~ 5000m、5000 ~ 8500m 以及>8500m，统计各等级乡村聚落分布情况（表 4-10）。结果显示，乡村聚落到城区的最远距离为大于 8500m，各距离区间内的聚落面积分布相当，三个时期中<1500m 的红色区域面积分布较为明显，且有增加趋势，主要分布在河谷绿洲地带；而>8500m 的蓝色区域分布较少，且主要分布在靠近荒漠的聚落外围。

从表 4-10 中可以看出，3 个时期中，5 个级别的到城市距离所包含的乡村聚落面积比例大致相同。2000 年，聚落面积比重最大的为 3000 ~ 5000m 的区间，占总面积的 20.56%，2010 年，聚落面积比例最大的也为 3000 ~ 5000m 的区间，占总面积的 20.56%，2020 年，聚落面积比重最大的为<1500m 的区间，占总面积的 20.37%。因此，综合来看，乡村聚落呈现出向城镇集聚的趋势，但由于变化幅度较小，趋势不明显。

表 4-10　乡村聚落面积与到城区的距离关系

年份	<1500m		1500 ~ 3000m		3000 ~ 5000m		5000 ~ 8500m		>8500m	
	面积 /hm^2	比例 /%	面积 /hm^2	比例 /%	面积 /hm^2	比例 /%	面积 /hm^2	比例 /%	面积 /hm^2	比例 /%
2000	14 529.81	20.32	14 619.12	20.44	14 703.26	20.56	14 640.71	20.48	13 012.47	18.20
2010	14 709.09	20.33	14 791.91	20.44	14 871.20	20.56	14 797.24	20.45	13 182.81	18.22
2020	16 426.74	20.37	16 346.89	20.28	16 264.56	20.17	16 352.14	20.28	15 233.70	18.90

4.2.4　绿洲乡村聚落格局演变驱动机制分析

1. 最优参数选择

为进一步揭示乡村聚落空间分布的驱动因素，运用地理探测器测度乡村聚落不同特征的驱动因素大小。在运用地理探测器过程中，运用自然断裂法筛选出空间数据离散的最佳尺度。受篇幅所限，本节以乡村聚落规模驱动因素的空间分层异质性的最佳尺度的选取为例。结果显示，不同的区间数量组合方式对 q 值有明显的影响，以距河流的距离（X_3）为例，在区间数量为 20 时 q 值最大，因此到河流的距离（X_3）在地理探测器中应是以自然断裂法分为 20 类为最优参数选择。而不同的驱动因子有不同的空间离散方式，将其 q 值最大的方式作为本研究地理探测器的最优参数。

2. 驱动因素分析

（1）单因子探测

由表4-11可以看出，各因子对绿洲地区乡村聚落的空间分布特征均有显著的驱动作用（*P*值小于0.01）。针对不同年份的乡村聚落规模空间特征，其主要的驱动因素也有所不同。

表4-11　绿洲地区乡村聚落空间分布驱动因子探测结果

因子	2000年		2010年		2020年	
	*q*值	*P*值	*q*值	*P*值	*q*值	*P*值
气温	0.008	0.172	0.002	0.857	0.008	0.095
降水量	0.033***	0.000	0.021***	0.000	0.028***	0.000
到河流的距离	0.025***	0.000	0.032***	0.000	0.010	0.083
到荒漠的距离	0.045***	0.000	0.021***	0.000	0.015***	0.000
人口密度	0.127***	0.000	0.071***	0.000	0.039***	0.000
人均GDP	0.026***	0.000	0.030***	0.000	0.031***	0.006
人均耕地面积	0.024***	0.000	0.023***	0.000	0.034***	0.000
到城区的距离	0.036***	0.052	0.042***	0.000	0.106***	0.000

***表示变量在1%水平上显著

结果显示，从2000年到2010年再到2020年，降水量、到荒漠的距离、人口密度、人均GDP、人均耕地面积及到城区的距离是影响聚落规模的共性因子。其中，到荒漠的距离、人口密度的解释作用呈现递减的趋势，降水量和人均耕地面积的解释作用呈现先减后增的变化，人均GDP和到城区的距离则呈现递增的趋势，表明随着工业化与城镇化的发展，乡村人口的收入渠道逐步多样化且稳定提升，县城则形成足够的资源与经济集聚，对外辐射能力增强，对乡村发展起到了较好的涓滴作用。距河流的距离只在2000年和2010年显著，而在2020年不显著，这与长期来对黑河水资源的过度利用和气候变化导致的生态环境退化密切相关。

总体来看，研究区乡村聚落规模的空间分布特征是受自然环境、社会经济因素的共同作用。其中，降水量、到荒漠的距离、人口密度、人均GDP、人均耕地面积和到城区的距离是最主要的驱动因子，在绿洲地区乡村聚落空间特征分布中起到了主导作用，由此反映出绿洲乡村聚落较强的“人–地–水”的共生关系。

（2）因子交互探测

从因子交互探测的结果中发现，驱动因子对绿洲乡村聚落的规模空间格局的驱动作用并不独立，而是呈现双因子或非线性增强效应。这说明各因子间的交互力更能解释乡村聚落空间分布特征的地域差异。

从2000年驱动因子的交互结果看（表4-12），$X_2\cap X_5$ 对其影响力最强，q 值最高，为0.165，表明绿洲地区降水与人口密度对乡村聚落位置空间格局的影响具有积极的推动作用。q 值大于0.14的交互作用还有 $X_3\cap X_4$、$X_3\cap X_5$、$X_4\cap X_5$、$X_4\cap X_7$、$X_5\cap X_6$、$X_5\cap X_7$、$X_5\cap X_8$，显示了双因子较单一因子对乡村聚落规模分异格局驱动作用更大的效果。其中，在 q 值大于0.14的交互作用中 X_5 的交互最为频繁，进一步体现了人口密度对乡村聚落规模空间分布的重要作用。同时，与 X_5 交互的因子中，降水量、到河流的距离、人均耕地面积与其交互类型为非线性增强，气温、到荒漠的距离、人均GDP和到城区的距离则与 X_5 交互类型为双因子增强，提升作用较为明显，人口在聚落上从事生产生活等活动，其显著影响着聚落的发展和布局，体现出人口对乡村聚落建设与发展的关键性作用。

表4-12　2000年绿洲乡村聚落规模分布特征驱动因子交互探测结果

q	X_1	X_2	X_3	X_4	X_5	X_6	X_7	X_8
X_1	0.008							
X_2	0.056	0.033						
X_3	0.052	0.081	0.025					
X_4	0.108	0.12	0.153	0.045				
X_5	0.136	0.165	0.158	0.163	0.127			
X_6	0.067	0.093	0.088	0.102	0.148	0.026		
X_7	0.057	0.068	0.078	0.149	0.157	0.095	0.024	
X_8	0.072	0.116	0.094	0.129	0.160	0.107	0.113	0.036

从2010年驱动因子的交互结果看（表4-13），$X_3\cap X_8$ 的影响力最强，q 值为0.133，到河流的距离和到城区的距离的共同作用是乡村聚落规模发展的重要基础条件。同时，$X_3\cap X_4$、$X_3\cap X_6$、$X_3\cap X_7$、$X_5\cap X_8$、$X_7\cap X_8$ 与最主要影响因素的 q 值差异不大。总体而言，驱动乡村聚落规模空间分布的因素仍主要是由自然因素和社会经济因素共同驱动，其中，X_5 与到荒漠的距离、人均GDP以及到城区的距离交互的因子类型均为双因子增强，其余因子间的交互类型为非线性增强，驱动作用得到明显提升，在社会经济因素发展的基础上，加速发展区域可达性将能有效提高乡村聚落规模；自然环境因素对聚落规模而言更多发挥基础性的约束和支撑，乡村聚落规模空间分布深受自然因素和社会经济因素的协同增强影响。

从2020年驱动因子的交互结果看（表4-14），$X_3\cap X_8$ 的影响力最强，q 值为0.214，距河流的距离和距城区的距离的共同作用是乡村聚落规模发展的重要基础条件。同时，$X_2\cap X_3$、$X_2\cap X_8$、$X_6\cap X_8$、$X_7\cap X_8$ 与最主要影响因素的 q 值差异不大。总体而言，驱动乡村聚落规模空间分布的因素仍主要是由自然因素和社会经济因素共同驱动，其中，X_5 与气温、降水量、人均GDP以及人均耕地面积的交互类型为双因子增强，其余交互的因子类型为非线性增强，驱动作用得到明显提升。

表 4-13　2010 年绿洲乡村聚落规模分布特征驱动因子交互探测结果

q	X_1	X_2	X_3	X_4	X_5	X_6	X_7	X_8
X_1	0.002							
X_2	0.030	0.021						
X_3	0.045	0.082	0.032					
X_4	0.047	0.075	0.116	0.021				
X_5	0.075	0.095	0.107	0.092	0.071			
X_6	0.051	0.081	0.110	0.069	0.102	0.030		
X_7	0.033	0.058	0.130	0.090	0.097	0.094	0.023	
X_8	0.061	0.090	0.133	0.104	0.114	0.107	0.121	0.042

表 4-14　2020 年绿洲乡村聚落规模分布特征驱动因子交互探测结果

q	X_1	X_2	X_3	X_4	X_5	X_6	X_7	X_8
X_1	0.008							
X_2	0.066	0.028						
X_3	0.070	0.169	0.028					
X_4	0.026	0.055	0.077	0.015				
X_5	0.047	0.067	0.071	0.056	0.039			
X_6	0.050	0.098	0.158	0.061	0.067	0.030		
X_7	0.114	0.082	0.128	0.066	0.072	0.101	0.034	
X_8	0.135	0.175	0.214	0.126	0.158	0.160	0.180	0.106

3. 驱动机制分析

乡村聚落是由政策、人类行为、自然环境等构成的复杂系统。乡村聚落的时空演化受到自然条件和经济社会条件等多种因素的共同影响。张掖绿洲乡村聚落由于所属地理环境的特殊性，其聚落空间特征更加复杂。相比其他典型区域，张掖绿洲乡村聚落规模驱动因素更体现其独特性。以下将从自然条件和社会经济两个层面剖析张掖绿洲乡村聚落时空演化驱动机制。

（1）自然条件层面

水资源、气候等自然条件约束着乡村聚落的分布及其演化。张掖绿洲区域位于河西走廊平原区，毗邻沙漠，气候与水资源条件对乡村聚落区域分布则具有较高约束能力。降水量、到河流的距离、到荒漠的距离会显著影响乡村聚落的分布。自然因素作用下乡村聚落生存环境恶劣、本地资源条件不足，导致居住适宜性的降低以及农业生产所需环境的不足，从而进一步限制了聚落的发展。例如，绿洲偏远地区的乡村聚落较少且分散，而在中心地区，自然条件相对较好，乡村发展较为迅速。

（2）社会经济层面

随着城镇化的发展，农村劳动力就业高度非农化，务工收入占农村人均收入的比例持续提升，导致乡村人口规模减小而人均 GDP 不断提升的现象：一部分群体为了追求高质量的生活水平选择留在城市生活，而另一部分群体由于收入难以融入城市生活的门槛，再加以新农村建设等民居工程政策的推进，其选择工资回流进而推动了建房热潮，一户多宅现象不断发生，因此人口密度与人均 GDP 均显著影响着乡村聚落的规模。人均耕地面积的本质是人地关系，人地关系的矛盾对人口生计转型产生胁迫性，紧张的人地关系致使大量农民进城务工，从事第二、第三产业，农民经济收入得以提高，建房能力提升；同时耕地资源禀赋相对丰富地区，可用来建房耕地资源限制性小，导致农村地区大量“建新不撤旧”的现象普遍存在，助推了空心村的形成和农村建设用地的低效利用。城市物质空间的不断扩张也使得城镇的辐射范围不断扩大，乡村聚落呈现一定的城镇中心指向性，致使城边村房屋建设激增，进而影响到乡村聚落的发展。

4.3 绿洲乡村聚落质量评价及其空间重构：以山丹绿洲为例

4.3.1 研究方法

1. 乡村聚落质量估算模型

水土资源是约束和限制绿洲人口和聚落存在与发展的主要因素，“人–水–土”系统存在着高度的相互依存性和共生性（Ma et al., 2017）。因此，本节提出基于格网的乡村聚落与耕地和渠系的聚落质量估算模型，具体模型如下：

$$Q_K = S_{聚落}/S_{耕地} \tag{4-7}$$

$$Q_L = S_{聚落}/L_{渠系} \tag{4-8}$$

$$Q = w_1 \frac{1}{Q_K} + w_2 \frac{1}{Q_L} \tag{4-9}$$

式中，Q_K为基于耕地的乡村聚落质量；Q_L为基于渠系的乡村聚落质量；Q 为乡村聚落总质量。Q_K值和 Q_L值越大，表明格网内耕地资源和渠系缺乏，“人–地–水”矛盾尖锐，不利于乡村聚落发展，乡村聚落质量越差；Q_K值和 Q_L值越小，表明格网内耕地资源和渠系丰富，有利于聚落集中，“人–地–水”矛盾缓和，乡村聚落质量越好。$S_{聚落}$为单位格网内的乡村聚落面积（hm^2）；$S_{耕地}$为单位格网内的耕地面积（hm^2）；$L_{渠系}$为单位格网内的渠系长度（km）；w_1为基于耕地的乡村聚落质量权重；w_2为基于渠系的乡村聚落质量权重。综合考虑绿洲人-水-土之间的相互关系，以及实地调研访谈过程中人们对于水土重要性的认知差异，本研究将w_1确定为0.4，w_2确定为0.6。

2. 引力模型

在基于格网的乡村聚落质量评价的基础上，本节借助引力模型估算乡村聚落斑块之间的吸引力，对于需要进行空间重新布局的乡村聚落斑块而言，总会选择对其吸引力最大的聚落斑块位置作为迁移去向，具体表达式如下（杜相佐等，2015）：

$$F_{ij}=k\frac{Q_iQ_j}{D_{ij}^b}(i=1,2,3,\cdots,n;j=1,2,3,\cdots,n) \tag{4-10}$$

式中，F_{ij}为聚落i、j之间的引力；Q_i、Q_j分别是聚落i、j的总质量；D_{ij}为聚落i、j之间的距离测度；b为距离衰减系数，通常取1或2，本节考虑到研究尺度相对较大，故取2；k为经验常数。对于距离的测度，山丹绿洲属于平原区，因此采用欧式空间距离。

基于引力模型得出聚落引力矩阵，选取对格网“i”具有最大吸引力的斑块$F_j^{\max}$，即乡村聚落格网“i”的“最大吸引力聚落斑块”，与此同时也可以估算出乡村聚落格网“i”的总吸引力H_i，总吸引力越大，中心性越好。

$$H_i=\sum_{i=1}^{n}F_{ij}(i\neq j) \tag{4-11}$$

按照总吸引力将乡村聚落分为4类：$H_i>10\ 000$（Ⅰ级吸引区），$1000<H_i\leqslant 10\ 000$（Ⅱ级吸引区），$100<H_i\leqslant 1000$（Ⅲ级吸引区），$0<H_i\leqslant 100$（Ⅳ级吸引区）。

4.3.2 乡村聚落总体特征

从表4-15可以看出：山丹县3个时期乡村聚落面积占县域总面积的比例较小，均不足1%；乡村聚落用地总面积呈增加趋势，其中1998～2008年增加38.99hm²，2008～2015年增加315.19hm²，后期快于前期；乡村聚落斑块数目增加较为显著，尤以1998～2008年最为突出，达到2160个，占到增加总量的90.64%，且以面积小于1hm²的微小型聚落为主，达到2095个，占到这一时期增加总量的97.0%，空间分散化趋势明显，集约利用程度降低，不利于乡村可持续发展。此外，斑块数量大幅增加，使得斑块密度总体呈上升趋势，1998～2008年增加最快，增幅达到285.7%，2008年和2015年斑块密度相当。

在实地调研和访谈中发现：①1998～2008年受到国家农村发展战略以及农民自身需求的影响，山丹县进入乡村发展的快速期，乡村聚落空间结构变化剧烈，2008年后乡村聚落建设与发展趋于稳定。②新增和大聚落分裂是小聚落斑块数量增加的主要原因。山丹县过去存在严重的户均聚落面积超标现象，部分农户肆意扩大宅基地面积，在政府批准建设的宅基地周边新建各种生产性用房，导致原本具有一定距离的微型聚落和小聚落连接成为大聚落。近年来由于新农村建设等政策措施，乡村聚落集约利用程度提高，严格控制宅基地面积，并整顿和拆除临时生产性用房，使得聚落空间布局更加规范，结构更为合理。③新增和分裂形成的聚落以独户或者少数几户相连的小聚落为主，斑块面积小于 1hm^2。

表 4-15　山丹县 1998 年、2008 年和 2015 年乡村聚落统计

年份	斑块总面积/hm^2	占县域面积比例/%	斑块数/个	斑块密度/（个/hm^2）
1998	3385. 84	0. 627	760	0. 14
2008	3424. 83	0. 634	2920	0. 54
2015	3740. 02	0. 692	3143	0. 58

4. 3. 3　乡村聚落质量时空分布

1. 基于耕地的乡村聚落质量时空分布

在基于耕地的乡村聚落质量评价中，本节以人地协调和人地矛盾作为评价乡村聚落质量高低的标准。其中，人地协调阈值为 0. 04［根据世界人均耕地面积（1920m^2）和世界人均建设用地面积（83m^2）计算］，人地矛盾阈值为 0. 28［根据世界粮食及农业组织规定的人均耕地警戒线（533. 3m^2）和中国新型城镇化建设规定的农村人均建设用地范围（150m^2）计算］。基于此，将基于耕地的乡村聚落质量（Q_K）划分为 5 个等级：高（$Q_K=0$）、较高（$0<Q_K\leqslant 0.04$）、中等（$0.04<Q_K\leqslant 0.28$）、较低（$0.28<Q_K<10$）和低（$Q_K\geqslant 10$）（表 4-16）。$Q_K\leqslant 0.28$ 的 3 个等级格网内耕地资源丰富，有利于聚落集中，属于质量高值区；$Q_K>0.28$ 的 2 个等级格网内耕地资源稀缺，不利于聚落集中，属于质量低值区。

表 4-16　基于耕地的山丹县乡村聚落质量统计数据（1998 年、2008 年和 2015 年）

质量分级	1998 年		2008 年		2015 年	
	数量/个	比例/%	数量/个	比例/%	数量/个	比例/%
高	0	0	433	37. 39	434	36. 62
较高	108	20. 07	181	15. 63	179	15. 11
中	204	37. 92	346	29. 88	349	29. 45
较低	226	42. 01	95	8. 20	110	9. 28
低	0	0	103	8. 90	113	9. 54
总计	538	100	1158	100	1185	100

结果显示：①山丹县乡村聚落与耕地空间分布关系密切，存在显著的“耕地指向性”。1998～2015 年乡村聚落质量显著提升，乡村聚落质量高值区、较高值区和中值区（$Q_K\leqslant 0.28$）格网占比由 57. 99% 上升至 81. 18%，尤以乡村聚落质量高值区增加最为明显，格

网数量增加434个，上升36.62%，人地矛盾逐渐趋于缓和。②2008年和2015年较1998年乡村聚落质量空间分布发生显著变化，县城周边及南部东乐镇转向以“人地协调型”为主，乡村聚落质量居中；中部陈户镇和位奇镇、南部大马营镇和霍城镇靠近县界的区域以“人少地多型”为主，乡村聚落质量较高。③1998年山丹县人口和耕地空间分布一致性较好，2000年后由于新垦大量耕地，有超过30%的格网“有耕地而无聚落”，但是聚落的空间分散度亦增加，这与耕地空间范围扩大有必然联系。

2. 基于渠系的乡村聚落质量时空分布

山丹绿洲以“灌区”为主要用水单位，共有霍城、老军、马营河、寺沟4个灌区，“渠系”是影响耕地和乡村聚落空间分布的核心因素。将基于渠系的乡村聚落质量（Q_L）划分为5个等级：高（$Q_L=0$）、较高（$0<Q_L\leqslant 0.1$）、中等（$0.1<Q_L\leqslant 1$）、较低（$1<Q_L<10$）和低（$Q_L\geqslant 10$）（表4-17）。$Q_L\leqslant 1$的3个等级格网内渠系网络密集，有利于聚落集中，属于质量高值区；$Q_L>1$的2个等级格网内渠系网络较少，不利于聚落集中，属于质量低值区。

表4-17　基于渠系的山丹县乡村聚落质量统计数据（1998年、2008年和2015年）

质量分级	1998年		2008年		2015年	
	数量/个	比例/%	数量/个	比例/%	数量/个	比例/%
高	0	0	568	43.86	561	42.92
较高	312	57.99	483	37.30	479	36.65
中	126	23.42	148	11.43	152	11.63
较低	21	3.91	11	0.85	13	1.00
低	79	14.68	85	6.56	102	7.80
总计	538	100	1295	100	1307	100

从表4-17可以看出：①山丹县3个时期乡村聚落与主干渠系空间分布关系密切，存在显著的“渠系指向性”。3个时期乡村聚落质量（$Q_L\leqslant 0.1$）中高值区占比均较大，表明渠系的空间布局决定了乡村聚落和耕地的分布格局。②3个时期乡村聚落质量空间差异明显，乡村聚落质量较低和低值区主要存在于县城周边，县城西北部以质量中值区为主，县城以南区域以质量较高和高值区为主。③基于实地调研发现，乡村聚落、耕地和渠系之间具有高度的相互依赖性，2000年后由于耕地空间范围扩张，渠系随之增多，且二者的扩张速度明显快于聚落，使得2008年43.86%的格网出现“有渠系而无聚落”的现象。

4.3.4 乡村聚落空间重构

乡村聚落空间重构是内在发展需求和外部资源压力综合作用下对乡村空间格局的重新

布局与优化。2015 年山丹县微型聚落（面积小于 0.1hm^2）数量占 24.40%，乡村聚落质量 Q_K>0.28 的格网（人多地少、有聚落而无耕地格网）占 18.89%，Q_L>1 的格网（渠系偏少型、有聚落而无渠系格网）占 8.8%，不利于各类设施的布置、土地集约利用和绿洲乡村可持续发展。基于乡村聚落质量及其吸引力，对 2015 年微型聚落进行空间布局调整，并在此基础上对质量双低值区进行优化处理，确定乡村聚落斑块的迁移方向，实现乡村聚落空间重构。

1. 基于乡村聚落质量的聚落吸引力测算

乡村聚落总质量越高，吸引力越大，中心性越强，使其具有更高的空间支配地位，成为乡村聚落体系中的质量核心区。考虑到行政界线和耕作半径对乡村聚落空间布局的影响，本研究在测算乡村聚落吸引力时以 5km 作为吸引半径，即聚落与聚落间的距离在 5km 以内具有吸引力，超过 5km 不再具有吸引力。研究发现：山丹县 Ⅰ 级吸引区占比 24.04%，主要分布在乡村聚落质量高值区（$Q_K=0$ 和 $Q_L=0$），如县域中部的位奇镇和南部东西两侧老军乡、李桥乡绿洲外围区域；Ⅱ 级和 Ⅲ 级吸引区所占比例相对较小，为 23.14%，零星镶嵌在绿洲中；Ⅳ 级吸引区数量最多，占到 52.82%，主要分布在绿洲中部道路、主干渠系沿线。Ⅰ 级吸引区一方面可以通过自身的高质量辐射、吸引外围微型聚落向该区域集中，另一方面也可以促使周围的大聚落与外围微型聚落产生相互作用，形成相应的引力作用辐射空间（表 4-18）。

表 4-18　乡村聚落吸引力分级统计

吸引力等级	吸引力分级	格网数量/个	所占比例/%
Ⅰ 级吸引区	>10 000	239	24.04
Ⅱ 级吸引区	>1 000 ~ 10 000	156	15.69
Ⅲ 级吸引区	>100 ~ 1 000	74	7.45
Ⅳ 级吸引区	0 ~ 100	525	52.82

2. 微型乡村聚落空间布局调整

在实地调查过程中发现，Ⅰ 级吸引区虽然处于乡村聚落质量高值区，但是缺乏必要的居住条件和聚落基础，相反其 1km 辐射空间内的大聚落居住环境相对较好，且交通便利、基础设施和公共服务设施配套齐全、经济活动交流频繁。基于此，在综合考虑耕作半径的基础上，将 Ⅰ 级吸引区外围 1km 范围内的大聚落作为吸收区，分别测算大聚落与外围微型聚落之间的吸引力，基于吸引力确定微型聚落的迁移方向，与大聚落合并形成更大规模的聚落；此外，对不在大聚落吸收区内的微型聚落进行就近集聚，选择吸引力较大的区域作为吸收区，重新聚合为新的聚落。乡村聚落空间布局调整后，聚落斑块数量由 3143 个减少至 2408 个，斑块密度由 0.58 个/km^2 降低到 0.45 个/km^2；微型聚落由 767 个减少至 22 个，总面积仅为 1.38hm^2；微型聚落聚合为小聚落 3 个，中等聚落 7 个；重构后节约用地 26.58hm^2，乡村聚落“散、空、乱”现象得到一定程度上的改观（表 4-19）。

表 4-19　山丹县乡村聚落空间格局对比

规模分级	分级标准	原始聚落		微型聚落重构		质量低值区空间优化	
		数量/个	面积/hm^2	数量/个	面积/hm^2	数量/个	面积/hm^2
微型聚落	≤0.1	767	53.18	22	1.38	0	0
小聚落	0.1～1	1726	553.64	1729	554.12	1609	523.69
中等聚落	>1～10	577	1832.55	584	1842.92	587	1845.07
大聚落	>10	73	1300.66	73	1315.03	73	1319.27
总计		3143	3740.03	2408	3713.45	2269	3688.03

3. 乡村聚落质量低值区优化

在微型乡村聚落空间布局调整的基础上，将基于耕地和渠系的乡村聚落质量评价结果进行空间叠置，分别提取乡村聚落质量双高值区（Q_K≤0.28 且 Q_L≤1，即适宜迁入型格网，聚落斑块面积较大、基础设施和公共服务设施齐全、交通便利的区域）和质量双低值区（Q_K>0.28 且 Q_L>1，即需要搬迁型格网，乡村聚落分布分散、设施缺乏且远离绿洲的区域）。将其与微型聚落布局调整后的聚落斑块进行空间叠加分析，利用吸引力模型确定质量双低值区内乡村聚落的搬迁去向，需要说明的是尽管部分乡村聚落斑块处于双低值区，但因其斑块面积较大，亦不适宜搬迁。经过分析发现，92.16%的乡村聚落处在质量高值区内，仅有 107 个格网处在聚落质量双低值区，包含 236 个乡村聚落斑块，其中 139 个乡村聚落斑块距离质量双高值区较近，且规模较小，需对其进行空间优化，其余 97 个乡村聚落斑块重新聚合为新的聚落。空间优化后，聚落斑块数量由 2408 个优化至 2269 个，斑块密度由 0.45 个/km^2 降低到 0.42 个/km^2；微型聚落全部优化，小聚落减少至 1609 个，中等聚落增加 3 个，优化后节约用地 25.42hm^2（表 4-19）。

山丹县乡村聚落经过上述 2 次空间布局调整后，斑块数量由 3143 个减少至 2269 个，斑块密度由 0.84 个/km^2 降低至 0.62 个/km^2；微型聚落全部得到优化调整，小聚落减少至 1609 个，中等聚落增加至 587 个，大聚落数量未变，面积增加至 1319.27hm^2；重构后节约用地 52hm^2。

绿洲耕地和水资源量的多少直接影响到承载的人口数量，进而影响到聚落的存在和发展，探讨微观尺度乡村聚落质量，并在格网尺度上对乡村聚落空间布局进行调整和优化，可为绿洲区农村建设用地整治提供参考。乡村聚落空间重构受到自然、社会、经济等多方面的共同作用，生产、生活的方方面面都会影响到空间重构过程。本研究从格网这一微观尺度出发，强调绿洲水土资源与乡村聚落的重要关系，基于引力模型从不同层面分析乡村聚落的空间布局调整及优化，明确了乡村聚落空间重构的方向，创新了乡村聚落空间重构的方法，有助于丰富绿洲乡村地域系统的理论与实践。需要指出的是，本研究仅基于引力模型测算出乡村聚落质量格网间的相互吸引强度只能反映理论状态下乡村聚落斑块间的联系状况，且以水土资源界定乡村聚落的质量，能够实现理论状态下水土资源耦合的乡村聚落空间重构。未来需要进一步开展政策、社会经济发展方式在聚落重构过程中的扰动作用，理清各个因子在聚落空间重构中所起的作用，实现基于生态-社会经济协调的绿洲区乡村聚落空间重构。

4.4 绿洲乡村聚落与水土资源空间耦合关系研究：以山丹绿洲为例

山丹县地处河西走廊中部，是甘肃省张掖市的东大门，素有“走廊蜂腰”“甘凉咽喉”之称，是古代“丝绸之路”通往西域的必经之地，属于典型的干旱绿洲区，乡村聚落似繁星镶嵌在绿洲之中，人类农业生产与加工活动均在绿洲区域进行。乡村聚落是山丹绿洲农村人口空间集聚的载体，水土资源是绿洲最基本的构成要素，乡村聚落的存在与发展受到水土资源的强烈约束，水土资源量最终决定着绿洲乡村聚落的规模和承载力（丁文晖和孟宝，2005），绿洲居民聚集度高，与耕地和灌渠关系密切（角媛梅等，2003）。受到农业生产技术限制，山丹县水土资源禀赋及农村人口数量与乡村聚落的形态、规模、结构及其变化关系密切，人类对绿洲水土资源的开发利用过程，最终会反映在绿洲聚落上（王录仓和高静，2014）。随着城乡一体化的发展，山丹县农村居民生活质量显著提高，城乡之间人口、物质、信息等的流动不断加强，一方面大量农村劳动力和土地向城市转移（城镇化率由1998年的14%上升至2015年的42.44%），乡村地域呈现出一定的“空废化”；另一方面，农村人口生活水平及方式的变化对生产和生活要素也提出了新的要求，使得乡村聚落数量不断增加、耕地面积持续扩大、水系密度不断提高，乡村土地利用的结构和形态均发生了显著变化，致使“人地”和“人水”关系适应性改变。

绿洲乡村聚落与水土资源的耦合关系是影响“人地”和“人水”关系适应性的一个重要因素。本节以山丹县为例，综合运用GIS空间分析技术、景观指数、核密度、分散度、空间耦合关联等方法，以1km×1km格网作为评价单元，研究1998～2015年山丹县绿洲乡村聚落景观格局分异，分析乡村聚落与水土资源的空间耦合关系，揭示乡村聚落时空格局变化的一般规律，以期为山丹绿洲乡村聚落与水土资源合理利用提供科学依据。

4.4.1 研究方法

1. 景观指数

基于景观生态学中的景观格局指数研究方法，选取乡村聚落斑块面积（CA）、斑块数目（NP）、平均斑块面积（MPS）、最小斑块面积（MINP）、最大斑块面积（MAXP）、斑块密度（PD）等指标定量分析山丹县乡村聚落演变差异，反映其结构组成及其空间特征。

2. 分散度

乡村聚落分散度指每个统计网格内的乡村聚落用地图斑的数量，其动态变化量能较好地刻画出乡村聚落新生、扩散、合并或消亡的时空过程。基于1998年、2008年和2015年土地利用矢量数据乡村聚落斑块，经过多次比较选择1km×1km网格单元对乡村聚落分散度揭示乡村聚落的时空差异及变化。

3. 核密度分析

基于非参数的表面密度计算方法，测度乡村聚落的空间分布密度。核密度值越高，乡村聚落分布密度越大。表达式如下：

$$f(x,y)=\frac{1}{nh^2}\sum_{i=1}^{n}k\left(\frac{d_i}{n}\right) \tag{4-12}$$

式中，$f(x, y)$ 为位于 (x, y) 位置的密度估计；n 为观测数量；h 为带宽；k 为核函数；d_i 为位置距第 i 个观测位置的距离。

4. 空间耦合关系模型

为了深入探讨山丹县人地关系的协调程度，本节提出基于格网的乡村聚落与耕地和渠系的空间耦合关系模型，应用ArcGIS 10.2空间分析模型得出空间耦合关系分布图，具体模型如下：

$$K=S_{聚落}/S_{耕地} \tag{4-13}$$

$$L=S_{聚落}/L_{渠系} \tag{4-14}$$

式中，K 为聚耕比指数；L 为聚渠比指数；$S_{聚落}$ 为单位格网内的乡村聚落面积；$S_{耕地}$ 为单位格网内的耕地面积；$L_{渠系}$ 为单位格网内的渠系长度。K 值越大，表明格网内耕地资源稀缺，人地矛盾尖锐；K 值越小，表明格网内耕地资源丰富，人地矛盾缓和。L 值越大，表明格网内渠系密度较小，人水矛盾尖锐；L 值越小，表明格网内渠系密度较大，人水矛盾缓和。

4.4.2 乡村聚落景观格局时空演变

1. 乡村聚落景观格局时空演变特征分析

借助 ArcGIS 10.2 软件，从土地利用变化数据中提取 1998 年、2008 年和 2015 年乡村聚落分布矢量数据，选取乡村聚落斑块面积（CA）、斑块数目（NP）、平均斑块面积（MPS）、最小斑块面积（MINP）、最大斑块面积（MAXP）、斑块密度（PD）等景观指数进行对比分析（表 4-20）。

表 4-20 山丹县 1998 年、2008 年和 2015 年乡村聚落景观指数

时段	CA/hm^2	CA 占比/%	NP/个	MPS/hm^2	MAXP/hm^2	MINP/hm^2	PD/(个/km^2)
1998 年	3385.84	0.627	760	4.46	106.97	0.01	0.14
2008 年	3424.83	0.634	2920	1.17	38.53	0.03	0.54
2015 年	3740.02	0.692	3143	1.19	119.86	0.01	0.58
差值（2008-1998 年）	38.99	0.007	2160	-3.29	68.44	0.02	0.4
差值（2015-2008 年）	315.19	0.058	223	0.02	81.33	-0.02	0.04

从表 4-20 可以看出：山丹县乡村聚落景观指数前一阶段（1998～2008 年）相比后一阶段（2008～2015 年）变化剧烈，后期逐渐趋于稳定。其中，乡村聚落面积占县域总面积的比例较小，三个时期分别仅占 0.627%，0.634% 和 0.692%，增加趋势缓慢；乡村聚落用地总面积呈增加趋势，其中 1998～2008 年增加 38.99hm^2，2008～2015 年增加 315.19hm^2，后期快于前期；乡村聚落斑块数目增加较为显著，尤以 1998～2008 年增加最为突出，达到 2160 个，占到增加总量的 90.64%。平均斑块面积 1998 年相对较大，达到 4.46hm^2，2008 年和 2015 年仅为 1998 年的 1/4 左右；斑块面积大小悬殊，三个时期最大和最小斑块面积比分别为 10 697、1284.33 和 11 986，2008 年差距有所减小，至 2015 年差距更加明显；斑块密度总体呈增加趋势，1998～2008 年增加最快，达到 285.7%，2008 年和 2015 年斑块密度相当，其原因在于 2000 年后山丹县乡村聚落面积扩张较快，空间分散化趋势明显，集约利用程度降低，斑块数的大幅增加引起斑块密度增大，同时由于乡村聚落斑块数目增加以较小面积的新生聚落和大聚落斑块破碎化为主，平均斑块面积及最大和最小斑块面积比趋于减小。通过实地调查发现，就单个农村居民点自身的发展而言，其用地方式仍然以外延式扩张为主，忽视了对原有居民点的挖潜，使农村居民点用地规模不断扩张，对耕地红线产生巨大威胁。

将山丹县聚落按面积大小分为独院聚落、小聚落、中等聚落和大聚落 4 个等级（表 4-21）。可以看出：独院聚落和小聚落斑块数量增加最快，1998 ~ 2015 年分别增加 751 个和 1509 个，其中 1998 ~ 2008 年增加最为显著，增加量分别占到增加总量的 91.5% 和 93.1%；小聚落面积增加最快，达到 441.05hm^2，独院聚落面积略有增加，为 52.25hm^2；中等聚落增加次之，聚落斑块数量增加 129 个，聚落面积增加 213.93hm^2；大聚落总体呈现减少趋势，聚落斑块数量减少 6 个，斑块面积减少 353.04hm^2。在实地调研和访谈中发现：1998 ~ 2008 年受到国家农村发展战略及农民自身需求的影响，山丹县进入乡村发展的快速期，乡村聚落空间结构变化剧烈，2008 年后乡村聚落建设与发展趋于稳定；新增聚落和大聚落分裂是独院聚落和小聚落斑块数量增加的主要原因。

2. 乡村聚落分散度时空演变特征分析

基于 1km×1km 格网计算得出山丹县三个时期乡村聚落分散度（表 4-21）。1998 ~ 2008 年乡村聚落分散度总体呈现增加趋势，2008 年后趋于稳定。1998 ~ 2008 年，存在聚落斑块的格网数量由 538 个增至 727 个，增加 35.13%，2008 ~ 2015 年仅增加 3.3%；1998 年分散度小于 10 的格网占到 99.63%，2008 年分散度小于 10 的格网占比下降至 87.61%；与之相反，分散度大于 10 的格网占比较 1998 年增加至 12.39%。此外，1998 ~ 2008 年，1km×1km 格网内乡村聚落分散度在 0 ~ 5 阈值区间的格网数量减幅较小（4.09%），但格网比例下降较快，由 1998 年的 95.35% 下降至 2008 年的 67.67%；分散度>6 的阈值区间，格网数量和所占比例均呈现上升趋势，其中分散度在 6 ~ 10 阈值区间的增加最快，格网数量和比例分别由 1998 年的 23 个、4.28% 增加至 2008 年的 145 个、19.94%。究其原因，一方面由于山丹县乡村聚落扩张以≤0.1hm^2 的独院聚落和小聚落斑块为主，新增和大聚落分裂是其数量增加的主要原因，乡村聚落渐趋分散；另一方面，由于受到外界利益需求的驱动，耕地以及聚落数量和面积均出现外延式发展，伴随着耕地面积增加和空间外扩，聚落亦随之变化。

表 4-21　1998 年、2008 年、2015 年山丹县乡村聚落分散度统计

分散度区间	1998 年		2008 年		2015 年	
	网格数/个	比例/%	网格数/个	比例/%	网格数/个	比例/%
0 ~ 5	513	95.35	492	67.67	496	66.05
6 ~ 10	23	4.28	145	19.94	154	20.51
11 ~ 20	2	0.37	79	10.87	89	11.85
21 ~ 30	0	0.00	9	1.24	10	1.33
31 ~ 40	0	0.00	1	0.14	1	0.13
41 ~ 46	0	0.00	1	0.14	1	0.13
总计	538	100.00	727	100.00	751	100.00

从三个时期乡村聚落分散度的空间格局来看，聚落空间分布由相对集中走向零星分散。1998 年山丹县乡村聚落空间分布相对集中，95.35%的格网乡村聚落分散度在 5.0 以下；这一时期李桥乡北部区域乡村聚落的分散度相对偏高，聚落数量较多，分布密集。2008 年和 2015 年乡村聚落零星分散特征显著，分散度在 6.0 以上的格网占比分别增加至 32.33%和 33.95%，并在局部区域出现分散度大于 21 的极度分散区域，分别占到 1.52%和 1.59%。其中，2008 年县城周边分散度在 6～10 阈值区间的呈现增加趋势，县城南部的陈户镇、李桥乡、霍城镇和大马营镇分散度在 6～10、11～20 阈值区间的格网增加趋势较为明显；2015 年分散度变化主要发生的县城周边，分散度 11～20 阈值区间的格网增加明显，其他乡镇变化不显著。在调查过程中发现，2000 年之后，山丹县乡村聚落布局仍存在随意性，缺乏有效的科学规划，用地方式主要以外延为主，且利用率较低。此外，在收入利益的驱使下，村民不断开荒，耕地在原始空间基础上向外围扩张，乡村聚落随之外扩，形成零星分散的空间布局，导致乡村聚落“散、空、乱”现象普遍。

4.4.3 乡村聚落与水土资源的空间耦合关系

乡村聚落用地及空间分布受自然和人文两方面因素的影响。通常情况下，山地丘陵区受自然地理因素（海拔、坡度、坡向等）的影响较为显著，平原绿洲区更多地依赖于人文因素，如交通、河流、耕地等。这些因素将影响到聚落的空间分布位置、结构和形态。山丹县属于典型的绿洲区，耕地和水系对乡村聚落空间分布的影响更为显著，由于山丹县自然水系较少，本节选取人工渠系代替。

1. 乡村聚落与耕地的空间耦合关系

为了便于分析，本节提出不同情境下人地关系聚耕比的阈值。根据世界人均耕地面积（1920m²）和世界人均建设用地面积（83m²）计算得到人地协调阈值为 0.04；根据世界粮食及农业组织规定的人均耕地警戒线（533.3m²）和我国新型城镇化建设规定的农村人均建设用地范围（150m²）计算得到人地矛盾阈值为 0.28。设：当 $K<0.04$，为显著的“人少地多型”，表示不存在人地矛盾；当 $0.04\leqslant K\leqslant 0.28$，为一定程度内的“人地协调型”，表示人地关系相对均衡；当 $K>0.28$，为显著的“人多地少型”，表示人地矛盾突出。其中，$K=88$ 表明此单元格网中有聚落而无耕地，可理解为“人多地少型”；$L=99$ 表明此单元格网有耕地而无聚落，可理解为“人少地多型”。

基于耦合关系模型，以及不同情境下人地关系阈值得到三个时期格网尺度的聚耕比，并按照阈值空间对其进行统计（表 4-22）。可以看出：①山丹县乡村聚落与耕地空间分布关系密切，存在显著的“耕地指向性”，聚耕比空间分布差异显著，1998 年总体以“人多地少型”为主，2008 年和 2015 年转向“人少地多型”和“人地协调型”；②1998 年县城南部东乐镇和主要道路及干渠沿线以“人多地少型”为主，其他乡镇三种情景交错分布；2008年和2015年较1998年聚耕比发生显著变化，县城周边及南部东乐镇转向以“人地协调型”为主，中部陈户镇、位奇镇以“人少地多型”为主，南部大马营镇和霍城镇靠近县界的区域仍以“人少地多型”为主；③1998年山丹县人地矛盾最为突出，$K>0.28$的格网占比达到42.01%，尤以县城南部的东乐镇最为明显，其他乡镇也存在人地矛盾突出的村庄，但主要以“人地协调型”和“人少地多型”为主；2008年以后人地矛盾趋于缓解，“人多地少型”格网和比例均有明显下降，至2015年占比减少至18.82%，主要分布在县城周边以及县域南部大马营镇和霍城镇靠近县界的区域；④1998年山丹县人口和耕地空间分布一致性较好，2000年后由于新垦大量耕地，有超过30%的格网有耕地而无聚落，但是聚落的空间分散度亦增加，这与耕地空间范围扩大有必然联系。

表4-22　山丹县1998年、2008年和2015年单元格网聚耕比统计数据

聚耕比	1998年		2008年		2015年	
分级	数量/个	比例/%	数量/个	比例/%	数量/个	比例/%
0~0.04	108	20.07	181	15.63	179	15.11
0.04~0.28	204	37.92	346	29.88	349	29.45
>0.28	226	42.01	95	8.20	110	9.28
88	0	0	103	8.90	113	9.54
99	0	0	433	37.39	434	36.62
总计	538	100.00	1158	100.00	1185	100.00

2. 乡村聚落与渠系的空间耦合关系

山丹绿洲以“灌区”为主要用水单位，共有霍城、老军、马营河、寺沟四个灌区，“渠系”是影响耕地和乡村聚落空间分布的核心因素。基于耦合关系模型，计算得到三个时期单元格网尺度的聚渠比。$L<0.1$，为显著的“渠系偏多型”（即格网内渠系密度大于乡村聚落所需数量）；当$0.1<L<1$，为一定程度内的“聚落–渠系协调型”（即格网内渠系密度与乡村聚落所需数量相当）；当$L>1$，为显著的“渠系偏少型”（即格网内渠系密度小于乡村聚落所需数量）。其中，$L=88$表示该格网中有聚落而无渠系，可理解为“渠系偏少型”；$L=99$表示该单元格网中，有渠系而无聚落，可理解为“渠系偏多型”。

从表4-23可以看出：①山丹县三个时期乡村聚落与主干渠系空间分布关系密切，存在显著的“渠系指向性”，聚渠比总体表现为“渠系偏多型”和“聚落–渠系协调型”，三个时期二者分别占到格网总量的78.81%、91.51%和89.75%，渠系的空间布局决定了乡村聚落和耕地的分布格局；②三个时期聚渠比空间差异明显，“渠系偏少型”主要存在于县城周边，县城西北部以“聚落–渠系协调型”为主，县城以南区域以“渠系偏多型”为主；③基于实地调研发现，乡村聚落、耕地和渠系之间具有高度的相互依赖性，2000年后由于耕地空间范围扩张，渠系随之增多，且二者的扩张速度明显快于聚落，使得2008年43.86%的格网出现“有渠系而无聚落”的现象。

表4-23　山丹县1998年、2008年和2015年单元网格聚渠比统计数据

聚耕比分级	1998年		2008年		2015年	
	数量/个	比例/%	数量/个	比例/%	数量/个	比例/%
0～0.1	312	57.99	483	37.30	479	36.65
0.1～0.5	112	20.82	134	10.35	133	10.18
0.5～1	14	2.60	14	1.08	19	1.45
1～10	20	3.72	9	0.69	10	0.77
>10	1	0.19	2	0.16	3	0.23
88	79	14.68	85	6.56	102	7.80
99	0	0	568	43.86	561	42.92
总计	538	100.00	1 295	100.00	1 307	100.00

3. 乡村聚落与水土资源的耦合机制分析

山丹县乡村聚落与水土资源存在着高度的空间耦合关系，乡村聚落“耕地指向性”和“渠系指向性”显著。“有水则成绿洲、无水则成荒漠”是干旱绿洲区的真实写照，“以水定地，以水定人”亦是其可持续发展遵循的原则。水资源数量的多寡会影响供水能力，而供水能力决定了绿洲耕地的面积，耕地面积又会影响人类对土地资源的开发强度和土地自身的生产能力，土地的生产能力会影响人口的承载能力，进而对绿洲人口聚集的现实载体聚落产生影响。因此，水土资源成为约束和限制绿洲人口和聚落存在和发展的主要因素，人–水–土系统存在着高度的相互依存性和共生性（图4-3）。

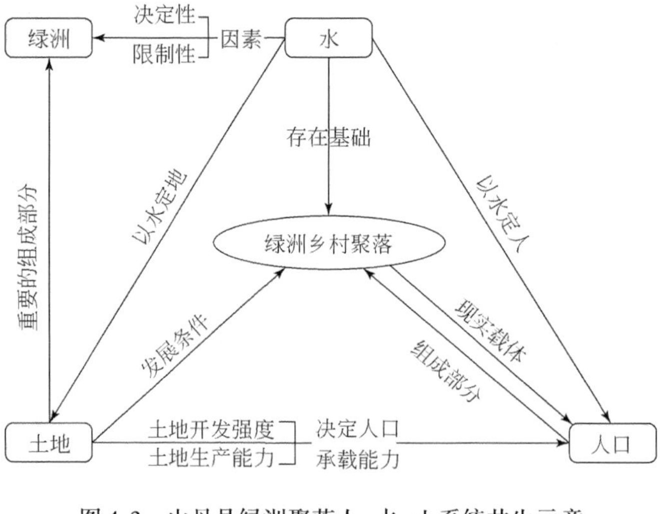

图4-3　山丹县绿洲聚落人–水–土系统共生示意

4.5 绿洲–荒漠区乡村聚落演变模式及优化模拟

近年来，随着社会经济快速发展，一方面绿洲外围的土地开发使绿洲快速扩张（绿洲化），另一方面新垦的人工绿洲土地面临强烈的风沙危害（沙漠化），聚落外扩、耕地开垦、土地沙化等都发生在从绿洲到沙漠之间的过渡地带，绿洲生态系统安全和区域可持续发展受到巨大挑战（Ling et al., 2013）。改革开放以来，我国经济蓬勃发展，城市化水平持续提高，由1978年的17.92%上升至2022年的65.22%。然而，受城乡二元体制和宅基地退出制度影响（Tian et al., 2018），农业转移人口在城乡“两头占地”，农村地区出现“人减地增”逆向扩张现象（Geng et al., 2023）。自然资源部数据显示，1978～2020年我国农村人口减少了大约2.9亿人，农村建设用地面积却增加了8.7万hm^2。同时，对于西北干旱区而言，水资源是制约地区社会经济发展的关键因素（Hao et al., 2019）。由于居民节约用水意识不足以及耕地面积持续增加，配置失衡导致的生产、生活用水挤占生态用水的矛盾愈发激烈。进而影响到绿洲生态安全及区域可持续发展（Liu et al., 2017a）。

随着气候变暖、人口快速增长，水资源短缺已成为全球性问题（Salehi, 2022）。Mao等（2023）探索了毛乌素沙地水、能源和食物资源关系的权衡，得出了“水、能源和食物的生产和供应是相互依赖的，任何资源系统的恶化都会对其他地区、行业或部门产生连锁效应”。同样，水土资源作为干旱区的发展基础，两者相互依存，水资源的丰度和水系分布格局总体上控制了土地开发规模和开发方向。河西走廊毗邻腾格里沙漠、巴丹吉林沙漠，因其特殊地理位置，该区域成为阻断沙漠南下的重要屏障。绿洲是维系人类生存和发展的基本场所，分布在绿洲外围把流动沙漠与绿洲分开的荒漠植被带即绿洲–荒漠过渡带（又称绿洲与荒漠的过渡区，以下简称过渡带）。过渡带的作用在于稳固绿洲、防止荒漠化，使生态系统保持或趋于稳定（Livneh et al., 2010）。过渡带常因受到人类活动的影响而发生变化，在人地关系研究中占有重要地位，是干旱半干旱区研究的热点对象。

国外对乡村聚落的研究初期集中在乡村聚落空间布局（Robinson, 2003）、形态与类型。随着工业化与城镇化发展，研究的关注点转移到乡村聚落空间发展模式与空间重构上。其中，有学者对非洲和亚洲部分国家绿洲乡村聚落的分布与演变进行研究（Kandel and Conard, 2012）。大量考古资料证明，在阿曼、以色列、南非、埃及、也门等国家，绿洲聚落的分布与演变是由环境因素决定的，水利、农业、土地利用等与绿洲聚落分布存在密切的关系（Giraud, 2009）。绿洲聚落既是人类对绿洲环境选择的结果，也是人类对绿洲水土资源长期改造的结果，绿洲聚落的空间分布格局是聚落与绿洲资源环境长期相互作用的结果。在干旱区用水、用地紧张的背景下，气候舒适度、地貌、水文、环境质量、可访问性和接近供应成为绿洲聚落选址的关键因素（Golany, 1982），这也为本章乡村聚落演变驱动因素的选取提供了方向。我国乡村地域辽阔，地貌类型多样，经济发展水平地区差距大。学者们对不同区域乡村聚落格局及影响机制进行了多尺度研究。国家尺度上，存在聚集、随机、分散并存的空间分布特征；区域尺度上，以不同地域类型区为例，研究乡村聚落空间格局、演变及其动力机制。东部沿海经济发达地区，乡村聚落集聚特征明显，但聚落规模、密度受城市扩张和交通线影响。中部地区乡村聚落空间分布与城镇化发展密切相关，乡村聚落向城镇集聚趋势明显（李红波等，2012）。西部地区乡村聚落的研究，学者们主要关注生态脆弱地区（黄土丘陵区、干旱绿洲区）乡村聚落形态、类型、空间分布特征及其影响因素。总体上，这些地区乡村聚落规模小、密度小，空间分布受水资源、地形地貌影响明显，具有河流、低地分布趋向（周国华等，2011），同时也受人类活动强度与脆弱生态环境矛盾的制约。已有对绿洲乡村聚落的研究，主要包括乡村聚落的空间格局、影响因素和空间重构等内容。

但已有研究仍存在以下几点缺陷：首先，研究区选择大多以流域、市（县）、灌区等小尺度为区域，难免弱化了地域环境的连续性和影响力。其次，“绿洲”范围界定大多为宏观视角（包括过渡带和荒漠区），并未考虑宏观绿洲内部各分区乡村聚落的区域差异性。再次，研究思路大多从土地利用视角出发，在干旱区水资源稀缺背景下缺少“水土资源优化配置”理念。现有研究多关于“水-粮食”（Lee et al.，2023）、“水-能源-粮食”（Rahmani et al.，2023）、“水-粮食-能源-生态系统”（Ma et al.，2021）等，而对于“水资源-土地资源-绿洲乡村聚落”的研究近乎空白。最后，缺少对未来发展的模拟预测，这在一定程度上限制了众学者研究成果的实践性。

综上所述，本章研究创新点主要有以下三个方面：①理论分析方面，使用联合概念将“水资源-土地资源-绿洲乡村聚落”三者纳入同一共生研究框架中，以表征水土资源是绿洲最基本的构成要素，绿洲乡村聚落的存在与发展受到水土资源的强烈约束，水土资源最终决定着绿洲乡村聚落的规模和空间分布；②模型方法方面，为了更好地表征或模拟“水资源-土地资源-绿洲乡村聚落”三者的共生发展情景，利用“系统动力学（SD 模型）-绿洲适宜结构（SOS 模型）-未来土地利用模拟（FLUS 模型）”耦合模型以表征“不同用水配置情景下干旱区用地结构的演变特征，以及在水土资源约束下的乡村聚落适宜规模及空间分布”；③实践方面，设置不同情景（惯性发展情景：ID；可持续发展情景：SD），根据研究区用水结构特征，模拟了可持续发展用水配置情景下研究区用地结构以及乡村聚落演变趋势并提出重构设想。以期为该地区水土资源协调发展、人地和谐共生发展提供理论支撑。

4.5.1 可持续发展导向的绿洲适度规模理论框架

水土资源作为人类生存的最基本资料，也是绿洲荒漠区乡村聚落形成的先决条件（Liu et al.，2018）。对聚落适度规模的研究，本质上是对绿洲荒漠区水土资源的统筹研究。

然而，自然资源具有最大承载能力，如果系统内部消耗超出其可承载范围，将对系统造成不可逆破坏（Liu et al., 2017b）。因此，乡村聚落规模“适度”应建立在水土资源可承载基础上。

（1）圈层结构视角

绿洲存在于荒漠当中，绿洲化和荒漠化在区域发展过程中此消彼长，位于中间的过渡带成为两者相互转化的空间载体，是绿洲生态系统稳定的重要屏障。然而，随着人口数量不断增长，绿洲区有限水土资源无法满足人类无限发展需求，加之缺少统一用水、用地规划，进而在过渡带中盲目开垦，以及农业灌溉、聚落外扩等人类活动对水土资源的过度开采，导致依赖地下水生长的过渡带植被呈现荒漠化趋势（Zhang et al., 2018）。干旱区的“唯水性”决定了有限水资源只能支撑一定规模的绿洲及过渡带，人工绿洲外扩、水资源短缺导致过渡带逐渐消失形成“生态裂谷”，威胁着绿洲的稳定发展。因此，在绿洲荒漠区有限水资源背景下，通过规划、合理配置绿洲区与过渡带用水比例，进而控制绿洲无序扩张、保障过渡带生态规模是可持续发展的基础。由于水土资源在绿洲荒漠区空间分布上的梯度渐变特征，绿洲区、过渡带、荒漠区三者内部的土地利用构成也存在显著差异。绿洲区在遥感影像上通常表现为耕地、建设用地、水体、林地等土地类型。过渡带主要包括草地，荒漠区则主要包括未利用地等。三大分区以及分区内部的土地利用类型并非一成不变，而是随着人类活动的影响不断发生转换和重组。随着社会经济快速发展、人口数量不断增长，绿洲有限的水土资源已不能满足不断增长的人类发展需求。进而在绿洲边缘的过渡带中盲目开垦，一方面，由于配置失衡导致的生产、生活用水挤占生态用水的矛盾愈发激烈。另一方面，脱离水资源约束的用地现状呈现出生活用地无序扩张、生产用地不断侵占生态用地的发展趋势（Olander et al., 2018）。

（2）“三生”结构视角

生活用地（乡村聚落；城市建设用地）、生产用地（耕地–农林牧副渔；工矿用地）、生态用地（林草地；水域）三维层面构成了绿洲荒漠区“三生”用地结构，与之对应的是“三生”用水结构（Guo et al., 2016）。水土资源作为绿洲荒漠区社会发展的基础和核心，合理配置水资源以及提高水土资源匹配程度是实现区域可持续发展的关键。然而，水土匹配失衡现象在干旱区普遍存在，区域发展缺少“以水定地”规划理念。一方面随着城市化、工业化快速推进，由于配置失衡导致的生产、生活用水挤占生态用水的矛盾愈发激烈。另一方面，脱离水资源约束的用地现状呈现出生活用地无序扩张、生产用地不断侵占生态用地的发展趋势。在乡村社会转型发展期，农民可支配收入增加，住房需求逐渐向宽敞、舒适转变，为节约成本往往选择平坦耕地扩建。同时，受宅基地退出制度影响，“内空外扩”发展模式导致宅基地存量越来越多。农民作为理性经济人，为追求经济效益往往在绿洲边缘生态区开垦耕地以拓展生存空间，不可避免破坏林草地致使生态系统失衡。耕地面积增加也使灌溉用水量迅速增加，进而导致下游生态用水不足、林草地收缩，绿洲可持续发展受到威胁。因此，在绿洲荒漠区水资源约束背景下，统筹协调“三生”用水关系，通过预留生态用水、合理抑制需求等手段，进一步匹配相应适度“三生”用地规模以促进水土资源高度匹配，进而实现绿洲荒漠区可持续发展。

综上所述，绿洲区与过渡带呈相互依存、相互制约关系，绿洲区是过渡带存在的前提，过渡带是绿洲区稳定发展的保障，通过协调用水关系保障过渡带适度规模，也是保障绿洲可持续发展的重要途径。探究乡村聚落适度规模不只局限于本身，用水结构制约下的用地结构作为一个复合系统，土地资源的稀缺性决定其中任何一方的变化发展都会影响其他地类，通过协调用水结构计算各地类适度规模，提高水土资源匹配程度和使用效率是实现绿洲荒漠区可持续发展的重要路径。

4.5.2 研究方法

1. 景观格局指数

景观格局指数从景观生态学角度将乡村聚落的空间特征与时间过程紧密联系起来，可以更好地分析其时空演变规律。结合前人研究，这里选取总面积（TA）、斑块数量（NP）、平均斑块面积（MPS）、破碎化指数（FN）4 个指标表征乡村聚落规模变化。此外，分形维数（D）不仅可以描述乡村聚落边界的复杂性，可用来表征乡村聚落的形态变化。

2. 位序–规模法则模型

位序–规模法则最早由齐普夫（Zipf）等学者在进行城市聚落规模分布规律研究中提出，该理论认为城市体系中城市规模与其人口服从幂律指数为 1 的分布特征。M. Sonis 和 D. Grossman 等在此基础上发现乡村聚落规模服从负指数分布特征，运用乡村位序–规模分布法可以更好地对乡村聚落规模结构演变特征进行识别和测度。其表达公式如下：

$$P_r = P_1 r^{-q} \tag{4-15}$$

式中，r 为乡村聚落斑块面积降序排列的位序；P_r 为第 r 位的聚落规模；P_1 为乡村聚落体系中首位聚落规模；q 为齐普夫（Zipf）指数，通过线性拟合模型进行估计。对式（4-16）两边取对数得到式（4-17），具体如下：

$$P_r = \ln P_1 - q \ln r \tag{4-16}$$

$$Y = -qX + c \tag{4-17}$$

式中，q 为常数，是反映乡村聚落规模结构的参数；Y 表示乡村聚落规模；X 表示乡村聚落位序；c 代表截距。$q=1$，即 Zipf 认为的聚落规模符合自然状态下的最优分布，乡村聚落体系处于均衡发展状态；$q>1$ 时，表明研究区聚落规模分布比较集中，首位聚落具有较强的垄断地位，中小聚落发育不全，大聚落的优势突出；$q<1$ 时，表示聚落规模分布相对集中，高位次聚落规模不是很突出，中小规模聚落比较发育。

3. 核密度估计法

核密度估计法（kernel density estimation，KDE）易于实现并能较好地反映地理现象空间分布中的距离衰减效应。核密度分析用于空间离散数据的连续性表达，分析聚落空间分布密度，直观反映不同地区乡村聚落分布的空间差异。计算公式为

$$f_{(x)} = \frac{1}{nh}\sum_{i=1}^{n} K\left(\frac{x - x_i}{h}\right) \tag{4-18}$$

式中，n 为聚落数量；h 为带宽；k 为核函数。

4. SD-SOS-FLUS 耦合模型

为探究绿洲荒漠区未来可持续发展用水、用地结构，利用“SD-SOS-FLUS”（系统动力学–绿洲适宜结构–未来土地利用模拟）耦合模型对 2030 年惯性发展情景（ID 情景）、可持续发展情景（SD 情景）下的乡村聚落演变进行模拟预测。包含三步：①基于 SD（系统动力学）模型模拟不同情景下研究区用水结构；②基于 SOS（绿洲适宜结构）模型探究不同用水情景下的土地利用结构；③基于 FLUS（未来土地利用模拟）模型探究不同用水情景下土地利用的空间分布特征。

（1）基于 SD 模型模拟不同情景下的用水结构

本章应用系统动力学方法建立绿洲荒漠区用水配置模型，模型建立通过软 Vensim-PLE 实现。由于河西走廊地区缺水严重，水资源短缺对研究区经济、生态影响巨大，因此通过水资源供需比进行调控。模型包括 4 个子系统：生产用水子系统、生活用水子系统、生态用水子系统和供水子系统（图 4-4）。关于模型验证，本研究使用两种模型验证方法：其一是运用 Vensim PLE 软件的“check model”功能，检查模型是否存在运行错误。Vensim 软件提供的编译纠错和跟踪功能结果显示“Model is ok”，表明模型通过运行检验。其二是进行历史性验证，选取生活用水量、生态用水量、可供水资源总量和工业用水量 4 个核心变量，通过比较 1998～2020 年模型运行出的模拟值与历史数据进行对比验证。图 4-5 显示，4 个变量的模拟值相对误差都<10%，即模拟效果较好。

情景设置：以 2020 年为基准年，对河西走廊东北部用水进行模拟分析。模拟步长为 1 年，模拟时间为 2020～2030 年。为了更好地研究 2020～2030 年用水系统变化情况，本章设置了 2 个配置情景。①惯性发展情景（inertia development scenario，ID 情景）：基准情景下的用水情况和水资源开发利用率等参照该区域 2010～2020 年的实际情况设定，即延续历史用水规律。②可持续发展情景（sustainable development scenario，SD 情景）：该情景下研究区进行了保障生态用水和一系列生产、生活节水措施，包括保障 30% 以上的河湖补水量占比；提高采用喷灌、滴灌等节水灌溉方式的农田比例，降

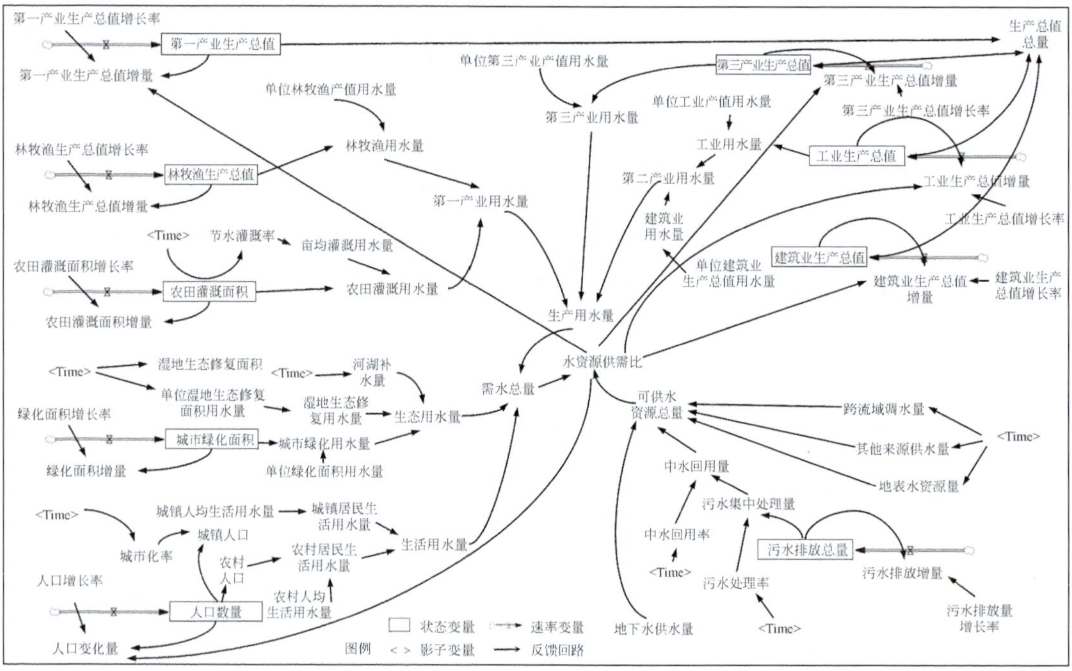

图 4-4 用水结构配置 SD 模型流程图

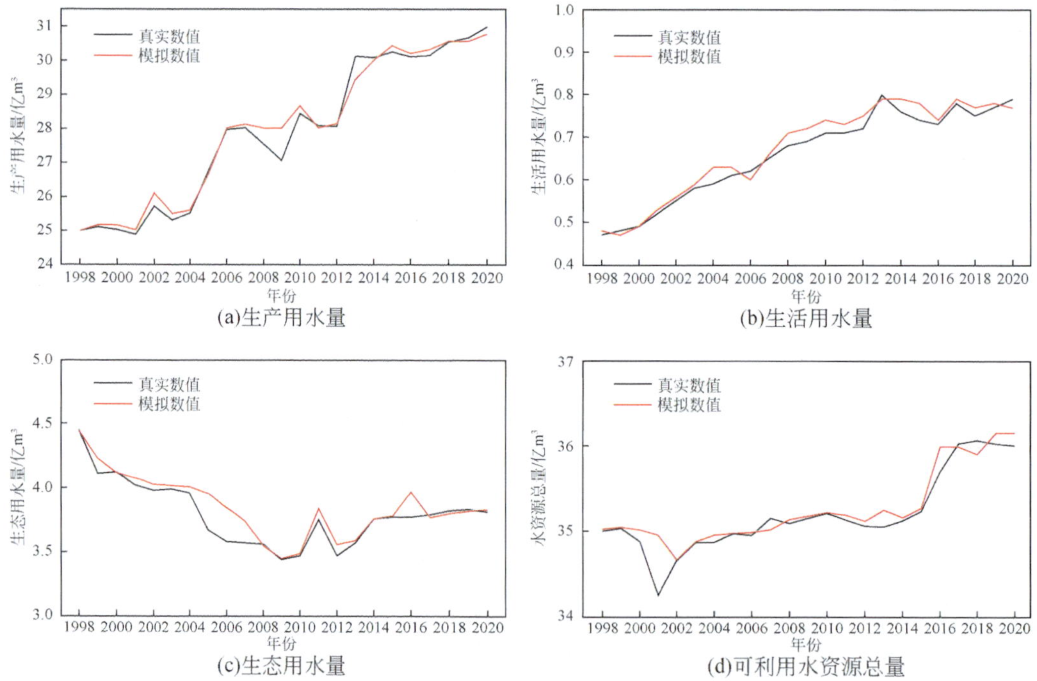

图 4-5 SD 模型精度检验

低农田灌溉用水；通过工业企业升级节水设备来降低工业用水量；采用宣传节约用水等降低居民生活用水比重。指标的设置参考《甘肃省行业用水定额》《甘肃省“十四五”水利发展规划》中对于节水灌溉、居民生活用水定额等的要求并结合实际情况拟定。具体情景变量见表 4-24。

表 4-24 情景设置

情景设置	河湖补水量占比/%	节水灌溉率/%	单位工业 GDP 用水量/(m^3/万元)	污水处理率/%	城镇居民用水量/[L/(人·d)]	农村居民用水量/[L/(人·d)]
惯性发展	8.03	50.00	130.00	0.900	165.00	100.00
可持续发展	30.00	67.00	100.00	0.950	120.00	90.00

(2) 基于 SOS 模型计算土地利用规模

首先，依据步骤（1）所求用水结构，利用适宜绿洲结构模型（SOS 模型）计算不同用水情景下有植被区域的面积（包括耕地、林地、草地）；其次，水域面积依照不同情景下河湖补水量计算得到；再次，对于乡村聚落、城市建设用地面积的计算，遵循干旱区可持续发展要求，在水土资源的双重约束下，依据“以耕地承载力确定人口数量”和“以生活用水配置量确定人口数量”计算适宜人口数量，进而结合人均建设用地面积求得乡村聚落和城市建设用地的面积；最后，对于未利用地面积的计算是通过研究区面积减去其他类型土地利用面积得到。

$$A=\frac{W-W'}{(\mathrm{ET}_0-P)K_pH_0}\times 10^5 \tag{4-19}$$

式中，A 为干旱区中有植被区域（包括耕地、林地、草地）的面积（km^2）；W 表示区域可利用水资源总量（亿 m^3），W'为区域内对植被生长无贡献的用水量（包括生产、生活用水）（亿 m^3）；ET_0 为按彭曼公式计算的参考作物腾发量（mm）；P 为研究区年均降水量（mm）；K_p为绿洲植物的综合影响系数，林地为 0.7、草地为 0.44、耕地为小麦地（0.84）和玉米地（0.96）的均值；H_0 为一定水资源保证下绿洲的“绿度”，能够反映绿洲水资源量对绿洲规模变化的保证程度，根据已有研究，本研究设 H_0 为 0.6。

(3) 基于 FLUS 模型的土地利用空间分布模拟

依据步骤（2）中所求各土地利用类型面积，基于未来用地模拟模型（FLUS 模型）完成土地利用空间分配，进而探讨不同情景下绿洲荒漠区乡村聚落景观格局演变及差异。FLUS 模型是 Liu 等（2017）基于元胞自动机（CA）原理，引入人工神经网络算法（artificial neural network，ANN）对基期土地利用数据和各驱动因子数据进行运算的基础上，估算出区域内各土地利用类型的发展概率，然后将发展概率与领域因子、自适应惯性系数和转换成本结合，得出元胞的总体转换概率，经过轮盘竞争机制最终得出模拟结果（图 4-6）。

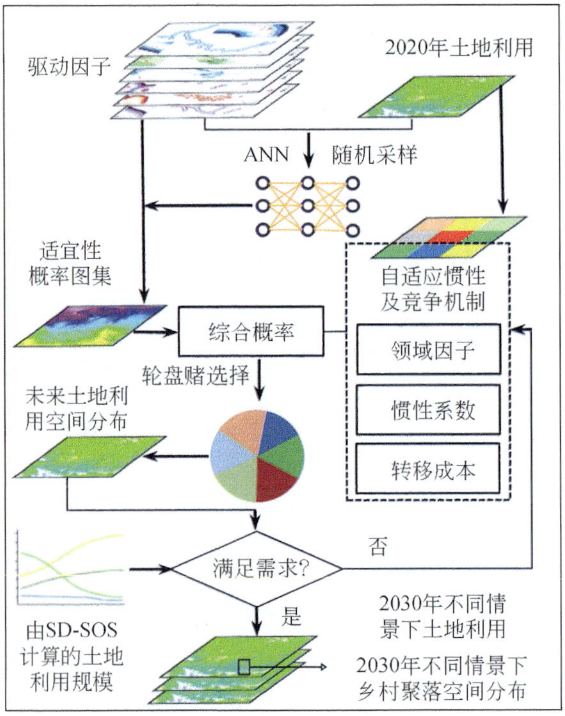

图 4-6　FLUS 模型模拟流程

4.5.3　绿洲荒漠区乡村聚落时空演变特征

1. 景观格局时间变化

(1) 规模变化

1990～2020 年研究区乡村聚落斑块总面积（TA）、平均面积（MPS）呈上升趋势，而斑块数量（NP）、破碎化指数（FN）呈下降趋势且三大分区之间差异显著（图 4-7）。1990～2020 年，研究区 TA、MPS 分别从 37 869.57hm^2、2.46hm^2 上升至 44 579.07hm^2、4.29hm^2。同期，NP、FN 分别从 15 420 个、0.63 个/m^2 下降至 10 390 个、0.24 个/m^2。从分区视角看，绿洲区乡村聚落 TA 呈上升趋势且对研究区贡献最大，约占总面积 77%；荒漠区乡村聚落 NP 呈上升趋势，而过渡带、绿洲区中呈下降趋势；绿洲区中 MPS 呈快速上升趋势，由 3.12hm^2 上升至 6.55hm^2，而荒漠区、过渡带变化不大；荒漠区乡村聚落 FN 由 0.02 上升至 0.05，而过渡带、绿洲区分别由 0.41、0.26 下降至 0.25、0.11，即沙漠区乡村聚落景观越发破碎，而过渡带和绿洲区均有不同程度集聚趋势。由此可见，绿洲区乡村聚落呈面积大、规模大、数量多特征，而在过渡带和荒漠区中呈面积小、数量少、分布散特征。

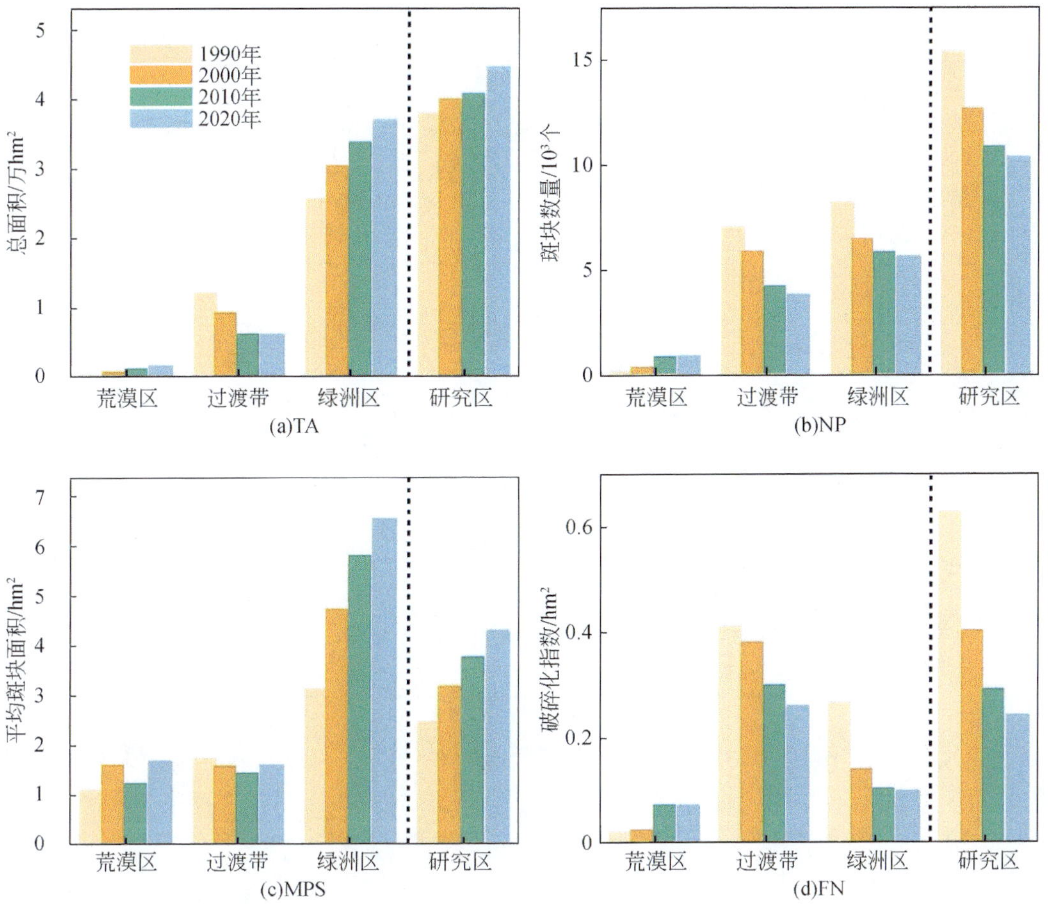

图 4-7　1990～2020 年乡村聚落规模变化

（2）形态变化

根据分形维数（D；D 值介于 1～2，值越大，斑块形态越复杂/不规则）表达式，对 ln$A$（A 为乡村聚落斑块面积）和 ln$P$（P 为斑块周长）进行回归分析。结果表明：1990～2020 年三大分区 R^2 值均大于 0.90，表明存在显著分形特征（图 4-8）。其中，荒漠区乡村聚落 D 值从 1.107 上升至 1.214，表明该区域乡村聚落空间布局趋于随机分布，形状也趋于复杂；过渡带乡村聚落 D 值从 1.130 下降至 1.095，表明乡村聚落变化以边缘填充为主，空间形态趋于规则、稳定；绿洲区乡村聚落 D 值从 1.121 下降至 1.095，表明该区域乡村聚落变化具有边缘填充特征，具有更大的规律性和稳定性。总体而言，1990～2020 年间过渡带和绿洲区乡村聚落空间形态趋于规则，而在荒漠区中的乡村聚落趋于复杂。

2. 空间分异格局

（1）乡村位序–规模分布特征

1990～2020 年研究区乡村聚落规模分布整体趋于均衡，符合负指数分布特征

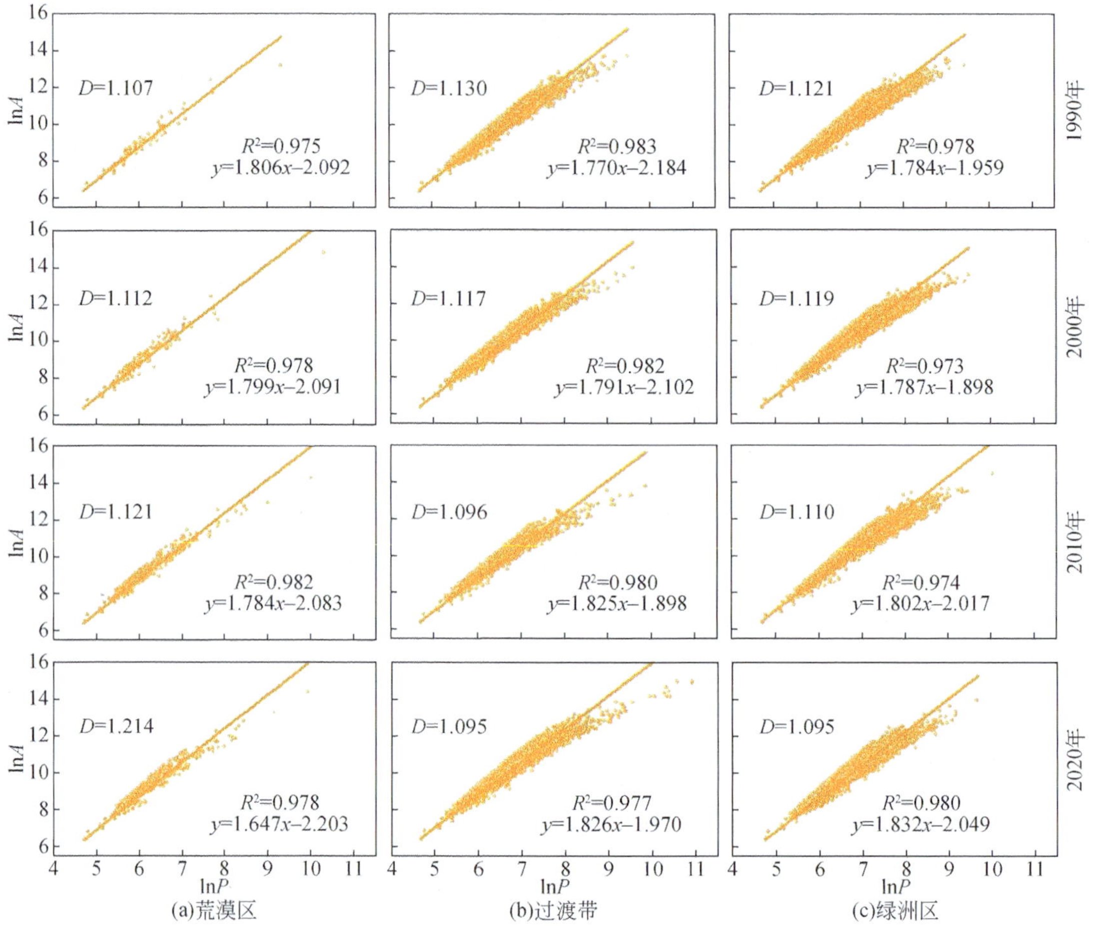

图 4-8　1990 ~ 2020 年乡村聚落形态变化

(图 4-9)。其间，研究区拟合线的斜率 a 由 7.36 下降至 6.05。大多数乡村规模的实际值与理论值相差较小，只有头部和尾部出现了实际值与理论值相差较大的情况。这是由于头部部分属于城镇体系，而尾部则由于规模太小，属乡村聚落中的异常值，已不符合乡村位序–规模法则。分区域看，荒漠区斜率 a 由 22.84 持续上升至 31.34。而过渡带、绿洲均呈先增后减趋势，转折点均发生在 2010 年。表明，受水土资源限制，荒漠区乡村聚落流动性更强，而过渡带、绿洲乡村聚落趋于均衡、稳定。

(2) 核密度分析

1990 ~ 2020 年研究区乡村聚落密度整体降低，空间分布表现为沿河流、绿洲内部分布且密度值呈中心高外围低的空间梯度衰减特征。1990 ~ 2020 年，研究区乡村聚落核密度值由 1.552 个/km^2 下降至 1.389 个/km^2，整体呈现由集聚向分散变化趋势且分区之间差异显著。其中，绿洲区呈快速集聚态势，由 3.204 个/km^2 上升至 7.418 个/km^2，而过渡带和荒漠

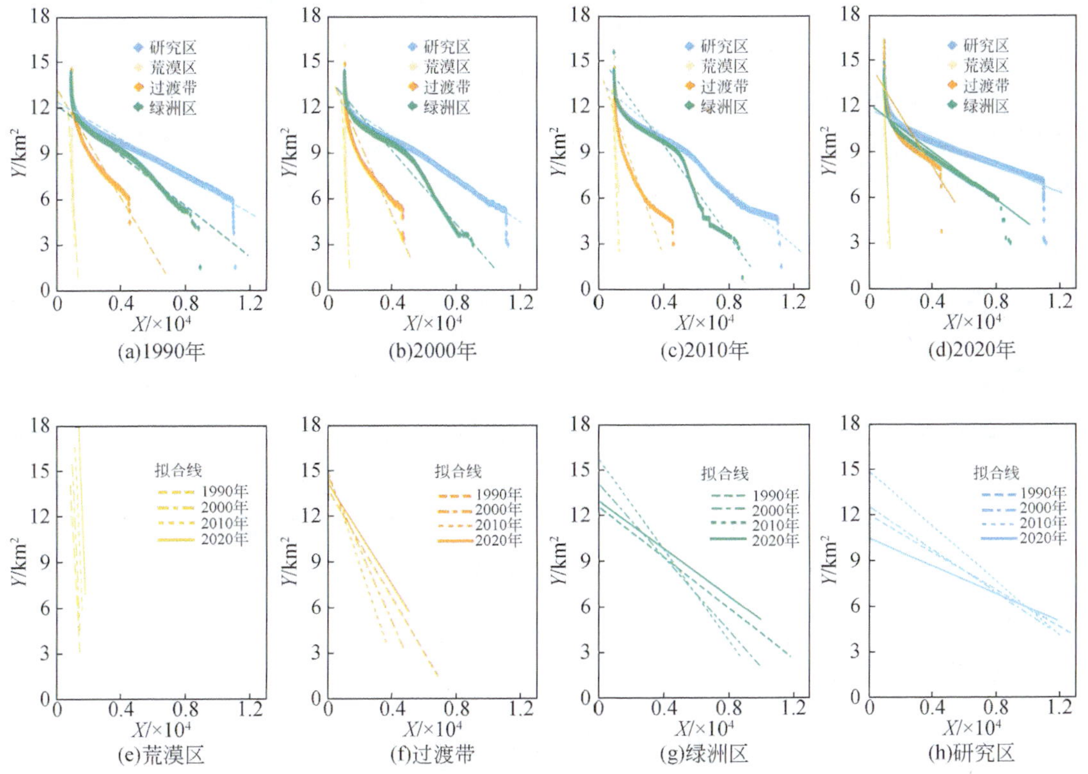

图 4-9　1990～2020 年乡村聚落位序–规模分布拟合图

区呈分散趋势，分别由 3.539 个/km^2、0.370 个/km^2 下降至 2.903 个/km^2、0.022 个/km^2。表明乡村聚落在绿洲区具有明显历史继承性和空间延伸性，而在荒漠区和过渡带中，其生态脆弱性导致乡村聚落具有空间流动性和不稳定性。

4.5.4　绿洲荒漠区乡村聚落演变驱动因素

在探究绿洲荒漠区乡村聚落时空演变及空间形态特征基础上，进一步利用空间误差模型（SEM）实证检验了绿洲荒漠区乡村聚落演变的影响因素（表 4-25）。乡村聚落是一个复杂的人地耦合系统，受自然环境、基础设施、交通可达性等多方面的综合影响。为此，影响因素的选取从以下 3 方面展开，共 10 个影响因素：①自然地形因素，包括到河流距离（X_1）、坡度（X_3）、高程（X_7）；②基础设施，包括教育设施可达性（X_2）、医疗设施可达性（X_9）、商业设施可达性（X_{10}）；③交通可达性，包括到工业用地距离（X_5）、到道路距离（X_6）、到耕地距离（X_4）、到城镇距离（X_8）。

到河流距离（X_1）、坡度（X_3）、到工业用地距离（X_5）、到道路距离（X_6）、高程（X_7）、到城镇距离（X_8）6 个因素 Z 值均显著，X_1、X_6、X_8 呈正相关，而 X_3、X_5、X_7 呈

负相关。教育设施可达性（X_2）、到耕地距离（X_4）、医疗设施可达性（X_9）、商业设施可达性（X_{10}）均不显著。研究结果表明到河流距离（X_1）是绿洲荒漠区乡村聚落空间分布第一影响因素，究其原因，干旱区的水资源稀缺性决定了绿洲荒漠区乡村聚落空间选址的河流指向性。具体而言，高程（X_7）和坡度（X_3）从根本上反映了研究区土地资源的资源禀赋和可开发利用的可能性大小，同时也是乡村居民宅基地选址的重要影响因素。在高程、坡度的双重表征下，直接决定了乡村聚落的空间演变格局和趋势，即平原地区乡村聚落更有可能呈集聚趋势，而山地地区的乡村聚落更容易呈现分散趋势。到道路距离（X_6）与乡村聚落空间布局呈显著正相关，随着城镇化、工业化的快速推进，城乡之间人员、物质、信息等的交流愈发频繁，关系日益密切。同时交通网是异地之间产生联系的首先条件，因此为降低通勤时间和成本，乡村聚落选址越倾向于各级道路两侧分布。教育设施可达性（X_2）与绿洲荒漠区乡村聚落空间布局不显著，究其原因随着城镇化的快速推进，农村人口永久或季节性迁移至城市地区，以便获得更好的教育、医疗等公共服务。而乡村聚落是农村人口的现实载体，其空间布局相对具有稳定性。到工业用地距离（X_5）与乡村聚落空间布局呈显著负相关，即农村居民宅基地选址往往远离工业区，宜居性和舒适性也是村民选址的重要因素之一。

表 4-25　空间误差模型（SEM）回归结果

变量	1990 年			2000 年			2010 年			2020 年		
	系数	标准差	Z	系数	标准差	Z	系数	标准差	Z	系数	标准差	Z
常数项	−0.012	0.041	−0.321	−0.003	0.029	−0.247	−0.015	0.023	−0.352	−0.004	0.024	0.211*
X_1	0.412	0.037	11.312***	0.464	0.033	11.378***	0.445	0.037	11.352***	0.421	0.032	10.483***
X_2	0.321	0.032	7.292	0.101	0.039	3.258	0.271	0.032	6.536	0.223	0.038	5.216*
X_3	−0.084	0.034	−2.527***	−0.092	0.031	−2.538***	−0.103	0.028	−2.674**	−0.113	0.022	−3.423*
X_4	0.228	0.024	5.263	0.273	0.044	6.563	0.132	0.029	3.362	0.125	0.021	3.452
X_5	−0.014	0.047	−0.329***	−0.017	0.041	−0.331***	−0.013	0.039	−0.321***	−0.021	0.034	−0.215**
X_6	0.308	0.036	10.295***	0.302	0.042	10.225***	0.312	0.038	10.312***	0.273	0.033	7.321***
X_7	−0.162	0.042	−5.215**	−0.154	0.046	−5.016***	−0.094	0.041	−5.224**	−0.142	0.038	−3.311**
X_8	0.015	0.038	4.104***	0.322	0.032	11.115***	0.342	0.027	11.326***	0.295	0.031	6.549***
X_9	0.237	0.032	10.137	0.181	0.044	4.528	0.205	0.036	5.632	0.213	0.037	5.326
X_{10}	0.318	0.029	9.542	0.322	0.048	7.124	0.293	0.027	6.527	0.109	0.044	6.554

***表示在1%的概率下显著；**表示在5%的水平上显著；*表示在10%的水平上显著。颜色越深表示系数的绝对值越大。

4.5.5 绿洲荒漠区多情景模拟

1. 适宜性概率图集的制作

首先，驱动因子进行归一化处理，并结合2020年土地利用数据，通过FLUS模型软件操作得到各土地利用类型的适宜性图集。乡村聚落与耕地、水域呈现较强的空间耦合关系，即高适宜性区域呈高度关联性，乡村聚落高适宜性区域整体沿河岸走势分布，这也从侧面印证了“水资源-土地资源-绿洲乡村聚落”的共生性。乡村聚落适宜性值介于0～0.816，高值区主要位于黑河流域的临泽县以及石羊河流域的永昌县；耕地适宜性值介于0～0.941，高值区与乡村聚落高值区基本吻合；林地适宜性值介于0～0.982，高值区位于靠近祁连山脉的民乐县和山丹县，因其丰富的雪山融水和较弱的人类影响，该区域生态环境保育功能较强，林地适宜性也更强；草地适宜性值介于0～0.901，高值区主要分布在人类活动范围的外围，是保障绿洲生态效应的重要组成部分；城市建设用地适宜性值介于0～0.936，高值区集中在各地级市；未利用地适宜性值介于0～0.890，高值区主要分布在研究区外围靠近巴丹吉林沙漠和腾格里沙漠的区域。

2. 2030年惯性发展情景

在惯性发展情景下，研究区延续了历史时期“重生产、生活，轻生态”的用水规律（表4-26），到2030年研究区农田灌溉用水量将由2020年的26.86亿m^3持续上升至29.71亿m^3，占比也保持在75%左右；工业用水量由1.30亿m^3上升至1.33亿m^3；农村居民生

表4-26 不同情景下2030年的用水结构 （单位：亿m^3）

用水结构	用水项目	2020年	2030年ID情景	2030年SD情景
生产用水	农田灌溉	26.86（75.4%）	29.71（74.9%）	22.15（54.7%）
	林地灌溉	1.97（6.0%）	1.86（4.7%）	2.01（5.0%）
	草地灌溉	0.25（0.7%）	0.24（0.6%）	0.47（1.2%）
	牲畜用水	0.27（0.8%）	0.28（0.7%）	0.20（0.5%）
	鱼塘补水	0.04（0.1%）	0.05（0.1%）	0.03（0.1%）
	工业用水	1.30（3.3%）	1.33（3.3%）	1.17（3.1%）
生活用水	城市居民用水	0.54（1.5%）	0.63（1.6%）	0.64（1.7%）
	农村居民用水	0.25（0.7%）	0.28（0.8%）	0.22（0.6%）
生态用水	湿地修复用水	0.74（2.1%）	0.73（1.8%）	0.80（2.1%）
	城市绿化用水	0.30（0.8%）	0.31（0.8%）	0.25（0.9%）
	河湖生态补水	3.07（8.6%）	4.22（10.7%）	11.62（30.1%）

注：括号中数值为占比。

活用水、城市居民生活用水量分别由0.25亿m^3、0.54亿m^3持续上升至0.28亿m^3、0.63亿m^3；同期，湿地修复用水由0.74亿m^3下降至0.73亿m^3，城市绿化用水虽有所增加，但增幅较小，仅增加了3.3%；河湖生态补水由3.07亿m^3增加至4.22亿m^3，占比也上升至10.7%，但仍不能满足干旱地区30%的生态保障需水要求。总体而言，在不受任何外力作用下的绿洲荒漠地区用水结构，仍以农田灌溉耗水量最大。因此，通过推广农田节水灌溉技术及措施，提高区域内节水灌溉率来提高农业效率，以此来减少农业灌溉用水量并将节约下来的水资源补充河湖流量，进而保障生态安全。

在惯性发展情景下，研究区农田灌溉用水量持续上升，而林地、草地灌溉用水量分别由1.97亿m^3、0.25亿m^3下降至1.86亿m^3、0.24亿m^3。用水结构的配置失衡必然导致用地结构的失衡，通过基于SOS模型计算得出了惯性发展用水情景下的土地利用结构（表4-27）。2030年惯性发展情景下研究区用地结构呈“生产、生活用地持续扩张，生态用地呈萎缩趋势”。其中，耕地面积由2020年的7357.58km^2持续上升至7473.21km^2；城市建设用地、乡村聚落面积分别由490.25km^2、445.88km^2上升至649.07km^2、487.16km^2；同期，研究区林地、草地分别由742.88km^2、8211.58km^2下降至735.47km^2、8202.44km^2。总体而言，绿洲荒漠区水土资源的高度耦合关系决定了用水结构与用地结构的一一对应关系。

表4-27　不同情景下2030年的用地结构　（单位：km^2）

用地结构	2020年	2030年ID情景	2030年SD情景
耕地	7 357.58	7 473.21	5 223.56
林地	742.88	735.47	980.43
草地	8 211.58	8 202.44	10 200.99
水域	745.52	816.62	2 252.21
城市建设用地	490.25	649.07	521.33
未利用地	39 226.50	38 719.33	37 534.16
乡村聚落	445.88	487.16	105.04

惯性发展用水情景下的各类土地利用面积，利用FLUS模型完成空间分布模拟（图4-10，表4-28）。惯性发展情景下绿洲荒漠区乡村聚落延续历史粗放发展模式，以外扩、填充等演变模式为主。在景观格局特征方面，惯性情景下乡村聚落总面积（TA）由2020年的4.46万hm^2增至4.87万hm^2；破碎化指数（FN）、分形维数（D）分别由0.24、1.119增加至0.26、1.121；核密度值由1.389个/km^2下降至1.303个/km^2；斑块数量（NP）由1.04万个下降至1.00万个；平均斑块面积（MPS）由4.29hm^2增长至4.31hm^2。总体而言，2030年研究区惯性发展情景下的乡村聚落空间布局呈分散化趋势。

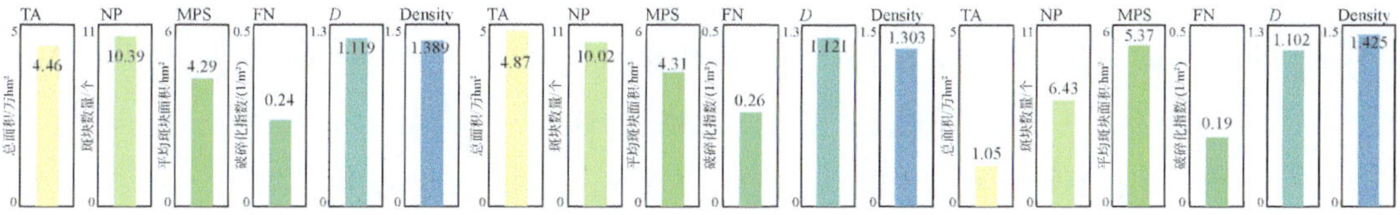

图 4-10　2030 年多情景下乡村聚落景观格局演变趋势

表 4-28　不同情景下 2030 年的圈层结构

圈层结构	2020 年	2030 年 ID 情景	2030 年 SD 情景
绿洲区面积 /km^2	7 358.21	7 473.36	5 224.26
过渡带面积 /km^2	743.02	735.31	979.69
荒漠区面积 /km^2	8 212.47	8 202.07	10 201.12
绿洲区半径/km	50.02	52.49	42.62
过渡带半径/km	2.67	2.64	4.93
荒漠区半径/km	21.38	19.21	27.60

3. 2030 年可持续发展情景

在可持续发展情景下，为改善“重生产、生活，轻生活”的用水现状，本章设定了“河湖生态补水占比、节水灌溉率、单位工业产值用水量、居民生活用水定额”等参数，即在保障生态用水可持续发展基础上，再协调分配生产、生活用水。2030 年研究区在可持续发展情景下农田灌溉用水量由 2020 年的 26.86 亿 m^3 下降至 22.15 亿 m^3，占比也保持在 60% 以内；工业用水量由 1.30 亿 m^3 下降至 1.33 亿 m^3；农村居民生活用水量由 0.25 亿 m^3 下降至 0.22 亿 m^3，而城市居民用水由 0.54 亿 m^3 上升至 0.64 亿 m^3，随着研究区城镇化的快速推进，大量农村人口向城市迁移，由于人口的增加导致城市居民用水整体呈上升趋势；同期，林地、草地灌溉分别由 1.97 亿 m^3、0.25 亿 m^3 上升至 2.01 亿 m^3、0.47 亿 m^3；湿地修复用水由 0.74 亿 m^3 上升至 0.80 亿 m^3；河湖补水占比为 30.1%，满足了内陆河流域至少应该保留 30% 河道内生态用水的要求。总体而言，农田灌溉用水作为干旱区的最大用水项，通过提高农田节水灌溉率来降低农田灌溉用水量是干旱区调整生产用水的有效途径。由于可持续用水情景下注重保障生态用水量，因此该情景下水域面积大幅提高，由 2020 年的 745.52km^2 上升至 2252.21km^2；林地、草地呈增长趋势，分别由 2020 年的 742.88km^2、8211.58km^2 上升至 980.43km^2、10 200.99km^2；同时，由于该情景下合理控制了生产、生活用水，因此该情景下耕地面积由 7357.58km^2 下降至 5223.56km^2；乡村聚落由 445.88km^2 下降至 105.04km^2。总体而言，该情景下耕地面积、乡村聚落无序扩张得到了限制，生态用地规模得到了保障。

可持续发展情景下绿洲荒漠区乡村聚落演变模式以集约式发展模式为主，无序扩张得到了有限限制。在景观格局特征方面，可持续发展情景下乡村聚落总面积（TA）由2020年的4.46万hm^2下降至1.05万hm^2；破碎化指数（FN）、分形维数（D）分别由0.24、1.119下降至0.19、1.102；核密度值由1.389个/km^2上升至1.425个/km^2；斑块数量（NP）由1.04万个下降至0.64万个；平均斑块面积（MPS）由4.29增长至5.37。总体而言，2030年研究区可持续发展情景下的乡村聚落空间布局呈集聚发展趋势，无序扩张得到有效控制。

4.6 小　　结

探讨绿洲乡村聚落的时空演变特征与机制、评价其质量与重构路径、揭示其与水土资源的空间耦合关系并对其未来分布进行模拟预测，对于推动绿洲可持续发展具有十分重大的意义。通过本章的研究，得到以下结论：①张掖绿洲乡村聚落受所属特殊地理环境的影响，使得其聚落空间特征更加复杂。相比其他典型区域，其规模驱动因素更体现独特性。水资源、气候等自然条件约束着乡村聚落的分布及其演化。张掖绿洲区域位于河西走廊平原区，毗邻沙漠，气候与自然条件对乡村聚落区域分布则具有较高约束能力。人口密度与人均GDP均显著影响着乡村聚落的规模；人均耕地的本质是人地关系，人地关系的矛盾对人口生计转型产生胁迫性，紧张的人地关系致使大量农民进城务工，从事第二、第三产业，农民经济收入得以提高，建房能力提升。②绿洲耕地和水资源量的多少直接影响到承载的人口数量，进而影响到聚落的存在和发展，探讨微观尺度乡村聚落质量，并在格网尺度上对乡村聚落空间布局进行调整和优化，可为绿洲区农村建设用地整治提供参考。乡村聚落空间重构受到自然、社会、经济等多方面的共同作用，生产、生活的方方面面都会影响到空间重构过程。③山丹县绿洲乡村聚落与耕地和渠系空间分布关系密切，存在显著的“耕地指向性”和“渠系指向性”。2000年后由于耕地空间范围扩张，渠系随之增多，且二者的扩张速度明显快于聚落，使得2008年37.33%和43.86%的格网分别出现“有耕地而无聚落”和“有渠系而无聚落”的现象。水土资源成为了约束和限制绿洲人口和聚落存在和发展的主要因素，人-水-土系统存在着高度的相互依存性和共生性。④在绿洲荒漠区或干旱区等缺水区域，通过“以水定地”提高水土匹配程度是乡村振兴战略、区域可持续发展目标实现的基础和途径。

第5章 绿洲乡村韧性水平评估与提升对策研究

韧性是乡村地域系统的基本属性，对于推进乡村可持续发展具有重要理论支撑作用。本章引入韧性理论，从资源型城市金昌市的转型困境出发，结合金昌市永昌绿洲乡村亟须振兴的现实背景，从生态、经济、社会三个维度构建绿洲乡村韧性综合评价指标体系，对其乡村韧性水平进行综合测度，并选择荒漠绿洲交错样带-绿洲核心区-绿洲荒漠草原交错样带3条典型样带深入分析乡村韧性差异并揭示其形成机制，提出差异化的绿洲乡村韧性优化治理路径。本章研究尺度聚焦于村级行政单元，按照生态-经济-社会的维度研究绿洲地区的乡村韧性，基本能够覆盖到绿洲乡村韧性特征形成的各个方面，重点关注绿洲乡村韧性水平的提升以及绿洲乡村可持续发展，对于绿洲乡村人居环境改善和可持续发展具有重要意义。

5.1 引　言

随着全球化、工业化、信息化不断蔓延至乡村（Woods，2007；Liu and Li，2017），时代对于乡村地区治理水平的要求也在不断提高，人们逐渐趋于追求更加可持续的发展方式（Ma et al.，2022）。韧性治理作为乡村治理的一种新的思路，其概念被应用到不同学科领域，最早韧性思想被应用到系统生态学中，用来定义生态系统稳定状态的特征（Holling，1973；李红波，2020），随后逐渐从自然生态学向人类生态学延伸，总体上其研究历经“工程韧性（Berkes and Folke，1998）、生态韧性（Carpenter et al.，2001）、社会-生态系统（social-ecological systems，SESs）韧性（Folke，2006）”。在韧性理论方面，加拿大生态学家Holling（1973）提出“层次结构、混沌性、适应性循环”的理论，很好地解释了可持续发展的内涵，打破线性思维、稳态平衡性思想，实现跨尺度动态交互循环及系统创新性的突破，为乡村韧性理论的形成奠定了思想基础。

乡村韧性指乡村地域系统在受到外界扰动后，通过自身的调节机制对所受扰动进行响应，并且恢复到乡村地域系统原有状态甚至转型到更加稳健的状态以促进系统可持续发展的一种基本属性（Norris et al.，2008；Cinner and Barnes，2019；Márton，2021）。2010年以后，发达国家对于韧性的研究延伸到了乡村领域，其针对的风险更加多元化，关注点从气候灾害等突变扰动转向经济衰弱、产业发展、人口外流等渐变扰动，主要针对某一地区乡村韧性的影响因素（Amir et al.，2015；Anthopoulou et al.，2017）、评估指标（Wilson et al.，2018；Rocha et al.，2022）、提升策略（Beel et al，2015；Goff et al.，2022）等的实证研究。在中国等发展中国家，乡村韧性的研究才刚刚起步（Marzieh and Reihaneh，2021），且涉及的乡村类型较少，主要集中在传统农区和干旱区（Ma et al.，2021）。我国领土幅员辽阔，内部地理事物特征差异显著，目前的研究覆盖面仍然较窄，对于乡村地区进行韧性治理的普适程度不高。总体来说，学术界对乡村韧性的研究多以单个典型乡村社区为研究对象，只能反映微观案例在自然生态和经济社会等维度上的韧性水平（李红波，2020），而无法了解中观尺度和宏观区域层面的变化情况和整体趋势，不同区域、不同驱动力所影响的乡村之间韧性水平差异的对比研究仍然较为缺乏，乡村韧性的研究缺口仍然较大。

我国作为世界人口大国和最大的发展中国家，乡村地区正处于转型发展的关键时期（黄耿志和周进，2021），乡村与城市的物质流动、能量转换、信息交互也更加频繁。近年来，乡村地域系统原有的生产生活组织方式正在发生着根本性转变，其原有的环境状况、经济形态以及社会状态正在发生一系列演化和重构（刘彦随，2018），且由于受到的外部扰动也在加剧，乡村韧性水平不断被冲击。此外，随着社会生产力水平的不断提高、城镇化进程的不断加快、人口受教育程度和劳动力素质的不断上升、居民生活水平和生活方式的不断变化，使得城乡发展差距不断拉大，乡村地区大量人口、资源不断地涌向城市（Liu and Li.，2017），乡村韧性水平受到显著影响，乡村内部发展不平衡、不充分的矛盾更加突出，人们对环境的敏感性发生了显著变化（Yucedag et al.，2018），社会问题逐渐凸显。如何在日益增长且变幻莫测的风险和挑战中正常运行并保持韧性，建设有韧性能力的乡村，成为当前地理学、灾害学、城市规划学和生态学等学科领域亟待研究的新课题（赵瑞东等，2020）。

绿洲乡村地域系统作为人地系统的重要组成部分，在乡村韧性治理方面面临着重大挑战。河西走廊绿洲地区作为我国典型绿洲之一，是我国西部重要的生态屏障（朱秉启，2021），承担着不同寻常的历史使命，也是甘肃省重要的粮食主产区，耕地保有量大，光热水土条件好，产粮任务重（Yang et al.，2020）。与此同时，由于受荒漠化的影响，该地区应对外界变化的适应能力较为薄弱，农业发展问题十分突出（Zhou et al.，2016），村庄人口空心化程度高，集体经济发展疲软，县域经济的发展也受到一定程度的制约，社会保障和公共基础服务设施配套不均衡的问题较为突出，村庄抵御外界扰动的水平较低，村庄自组织能力建设、功能协调、适应能力亟须提升。这些问题需要研究人员的深入解读和关注。

然而，正是因为绿洲组成单元在空间分布上的特殊性以及其周边环境的干旱属性，特别是绿洲核心区高密度集约化的发展模式和绿洲外围低密度粗放的开发模式之间存在巨大差异，进一步导致了绿洲地区在生态建设、经济发展和社会建设方面的不均衡和区域不平等（Yin et al.，2021）。因此，对于这些差异化的发展特征进行识别，对绿洲乡村发展路径进行探索，可以有效释放绿洲乡村发展的压力，推动绿洲乡村地区可持续发展，这也是本章的重要目标。

基于此，本章以我国河西走廊永昌绿洲为案例区，以行政村为评价单元，从生态、经济、社会三个维度出发，构建乡村韧性评价指标体系，深入分析绿洲核心区、边缘地带、绿洲-荒漠过渡区的乡村韧性，通过对比揭示绿洲乡村韧性的空间差异，并提出不同韧性特征村庄的优化治理路径，以促进绿洲乡村地区可持续发展。

5.2 乡村韧性理论与绿洲乡村韧性

5.2.1 乡村韧性理论演化

“resilience”，译作韧性，也译作恢复力、弹性等，关于其翻译，汪辉等指出“resilience”的准确翻译必须置于社会-生态系统语境下完成，在3种主流译法中，韧性是最接近其学术定义内涵的主流认识（李红波，2020）。韧性的概念在许多领域被广泛使用，因此出现了诸多定义。据不完全统计，韧性目前的定义不下70种（Fisher，2015），这就导致韧性成为一个难以掌握、操作和有效应用的复杂概念（表5-1）。如何衡量韧性成为了一个难题，也是目前学术界的研究前沿。通过我们的观察比较，发现学者们不管对于韧性的概念怎么界定，都体现出了韧性概念的“能力属性”，即韧性表征了系统的可持续发展能力。

表5-1 韧性概念的演进过程

项目	工程韧性	生态韧性	演进韧性
时间阶段	1973年以前	1973年至20世纪90年代	20世纪90年代以后
内涵简析	系统受到扰动偏离稳态后，恢复到原有状态	系统受到扰动偏离稳态后，通过自身调节达到新稳态	系统不断循环与革新，动态适应外界扰动
扰动应对	“扰动-响应”	“扰动-吸收”	“扰动-适应”
平衡状态	单一稳态	多个稳态	循环稳态
系统特征	有序、线性	复杂、非线性	复杂、混沌、不确定
认知视角	均衡论视角	均衡论视角	演化论视角
扰动应对	扰动威胁论	扰动学习论	扰动适应论

资料来源：曾鹏，2022

虽然韧性通常是利用生态问题引入，但其根源是多种多样的。关于韧性理论的应用研究大概经历了工程韧性、生态韧性以及社会-生态韧性（或演进韧性）三大阶段，涉及城市规划、区域治理、技术进步等多个学科领域。19 世纪 20 年代，韧性概念首次应用于工程和力学领域，指系统受到压力冲击而变形后恢复到起初均衡状态的能力，即工程韧性。20 世纪 70 年代，加拿大生态学家 Holling（1973）首次将韧性理论引入生态学领域，强调系统在受到扰动以后维持稳定状态的能力，即生态韧性。20 世纪 90 年代以来，韧性逐渐从生态学延伸到社会科学，且在社会科学中发挥了巨大的作用，指系统在面对外界压力或扰动的过程中激发出来的自组织、学习和转型的能力，韧性概念逐渐扩张到各类综合性的风险、经济衰退、贫困等城乡发展问题，即社会-生态韧性（或演进韧性）。

5.2.2　绿洲乡村韧性

乡村作为一个集产业形态、社会形态、空间形态、文化形态为一体的异质同构体，是一个复杂的生态-生产-社会系统（Holmes，2006）。乡村韧性蕴含在一个多尺度的等级网络中，尺度间互相关联，存在着等级交互作用（Wilson，2012），所以将韧性研究聚焦于县域尺度具有承上启下的先天优势。

在对绿洲乡村地域系统的识别中，将绿洲乡村受到的扰动分为突变扰动和渐变扰动（图 5-1）。突变扰动主要包括沙尘暴、干旱等极端气候变化带来的自然扰动；渐变扰动涉及范围更加广泛，主要包括荒漠化带来的土地侵蚀和土壤退化、绿洲生物多样性减少等自然扰动，以及农产品价格波动、农作物减产、人口流失、“乡村病”多发、老龄化加剧、疾病蔓延等在经济环境和社会环境方面出现的扰动。根据之前的研究（Li et al.，2020；Battamo et al.，2021），将扰动从生态、经济、社会三个维度进行识别，这些扰动导致乡村地域系统的组织方式与生产方式发生变化，引起乡村地域系统的功能发生全方位的转型以及乡村发展路径的多元化。在乡村这个独立的、拥有丰富内容的庞大复杂的系统当中，绿洲乡村地域系统作为其子集，独特的地理环境使其更具有独特性和完整性。在绿洲与外界环境的互动过程中，时刻受到人为扰动及自然扰动的外部影响，扰动发生的频率、规模和范围影响乡村韧性水平，乡村地域系统也可能受到多种扰动源不同程度的干扰。

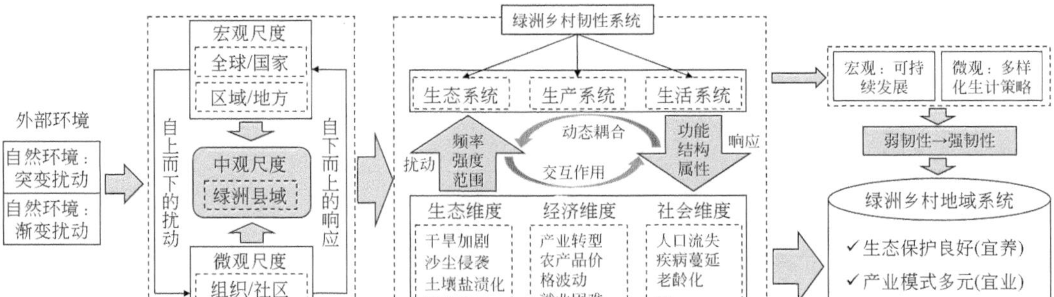

图 5-1　绿洲乡村韧性研究框架

作为承受扰动的主体，绿洲乡村韧性系统通过其自身的功能、结构和属性对所受到的扰动产生积极响应。通过节能减排等生态环境层面的响应、提高农业产业多样化水平等经济层面的响应以及推动农村基础设施建设等社会层面的响应，推动绿洲乡村地域系统和所受扰动之间进行良性互动，促使其向更高水平的动态耦合发展。在长期的、稳定的互动关系形成后，绿洲县域韧性系统在宏观尺度上推动区域和国家实现可持续发展，在微观尺度上促进更理性的社区和个人多样化生计策略选择。绿洲乡村韧性水平则逐渐由弱韧性转化为强韧性，并且逐步实现生态保护良好、产业模式多元、人民安居乐业等绿洲乡村地域系统良性发展的韧性建设目标。

5.3 研究方法

5.3.1 绿洲乡村韧性测度指标体系

1. 指标体系构建方法

基于学者对乡村韧性内涵外延属性特征的认知，本章从生态、经济、社会三个维度构建绿洲乡村韧性评价指标体系，具体包括23项指标（表5-2）。

表5-2 绿洲乡村韧性评估指标体系

维度层	指标层	指标计算方法及说明	指标权重
生态韧性	归一化植被指数（+）	反映植物生物量、叶片面积指数与植被覆盖度之间的关系	0.2373
	地形起伏度（-）	行政村范围内最高点海拔与最低点海拔高度的差值	0.1391
	热度指数（-）	行政村范围内气温高低	0.2351
	干度指数（-）	行政村范围内气候干燥程度	0.2220
	湿度指数（+）	行政村范围内湿润程度	0.1665
经济韧性	人均可支配收入/元（+）	直接来自问卷数据	0.1934
	人均耕地面积/亩（+）	耕地面积/村庄总人口	0.0403
	人均村集体资产/元（+）	全年村集体收入/村庄总人口	0.0685
	设施农业发展水平（+）	设施农业占地面积/村庄耕地面积	0.0760
	专业大户拥有量/个（+）	每百户拥有的专业大户量	0.0865
	家庭农场拥有量/个（+）	每百户拥有的家庭农场量	0.0620
	农民专业合作社拥有量/个（+）	每百户拥有的农民专业合作社量	0.0660
	农产品加工企业拥有量/个（+）	每百户农产品加工企业数量	0.1911
	从事新型产业的农户数占比（+）	从事新型产业的农户数/常住户数	0.2162

续表

维度层	指标层	指标计算方法及说明	指标权重
社会韧性	交通便捷程度（+）	通公路的村民小组个数/村民小组总数	0.0221
	宽带覆盖率（+）	通宽带的村民小组个数/村民小组总数	0.0291
	自来水普及率（+）	使用自来水的用户数/常住户数	0.0812
	综合超市占有量（+）	每百人拥有营业面积超过 $50m^2$ 的综合商店或超市数量	0.2042
	养老服务机构接纳人口占比（+）	本行政村养老服务机构容量	0.2001
	体育健身场所占有量（+）	每百人拥有的体育健身场所数量	0.1396
	乡村执业医师占有量（+）	每百人拥有的执业医师数量	0.1144
	留守人员占比（-）	留守人员总人口/村庄总人口	0.0185
	小学在校学生数占比（+）	小学在校人数/村庄总人口	0.1908

2. 指标权重确定方法

在对永昌绿洲乡村韧性水平进行测度时，为了排除不同指标量纲及数值大小对结果的影响，需对初始数据进行标准化处理。指标值对乡村韧性的贡献为正时，采用正向指标计算公式（5-1）进行标准化处理；指标值对乡村韧性的贡献为负时，采用负向指标计算公式（5-2）进行标准化处理。

正向型指标：

$$x'_{ij}=\frac{x_{ij}-\min(x_j)}{\max(x_i)-\min(x_j)} \tag{5-1}$$

负向型指标：

$$x'_{ij}=\frac{\max(x_i)-x_{ij}}{\max(x_i)-\min(x_j)} \tag{5-2}$$

式中，x_{ij}和 x'_{ij}分别为永昌县各行政村 2020 年第 i 指标的原始值和标准化后的数值；max（x_i）和 min(x_j) 分别为第 i 指标的最大值、最小值。

为了最大限度减少权重确定过程中主观因素对评价结果的影响，本节采用客观赋值的变异系数法来确定指标权重。具体方法如下：

$$\delta_i=\frac{D_i}{\overline{Z}_i} \tag{5-3}$$

$$W_i=\frac{\delta_i}{\sum_{i=1}^{n}\delta_i} \tag{5-4}$$

式中，δ_i、D_i、$\overline{Z}_i$ 和 W_i 分别为第 i 指标的变异系数、均方差、均值和权重值。

3. 乡村韧性测度模型

利用式（5-1）、式（5-2）对上述指标进行标准化处理，然后利用变异系数法确定指标权重，最后采用加权求和法计算 109 个评价单元的乡村韧性综合指数，计算公式为

$$\text{RRI} = \sum_{i=1}^{n} W_i \times x_i \tag{5-5}$$

式中，RRI（rural resilience indicate）为乡村韧性指数值；W_i 和x_i 分别为各维度指标的权重和标准化值；n 为各维度指标数量。RRI 越大，表明乡村韧性状况越好，反之，则越差。

5.3.2 绿洲乡村韧性空间差异评价方法

1. 样带分析法

梯度分异是表征地理现象时空格局特征的主要方式。样带分析法（transect analysis）是以梯度分异为基础的研究方法，已被广泛应用于乡村转型的理论与实证研究过程中（Long and Qu，2018）。从样带角度对绿洲乡村韧性及其形成机制进行识别，有利于提高对绿洲乡村人地关系的认知，从而解析其韧性特征，促进绿洲乡村差异化发展政策的制定，对于破解“乡村病”具有重要指导意义。

本节选取了绿洲北侧与荒漠接壤的荒漠绿洲交错样带、绿洲中部西北—东南走向的绿洲核心区样带和绿洲南侧土地利用类型较为丰富的荒漠绿洲草原交错样带 3 条样带（图 5-2）。

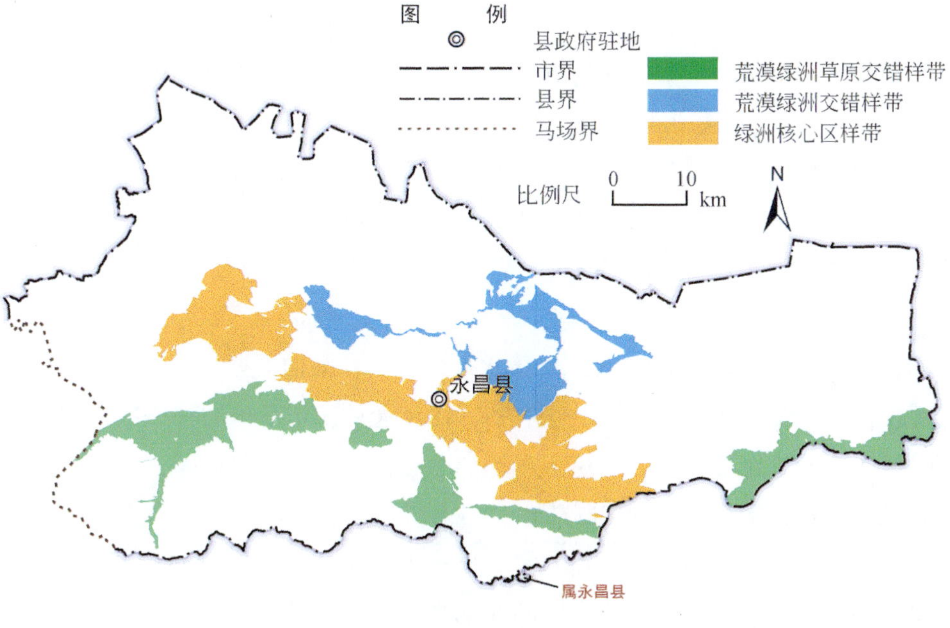

图 5-2　典型乡村样带的位置

2. 趋势分析法

趋势分析（trend analysis）是以 ArcGIS 为分析平台，将数据通过投影绘制在 x，y，z 三维透视图中的分析方法（Poizot et al.，2005）。本节采用趋势分析，衡量绿洲村庄各个维度韧性空间格局的分异趋势。其计算公式如下：

$$Z_i(x_i, y_i) = T_i(x_i, y_i) + \varepsilon_i \tag{5-6}$$

式中，Z_i（x_i，y_i）为第 i 个行政村的韧性水平；x_i、y_i 为平面空间坐标，其中 $i=109$；T_i（x_i，y_i）为趋势函数，反映永昌县乡村韧性总变化趋势；ε_i 为自相关随机误差，反映各行政村之间乡村韧性局部的变化特点。本节采用二阶多项式计算趋势值，公式如下：

$$T_i(x_i, y_i) = \beta_0 + \beta_1 x + \beta_2 y + \beta_3 x^2 + \beta_4 y^2 + \beta_5 xy \tag{5-7}$$

式中，β 值为根据样本数据估计的二阶多项式各项的估计值；T_i（x_i，y_i）同式（5-6）。通过趋势分析，可以更直观地看出所选取的典型样带乡村韧性水平在空间上的差异。

5.4 绿洲乡村韧性水平评估

5.4.1 总体特征

通过计算得到乡村生态韧性、经济韧性和社会韧性，依据研究区的实际情况，使用自然断点法将乡村韧性水平分为 5 级，依次划分为低韧性度、较低韧性度、中韧性度、较高韧性度和高韧性度。

永昌县 109 个村庄的生态韧性均值为 0.6487，较高韧性水平和高韧性水平的村庄占主导，分别占村庄总数的 29.36% 和 25.69%，两者总和占到研究区村庄总数的 55.05%，总体生态韧性水平较高，且高值区分布在拥有良好水热组合和灌溉条件的县域东部。经济韧性均值为 0.1050，处于中等韧性水平，经济韧性处于中等水平的村庄达到 64 个，占永昌县村庄总数的 58.72%，低水平、较低水平、较高水平和高水平所占比重分别为 14.68%、15.60%、9.17% 和 1.83%，总体而言，永昌县经济韧性向中低水平集聚，在数量上呈现正态分布。社会韧性均值为 0.1338，总体水平较低，社会韧性处于低水平的村庄数量达到 51 个，占比 46.79%，较低水平、中等水平、较高水平、高水平的村庄数量随着韧性级别的升高而减少；在村庄层面上，乡镇所在地和中心村的医疗、教育等公共服务设施建设水平较好，其社会韧性水平高于周边村庄，并且形成了一定程度上的空间集聚。

乡村韧性总值为三个维度韧性值之和。在空间格局上，县域东部乡村韧性水平较高，其次分别为县域中部和西部，其他区域韧性水平较低；乡村韧性水平高的区域为绿洲的核心地区，即县域的地理中心位置，在地理分布上呈现出一定的中心性，且绿洲乡村韧性水平和绿洲乡村的生态韧性水平具有较高的一致性。在数量上，乡村韧性处于较高水平和中等水平的村庄数量分别为36个和31个，总和占比达到61.47%，高水平、较低水平和低水平数量分别占比11.01%、18.35%以及9.17%，呈现偏锋正态分布（图5-3）。

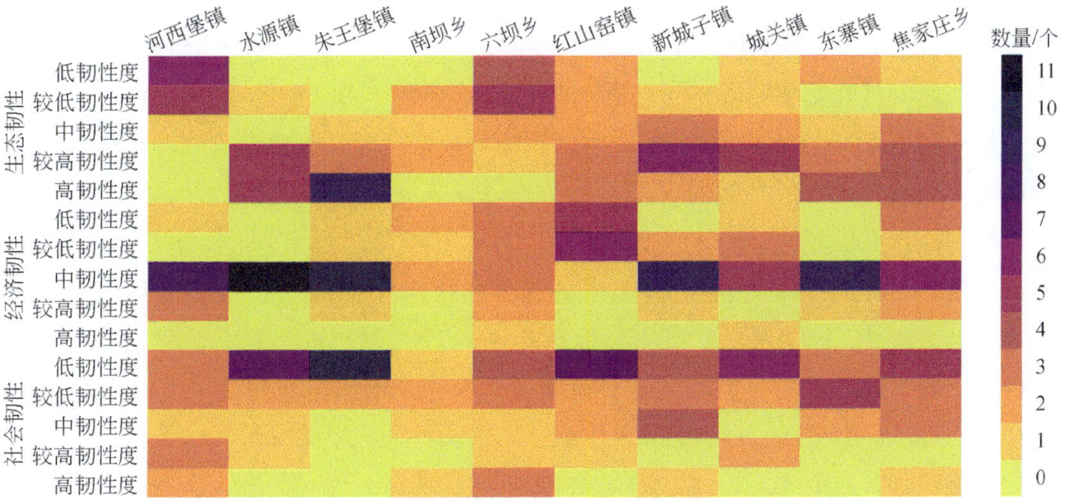

图5-3　各乡镇不同韧性水平的村庄数量

5.4.2　典型样带特征及分异

结合ArcGIS 10.2工具绘制出各样带的生态韧性、经济韧性和社会韧性空间变化趋势线，从绿洲典型样带内外部空间地理事物角度以及样带之间的差异出发，深入分析绿洲乡村典型样带韧性水平差异（图5-4）。

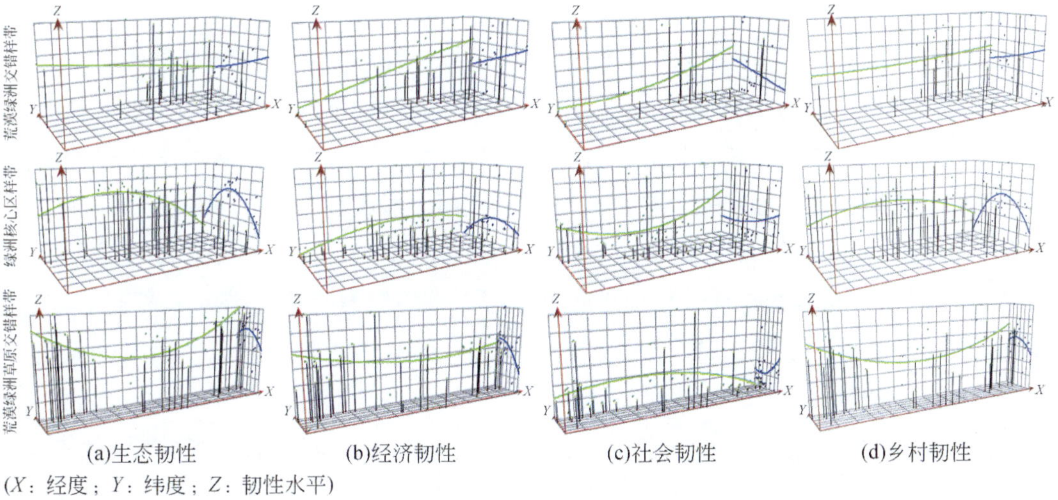

图5-4　样带乡村韧性趋势线

1. 典型样带特征

荒漠绿洲交错样带，由绿洲北侧与荒漠相邻的村庄构成，该样带包含了永昌县北部红山窑镇、城关镇、东寨镇和河西堡镇 4 个乡镇的 17 个村庄。生态韧性东西部差异不显著，趋势线走向较为平直，东部略高于西部。样带区域内农业发展以绿洲灌溉农业为主，但是生产条件一般，且气候十分干旱，伴随着境内矿产资源的开发，出现了区域植被覆盖退化、耕地质量下降、生态环境脆弱等问题，进而导致该地区经济发展疲软、对市场经济的应变能力较差、产业转型升级的动力不足，基础设施建设也已经较为滞后，人地矛盾突出，乡村韧性水平偏低。

绿洲核心区样带，自西北向东南分布，按照横贯永昌县县域的 G312 国道缓冲区 1km 范围选取村庄，共选取了永昌县中部 5 个乡镇的 33 个村级行政单元。绿洲核心区集中了区域内较多的人口、资源，主城区位于该样带中部，是永昌绿洲政治经济文化活动的中心，样带两端村庄的生态、经济韧性水平低于绿洲中心地区。该样带气候条件、生产条件均稍好于永昌县其他地区，人口流失状况以及人地矛盾较为缓和，作为永昌绿洲的核心地区，该样带的韧性组合具有一定的代表性，最能集中反映以永昌县为代表的广大欠发达地区乡村社会发展现状。

荒漠绿洲草原交错样带，沿永昌县行政区域最南缘遴选，呈东西走向，包含了永昌县南部 6 个乡镇的 30 个村庄，该样带的显著特征是韧性的地带性较强，生态韧性自西向东呈现高–低–高的显著特征，与地理事物的地带变化基本保持一致；经济韧性波动较小，均值为 0.1099，保持在中等韧性水平，在荒漠影响区域呈现出低值区，在主城区附近的城郊村庄出现较高值；社会韧性总体较低，中心乡镇、中心村的韧性较高。

2. 典型样带分异

生态韧性：3 条典型样带之间生态韧性差异较为显著，荒漠绿洲草原交错样带生态韧性均值远低于绿洲中部的绿洲核心区样带和绿洲南侧的荒漠绿洲交错样带，水平最低；地处绿洲核心区的绿洲核心区样带生态韧性水平较高，绿洲南侧的荒漠绿洲交错样带生态韧性水平稍好于荒漠绿洲草原交错样带。在集聚度方面，绿洲核心区样带生态韧性向中高水平集聚（图 5-5），超过样带生态韧性均值的村庄数量共 20 个，达到样带内村庄数量的 60.61%；荒漠绿洲草原交错样带集聚于较低水平，荒漠绿洲交错样带虽集聚于中等水平，但区域内部分化较大。总体而言，绿洲核心区样带生态韧性水平优于荒漠绿洲草原交错样带和荒漠绿洲交错样带。

经济韧性：在经济韧性维度，所选取的三条典型样带之间的韧性水平差异并不显著，荒漠绿洲草原交错样带所选村庄大部分为矿产开采区或紧邻矿产开采区，经济发展水平较为均衡，对扰动的抵御能力较强；绿洲核心区样带为绿洲核心区，部分村庄集体经济实力

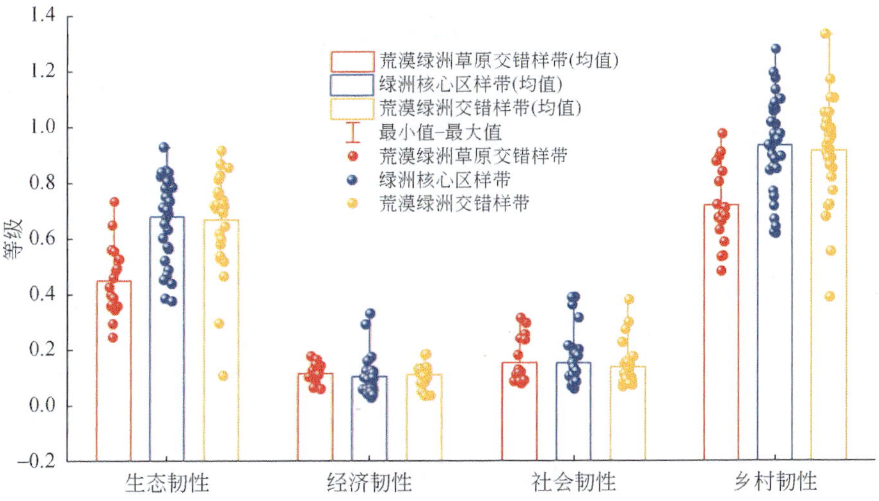

图 5-5　3 条样带的韧性水平箱体图

较强，经济韧性水平出现高值，产业融合发展水平较高，对于乡村的经济扰动能够产生积极的响应，与此同时，县城城镇化发展对于绿洲核心区样带部分村庄经济产生了较大扰动，出现韧性水平较低的情况；荒漠绿洲交错样带跨越地域广、扰动因素多，产业结构单一，经济发展后劲不足，韧性水平较低。

社会韧性：得益于工业化的发展，荒漠绿洲草原交错样带社会韧性水平均值高于绿洲核心区样带和荒漠绿洲交错样带，基础设施建设有略微优势，但相较于绿洲核心区样带，在人口集聚度和医疗、教育等服务设施配备方面仍有缺陷，绿洲核心区样带在中心村的设施配置水平较高，能够较好地配合城镇化发展；荒漠绿洲交错样带受到农业主导的产业类型、自然资源禀赋较差等不利影响，在设施配置方面有较大缺口，虽然该区域人口流出较少，但基础设施配置的滞后直接影响到人均水平，相较于荒漠绿洲草原交错样带和绿洲核心区样带，社会韧性劣势较大。

综合以上 3 条典型样带在生态、经济、社会等维度的韧性特征，研究发现，各样带内部韧性水平存在较为明显的分异规律：绿洲核心区样带生态韧性水平明显高于荒漠绿洲草原交错样带和荒漠绿洲交错样带；在经济韧性和社会韧性方面，绿洲核心区样带相较于荒漠绿洲草原交错样带和荒漠绿洲交错样带在均值上差异并不显著，甚至略有劣势，但是在中心村韧性水平建设上有更明显的优势，更利于绿洲乡村社会经济建设和社会发展；在乡村韧性总体水平上，呈现出绿洲核心区样带>荒漠绿洲交错样带>荒漠绿洲草原交错样带的分异规律。总体而言，绿洲核心区在生态环境、资源禀赋、经济发展、产业融合、社会发展和基础设施建设等各方面均具有一定优越性，在未来区域发展和产业分工合作中，也更具有竞争力，更适合绿洲乡村人口生存发展以及生产的需要。

5.5 绿洲乡村韧性提升策略

5.5.1 绿洲基于乡村韧性的村庄分类

依据不同乡村的区位条件、生态、经济、社会等各个维度的典型韧性组合特征，按照"地理区位+乡村韧性主导驱动因素+乡村韧性水平"三段法命名乡村韧性的地域类型（屠爽爽等，2019），将永昌县划分为北部综合驱动韧性较低韧性水平村庄（Ⅰ）、东部高生态韧性驱动高水平韧性村庄（Ⅱ）、南部综合驱动韧性中等韧性水平村庄（Ⅲ）、西部较高生态韧性-较低社会韧性驱动中等韧性水平村庄（Ⅳ）和中部综合驱动韧性中高韧性水平村庄（Ⅴ）5 种乡村韧性类型（表 5-3）。

表 5-3 绿洲乡村韧性类型分类

类型	数量	生态韧性特征	经济韧性特征	社会韧性特征
Ⅰ	12	土壤侵蚀和土地退化较为严重；荒漠包围，村庄斑块破碎，农业发展条件受限；生态环境脆弱	紧邻金川区，城镇经济发展的带动较为明显；矿产资源开发带动了当地产业发展	地处交通要道，道路基础设施配置良好；流动人口多，就业机会多；公共服务设施配置水平高
Ⅱ	24	海拔低，地势平坦，地下水灌溉条件好，后备土地资源充足；位于东大河主要灌区，水热资源配备条件相对较好	设施农业和传统农业相结合，发展方式单一；产业瓶颈较突出，产出效益低下；资源禀赋好，远离城镇，经济转型较为困难	劳动力流失严重，留守人口比例较大；交通通达性不高，基础设施配备水平低；城镇对乡村的带动作用有限
Ⅲ	17	坡地较多，灌溉难度大；东侧紧邻戈壁，南侧林业资源丰富，生态环境差异显著；灌区土地存在不同程度的退化	产业类型差别较大，北侧靠近城区的村庄非农化程度高	交通通达度较好，基础设施配备水平高；人口增长较快
Ⅳ	24	海拔高，地形起伏大，类型多样，戈壁广布；北侧受到荒漠影响，生态脆弱，南部受到西大河及草原影响，生态条件较好；易受到干旱、沙尘暴等自然灾害的扰动	产业发展受自然地理条件的限制因素较多，以传统种植业为主，种类单一，经济发展活力差	人口流失严重，劳动力缺失，留守人口较多；基础设施配置落后，生活基础公共服务设施配置缺口较大
Ⅴ	32	受荒漠影响较小，生态环境好，资源禀赋较好；地形平坦，农业多样化程度高；受东大河、西大河灌溉水源影响，区域内水资源充足	经济发展受城镇的影响较大；产业融合程度较好，非农化程度高；分布有一定数量历史遗迹，促进了旅游产业发展	交通区位优势明显，公共服务设施配备充分；伴随着本区域的人口流失，仍然能够吸引周边村庄、乡镇的劳动力临时性就业

5.5.2 绿洲乡村韧性分异机制

作为一个复杂独特的人地系统，绿洲乡村地域系统受到生态、经济、行政等多种因素的综合影响，主要驱动力量可以概括为生态条件、市场经济、政府作用3种类型，其作用力分别对应生态韧性、经济韧性和社会韧性，本节将从这3个维度分析绿洲乡村韧性的形成机制（图5-6）。

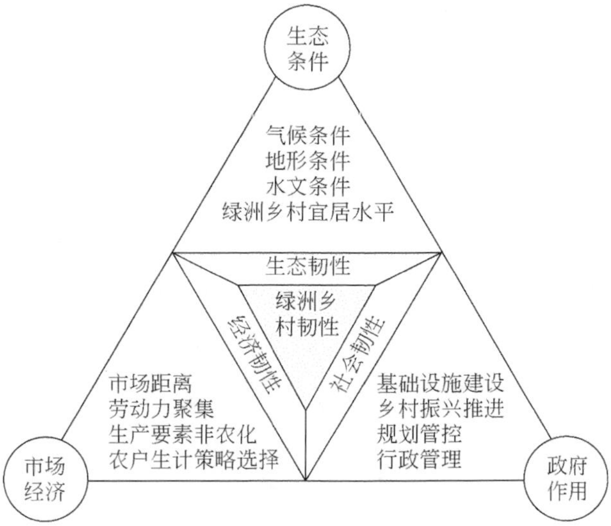

图5-6 绿洲乡村韧性空间格局的形成机制

1. 生态条件影响的韧性分异

地理事物在空间尺度上大规模连续地差异化分布，很大程度上影响了绿洲的生态韧性和各个村庄的自然资源禀赋。研究区北部为荒漠绿洲交错样带，除受城市影响较强的村庄外，其余村庄产业结构仍然较为单一，保持了自给自足的经济模式和滞后的非农产业发展；中部为绿洲核心区样带，由于较好的水热条件组合影响，生态韧性远高于永昌绿洲南北两侧；南部为荒漠绿洲草原交错样带，虽有大规模的林地和草地分布，但仍会受荒漠戈壁强作用力强的影响。大规模的沙尘暴和高频次的干旱严重干扰了居民生活，由此导致北部生态韧性远低于中部和南部，南部略低于中部，绿洲的生态韧性呈现出由核心区到边缘地带递减的分布特征。

2. 市场经济影响的韧性分异

市场经济的发展促进了绿洲乡村地区的经济发展，同时也影响了村庄之间的产业分工和村庄发展差异，进而导致乡村韧性的分异。受到城区产业分工和消费市场的影响，绿洲中心乡村地区更容易获得产业外溢和支持城市经济发展的市场机会，高附加值的农产品往往集中分布于市场距离较近的绿洲中心地区，而距离城区较远的绿洲边缘，产业分布一般为传统农业，结构较为单一，附加值低，很难享受到城市化进程加快的红利。另外，随着人口往绿洲中心地区的集中，城区用地需求在逐步扩张，城区附近村庄的住房、教育、医疗等需求也正处于扩张期，在绿洲中心不断发展的拉力和绿洲边缘地区发展缓慢的推力的双重作用下，村庄发展的差距变大。

3. 政府作用影响的韧性分异

政府调控在社会韧性的形成上起到了较大的推动作用。绿洲乡村地区受制于人口、资源、经济发展等的影响，在空间上具有极大的不均衡性。为了促进区域间的均衡发展，国家往往对于生态脆弱地区的帮扶力度较大，结合绿洲乡村地区中心村镇人口和资源相对集中的特征，在区域的核心地区配备乡镇一级的中心医院、中心小学等基础设施，在空间上呈现出了多核心的基础设施布局模式，这在一定程度上导致了中心村社会韧性水平高于其他村庄。同时，在政府的调控和市场的不断变化中，中心村镇往往有更高的人口集中度和更多的就业机会，本村居民、外来人口、投资企业等不同的利益群体共同构成乡村治理的参与主体，深刻影响着社会韧性特征的形成。

5.5.3 绿洲乡村韧性优化治理路径

根据绿洲乡村韧性类型划分结果，结合5类村庄地区的个体特征，提出差异化韧性优化治理路径，以引导绿洲乡村韧性水平的提升，推动绿洲地区乡村振兴战略的实施。

类型Ⅰ：该区域主要构成单元为河西堡镇，位于永昌县与金川区的中间地带，较容易受到城市化和工业化发展红利的带动，城市化、工业化发展进程均较快，矿产资源开发和土地开发利用强度较大。在这类村庄的发展过程中，一是要做好荒漠化防治，做好绿洲边缘地区的土地绿化，防止荒漠扩张，限制资源的过度开发，尽量减少矿产资源的露天开采，提高能源矿产的清洁生产效率，严格落实耕地保护制度，防止矿产开采带来的土地退化，保护好区域生态；二是要做好基础设施建设，立足工业发展和群众生活，适当超前布局基础设施建设力度，配备相应的教育、医疗、道路等基础设施，吸纳更多的就业人口；三是要突出工业发展的核心，推动产业降耗和企业增收的同步进行，加强与金川区的经济互动，推动城市化的建设，同时，适当挖掘区域内老工业基础，发展特色旅游，促进乡村产业多元化发展，以提高产业韧性。

类型Ⅱ：该区域所对应的构成单元是农业发展本底条件较好的水源镇和朱王堡镇，是典型的绿洲农业灌溉区，区域内耕地后备资源丰富，区域产业以一产为主，产业结构单一，留守人口较多，农业机械化水平较低，灌溉条件较好，灌溉水源可分为地下水和东大河水源。因此，该区域需要重点提高农业现代化发展水平，一方面要做好绿洲耕地保护，在防止耕地退化和提高产出方面要加大工作力度；另一方面要加大农业科技投入，加强和农业院校、企业以及科研单位合作，提高农业机械化水平，推动农业滴灌管网建设，提高水浇地灌溉效率，减少土地盐渍化，推进标准化生产，培育当地特色农业品牌，提高市场化。此外，在该区域的发展中，还应注重乡村能人的挖掘与培养，适当吸引有能力推动乡村发展的流失人口回归，充分发掘区域土地资源特色，加强农地整治，适当发展观光旅游等新型农业推动产业，推动产业多元化发展，提高农产品和附加产业收益。

类型Ⅲ：该区域主要构成单元为六坝乡和南坝乡。该区域是继县域北部之后面临荒漠化较为严重的区域，同时区域北侧紧邻永昌县城，受到城镇化影响，有一定程度的人口增长。在该区域的发展中，一是要巩固好绿洲边界，避免荒漠土地的无序扩张和绿洲土地退化，做好村庄生态保护，防止荒漠扩张侵占绿洲发展空间；二是要突出中心村的地位，在紧邻县城的区域北部村庄打造绿洲村庄产业高地，结合村庄发展优势，做强村庄产业，促进村集体经济发展，逐步形成产业集聚效应，带动周边村庄的振兴；三是推动绿洲土地的精细化管理，人口增长必然带来用地的扩张，在融入永昌主城扩张发展的同时，要推动土地资源的高水平集约利用和规划建设，为未来城镇化发展预留储备空间。

类型Ⅳ：该区域构成单元为红山窑镇和新城子镇，海拔较高，地形起伏度较大，北侧为荒漠，南侧为草场，且有永昌县第二大灌溉水源西大河流过，生态韧性较好，是永昌县的生态屏障。结合区域发展实际，在未来的发展中，一是在县级层面引起足够重视，加大财政支持力度，认识到生态安全的重要性，加强绿洲地区自然灾害预警、监测和防范，加强绿洲保护，统筹村庄安全和防灾减灾建设，突出生态屏障的重要作用；二是提高基础设施建设水平，特别是要配备好村卫生室和基础教育阶段基础设施，减轻村民就医就学的难度与压力，提升居民生活的幸福感和满意度，从居民生活质量出发减少人口流失。

类型Ⅴ：该区域是永昌绿洲的核心地带，受到城市发展的带动作用较大，同时在各方面受到永昌县主城区的虹吸作用较强，劳动力向城区转移，学龄儿童家庭也趋向于进城享受更好的教育资源，虽然发展水平较高，但社会韧性受到来自于城镇化的较大扰动。在该区域未来的发展中，一是要着力推动城乡融合发展，以城乡融合和区域均衡发展作为首要目标，加强基础设施建设以承接城区发展的外溢效应，竭力支持城区产业结构的调整和经济转型，推动产业融合，提高发展效率，做大做强村集体经济；二是要不断完善区域教育、医疗、交通等基础设施，提高居民生活满意度，结合人口增长和老龄化发展的现状，在加强基础设施建设的同时适当布局村庄适老化基础设施，为未来老龄人口的增长做准备，打造宜居宜养的现代化乡村；三是要通过政府干预，适当出台政策鼓励和吸引乡贤能人、大学生返乡就业、创业，增加村庄发展的活力和后劲，逐步实现人才回流，增加村庄发展的人才竞争力。

5.6 小　　结

提升绿洲乡村韧性水平，推动绿洲可持续发展，对于推动荒漠化防治以及绿洲乡村人居环境改善和可持续发展具有十分重要的意义。本节的研究可得到以下结论：①绿洲地区乡村韧性特征显著，韧性的集聚类型多样。生态韧性高值区集中于绿洲核心区，且绿洲地区生态韧性整体呈现出中等偏上水平；经济韧性水平总体处于中等，高值区集中于集体经济发展较好的少数村庄；社会韧性整体处于较低水平，在各个乡镇的中心村出现了较高值和高值区，但是总体数量偏少。总体而言，乡村韧性水平呈现出由绿洲核心区向绿洲边缘地区递减的空间特征，分异规律显著。②生态环境条件是影响绿洲地区乡村韧性的先导条件和核心因素。绿洲乡村地区，其乡村韧性水平基本和生态环境条件相一致，分布于绿洲核心区的村庄，其乡村韧性水平一般高于绿洲荒漠交错影响区域的村庄，高于绿洲外围受荒漠影响区域的村庄。同时，乡村韧性水平受到市场经济、政府管理等多种作用力的影响。③绿洲地区乡村韧性的提升面临困境，需要多方参与、因地制宜地进行调控。现阶段绿洲乡村地区的振兴人才、资金和技术方面欠缺，在产业发展单一化的条件下，需要乡贤能人、高素质劳动力等多元主体共同参与到乡村建设与乡村治理的过程中来，在乡村发展的潜力挖掘、空间组织、人地协调等各方面共同促进绿洲乡村发展路径和生计策略的多元化，推动绿洲乡村的可持续发展。

第6章

绿洲乡村多功能性评价及优化治理

绿洲乡村作为我国农村的重要组成部分，具有独特的自然、经济、社会等特征。绿洲乡村面临着生态环境脆弱、农业生产单一、基础设施不完善等问题，制约了乡村的可持续发展。全面评价绿洲乡村的多功能性，有助于更好地了解乡村发展的现状和潜力，为制定相关政策提供科学依据。本章重点关注绿洲乡村的多功能性评价及优化治理，通过对绿洲乡村的功能进行全面评估并提出针对性的优化治理策略，旨在为绿洲乡村的可持续发展提供有益参考，为我国乡村振兴战略的实施贡献力量。首先从绿洲乡村的农业生产、生活保障、经济发展、生态环境等方面评价绿洲乡村的多功能性；其次通过识别绿洲乡村发展过程中的具体问题提出具体的优化治理策略，包括加强生态环境保护、提高农业生产效率、促进乡村经济发展、完善基础设施建设等。

6.1 引　　言

乡村作为一个由社会、文化、物质空间共同构成的乡村人地关系地域系统（胡晓亮等，2020），具有多功能性的特点，是乡村居民赖以生存的重要区域（徐凯和房艳刚，2021）。多功能性是乡村发展的第五个阶段（Woods，2009），在此阶段城市与农村的生产要素不断流动，乡村功能受到都市居民对乡村居住、消费、生态等精神和物质需求变化的驱动而不断演变，由单一的农业生产功能向多元分化，功能的不断复杂化能够较好地反映乡村空间的变迁（洪惠坤等，2016）。具体来看，乡村承担多种功能的表现形式与作用强度存在一定差异，即一种功能起主导作用，具有乡域特色并对乡村发展起着决定性作用；其他功能起辅助作用，处于从属地位（刘彦随等，2011）。可见，乡村功能关系识别的关键在于考虑社会需求与其相应功能是否一致（Hubert et al.，2006），对不同尺度的评价单元，只有将自上而下和自下而上的规划结合，从大方面综合考虑乡村具体的经济、文化与政治背景，才能全面识别特定地域空间的乡村多功能，明确其发展方向（丁四保，2009；King et al.，2003；刘玉和刘彦随，2012）。随着工业化、城市化的快速推进，乡村正面临着社会经济功能的快速转型（李伯华等，2018），乡村的多功能性价值日趋凸显，乡村多功能逐渐成为乡村地理研究的重点。围绕乡村多功能的内涵（Marsden，1996；Appendini，2014）、指标体系和方法（唐林楠等，2016；朱跃等，2021）、功能类型划分与评价（肖黎姗等，2015；贺艳华等，2018）、多功能与乡村转型（傅超，2017）等开展了系列研究，其中对于乡村多功能的权衡—协同关系研究有了初步的尝试。学者们借助参与式评估法、关联性分析、均方根偏差、叠加分析、贝叶斯网络分析等方法（张碧天等，2021），从时空特征、形成机制、匹配状态、情景制定及模拟等方面对不同乡村多功能之间的权衡—协同关系进行研究，研究尺度覆盖了村、乡、县、市、省、国家等多个空间层级以及城乡交错带（梁晨和曾坚，2021）、生态功能区（刘华超等，2022）等类型区。然而，在研究视角上，已有成果强调对生态系统服务间权衡协同关系的识别和时空变化表述（陈安等，2022；牛丽楠等，2022），对乡村多功能间的权衡协同表达不足；研究区域上，多围绕人为活动压力较大、经济发展需求较高的地区（王嘉妮等，2019；张衍毓等，2020），对人口稠密、经济水平相对较低、生态脆弱区等高生态保护需求的地区探讨不足；研究尺度上，多集中于中观（徐凯和房艳刚，2021）和宏观（陈秧分等，2018）尺度，对镇村微观尺度的研究不深入；在研究方法和内容上，运用聚类分析法、神经网络模型（姚龙和刘玉亭，2015；唐林楠等，2016）、耦合协调模型（安悦等，2018）等方法对乡村多功能的量化识别与空间结构（Xie et al.，2010；冉娜等，2018）、乡村多功能相互转化与时空格局变化（吕立刚等，2013；刘继来等，2017）、乡村多功能类型及影响因素（刘玉等，2020；谭雪兰等，2018）、乡村多功能数量关联特征（徐磊等，2018）等展开研究，而对功能间的协调性探讨较少，多功能间的不失衡即为功能协调发展，功能不失衡表现为功能耦合最优与负效应最小（王明等，2015）。为此，聚焦于乡村级尺度，深化对乡村多功能间权衡协同特征的考量，探索乡村功能与政策管理、市场介入间的复杂联系，使治理路径更加符合乡村居民的实际需求，提升路径的可操作性，这应当是未来助推乡村振兴发展的重要思路。

村庄是农村现代化的落脚点，是乡村振兴的载体。与城市相比，乡村具有经济社会发展所需的多种特有功能。随着乡村人口逐步向城镇转移，过去为满足农民生产生活需要而形成的村庄布局，将逐步面临如农村人口空心化，一些村庄常住人口大幅减少、农村土地利用空心化、农村公共资源闲置化等现实困境。在此背景下，2021 年《中共中央 国务院关于全面推进乡村振兴加快农业农村现代化的意见》发布。近年来，伴随着社会经济的快速发展，我国乡村居民对生活条件和品质的要求不断提升，乡村功能逐渐呈现出由单一性到多元性、复杂性的转变特点，乡村发展方向也呈现出综合化和差异化的特征（洪惠坤等，2016）。乡村功能的组合类型及作用关系是影响乡村发展决策形成的重要组成部分。永昌县地处河西走廊，是西北重要的工业发展区和乡村集聚区，其经济发展功能一直在众多功能中占据领先地位。然而，城乡发展不平衡不充分对乡村各类功能如文化、社会、生态等功能的权衡持续激化，导致永昌县当前乡村资本、劳动力、技术、土地等要素向城镇单向转移，农业生产非生态化和资源枯竭等问题频生，且不同区域内由于生活、经济、生态等条件具有差异性，其功能类型和配置存在较大差距。

基于此，将河西走廊东部一个以工业发展为基础的典型中国西北欠发达地区——永昌县作为研究对象，以112个行政村为评价单元，从“生活-经济-生产-生态”四个方面构建乡村功能评价体系，结合村庄实地调研、权衡协同模型和障碍诊断模型等方法，探讨乡村多功能空间分异特征与权衡协同关系，通过诊断不同乡镇障碍功能提出乡村发展类型与分类治理路径，为其他欠发达地区乡村转型发展的路径优化提供参考。

6.2 绿洲乡村多功能性的内涵解构

6.2.1 绿洲乡村多功能性的概念界定

多功能性最早源于1992年在巴西里约热内卢召开的联合国环境和发展大会上首次提出的“农业多功能性”概念，指出农业除生产功能之外，还具有塑造乡村景观、土地资源保护、维持资源可持续利用和生态多样性保护等作用。自20世纪90年代末以来，多功能性已成为欧洲发展的新范式，被定义为农业和农村发展的“后生产主义”（OECD，2006；Ploeg et al.，2000）。根据经济合作与发展组织的定义，多功能性是指一项经济活动可能具有多种产出，并因此可以同时为若干社会目标作出贡献。随着研究的深入，其内涵在生态系统服务、土地利用、农村发展等方面得到延伸。在绿洲乡村地域的研究中，多功能性涵盖了广泛的潜在属性，主要与土地利用和社会属性有关。绿洲乡村聚落是农村地区人类活动与用地结构密切关联的空间载体，其多功能性可被定义为通过自身经营和与其他系统的相互作用，提供有益的产品和服务，满足农村居民生活和发展需求的能力。

近年来，国外关于多功能性的研究逐渐从“农业多功能”向“农村多功能”延伸，并在此基础上提出“后产业主义”的乡村发展模式和乡村多功能转型等概念。学术界就绿洲乡村多功能含义、对土地利用变化的影响、转型原因等进行了丰富研究（Etxano et al.，2018；McCarthy，2005；Holmes，2008，2006）。随着城镇化进程加快，一些绿洲乡村地区的功能逐渐由单一向多元发展，绿洲乡村多功能的分类也更加细化。构建评价绿洲乡村多功能的指标体系，划分绿洲乡村多功能并探究各功能对绿洲乡村发展的作用和影响成为学者们研究的主要内容（Gomez-Limon et al.，2012；Marques-Perez et al.，2014）。然而，绿洲乡村地区的各种功能并非独立存在的，其相互作用关系也受到一定关注。有学者发现绿洲乡村功能类型显著影响综合功能水平（Willemen et al.，2010；Berkel and Verburg，2011）。此外，关于绿洲乡村多功能的研究不仅局限于区域层面，也深入到了绿洲乡村居民之中。学者们基于对绿洲乡村不同职业人群的调查访问结果，对多功能间的耦合协调关系、村民对农村新功能的态度（Fleischer and Tchetchik，2005；Surová and Pinto-Correia，2009）等方面进行了深入探讨。

6.2.2 绿洲乡村多功能性的要素特征与分析框架

不同地域空间因社会需求灵活、土地利用多样以及区域发展目标多元，具备多种类型的功能（谢高地等，2009）。基于不同地域的自然资源和社会经济条件的差异，必须考虑相应的功能，合理规划不同功能区域，并确定其功能定位，从而形成合理的区域发展格局。这一科学基础是促进区域协调发展的关键（樊杰，2007）。近年来，国内外学者针对地域多功能分类识别进行了大量研究。然而，由于研究视角的差异，对于地域功能类型的划分存在一定差别。从研究内容上看，国内学者们主要从地域、村域、聚落、宅基地四个尺度进行了研究。其中，关于绿洲乡村功能的类型划分、多元评价与实践方面的研究取得明显进步，早期研究以生产功能评价与分区为主（曾尊固和陆诚，1989；姚建衢，1993），之后逐渐扩展到生活、生态功能的评价中，主要从粮食作物生产、经济发展水平、绿洲乡村空间优化、绿洲乡村景观风貌、社会保障、生态保育等方面进行综合评价（刘自强等，2012；夏宁丽，2014；谢花林，2004；Gu et al.，2019）。在村域尺度上，有学者将郊区村庄的功能划分为生态功能、休闲功能、农业生产功能、经济功能和居住功能（Gu et al.，2019），也有学者基于村庄土地利用结构和空间要素特征将村庄功能划分为生产功能、生活功能和生态功能（Qu et al.，2017）；在聚落尺度上，学者们主要基于内部用地结构，从城乡梯度（Zhu et al.，2014）、供需强度（Ma et al.，2019）、农户生计（张列等，2017；Bennett et al.，2009）等多元视角研究了绿洲乡村聚落功能的多样性和转变；而在宅基地尺度上，学者们不仅从农民需求的角度明确了农村宅基地具有社会保障功能、利润功能和保留功能（Zhao et al.，2019），他们还关注农村宅基地自身所附带的生产、生态和心理功能（Fan et al.，2019；杨丽霞等，2019）。与此同时，绿洲乡村地区不同尺度多功能演变的影响因素与作用机理也受到广泛关注。研究发现，不论是经济发达地区还是传统农业地区，不同绿洲乡村功能类型间的影响因素均存在显著差异（李平星等，2014；谭雪兰等，2021），且生产、生活功能具有正向空间溢出效应，而生态功能则相反（卓蓉蓉等，2020）。在宅基地尺度上，家庭人口、收入的规模和结构等农户特征被认为是宅基地多功能形成的能动因素，宅基地位置、规模、建造年代等特征则被认为是宅基地多功能形成的限制因素（庆磊等，2021）。

绿洲乡村地域环境的独特性，包括资源配置、发展要素和社会关系等方面，与社会发展对绿洲乡村的多元需求相互影响，从而使得绿洲乡村地域空间呈现出丰富的多功能属性，并且这些功能的表现形式和程度各不相同（谢臻等，2019）。要在新时代实现绿洲乡村地域的全面振兴，必须遵循“产业兴旺、生活富裕、治理有效和生态宜居”的总体要求，这一要求是对生产、生活以及生态环境的全方位考量。绿洲乡村居民的生活保障是判断绿洲乡村功能的重要指标之一。包括基础设施的建设情况、居民收入水平、教育、医疗等公共服务的覆盖情况，以及社会保障体系的完善程度等。评价绿洲乡村的生活保障能够帮助政府和相关部门了解绿洲乡村居民的基本生活条件，为改善绿洲乡村民生提供依据。经济的繁荣是绿洲乡村发展的重要方面。评价绿洲乡村经济发展能够了解绿洲乡村产业结构、就业情况、经济增长速度等方面的情况，经济发展的指标体系可以帮助政府和相关部门制定相应政策，促进绿洲乡村的经济发展。绿洲乡村的农业生产是绿洲乡村经济的重要支撑。评价绿洲乡村的农业生产能够了解绿洲乡村农户的种植、养殖、农产品销售等方面的情况，评估农田利用率、农业生产效益等指标。农业生产的指标体系可以帮助政府和相关部门制定合理的农业政策，提升绿洲乡村的农业生产效率和产出。绿洲乡村的生态环境的好坏直接关系到居民的生活质量和绿洲乡村的可持续发展。评价绿洲乡村的生态环境能够了解绿洲乡村的自然资源保护情况、环境污染情况、生态系统的完整性等指标。评价指标体系可以帮助政府和相关部门采取措施保护和改善绿洲乡村的生态环境，促进绿洲乡村的可持续发展。因此，本章将河西走廊东部一个以工业发展为基础的典型中国西北欠发达地区——永昌县作为研究对象，以112个行政村为评价单元，从“生活-经济-生产-生态”四个方面构建绿洲乡村功能评价体系，结合村庄实地调研、权衡协同模型和障碍诊断模型等方法，探讨了绿洲乡村多功能空间分异特征与权衡协同关系，通过诊断不同乡镇障碍功能提出绿洲乡村发展类型与分类治理路径，旨在为其他欠发达地区绿洲乡村转型发展的路径优化提供参考，实现绿洲乡村的可持续发展。研究框架见图6-1。

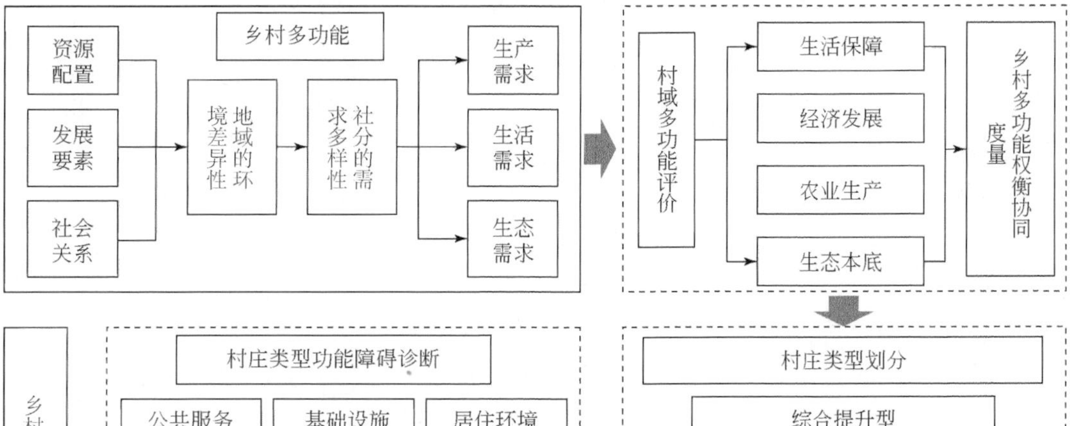

图6-1 绿洲乡村多功能性的要素特征及研究框架

6.3 研究方法

6.3.1 绿洲乡村功能评价指标体系构建

绿洲乡村功能通过在一定地域范围内发挥具有复杂性的自身属性特征和外部环境共同作用，对现代化和城镇化产生保障效应。本章从社会、经济、环境等方面入手，考虑到指标选取的全面性、可比较性和可获得性，参考已有研究成果和永昌县绿洲乡村实际特征，从生活保障、经济发展、农业生产、生态本底4个维度构建绿洲乡村功能评价指标体系，该指标体系包括4个一级指标，9个二级指标（表6-1）。生活保障功能侧重反映绿洲乡村地区保障农户生活质量及为农户提供生活居所的能力，是绿洲乡村聚落发展的基础，选取公共服务、基础设施、居住环境等指标进行评价；经济发展功能反映绿洲乡村产业升级的情况和产业产出效益水平的能力，选取产业融合和收入水平等指标进行评价；农业生产功能侧重反映农户通过农业活动为绿洲乡村地区提供的初级产品的能力，选取要素投入及规模经营指标等指标进行评价；生态本底功能指生态系统与生态过程所形成及所维持的人类赖以生存的自然环境条件与效用，是绿洲乡村其他功能以及城镇功能存在和发挥的前提，反映生态系统维持平衡和自然要素投入能力，选取资源条件和地形条件等指标进行评估与核算。

表6-1 永昌县绿洲乡村功能评价指标体系

一级指标	二级指标	基本指标	指标计算及其来源	权重	方向
生活保障	公共服务	每百人乡村教育设施数量-X_1（所）	村域内幼儿园和小学总数/居民点常住人口×100	0.1665	+
		每百人乡村医疗设施数量-X_2（所）	村域内卫生站和卫生服务站总数/居民点常住人口×100	0.3746	+
		每百人养老服务设施占有量-X_3（个）	养老服务设施数量/居民点常住人口×100	0.2134	+
		每百人乡村文体设施占有量-X_4（个）	体育健身场所、文化站数量/居民点常住人口×100	0.2455	+
	基础设施	宽带覆盖率-X_5（%）	通宽带居民小组个数/本村村民小组数量	0.2192	+
		交通便捷程度-X_6（%）	通公路的村民小组数量/本村村民小组数量	0.5986	+
		自来水普及率-X_7（%）	使用自来水户数/本村常住户数	0.1822	+
	居住环境	户均宅基地-X_8（m^2/户）	宅基地面积/本村常住户数	0.5978	+
		公服设施用地面积占比-X_9（%）	公服设施用地面积/本村土地总面积	0.1681	+
		基础设施用地面积占比-X_{10}（%）	基础设施用地面积/本村土地总面积	0.2341	+

续表

一级指标	二级指标	基本指标	指标计算及其来源	权重	方向
经济发展	产业融合	农产品加工企业占有量-X_{11}（个）	每百户农产品加工企业数量	0.3747	+
		开展网上销售农产品的农户数占比-X_{12}（%）	本村开展网上销售农产品数/本村常住户数	0.3936	+
		有营业执照、开展休闲农业和乡村旅游的农户数占比-X_{13}（%）	本村有营业执照、开展休闲农业和乡村旅游农户数/本村常住户数	0.2317	+
	收入水平	农村居民人均可支配收入-X_{14}（元）	总收入中扣除应缴纳的所得税和个人交纳的各种社会保障支出以后的收入	0.0480	+
		村集体经营收入-X_{15}（万元）	村集体开展各项生产服务等经营活动取得的收入	0.9520	+
农业生产	要素投入	人均耕地面积-X_{16}（hm^2/人）	耕地面积/该村总人口	0.1811	+
		农田水利设施用地面积比例-X_{17}（%）	村内用于灌溉的坑塘、水库等用地面积/土地总面积	0.7042	+
		设施农业面积占比-X_{18}（%）	设施农业面积/耕地面积	0.1147	+
	规模经营	每百人家庭农场数量-X_{19}（个）	家庭农场数量/居民点常住人口×100	0.6112	+
		每百人农民专业合作社-X_{20}（个）	农民专业合作社/居民点常住人口×100	0.3888	+
生态本底	资源条件	生物丰度指数-X_{21}	用一定空间范围内的生物物种数量的分布频率来衡量	0.6456	+
		归一化植被指数-X_{22}	反映植物生物量、叶面积指数与植被覆盖度之间的关系	0.3544	−
	地形条件	地形起伏度-X_{23}	特定的区域内，最高点海拔高度与最低点海拔的差值	1.000	+

6.3.2 绿洲乡村功能指数测算模型

对永昌县112个评价单元绿洲乡村功能指标权重进行确定时，为了排除量纲及数值大小对结果的影响，需对初始数据进行标准化处理。指标值越大对系统发展越有利时，采用正向指标计算（式6-1）并进行标准化处理；指标值越小对系统发展越好时，采用负向指标计算（式6-2）并进行标准化处理（王鹤，2014；Woods，2009），计算公式具体如下。

正向指标：

$$Z_i=\frac{X_i-\min(X_i)}{\max(X_i)-\min(X_i)} \tag{6-1}$$

负向指标：

$$Z_i = \frac{\max(X_i) - X_i}{\max(X_i) - \min(X_i)} \tag{6-2}$$

式中，X_i 和 Z_i 分别为永昌县 112 个评价单元 2020 年第 i 指标的原始值和标准化后的数值；max（X_i） 和 min（X_i） 分别为第 i 指标的最大值、最小值。

此外，为了最大限度减少权重确定过程中主观因素对评价结果的影响，本章采用客观赋值的变异系数法来确定指标权重（庆磊等，2021；谢臻等，2019）。其具体方法如下：

$$\delta_i = \frac{D_i}{\overline{Z}_i} \tag{6-3}$$

$$W_i = \frac{\delta_i}{\sum_{i=1}^{n} \delta_i} \tag{6-4}$$

式中，δ_i、D_i、$\overline{Z}_i$ 和 W_i 分别为第 i 指标（无量纲化处理后的指标）的变异系数、均方差、均值和权重值。

本章采用加权求和法计算各评价单元的绿洲乡村功能指数（F_i），F_i 值越大，表明绿洲乡村功能越好，反之则越差。计算公式为

$$F_i = \sum_{i=1}^{n} W_i \times Z_i \tag{6-5}$$

6.3.3 绿洲乡村功能权衡–协同分析方法

由于绿洲乡村功能的异质性和多元性特征，多功能间难以保持平衡，识别功能间的权衡协同关系可以揭示其失衡状况从而实现特定目标。“权衡”是指不同功能间因具有区域冲突或竞争，出现此消彼长的关系；“协同”是指不同功能在重要因素协作下相互增益或相互减损的状态（Bennett et al.，2009；戴尔阜等，2016）。

（1）权衡关系分析

当绿洲乡村多功能指数服从正态分布时，计算其 Pearson 相关系数（r）；若其中一类不符合正态分布时，计算 Spearman 秩相关系数（ρ）；当两种绿洲乡村功能之间存在显著负相关关系（r 或 $\rho<0$，$P<0.05$）时，表明它们之间存在权衡作用。与此对应，当两个功能呈显著正相关关系时，则表现出协同作用。对于表现出权衡的两种绿洲乡村功能，进一步量化其权衡强度。

（2）生产可能性边界确定

生产可能性边界（production-possibility frontiers，PPF）用来表示在经济学概念下既定资源和技术条件下所能产生的各种商品最大数量的组合，可以定量地描述一种或多种组合之间的权衡强度（刘玉等，2021）。对所有绿洲乡村功能值的标准化值进行叠加汇总，得

到该功能对应的综合功能指数；将综合功能指数按升序排列，利用排序结果确定能提供最大值的绿洲乡村功能组合；选用数据组合绘制 PPF 曲线，该曲线可表示两类绿洲乡村功能间的最佳权衡价值（杨薇等，2019）。

（3）权衡强度指数计算

假定 PPF 曲线的表达式为 $y=f(x)$，那么该曲线上任意一点的坐标为［X，$f(x)$］，假定权衡移动的最终方向是达到两种功能的最优组合值，那么这种最优状态就可以认为是平衡状态，而且给定条件下只存在一种平衡状态，即只能获得一条 PPF 曲线，公式如下：

$$D_{PQ}=\left|P(X_0,Y_0)-Q(X,f(x))\right|=\sqrt{(x_0-x)^2+(y_0-y)^2} \tag{6-6}$$

$$D_{PQ\min}=\min\left\{\left|P(X_0,Y_0)-Q(X,f(x))\right|\right\}=\min\left\{\sqrt{(x_0-x)^2+(y_0-y)^2}\right\} \tag{6-7}$$

式中，坐标点 P（X_0，Y_0）为代表两种绿洲乡村功能均值对应的点；D_{PQ}为该点到 PPF 曲线上任意一点 Q 的距离。基于此假设，在测度两种功能间的总体权衡强度（区域两种功能均值对应的点）以及乡镇两种功能间的权衡强度时，采用 P 到 PPF 曲线的最短距离 $D_{PQ\min}$ 来代表权衡强度指数值。$D_{PQ\min}$越大，权衡强度越强，反之则越弱。

6.3.4　绿洲乡村功能障碍诊断模型

借助绿洲乡村多功能障碍诊断模型（曲衍波等，2017），识别与分析绿洲乡村子功能障碍程度，可为不同类型村庄绿洲乡村功能治理路径制定提供科学指向。

$$O_{mi}=\begin{cases}1-X_{mi}, & X_{mi}<1\\ 0, & X_{mi}\geqslant 1\end{cases} \tag{6-8}$$

$$V_{mi}=\frac{F_{mi}\times O_{mi}}{\sum\limits_{i=1}^{n}(F_{mi}\times O_{mi})}\times 100\% \tag{6-9}$$

式中，F_{mi}为因子贡献度，表示第 m 个类型功能 i 指标对绿洲乡村多功能的贡献度，用指标权重表示；O_{mi}为绿洲乡村居民点多功能评价指标偏离度，即 1 与单项指标标准值之差；V_{mi}为障碍度，表示第 m 个类型功能 i 指标对绿洲乡村多功能的障碍程度。

6.4　绿洲乡村多功能性评价及其权衡协同关系

6.4.1　绿洲乡村多功能评价

借助 ArcGIS 对永昌县 112 个行政村的生活保障功能、经济发展功能、农业生产功能、生态本底功能、综合功能指数进行可视化处理，并采用自然断点法将其划分为 5 个不同等级：低值区、较低值区、中值区、较高值区、高值区（图6-2）。

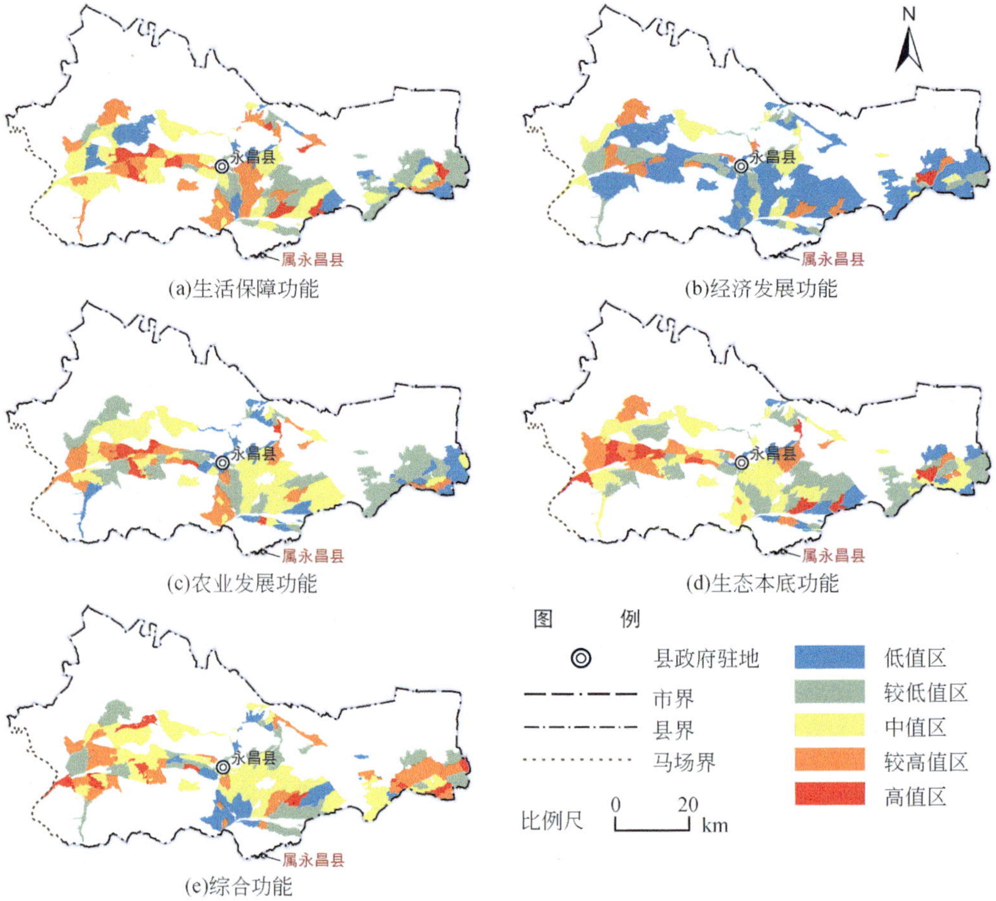

图6-2　永昌县绿洲乡村多功能空间分异

生活保障功能指数总体较高，平均得分为0.3533，以较高值及中值区为主，达到25个和38个，二者占到评价单元的56.25%；低值区数量较少，仅占到评价单元总数的11.60%；生活保障功能在空间上呈现出西高东低的格局，中西部地区生活保障功能优于东部地区。

经济发展功能指数普遍偏低，平均得分仅为0.1183，以低值区为主，达到68个，占全部评价单元的60.71%，分布范围较大；高值区仅包含1个行政村，占全部评价单元的0.89%；经济发展功能整体偏低，空间上呈现四周高，中间低的格局。

农业生产功能指数整体较低，平均得分为0.1674，以低值区和较低值区为主，分别为26个和32个，占到评价单元总数的51.79%；高值区数量最少，仅有6个，占到总评价单元的5.36%；空间上呈现出西部地区高于中部和东部地区的分布格局。

生态本底功能指数普遍较好，平均得分为0.5332，以中值和较高值为主，达到37个和27个，二者占到行政村总数的57.14%，低值区数量较少，仅占行政村总数的

11.61%；在空间上呈现出西高东低的格局，高值区和较高值区主要分布在永昌县西部地区。

综合功能指数平均得分为0.2577，中值区数量最多，达到36个，占到评价单元总数的32.14%；较高值区和较低值区分别为19个和33个，占到评价单元总数的16.97%和29.46%；高值区和低值区分别为9个和15个，占到评价单元总数的8.04%和13.39%。综合功能在空间上呈现出北高南低的格局，高值区主要以面状和条带状分布于县域西部、东部及北部，农业、工业等发展较好，为居民提供较多的就业岗位，绿洲乡村居民人均收入水平较高，功能的综合效应明显。

6.4.2 绿洲乡村功能权衡协同度量

1. 绿洲乡村功能的秩相关分析

为了探讨绿洲乡村功能之间权衡-协同关系，对永昌县112个行政村各项功能进行Spearman秩相关性分析，结果如表6-2和图6-3所示。

表6-2 绿洲乡村功能相关性分析

乡村功能	生活保障	经济发展	农业生产	生态本底
生活保障	1.000	0.072	0.262**	-0.245**
经济发展	—	1.000	0.053	-0.203*
农业生产	—	—	1.000	0.197*
生态本底	—	—	—	1.000

*代表在显著性水平0.05下（双尾）下相关性显著；**代表在显著性水平0.01下（双尾）下相关性显著。

可以看出：①生活保障功能、生态本底功能与农业生产功能之间的协同促进作用突出（显著性水平为0.01），表明农业生产为居住生活提供了良好的经济基础，而较好的生态条件可以促进农业的协调发展。②生活保障功能、生态本底、经济发展功能之间权衡作用显著，生活保障功能与生态本底功能之间的权衡最为突出（-0.245），经济发展功能与生态本底功能间的权衡次之，说明永昌县绿洲乡村社会经济服务的发展与生态保护相矛盾，为满足生活需求和经济的增长，规划建设新型绿洲乡村社区、完善绿洲乡村基础配套设施、改善居住条件、综合开发现代农业等占用了生态服务资源，一定程度上限制了生态环境的维护。③经济发展与生活保障、农业生产功能之间显现为协同关系较弱且不显著，表明目前永昌县经济发展功能与农业生产功能和生活保障功能形成的带动关系较弱。总体而言，永昌县绿洲乡村功能发展表现协调，为实现生活保障功能与生态本底功能趋向协调，逐步转变功能结构提供了良好前提。

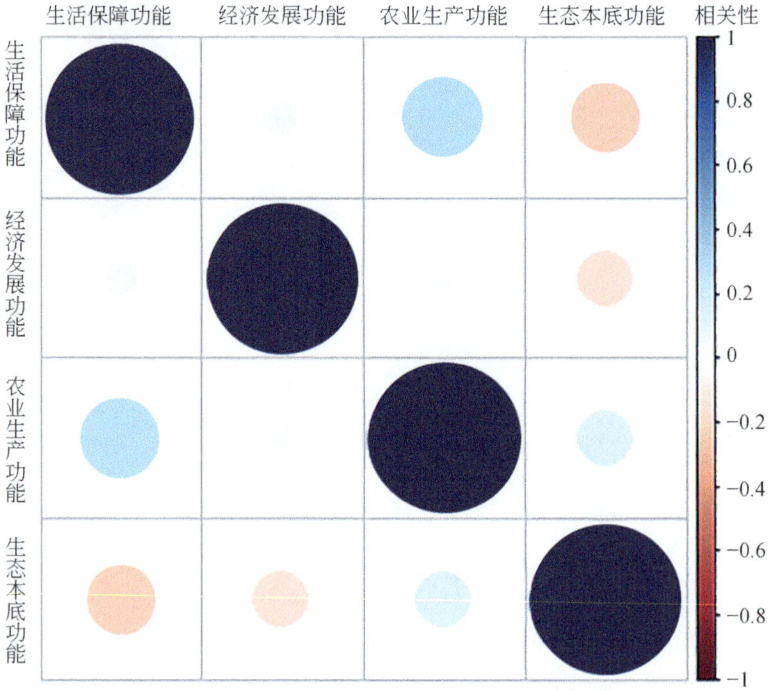

图 6-3　永昌县绿洲乡村功能的相关性

2. 绿洲乡村功能权衡关系量化

基于生产可能性边界，对绿洲乡村功能权衡中突出的功能组合进行定量化表达。绘制包括生活或经济−生态功能间权衡组合和生活或生态−农业功能间协同组合在内的权衡−协同 PPF 曲线。

生态本底功能与生活保障功能的权衡关系为一条凹向原点的非单调曲线［图 6-4(a)］。当生态本底功能从 *a*（0.100,0.329）→*b*（0.200,0.356）时，生活保障功能与生态本底功能之间表现为协同；而从 *c*（0.500,0.368）→*d*（0.600,0.348），*e*（0.700,0.316）→*f*（0.800,0.272）时，生活保障功能因生态本底功能每增加 0.1 而减少的机会成本分别为 0.020、0.044，即每增加同等的生态本底功能投入，生活保障功能放弃的机会成本都在增加，表明越向生态本底功能追加投入，越不利于生活保障功能的发展，生态本底功能和生活保障功能总收益减弱。

生态本底功能与经济发展功能的权衡关系是凸向原点（0，0）的非单调曲线［图 6-4(b)］。生态功能从 *a*（0.100,0.225）→*b*（0.200,0.187）、*c*（0.400,0.131）→*d*（0.500,0.113）时减少的机会成本分别为 0.038、0.018，即每增加同等的生态本底投入，经济发展放弃的机会成本都在减弱，当生态本底功能发展到一定阶段后从 *e*（0.700,0.096）→*f*（0.800,0.079），表明经济功能随着生态功能的持续投入得以发展，且二者关系从权衡逐渐转为协同。

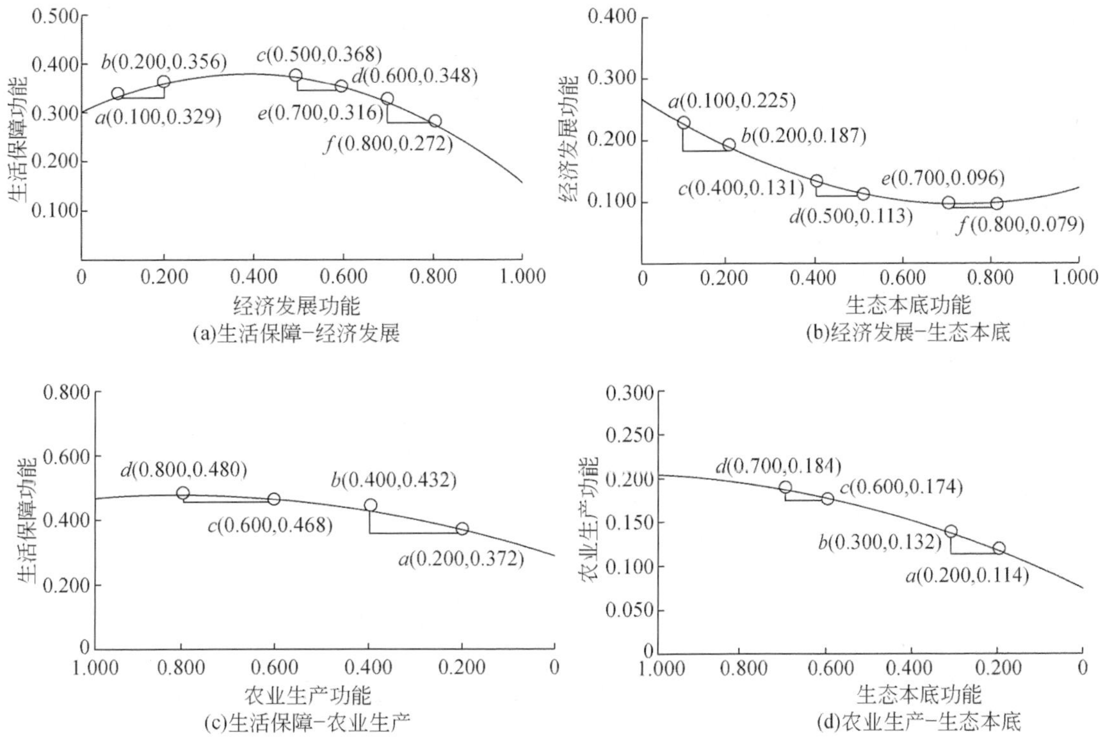

图 6-4　永昌县绿洲乡村功能间的 PPF 曲线

生活保障功能与农业生产功能间的协同关系为一条凹向原点的凸曲线［图 6-4（c）］。当组合从 a（0.200,0.372）→b（0.400,0.432）、c（0.600,0.468）→d（0.800,0.480）时，生活功能减少的机会成本分别减至为 0.060、0.012，表明随着农业生产功能的投入，生活保障功能呈现降低的促进作用，需要加强相关措施，促进二者之间的协同增长。

生态本底功能与农业生产功能间的协同关系同样为一条凹向原点的凸曲线［图 6-4（d）］。当组合从 a（0.200,0.114）→b（0.300,0.132）、c（0.600,0.174）→d（0.700,0.184）时，生活功能减少的机会成本由 0.018 减至 0.01，表明随着农业生产功能的变化，生态本底功能的促进作用呈现逐渐削弱态势，需要加强生态本底功能的维护，提升农业生产功能则要使资源、地形与生态环境相适应，推动二者向高度协同发展。

6.5　不同类型绿洲乡村多功能协同优化模式

6.5.1　绿洲乡村功能权衡下的村庄类型划分

为深入分析永昌县绿洲乡村功能发展特征，借助生活保障功能、经济发展功能与生态本底功能之间的权衡强度指数，对绿洲乡村功能权衡下的村庄类型进行识别。生态本底-

生活保障功能的权衡强度（0.0111）<经济发展-生态本底功能的权衡强度（0.4138），表明生态本底-生活保障功能组合点距生产可能性过界上最短的最优组合点越近，继续对功能增加较少的投入就能实现二者的效益均衡；经济发展-生态本底功能组合点到生产可能性边界上距离最短的某一最优组合点的距离较大，二者之间冲突较大，需要在满足一方功能的需求时，限制另一方功能的发展。由此按照“权衡强度越小，功能间共生发展；权衡强度越大，至多发展一种功能”的模式，运用自然间断法，将生活保障-生态本底功能及经济发展-生态本底功能权衡强度指数划分为Ⅲ、Ⅱ、Ⅰ三个等级，分别代表高、中、低三种权衡状态（表6-3）。

表6-3　绿洲乡村功能间权衡组合及含义

类型区	权衡组合	含义
Ⅰ	11，12	生活保障/经济发展功能与生态本底功能间权衡强度较弱，在未来可以共生发展三种功能，以达到绿洲乡村多功能的最优效益
Ⅱ	23，22	生活保障/经济发展功能与生态本底功能间的组合中权衡较为剧烈，至多允许两种功能共生
Ⅲ	33	区域生活保障、经济发展功能与生态环境的权衡强度十分剧烈，处于高冲突阶段，在现有生活水平下至多发展一种功能

基于永昌县绿洲乡村功能评价结果和绿洲乡村主体、产业发展以及生态宜居对绿洲乡村发展的影响，按照不同村落主导类型的相似性，综合判断绿洲乡村功能权衡组合特征，将永昌县村庄发展类型识别为Ⅰ类村庄、Ⅱ类村庄和Ⅲ类村庄（图6-5）。

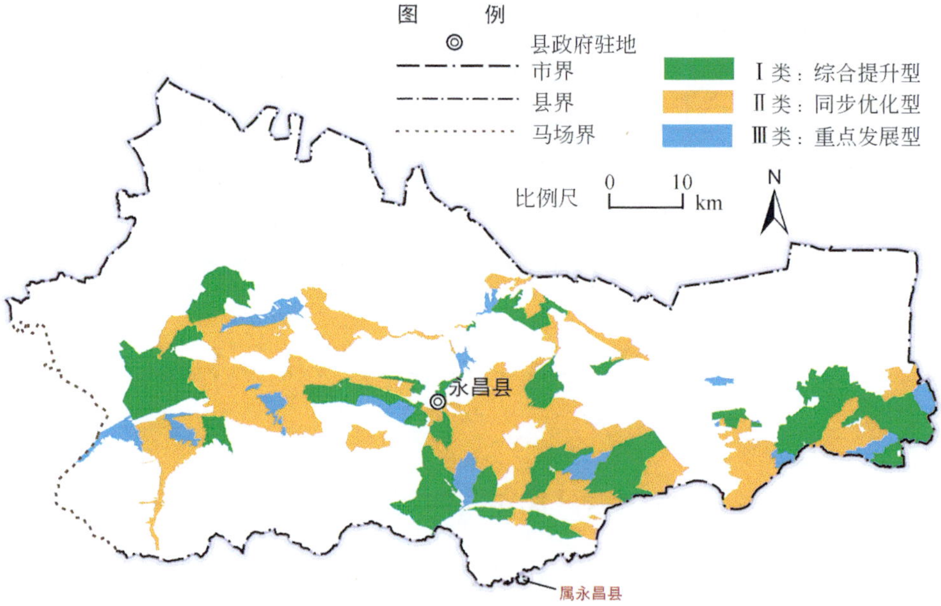

图6-5　绿洲乡村功能均衡策略组合类型

综合提升型村庄（Ⅰ类）共包括55个行政村，主要以块状和条带状分布在县域边缘地区。该类村庄区域生活保障、经济发展与生活环境功能间的权衡强度较弱，其中以分布在县域边缘为代表的村庄，综合功能处于一般水平以上，表明在现有条件下，继续发展三种功能有助于促进绿洲乡村功能组合综合效益的最优化。

同步优化型村庄（Ⅱ类）共包括43个行政村，主要呈面状分布在中部和西部地区。该类村庄生产与生态功能或生活与生态功能的组合中仅一组权衡强度处于中等以上，针对此类型村庄应侧重从生态旅游发展，工矿企业合理建设等方面优化经济发展与生态本底功能，缓解各个功能间的权衡关系。

重点发展型村庄（Ⅲ类）共包括15个行政村，主要呈点状零星分布于全县域。该类村庄区域生活保障、经济发展与生活环境功能间的权衡强度剧烈，且住房条件欠佳、产业基础薄弱、生态治理不够，同时伴随着人口老龄化与绿洲乡村空心化问题的加剧，使得内部的生活保障功能、经济发展功能和生态本底功能发展水平处于低值，该类村庄应适度限制其他功能的发展，确定绿洲乡村重点发展方向。

6.5.2 不同绿洲乡村发展类型区功能障碍诊断

为了实现永昌县绿洲乡村多功能协调发展，对不同绿洲乡村功能发展类型区进行障碍功能测算（表6-4）。其中障碍均值表征障碍功能强度，均值越大，障碍功能越强烈；影响率代表9个障碍功能在不同空间分区的发生概率，用于表征障碍功能的影响范围，影响率越高，障碍功能影响的行政村数量越多。

Ⅰ类村庄排在前五的障碍因子分别为居住环境、收入水平、要素投入、规模经营和地形条件，按照影响行政村的数量从大到小依次为居住环境、收入水平、规模经营、要素投入和地形条件，其中居住环境功能影响率达到84.62%，居住水平欠佳是该区生活功能偏低的主要障碍，同时公共服务差、基础保障缺乏、产业单一化也是制约多功能提升的重要因素。

Ⅱ类村庄的障碍因子为居住环境、收入水平、产业融合、规模经营和地形条件，按照影响行政村的数量从大到小依次为收入水平、产业融合、居住环境、规模经营和地形条件，其中收入水平功能影响率为81.82%，公共服务是影响绿洲乡村生活质量的限制性功能，农业生产和气候条件是影响绿洲乡村生产和生态的重要障碍功能，同时伴随着绿洲乡村房屋质量堪忧、基础设施的缺失等问题。

Ⅲ类村庄的障碍因子为公共服务、基础设施、收入水平、产业融合和规模经营，按照影响行政村的数量从大到小依次为基础设施、规模经营、产业融合、收入水平和公共服务，其中基础设施功能和规模经营功能影响率为72.73%，严重制约绿洲乡村生态功能发展，成为该类村庄绿洲乡村功能提高的关键，公共服务缺失严重影响该区域生活功能，而生活生产活动排放物处理不当又对生态环境造成破坏，这些障碍功能综合作用使得该类村庄呈现产业劣势、居住劣势和生态劣势。

表 6-4　不同绿洲乡村功能发展类型区障碍均值及影响率　　（单位：%）

分区类型	公共服务		基础设施		居住环境	
	障碍均值	影响率	障碍均值	影响率	障碍均值	影响率
Ⅰ	24.38	53.85	1.33	46.15	26.22	84.62
Ⅱ	22.62	63.64	0.78	52.27	26.53	65.91
Ⅲ	24.44	69.09	0.76	72.73	26.93	60.00

分区类型	收入水平		产业融合		要素投入	
	障碍均值	影响率	障碍均值	影响率	障碍均值	影响率
Ⅰ	12.20	76.92	5.93	53.85	15.65	69.23
Ⅱ	11.61	81.82	6.67	70.45	16.29	59.09
Ⅲ	12.06	69.09	6.32	70.91	15.40	54.55

分区类型	规模经营		资源条件		地形条件	
	障碍均值	影响率	障碍均值	影响率	障碍均值	影响率
Ⅰ	10.27	76.92	1.02	38.46	3.00	69.23
Ⅱ	10.88	65.91	1.38	52.27	3.24	65.91
Ⅲ	9.99	72.73	1.07	54.55	3.03	60.00

6.5.3　不同绿洲乡村发展类型区的优化模式

永昌县环境质量、自然状况、资源供给、发展能力差异明显，这种显著差距同样也存在于村域之间各项功能的呈现形式与作用强度方面，表现为功能间权衡剧烈或权衡较轻的现象。政府力基于国家宏观目标或制度主导绿洲乡村的发展方向，市场力和社会力紧随政府力调整而变化，既受到政府力的约束，又在约束中寻求自身的发展空间以达到利益最大化。考虑到不同发展类型绿洲乡村是区域行政、资本、社会和市场等多方面因素共同作用、共同演进的结果，因此，在设计其类型优化模式时，优先考虑从政府力、市场力和社会力 3 个维度进行研究，重点围绕永昌县绿洲乡村功能格局差异、各分区权衡协同关系及障碍功能影响程度，按照“提升功能权衡程度较弱区，优化功能权衡程度中等区，发展功能权衡程度偏高区”的治理原则以及“外生动力指引，内生动力更新”的发展目标，梳理和概括了不同绿洲乡村发展类型区现有缺陷，并对其资源要素整合模式进行调整（图 6-6），以期改善绿洲乡村社会、经济、物质空间，加强差异化的绿洲乡村功能配置，促进绿洲乡村高质量发展。

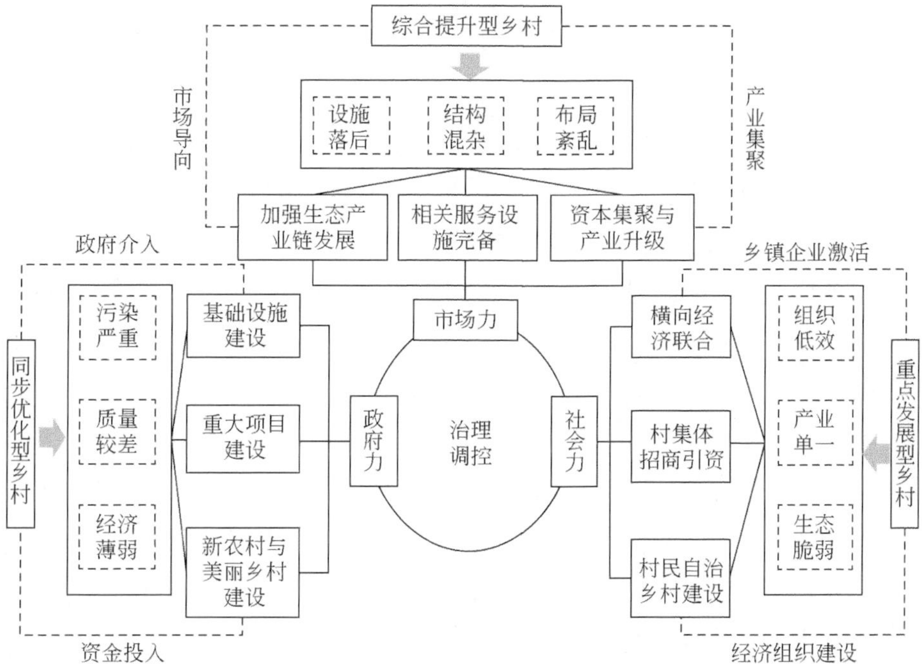

图 6-6　永昌县绿洲乡村发展类型区治理路径

1. 综合提升型

综合提升型乡村包含黄家学村、大坝村、金川西村、沙窝村、鸳鸯池村等在内的 55 个行政村。该区生活保障、生态本底功能发展均较好，经济发展功能较弱，乡镇生活保障和经济发展功能与生态本底功能的权衡强度低，但综合功能发展均处于中高水平以上，表明在现状水平下，持续发展 3 种功能仍然有利于实现绿洲乡村功能间的均衡，绿洲乡村综合功能仍有提升空间。受城市辐射带动作用，该类型区位条件优越，交通运输便利，村庄第二、第三产业有一定的发展基础。经济的发展为当地居民改善居住生活环境提供了一定基础，且经济发展功能与居住生活功能有机结合，形成新的空间效应。同时，这些区域生产要素丰富且集中，城镇化率较高，但绿洲乡村处于无序建设状态，公共服务设施配备不足，土地利用效率低，产业的不断扩大带来空间上的布局紊乱等问题突出。首先，优化这类型绿洲乡村，要着重通过经济需求的市场逻辑开展，企业是市场的主体，企业可以通过策略性投资，带动当地基础设施建设，推动绿洲乡村资本集聚与产业升级，创造其效益和发展机会。其次，按照效率优先原则，加强对经济发展主导功能较弱的区域的产业配套能力建设与投资环境体系建设，将一些具有明显地缘优势、技术扩散潜力强的地区优先发展，加快培育科技创新和战略性新兴产业；促进产业结构高级化和提升竞争力，增强企业自主创新的能力。再次，加强生态产业链发展，在村级工业园等当地市场管理机构的前瞻性干预下，企业更能够发挥其市场策略，如集中化趋势策略等，在绿洲乡村地区形成规模经济优势。同时通过资本的持续介入驱使企业集聚发展，兴起以镇为主体规划的园区，为绿洲乡村带来大量外来人口，创造更多就业机会。

2. 同步优化型

同步优化型乡村包含赵家庄村、中庄子村、小坝村、北海子村、直峡山村在内的43个行政村。该区生活保障/经济发展功能与生态本底功能间的组合中权衡较为剧烈，该区域主要分布在永昌县中部和西部地区，少数零散分布。该类型地区地处县域边缘或县城周边，生态稳定性较差，经济发展实力不足，土地开发利用风险较大，易受到产业转移带来生产污染威胁，是制约当地经济和社会发展的关键限制因素。因此，未来宜以促进生态本底、生活保障和农业生产功能为主，刺激经济功能为辅，缓解功能间的权衡。同步优化型绿洲乡村改善离不开政府的建设。政府应在制定绿洲乡村发展相关政策和绿洲乡村规划时，适当向永昌县中部和西部地区倾斜，坚持公平优先、以人为本原则，加大对功能间权衡剧烈较地区的财政转移支付和专项扶持力度，全面施行支农惠民的财政政策，并从农业基础设施方面通畅商品供给的渠道，完善农村水、电、通信和运输等基础设施，努力缩小地区差距。在资金方面，加强对绿洲乡村产业发展的财政扶持力度，并积极招商引资，创造良好的营商环境，改善村内的基础设施以及人居环境；另外，应把生态安全与经济协调发展放在重要位置，建立有永昌特色的产业园区，合理布局产业，抓住发展机遇招商引资，把重心放在引进和培育生态友好型非农产业（如高科技产业、现代服务业等）上，将产业与生态有机融合；强化山区生态保障，加强生态环境保护与修复，大力发展生态旅游、生态农业、特色种植等，不断完善基础设施，实现生态本底功能提升与绿洲乡村协同发展。

3. 重点发展型

重点发展型乡村共包括沙沟岔村、河西堡村、刘克庄村、毛家庄村、新城子村等15个行政村。该区绿洲乡村功能间权衡冲突激烈，受限于村庄发展资源，村集体的统筹组织作用有限，产业发展扶持政策和公共性事业建设难以满足生活保障、经济发展功能与生态环境功能共生发展的诉求，市场配置资源要素的作用较弱。此类型社会力成为缓解区域绿洲乡村功能权衡的主导力量，但受制于村民决策、市场潜在价值判断和资源配置能力的局限，绿洲乡村功能权衡剧烈，绿洲乡村呈现出产业结构单一，关系网络简单且生态脆弱的特征。优化这类型绿洲乡村，一般依靠精英个人资本和特质链接和传递更广泛的社会网络，为绿洲乡村带来质变影响。绿洲乡村精英可以是小企业主，也可以是村支书、本地村民、外来人员等乡贤群体。他们具有区别于普通村民的特质，一方面身处其他更大空间尺度的群体和网络，能够抓住核心地区经济发展溢出的机遇，充分调动本村现有资源，积极推进不同地区之间的分工合作，合理规划、布局工业产业园，激发农民工生活工作的热情。另一方面，其长期扎根或游走绿洲乡村地区，能识别社会需求、创新解决方案并为其找到本地支持，通过诸多情感因素树立的形象，成为精英个人人格力量及其在绿洲乡村社会的权威来源。社会网络是绿洲乡村精英链接绿洲乡村社会和绿洲乡村以外区域的重要渠道，也是绿洲乡村精英动员的重要行动者。社会网络协同精英可以将有用的社会资本从城市转移到绿洲乡村，促进生活保障、经济发展功能与生态环境，缓解功能间的权衡，进而成为具有能动性的关键行动者。因此，在重点发展型绿洲乡村中，绿洲乡村精英与社会网络共为优化行动者，带动村民、外来人口、企业等形成不同利益组织，共同参与到绿洲乡村日常管理活动和治理，开展自适应过程，参与主体的主观能动性不断影响重点发展型绿洲乡村。

6.6 小　　结

城乡发展不充分，农村发展不平衡，进而导致绿洲乡村功能发展不协调。在新发展阶段，提升绿洲乡村功能作为服务乡村振兴战略的发展方向，是激活区域经济、不断推进绿洲乡村高质量发展的重要方面。因此，本章以甘肃省永昌县112个行政村为研究对象，构建了以绿洲乡村振兴目标为导向的绿洲乡村多功能评价指标体系，在分析村级绿洲乡村多功能格局的基础上，针对不同类型的绿洲乡村发展类型区提出了相应的乡村振兴路径。主要结论如下：①永昌县绿洲乡村多功能空间中，生活保障、农业生产、生态环境的功能格局趋同，生活保障功能与生态环境的功能格局最为接近，均表现为中西部地区功能值优于东部地区；农业生产功能呈现出明显的区域差异，东部农业生产功能整体较好于其他地区；经济发展功能与其他功能格局相似性低，靠近外缘乡镇功能指数高于其他地区。绿洲乡村综合功能以县域西部、东部及北部乡镇的行政村的功能指数较好，功能指数呈现出“北高南低”的分布格局。②永昌县绿洲乡村功能间的权衡-协同关系显著，权衡-协同PPF曲线表明，生活保障功能对生态本底功能总体权衡，持续发展生态本底功能，二者间权衡关系将加剧；经济发展功能对生态本底功能权衡表现出随着生态本底功能持续发展，二者权衡关系减弱；生活保障/生态本底功能对农业生产功能间的协同效应均表现随农业生产功能的投入而逐渐削弱。③借助权衡强度指数将永昌县112个行政村分为综合提升型、同步优化型和重点发展型划分为三种绿洲乡村类型。2020年永昌县绿洲乡村以综合提升型和同步优化型为主，分别达到55个和43行政村，占到所有评价村庄的86.73%，重点发展型数量相对较少为15个，占到所有评价村庄的13.27%。本章借助村庄调查数据，深入剖析绿洲乡村多功能发展及空间分异特征，探讨多功能协同权衡关系，在此基础上提出绿洲乡村发展类型与分类优化模式，旨在为多功能关系研究提供一种新的思路和方法，也为完善绿洲乡村功能的空间布局、区域功能协调发展，推动绿洲乡村现代化发展等提供一定参考和依据。

第 7 章

绿洲乡村产业融合发展与乡村治理主体

乡村治理是我国治理体系的基座，产业融合发展是乡村振兴的核心，也是考量乡村治理绩效的重要方面。现行的乡村治理是乡镇政府管理和农民广泛参与相结合，以村民自治为核心的“乡政村治”治理模式。在该模式下，国家在乡镇一级设立基层政权，依法对乡镇进行行政管理，对村庄实行村民自治。党的十九大报告提出，健全自治、法治、德治相结合的乡村治理体系。《中华人民共和国国民经济和社会发展第十四个五年规划和 2035 年远景目标纲要》中也明确提出要“健全党组织领导、村（居）委会主导、人民群众为主体的基层社会治理框架”。传统农村是以血缘关系为纽带的宗族社会，乡贤、能人在乡村治理中享有很高的道德话语权。随着我国社会经济的剧烈转型，传统乡贤治理模式日渐式微，治理主体弱化。这样引出了新的命题，乡村治理主体究竟由谁担当？治理的重点是什么？在这一背景下，通过派驻第一书记、驻村工作队（即他组织），强化新的治理主体，推动乡村治理模式的转型，已成为我国乡村治理的成功经验。政治能人作为乡村能人之一，是乡村治理主体的重要组成部分，居于核心地位的通常是村“两委”干部，即党支部书记（第一书记）和村委会主任，在推动乡村产业融合发展中起到关键作用。本章在系统检视政治能人–产业融合发展耦合关系和作用机制框架的基础上，分别建构了政治能人治理能力、乡村产业融合发展的测评指标体系，以甘肃省金昌市 139 个行政村为评价单元，揭示治理能力与产业融合发展的耦合关系及作用机制。

7.1 引　　言

乡村治理是我国治理体系的基座，产业融合发展是乡村振兴的核心，也是考量乡村治理绩效的重要方面。1949 年新中国成立以来，我国乡村治理模式不断嬗变，大致经历了“政党下乡”的革命动员时期，“政社合一”的人民公社时期，“政社分开”的村民自治时期和“政社协同”的三治结合探索时期（隆超和聂应德，2021）。现行的我国乡村治理是乡镇政府管理和农民广泛参与相结合，以村民自治为核心的“乡政村治”治理模式。在该模式下，国家在乡镇一级设立基层政权，依法对乡镇进行行政管理，对村庄实行村民自治（尚平，2011）。治理实践基本上围绕“治理力量”“治理方式”“治理目标”的主线展开（李西珺，2018）。党的十九大报告提出，健全自治、法治、德治相结合的乡村治理体系，这为推动社会治理重心向基层下移指明了方向，为乡村由“管理民主”向“治理有效”的升级找到了路径。《中华人民共和国国民经济和社会发展第十四个五年规划和2035年远景目标纲要》中也明确提出要“健全党组织领导、村（居）委会主导、人民群众为主体的基层社会治理框架”。传统农村是以血缘关系为纽带的宗族社会，具有狭隘性、封闭性、孤立性等特征，这些独特秉性酝酿了独特的农村礼治秩序，乡贤、能人在乡村治理中享有很高的道德话语权，甚至成为治理主体（李裕瑞等，2020）。随着我国社会经济的剧烈转型，尤其是家庭联产承包责任制的实施和乡村人口流动性的加强，导致传统乡贤治理模式日渐式微，治理主体弱化。在这一背景下，通过派驻第一书记、驻村工作队，强化新的治理主体，推动乡村治理模式的转型。

乡村治理涉及乡村发展过程中的硬件与软件系统。党的十六届五中全会提出要按照“生产发展、生活富裕、乡风文明、村容整洁、管理民主”的要求加快社会主义新农村建设；乡村振兴战略同样提出“产业兴旺、生态宜居、乡风文明、治理有效、生活富裕”二十字方针。在基层政权普遍建立的前提下，乡村治理的重心开始转向如何推动乡村传统农业向现代农业转型。农业现代化的基本要求是：用现代科学技术和现代工业来装备农业，用现代经济科学来管理农业，创造一个高产、优质、低耗的农业生产体系和一个合理利用资源、环境友好、转化效率较高的农业生态系统。传统的乡村经济是建构在自给自足基础上的小农经济，难以适应农业现代化的要求。推进农业现代化、实现乡村产业融合，就是要依托特色优势资源，打造农业全产业链，促进传统农业向第二、第三产业融合发展，传统的“自组织”乡村治理模式显然无法匹配这一要求，而新的治理主体（派驻第一书记、驻村工作队）通过其政策掌控、信息收集、组织引领等复合能力能弥补这一缺陷。因此，乡村政治能人的治理能力是决定产业融合发展的关键性因素。从这个角度讲，深入研究乡村政治能人治理能力与产业融合发展的耦合关系及作用机制，不仅具重要的理论意义，更具有重大而深远的现实意义。

农村治理是国家治理体系的底层，不同国家采取差异化的治理策略（Bixler et al.，2020；Long et al.，2010）。在欧盟，将内生动力与外生动力联系起来，通过自下而上到自上而下相结合的策略来解决农村边缘化问题（Georgios Barraí，2021；Neumeier，2012）；伊朗更倾向于政府和非政府行为者合作的封闭式共同治理（Abedi Ingram，2020）；墨西哥农村社区则强调草根社会的治理作用（Rivera-Arriaga et al.，2021）；在德国的黑森州农村地区，经济治理占主导地位（Kallert et al.，2021）；在印度，随着资本向微观层面流动，民选机构通过更精细的渠道实现治理（Daftary，2019）。在我国，则要构建“三治合一”的乡村治理体系，实施乡村振兴战略。乡村振兴的核心目标是系统地建立人口–土地–产业多要素的耦合格局（Long et al.，2019），从“管理民主”到“治理有效”的转变是乡村振兴战略背景下乡村治理的发展方向，这一转变涉及治理主体的抉择（高千和张英魁，2019）。随着农村综合发展进程的加快，其治理结构和模式也会发生变化（Karanikolas et al.，2008），且农村空心化也导致了社会治理主体弱化（何迪和于水，2019）。因此，“自下而上”与“自上而下”相结合实施乡村综合治理是必由之路（Sun et al.，2021）。

作为乡村治理和产业融合发展的主导者和参与者，“乡村能人”的作用不可忽视（李裕瑞等，2012；姚华松和邵小文，2020；李小建等，2021），他们是影响乡村治理决策的重要力量（叶强和钟炽兴，2017；Aspinall Roham，2017；杨忍等，2020）。在“乡政村治”模式下，处于乡村社区政治体系边界的乡村“能人”逐渐向多元化方向发展（李强彬，2006）。因此，乡村治理主体究竟由谁担当？治理的重点是什么？成为当代中国治理急需解决的重大命题。在这样的背景下，国家行政职能部门委派的各类村干部逐渐取代乡贤直接介入乡村治理全过程，成为乡村发展的领头人，而其治理能力的高低直接决定着乡村振兴战略的践行，尤其是乡村经济发展的前景。政治能人作为乡村能人之一，是乡村治理主体的重要组成部分，居于核心地位的通常是村“两委”干部，即党支部书记（第一书记）和村委会主任，他们既是乡村治理的核心力量，也是推动乡村产业融合发展的关键因素（李裕瑞等，2020）。已有研究为了解治理能人和乡村发展提供借鉴（刘卫东，2014；戈大专和龙花楼，2020；叶超和于洁，2020），但大多关注村治能人群体对乡村发展的宏观作用，且多限于对策分析（付翠莲，2016；吴雄妹，2016），缺少对治理能力的量化考核指标，更缺少治理能力与乡村产业融合发展的定量研究。鉴于此，本章以甘肃省金昌市为例，以139个行政村为评价单元，通过科学划分乡村政治能人的类型，构建乡村政治能人“治理能力-产业融合发展”的耦合关系理论框架，借助村庄详细调查数据和实地调研资料，从具象化和定量化的角度探究乡村政治能人治理能力与产业融合发展的耦合关系及作用机制，丰富我国乡村研究的理论，拓宽研究视角，为相关政策切实实施和推动乡村可持续发展提供理论支撑与决策依据。

7.2 我国乡村治理的演变历程

以中国共产党对乡村治理采取的基本范式为标准，考察百年乡村治理实践历程，我国乡村治理模式不断嬗变，大致经历了“政党下乡”的革命动员时期，“政社合一”的人民公社时期，“政社分开”的村民自治时期和“政社协同”的三治结合探索时期（隆超和聂应德，2021）。

7.2.1 “政党下乡”的革命动员时期（1921～1949年）

传统中国，社会治理呈现“皇权不下县，县下皆自治”的治理格局，形成了所谓皇权与绅权并行不悖的“双轨政治”（费孝通，2013），维持了基层社会的稳定。乡绅阶层在国家稳定时期承担着收纳赋税、教化民众、协调邻里和维护治安等作用。但在国家内忧外患、时局动荡的背景下，作为非官僚身份且组织性较弱的乡绅阶层无法挽救乡村社会的无序和失控。晚清到民国曾力图改革，推进地方自治进程，但成效甚微的结果依旧无法改变基层治理的失序和农民的困苦境遇，乡村治理趋于崩溃。成立于1921年的中国共产党，在“大革命”和城市起义失败后，逐步认识到中国农民之于中国革命的重要性，并在实践中推动马克思主义的基本原理同中国具体国情相结合，采取了“政党下乡”（徐勇，2007）的策略，开辟了“农村包围城市，武装夺取政权”的革命道路。革命中心的转移使农村成为中国共产党的广阔舞台，在动员农民壮大革命队伍和乡村治理中探索积累了早期经验。革命时期党在根据地、解放区的乡村治理主要体现在改革农村土地制度为乡村治理提供物质保障，将党组织有效嵌入到基层组织结构中构建以基层党组织为中心的乡村组织体系，打破传统乡绅治村方式发挥农民在乡村治理中的主体作用，重视思想理论宣传，更新农民思想观念。

7.2.2 “政社合一”的人民公社时期（1949～1978年）

1949年新中国的成立标志着中国共产党由革命党转变为执政党，成功执掌国家政权。中国共产党以土地改革带动政治整合，夯实基层政权。1950年颁布的《中华人民共和国土地改革法》彻底废除了封建地主土地所有制，实现了农民“耕者有其田”的千年夙愿。土地改革一方面通过清剿土匪恶霸，打击实际掌握乡村统治权和压迫农民的地主势力及其他黑恶势力，将乡村治理的权力重新收归到国家政权体系中来，实现了国家政权对乡村社会的整合（李华胤，2019）；另一方面，实现了国家权力大幅度延伸至广大乡村地区，全面建立了党的基层政权组织，以权威的方式重新丈量分配土地。其结果不仅使农民对新生国家政权给予了高度认可，而且使农民以平等的政治身份从事到农业生产中去，推动了农业的发展。然而农民土地所有制将土地分散于亿万农民手中，小农经济的局限使农业难以形成规模效应，无法满足新中国工业化建设和在农村建立社会主义制度的需要。为解决这些难题，土地改革运动后对农业的社会主义改造在全国兴起，采取走合作化集体化的道路，以互助组为起点，逐步向初级社、高级社过渡的“三步走”方针对农业进行社会主义改造。到1956年底，在全国总农户中，参加合作社的农户占比达96.3%，其中88%的农户参加了高级社（陈剑波和陈锡文，2009），农业的社会主义改造实现生产资料集体所有。在此期间，国家对基层政权组织做了新的调整，依据1954年《中华人民共和国宪法》规定，农村取消行政村建制，以乡镇作为基层政权组织。农业合作化时期，村作为乡政府的派出机构，逐步被合作社取代，形成了“村社合一”的局面。1958年，中共中央下发《关于在农村建立人民公社问题的决议》，揭开了人民公社化运动的序幕。全国各地纷纷“撤乡建社”，建立起“政社合一”的人民公社体制。此时人民公社既是基层政权组织和经济生产组织，又是乡村治理组织。乡村治理总体上表现为高度组织化、集体化的特征，治理结构上呈现“公社、生产大队、生产小队”的三级管理体系，生产小队成为乡村治理的基础单元，农民的生产和社会活动基本围绕生产小队展开。

7.2.3 “政社分开”的村民自治时期（1978～2012年）

人民公社呈现出的一元化全面领导和高度集权的政治、经济与社会体制（公丕祥，2019），使乡村社会发展缺乏活力。随着农村经济体制改革的深入，加速暴露了人民公社体制已经不适应农村社会生产力发展的需要。因此，1982年《中华人民共和国宪法》规定乡、民族乡、镇设立人民代表大会和人民政府，以国家根本大法的形式正式终结了“政社合一”的人民公社体制，提出了“有准备、有步骤”地构建“政社分开”的乡镇基层政权。1982年宪法规定了村民委员会是基层群众性自治组织。村民委员会由村民选举产生主任、副主任和委员，承担本村公共事务和公益事业，发挥好政府和民众间的“桥梁”作用，做好政策方针讲解和群众心声反馈。随着社会发展，村民自治也成为发扬社会主义基层民主的重要方式，村民依法开展“四个民主”“三个自我”等实践。随着“政社分开”和村民自治的实践深化，乡村治理形成了“乡政村治”格局，即在乡镇一级设立人民政府，为国家最基层政权单位，乡镇以下实行村民自治，乡政府不再直接干预村一级事务，对村民自治承担“指导、支持和帮助”的职责。“乡政村治”格局一方面使国家权力大幅度从乡村社会中抽离出来，以乡镇政府作为国家最基层的政权组织实施管理，精简优化了国家行政管理体制；另一方面，把乡村治理权力留给村民，推进了社会主义农村基层民主的探索和建设。

7.2.4 “政社协同”的三治结合探索时期（2012年至今）

伴随改革开放的深入、市场经济的高速发展和城镇化的快速推进，乡村社会治理发生了重大转变，“治理有效”成为新的时代诉求。党的十八大以来，国家发展和现代化建设进入新时代，中央一号文件持续聚焦“三农”问题，乡村治理也迈上了新的历史台阶。2017年，党的十九大报告在全面总结新中国成立以来乡村治理取得的经验和面向新时代乡村发展的新要求，提出了乡村振兴战略。同时基于乡村振兴战略的理论和现实考量，面向新时代实现农业农村现代化的宏伟愿景，提出了加强农村基层基础工作，健全自治、法治、德治相结合的乡村治理体系。2018年出台的《中共中央 国务院关于实施乡村振兴战略的意见》，对建构“三治结合”的乡村治理体系做了总体部署，把探索有效自治实践、构建法治乡村、提升乡村德治水平和建设平安乡村作为推进“三治结合”的实践要求，同年9月，中共中央、国务院印发《乡村振兴战略规划（2018—2022年）》要求健全现代乡村治理体系，以促进自治、法治和德治的有机结合作为重要切入点。2019年，中共中央办公厅、国务院办公厅印发《关于加强和改进乡村治理的指导意见》更加强调发挥党组织的领导作用，健全“三治结合”乡村治理体系，构建“共建共享共治”的社会治理格局；同时规划了到2035年乡村治理的“两步走”总体目标、主要任务和组织实施举措。总体来说，“三治结合”乡村治理模式已基本具备实施的政策架构，已成为新时代乡村治理的方向和道路，亟须在实践中检验成效和探索优化策略。

7.3 乡村政治能人与乡村产业融合发展的逻辑关联

7.3.1 相关概念界定

1. 乡村政治能人的概念与内涵

我国现行的乡村治理模式是“乡政村治”的政府主导型间接治理模式。政治能人治理是国家威权政治制度在乡村的辐射（南刚志和季丽新，2003）。政治能人是新的乡村治理主体，是国家通过严密的考核、选拔、任命制度遴选出的优秀干部，肩负着贯彻落实党的路线方针政策，领导和推动农村经济社会发展的重任，是党的执政能力的具体体现者和实践者，其能力状况如何关乎党的执政地位和经济社会发展大局。乡村政治能人属于体制内能人，主要指村“两委”干部和村民组长等，尤其是国家遴选和任命的“两委”干部[通常是村党支部书记（第一书记）和村委会主任]，在能力、品行、知识、阅历等方面均超越了一般的人，在乡村治理中居于核心地位，他们借助争取政策资源来提供公共事务治理项目，通过赋予的政治权威规范村民的集体行为（李裕瑞等，2020），在乡村治理和乡村振兴中发挥着举足轻重的作用。“两委”干部中的第一书记往往从各级机关的优秀年轻干部、后备干部，或国有企业、事业单位的优秀人员中选派到村，属于嵌入式能人。嵌入式能人是一种第三方力量、外力的介入，在一定程度上起到了催化、融合作用，是政治能人的核心力量。而村委会主任一般户籍地为本村，既属于体制内政治能人，也属于内生型能人。内外结合，成为目前乡土中国治理的中坚力量。

2. 乡村产业融合的概念与内涵

农村产业融合是各类农业产业组织通过延伸产业链条、完善利益机制，打破农产品生产、加工、销售相互割裂的状态，形成各环节融会贯通、各主体和谐共生的良好产业生态。产业融合的前提条件是挖掘和培育特色优势农业（种植和养殖），形成与工业生产体系相适应的专业化、规模化、设施化生产基地，促进农业生产领域向工业生产领域、服务业领域延伸。这一过程涉及特色农产品基地和现代农业园区建设，龙头企业发展，物流、储藏、包装、运输等环节配套建设，也涉及基础设施和公共设施配置。其中，农业生产条件是产业融合的基础，通过调整农业产业结构、培育多元化农村产业融合主体，推动农业生产的规模化、设施化、集约化，可有效扩展农业生产的广度；在此基础上，支持农产品深加工和特色加工业发展，推进农业与旅游、教育、文化、健康养老等产业深度融合，形成农业生产性服务业，拓展农业向第二、第三产业的深度；最终达到农业增效、农民增收、农村繁荣以及外出务工人员返乡、社会保障能力提升的目的。

7.3.2 乡村“政治能人治理能力-产业融合发展”的互动关系

乡村治理涉及乡村发展过程中的硬件与软件系统。党的十六届五中全会提出要按照“生产发展、生活富裕、乡风文明、村容整洁、管理民主”的要求加快社会主义新农村建设；乡村振兴战略同样提出“产业兴旺、生态宜居、乡风文明、治理有效、生活富裕”二十字方针。在基层政权普遍建立的前提下，乡村治理的重心开始转向如何推动乡村传统农业向现代农业转型。农业现代化的基本要求是：用现代科学技术和现代工业来装备农业，用现代经济科学来管理农业，创造一个高产、优质、低耗的农业生产体系和一个合理利用资源、环境友好、转化效率较高的农业生态系统。传统的乡村经济是建构在自给自足基础上的小农经济，难以适应农业现代化的要求。推进农业现代化、实现乡村产业融合，就是要依托特色优势资源，打造农业全产业链，促进传统农业向第二、第三产业融合发展，传统的“自组织”乡村治理模式显然无法匹配这一要求，而新的治理主体（派驻第一书记、驻村工作队）通过其政策掌控、信息收集、组织引领等复合能力能弥补这一缺陷。因此，乡村政治能人的治理能力是决定产业融合发展的关键性因素。

政治能人的“治理能力”包含政治、经济、社会等方面。在政治层面，通过对国家和地方政策的广度和深度理解，向上争取各类惠民政策，沟通与衔接上下级。在经济层面，通过准确认知地方资源禀赋、捕捉传输各类经济信息、研判市场需求等，规划引导地方特色经济；推动传统农业向现代农业发展、三产融合，争取地方经济发展的专项资金和技术人才；指导、协助农民合作社、农户等积极申请国家相关涉农补助，为企业规模化和精细化经营争取资金支持。在知识层面，嵌入式政治能人通过分享外域经验、引进专业技术，协调联系涉农银行、保险公司等方式抵御生产风险，解决相关企业后顾之忧，为产业融合发展提供有力保障。在社会层面，乡村政治能人通过自身的政治权威，身先示范，引导、组织和规范村民的集体行为，进而提高乡村文明程度、法治氛围和组织能力，或通过对政策资源的争取，不断完善乡村公共服务设施保障，提供公共事务治理项目。这些能力具体表征为资源获取与转化、经济调动与组织、技术引进与消化、资金获取与配置、村庄管理

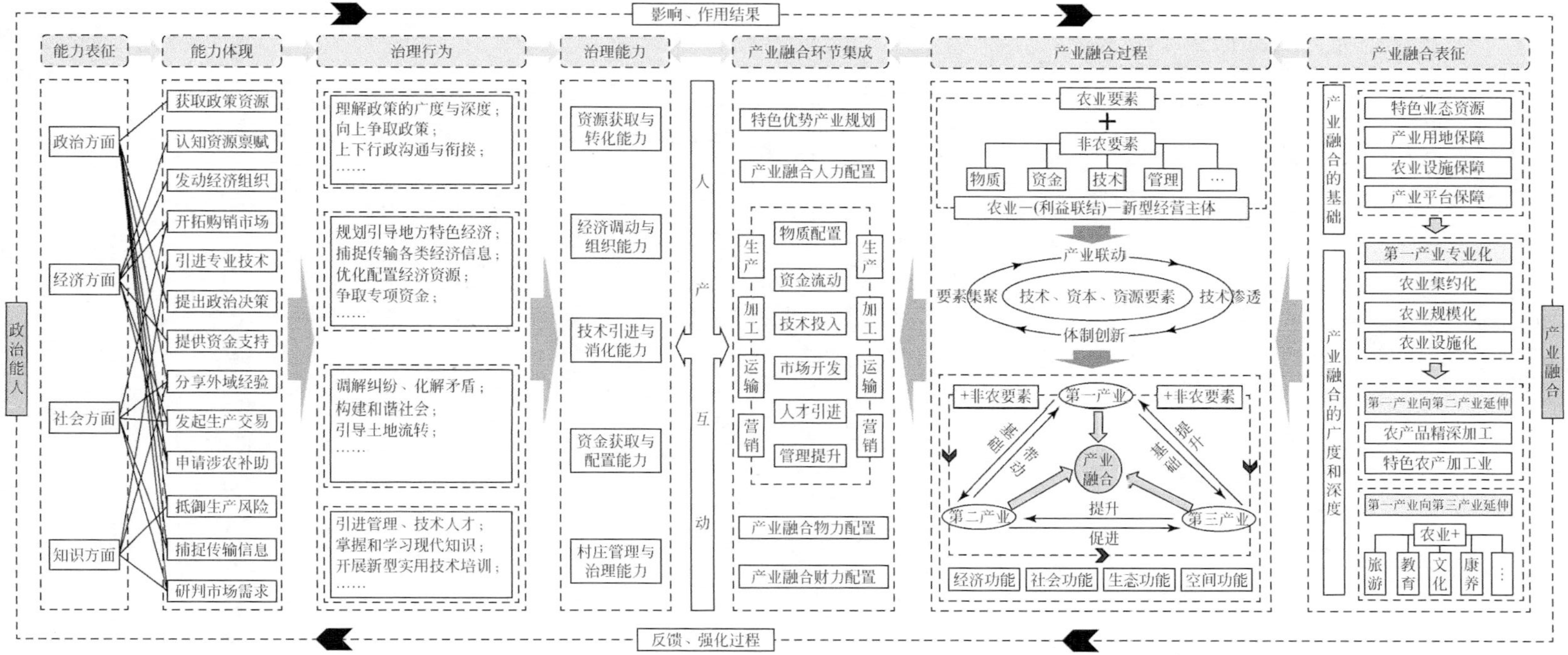

图7-1 乡村“政治能人治理能力-产业融合发展”理论分析框架

与治理等方面。政治能人既担任村党组织的一把手，又担任村集体经济组织的负责人，以此为基础增强了权力的合法性和合理性，他们凭借强大的权力资源，敢于决策，能够迅速捕捉市场的信息，及时做出反应，有效调动社区资源。

乡村振兴的关键在于振兴乡村经济，而经济增长取决于物质资本和人力资本的增长以及技术的进步（张敦富，2006；李汝资等，2017；张勇，2020）。一般而言，传统乡土中国的经济模式以农耕业为主，拥有的物质资本、金融资本和技术资本均非常薄弱，经济结构雷同、转化困难；刚性突出、惯性强烈，非常容易陷入缓慢、脆弱、单一、孤立发展的困境。如何突破"内循环有限、外循环缺失"的重围，引导非农要素注入，促进乡村经济由"单打一"经营模式向产业融合发展？这是乡村振兴的关键。推进农村一二三产业融合发展已经成为我国转变农业发展方式、推动农业产业现代化升级、促进农村经济社会可持续发展的重要途径（王丹玉等，2017）。农村产业融合是各类农业产业组织通过延伸产业链条、完善利益机制，打破农产品生产、加工、销售相互割裂的状态，形成各环节融会贯通、各主体和谐共生的良好产业生态（赵海，2015）；是以农业为依托，以新型经营主体为引领，以利益联结为纽带，通过产业联动、要素集聚、技术渗透、体制创新等方式，将资本、技术及资源要素进行跨界集约化配置，促进农业和其他产业有机整合、协同发展，最终实现农业产业链延伸、产业范围扩展和农民增收的目标（夏荣静，2016）。农村产业融合是一种多元的、立体的农村产业发展模式，是传统种植业、养殖业向第二产业不断延伸、渗透的过程，是第六产业（1+2+3，或 1×2×3）形成发展过程，是"农业+"多种业态转型的过程，涵盖了经济功能、社会功能、生态功能和空间功能（王丹玉等，2017）。在每一个融合过程中，都涉及新的物力、财力和人力优化配置，涉及新的体制和机制建立。政治能人的复合"治理能力"优势与乡村产业融合的"环节集成"恰好能形成响应关系，促进传统乡村产业形成"农业+"闭合环路，形成人才、土地、资金、产业、信息汇聚的良性循环，从而弥补传统产业链条短、产品单一、生产不稳、收益不高的缺陷。因此，治理能力与产业融合存在着密切的耦合互动机制（图 7-1）。

7.4 研究方法

7.4.1 乡村政治能人治理能力评价方法

1. 特征指标选取

表征乡村政治能人的特征，既要强调其自身的人口学属性，更要强调其获取资源、技术指导、村庄治理等综合能力。两方面相互融通构成了乡村政治能人的基本内涵和外延，内涵表征了其认知水平和阅历；外延表征了其综合治理能力。参考李敏和姚顺波（2021）的研究成果，在内涵上，选取村“两委”班子的年龄、受教育年限、劳动报酬3项指标；在外延上，选取村“两委”班子资源获取与转化能力、经济调动与组织能力、技术引进与消化能力、资金获取与配置能力、村庄管理与治理能力5项指标（表7-1）。

表7-1 金昌市乡村政治能人内涵及外延评价指标体系

一级指标	二级指标	指标赋值	指标描述
内涵指标	年龄（X_1）	26～45岁=1；46～60岁=2	村“两委”班子的年龄结构
	受教育年限（X_2）	9年（初中）=1；12年（高中）=2；15年及以上（大专及以上）=3	村“两委”班子的教育结构
	劳动报酬（X_3）	≤3万元=1；3万～4万元=2；4万～5万元=3；>5万元=4	村“两委”班子从事管理工作获取的正常报酬
外延指标	资源获取与转化能力（X_4）	村委会主任=1；党支部书记=3；第一书记=5	获取政府政策、下乡资源等各类资源，并转化为村庄产业发展的要素
	经济调动与组织能力（X_5）	村委会主任=4.5；党支部书记=3；第一书记=3	开展生产和交易等各种经营活动，发起组织农民专业合作社
	技术引进与消化能力（X_6）	村委会主任=5；党支部书记=5；第一书记=3	引进技术延伸产业链且用于第二、第三产业生产过程的能力
	资金获取与配置能力（X_7）	村委会主任=1；党支部书记=2；第一书记=5	从政府、银行、企业、社会组织等获取资金并高效使用
	村庄管理与治理能力（X_8）	村委会主任=1.5；党支部书记=2.5；第一书记=3	依赖他们拥有的资源和权威，在乡村发展事务中发挥领导、管理、决策作用

2. 指标量化方法

已有研究对于村级治理能力的评价还没有一个广泛接受的标准或指标体系。本节基于对乡村政治能人治理能力内涵和外延的理解，采用定量与定性相结合的方法获取指标值。其中内涵指标值直接采用客观值（均值），并分段赋值；外延指标值依据村民访谈和专家打分结果赋值。赋值步骤为：①考虑到村“两委”班子在村庄治理方面“不缺位、不越位、不错位”的基本特征及在村庄治理过程中的职能，通过广泛征求本领域专家意见，对5项外延指标统一进行理论赋值，值介于1～5（从第一书记、党支部书记、村委会主任的职责权限和具体的分工看，第一书记是上级党组织派来的驻村干部，在乡镇党委领导和指导下，依靠村党组织、带领村“两委”成员开展工作，主要职责任务是帮助建强基层组织、推动精准扶贫、为民办事服务、提升治理水平；党支部书记在党支部委员会的集体领导下，负责主持党支部的日常工作；村委会主任是村民基层群众自治组织——村民委员会的一把手，在党支部的领导下，负责主持村委的全面工作，组织带领村民大力发展经济，完成上级下达的各项任务，管理好集体财产），能力越弱时，值越低，反之则越高（表7-1）；②考虑到现实中“两委”班子5种外延能力的发挥会受到内涵指标的影响，因此通过专家打分和村民访谈相结合的方法，对上述赋值结果进行修正；③考虑到所有事物都相互关联，事物之间的关系随着它们之间的距离增大而逐渐疏远（Tobler，2004），与此相关，村庄与乡镇政府驻地的联系强度亦与距离有关，距离越远、联系强度越弱、村庄获取乡政府支持的便利程度则越小，这会影响到乡村政治能人对于村庄治理能力的发挥及治理路径的选择，因此借助距离衰减定律计算理论距离衰减系数，对不同行政村“两委”班子的治理能力进行修正。综上所述，村“两委”班子外延指标值是在理论赋值结果的基础上，考虑内涵指标以及与乡镇府驻地的距离对其的影响后得到的综合值。

$$F_{ij} = G_{ij} \times k_j \times l_j \tag{7-1}$$

$$F_i = \sum_{j=1}^{5} F_{ij} \times g_i \tag{7-2}$$

式中，F_{ij}为i行政村乡村政治能人第j种外延指标在年龄和受教育水平影响下的能力值；F_i为i行政村乡村政治能人5种外延指标的综合值；G_{ij}为i行政村乡村政治能人第j种外延指标的赋值结果；k_j、l_j为通过专家打分和村民访谈获取到的年龄和受教育水平对第j种外延指标影响的修正系数；g_i为i行政村距离衰减系数。需要说明的是G_{ij}的赋值结果与“两委”班子的配备情况有关，当村党支部书记（第一书记）兼村委会主任时，G_{ij}为二者中赋值较大的2倍；当村党支部书记和村委会主任不兼任时，G_{ij}为二者之和；当村党支部书记兼村委会主任，且拥有第一书记的情况下，G_{ij}为村党支部书记或村委会主任赋值较大的与第一书记赋值结果的和；既有“两委”班子，又有第一书记，G_{ij}为三者之和。

7.4.2 乡村产业融合发展水平评价方法

1. 指标体系构建

由于研究区是典型的绿洲灌溉农业区，因此，灌溉条件、防护林网建设也是支撑农村产业融合的先决条件。基于此，借鉴相关研究成果（蒋辉等，2017；李治等，2019），并结合研究区域实际，选取8个一级指标、35个二级指标，测度金昌市139个行政村乡村产业融合发展水平（表7-2）。

表7-2 金昌市乡村产业融合发展水平评价指标体系

目标层	准则层	一级指标	二级指标
乡村产业融合水平 A	产业融合基础 B_1	用地保障 C_1	水浇地面积占比 D_1；林地面积占比 D_2
		灌溉设施保障 C_2	每亩耕地能正常使用的机电井数量 D_3；每亩耕地排灌站数量 D_4；每亩耕地占有的灌溉用水塘和水库数量 D_5

续表

目标层	准则层	一级指标	二级指标
乡村产业融合水平 A	产业融合基础 B_1	基础设施保障 C_3	通公路的村民小组个数占比 D_6；通宽带互联网的村民小组个数占比 D_7；通电话的村民小组个数占比 D_8；通电的村民小组个数占比 D_9
	产业融合广度和深度 B_2	第一产业专业化、规模化经营程度 C_4	农民专业合作社成员数量 D_{10}；农民专业合作社数量 D_{11}；家庭农场的数量 D_{12}；专业大户的数量 D_{13}；规模经营耕地面积 D_{14}；设施种植业面积 D_{15}；设施林业面积 D_{16}；设施畜牧养殖面积 D_{17}；土地流转面积 D_{18}
		第一产业向第二产业延伸 C_5	农产品加工企业个数 D_{19}；农业企业数量 D_{20}
		第一产业向第三产业延伸 C_6	村集体经营性建设用地面积 D_{21}；物流、仓储用地面积 D_{22}；开展网上销售农产品的农户数 D_{23}；休闲农业和乡村旅游接待人次 D_{24}；有营业执照、开展休闲农业和乡村旅游的农户数 D_{25}；营业面积超过 $50m^2$ 的综合商店或超市个数 D_{26}
	产业融合效果 B_3	融合的社会效益 C_7	返乡创业人数 D_{27}；全家外出半年以上人数 D_{28}；留守人数（儿童、妇女、老人）占比 D_{29}；低收入群体人口占比 D_{30}；农村特困救助供养人数 D_{31}
		融合的经济效益 C_8	全年村集体收入 D_{32}；农村居民人均可支配收入 D_{33}；村集体资产收益率 D_{34}；本村居民从村集体获得的收益 D_{35}

注：带下划线的指标为负向指标

2. 评价模型构建

采用归一化处理方法对指标进行标准化处理，并借助加权求和法分别计算各评价单元乡村产业融合的基础（B_1）、融合的广度和深度（B_2）、融合的效果（B_3）以及融合的水平（A），计算方法如下：

$$B_1 = \sum_{i=1}^{9} w_i \times Z_i (i = 1, 2, 3, \cdots, 9) \tag{7-3}$$

$$B_2 = \sum_{i=10}^{26} w_i \times Z_i (i = 10, 11, \cdots, 26) \tag{7-4}$$

$$B_3 = \sum_{i=27}^{35} w_i \times Z_i (i = 27, 28, \cdots, 35) \tag{7-5}$$

$$A = B_1 \times W_1 + B_2 \times W_2 + B_3 \times W_3 \tag{7-6}$$

式中，B_1为产业融合基础指数；B_2为产业融合广度和深度指数；B_3为产业融合效果指数；A 为产业融合水平指数；Z_i为各评价单元 i 指标标准化后的数值；w_i为各评价单元 i 指标的权重，W_1、W_2和 W_3分别为 B_1、B_2和 B_3的权重值（通过变异系数法计算获取）。B_1、B_2、B_3值越大，表明产业融合发展的基础、广度和深度、效果越好，反之则越差。A 值越大，表明产业融合发展水平越高，反之则越低。

3. 空间分析方法

本节借助探索性空间数据分析方法（ESDA）中的全局莫兰指数 I（global Moran's I）和局部莫兰指数 I_i（local Moran's I）进行空间关联性研究。I（I_i）系数与统计学上的相关系数类似，取值为-1～1，正值（负值）表明金昌市乡村产业融合发展水平值呈正相关（负相关），值越大，说明空间自相关性越强。I（I_i）=0 代表不存在空间相关性，为随机分布。局部莫兰指数可以将研究区域划分为 H-H、H-L、L-H 和 L-L 集聚区四种空间自相关类型。

$$I=\frac{n\sum_{i=1}^{n}\sum_{j=1}^{n}W_{ij}(D_i-\overline{D})(D_j-\overline{D})}{\left(\sum_{i=1}^{n}\sum_{j=1}^{n}W_{ij}\right)\sum_{i=1}^{n}(D_i-\overline{D})^2} \tag{7-7}$$

$$I_i=\frac{(D_i-\overline{D})}{S_x^2}\sum_{j=1}^{n}W_{ij}(D_i-\overline{D}) \tag{7-8}$$

式中，D_i分别为变量 D 在配对空间单元 i 和 j 上的取值；$\overline{D}$为变量 D 的平均值；W_{ij}为相邻权重；n 为空间单元总数；S_x^2为方差。

7.4.3 地理探测器

为了进一步分析两种类型村庄乡村政治能人的内涵和外延因素与产业融合发展水平的耦合关系，本节使用地理探测器模型揭示其空间分异的驱动力。地理探测器是探测空间分异性并揭示其背后驱动力的一组统计学方法（刘一鸣等，2021），它结合 GIS 空间叠加技术和集合论，获得因子变量和结果变量的相关性。地理探测器主要由四部分组成：风险探测器（risk detector）、因子探测器（factor detector）、生态探测器（ecological detector）与交互探测器（interaction detector）。本研究主要关注因子探测器分析与交互探测器分析，为了探测因素 X 与 B_1、B_2、B_3和 A 的空间相关性，分别将其图层与因素 X 图层叠置，在因素 X 的第 h 类型（对应一个或多子区域），y 的离散方差被记为σ_h^2，因素 X 对 B_1、B_2、B_3、A 的决定力大小为

$$q=1-\frac{1}{n\sigma^2}\sum_{h=1}^{L}n_h\sigma_h^2 \tag{7-9}$$

式中，n_h为在因素 X 的类型 h（对应一个或多个子区域）内的样本数；n 为在整个研究区域的所有样本数，$n=\sum_{h=1}^{L}n_h$；L 和 σ^2分别为因素 X 的分类数和方差；q 为影响因素对 B_1、B_2、B_3、A 的影响程度，值域为［0，1］，值越大，则说明影响因素对 B_1、B_2、B_3、A 的解释力越强。

不限于计量经济学预先指定的乘性交互，地理探测器还可以识别地理探测因子交互作用的强弱、方向、线性还是非线性等，即地理探测因子 X_1 与地理探测因子 X_2 共同作用时是否会增加或减弱对结果因子 B_1（B_2、B_3、A）的解释力。交互作用探测可以将因子关系具体分为五类（表7-3），并形成对地理探测因子两两叠加关系的新 q 值，获得因子交互作用下对分异影响力大小。

表7-3　交互作用探测中的因子关系

因子关系	交互作用
$q(X_1 \cap X_2) < \mathrm{Min}[q(X_1), q(X_2)]$	非线性减弱
$\mathrm{Min}[q(X_1), q(X_2)) < q(X_1 \cap X_2) < \mathrm{Max}(q(X_1), q(X_2)]$	单因子非线性减弱
$q(X_1 \cap X_2) > \mathrm{Max}(q(X_1), q(X_2))$	双因子增强
$q(X_1 \cap X_2) = q(X_1) + q(X_2)$	独立
$q(X_1 \cap X_2) > q(X_1) + q(X_2)$	非线性增强

7.5　乡村政治能人治理能力测评

7.5.1　总体特征

金昌市村“两委”干部包括村委会主任、村党支部书记或驻村第一书记。从能人来源上看，村委会主任和村党支部书记为内生型政治能人（endophytic type，En），驻村第一书记为嵌入型政治能人（embedded type，Em）。按照是否有第一书记介入村庄治理，将139个行政村划分为“内生”型和“内生+嵌入”型两类，即En型和En-Em型。

2020年，金昌市有60个行政村党支部书记兼村委会主任；3个行政村同时拥有村党支部书记和村委会主任；69个行政村党支部书记兼村委会主任，且拥有驻村第一书记；7个行政村同时拥有村党支部书记、村委会主任和驻村第一书记。可以看出，前两者无外部力量输入，为En型；后两者拥有第一书记，为En-Em型。数量上，En型包括63个行政村，占行政村总数的45.32%，均分布在永昌县，占永昌县行政村总数的56.3%；En-Em型共76个，占行政村总数的54.68%，金川区27个行政村全部为En-Em型。空间上，两种类型均呈现局部集中态势，En型主要分布在永昌县东部的朱王堡镇、水源镇，中部的东寨镇、六坝镇、河西堡镇和西部的新城子镇；En-Em型主要分布在金川区及永昌县红山窑镇、焦家庄镇和城关镇（图7-2）。

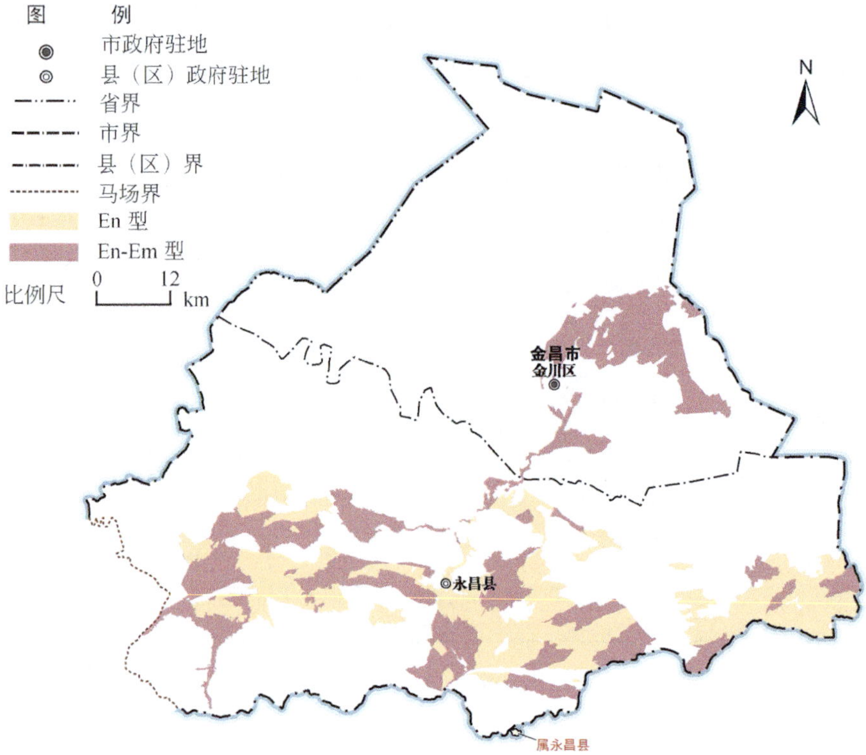

图 7-2　金昌市乡村政治能人类型分布

7.5.2　指标特征

2020 年，金昌市 En 型和 En-Em 型乡村政治能人在内涵和外延特征上表现出较大的差异。内涵特征指标值差异较小，两种类型村庄乡村政治能人年龄均偏小，年龄量化指数在［1，1.5］的占比均在 50% 以上；文化程度均达到初中及以上文化程度，且受教育年限量化指数在（2.5，3］的占比均较高，超过 50%；劳动报酬普遍处于较低收入水平，占比超过 50%，低收入和高收入者数量较少，且 En 型村庄低收入者占比高于 En-Em 型。

外延指标值 En-Em 型村庄较 En 型村庄大。具体来看，资源获取与转化能力上，En 型村庄全部为低和较低水平；En-Em 型村庄低和较低水平占比仅 13.2%，而高和较高水平占比达 60.5%。经济调动与组织能力上，En 型村庄低和较低水平占比 53.9%，而较高水平以上占比仅为 4.8%；En-Em 型村庄低和较低水平占比仅 14.5%，而高和较高水平占比达 59.2%。技术引进与消化能力上，En 型村庄低和较低水平占比 52.4%，而较高水平及以上占比 27.0%；En-Em 型村庄低和较低水平占比 27.6%，而高和较高水平占比达 52.7%。资金获取与配置能力上，En 型村庄全部为低和较低水平；En-Em 型村庄低和较低水平占比仅 7.9%，而高和较高水平占比高达 78.9%。村庄管理与治理能力上，En 型村庄全部为中低水平；En-Em 型村庄低和较低水平占比仅 9.2%，而高和较高水平占比达 64.5%。

7.6 绿洲乡村产业融合发展水平评估

7.6.1 数量特征

采用 ArcGIS 10.5 中的分位数法将金昌市乡村产业融合基础（B_1）、产业融合广度和深度（B_2）、产业融合效果（B_3）和乡村产业融合水平（A）划分为5个等级。

2020年金昌市乡村产业融合的基础薄弱、广度和深度不高、效果欠佳、发展水平相对滞后，以中低水平为主。其中，B_1值略高，均值为0.130，高于均值的行政村占35.3%。比较而言，金川区产业融合的基础略优于永昌县，B_1指数分别为0.145 和0.127。B_2值整体偏低，均值仅为0.028，高于均值的行政村占27.3%。B_3值相对较低，均值为0.073，高于均值的行政村仅占20.1%。A指数的均值为0.059，高于均值的行政村占30.1%。

对于En型村庄而言，B_1、B_2、B_3和A指数整体以低和较低水平为主，分别占该类村庄的49.2%、47.6%、47.6%和57.1%；而处于高和较高水平的相对较少，分别仅占该类村庄的31.8%、30.2%、30.2%和22.2%。En-Em型村庄与之相反，B_1、B_2、B_3和A指数则以高和较高水平为主，分别占该类村庄的43.4%、47.3%、42.1%和54.0%；而处于低和较低水平的相对较少，分别占该类村庄的34.2%、36.8%、38.2%和32.9%。可以看出，En-Em型村庄产业融合的基础、广度和深度以及效果均好于En型村庄，产业融合发展水平整体较好，表明嵌入型政治能人对乡村产业的融合发展起到了较好的促进作用。

7.6.2 空间特征

乡村产业融合发展指数空间分异显著，B_1指数呈"中北高、东西低"的空间格局，B_2指数、B_3指数和A指数呈"北高南低、中高两端低"的空间格局（图7-3）。B_1指数的高水平和较高水平主要分布在永昌县中部；低水平和较低水平主要分布在永昌县西部及中部部分乡镇［图7-3（a）］。B_2指数高水平和较高水平区主要分布在金川区和永昌县中部，其中永昌县国道沿线的乡镇相对较高；低水平和较低水平区主要分布在永昌县的东部［图7-3（b）］。B_3指数高水平和较高水平区主要分布在金川区和永昌县的中部和东部，其中永昌县中段B_3指数呈现由内向外逐渐递减的"中心–外围"圈层分布模式；B_3指数低水平和较低水平区主要分布在永昌县的西部［图7-3（c）］。A指数高水平和较高水平区主要分布在金川区和永昌县的中部和东部，其中永昌县西部国道沿线产业融合发展水平较高；低水平和较低水平区主要分布在永昌县的西部［图7-3（d）］。

为了进一步揭示金昌市乡村产业融合发展的空间集聚特征，运用ArcGIS 10.5 的空间

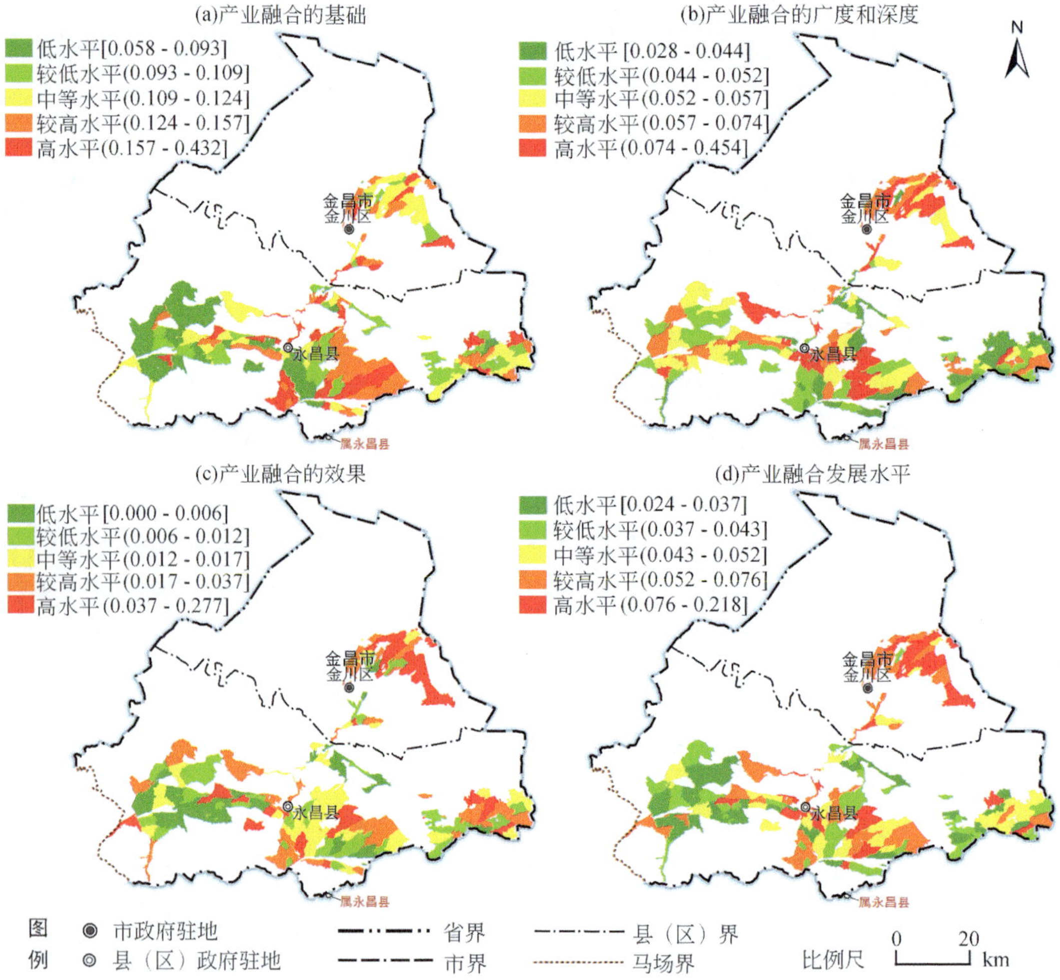

图 7-3　金昌市乡村产业融合发展水平空间分布图

自相关（Moran's I）分析方法对金昌市 139 个行政村的 B_1、B_2、B_3和 A 指数进行空间自相关检验，分别得到 Moran's I 值及其显著性。其中，四个指数 Z 值均大于 2.5，Moran's I 值分别为 0.291、0.344、0.464 和 0.468，在 0.001 的显著性水平上通过检验，且为正值，说明 B_1、B_2、B_3和 A 指数具有正的空间自相关性，空间集聚较强、存在异质性，处于相同级别的行政村总体上具有显著的集聚特征，指数值高的行政村趋于和指数值较高的行政村集聚，反之亦然。利用局部空间自相关方法，通过 GeoDa 软件计算 LISA 值，将 B_1、B_2、B_3和 A 指数划分为 5 个类型分区：H-H 集聚区、H-L 集聚区、L-H 集聚区、L-L 集聚区和不显著区。可以看出，B_1、B_2、B_3和 A 指数均以 L-L 集聚为主，且主要分布在永昌县，H-H 集聚区呈相间分布态势。B_1指数 L-L 集聚区包含 47 个行政村，主要分布在新城子镇、六坝镇、水源镇和朱王堡镇，H-H 集聚区包含 17 个行政村；B_2指数 L-L 集聚区包含 48 个行政村，主要分布在红山窑镇、新城子镇、水源镇和六坝镇，H-H 集聚区包含 16

个行政村，主要分布在双湾镇；B_3指数 L-L 集聚区包含 38 个行政村，主要分布在红山窑镇、六坝镇和东寨镇，H-H 集聚区包含 12 个行政村，主要分布在东寨镇；A 指数 L-L 集聚区包含 51 个行政村，主要分布在红山窑镇、六坝镇、东寨镇和水源镇，H-H 集聚区包含 18 个行政村，主要分布在东寨镇和城关镇。

7.7 乡村政治能人驱动产业融合发展的实证分析

7.7.1 因子探测

1. 单因子探测

En 型村庄，外延指标对产业融合的影响较强，其中 X_6、X_7、X_8是影响 B_1的主导因子，q 值分别为 0.133、0.139 和 0.136，且均通过了显著性检验，为中度影响；X_7 是影响 B_2和 B_3的主导因子，q 值分别为 0.116 和 0.125，为中度影响；X_6、X_7是影响 A 的主导因子，q 值分别为 0.104 和 0.125，为中度影响。

En-Em 型村庄，大多数外延因子的 q 值较内涵因子大，其中资金获取与配置能力对 B_3的影响为中度，q 值为 0.126。可以看出，两类村庄中，外延因子的影响较内涵因子更大，且 En-Em 型村庄单一因子的作用较 En 型村庄弱（图 7-4）。

2. 双因子交互探测

借助交互作用探测器模型，得到交互探测结果（图 7-4）。双因子交互作用的驱动力对乡村产业融合的影响力增强，呈双因子增强或非线性增强关系。En 型村庄 X_6、X_7与各因子对 B_1交互作用的 q 值相对较大，X_1、X_4、X_8与各因子对 B_2交互作用的 q 值相对较大，X_1、X_3与各因子对 B_3交互作用的 q 值相对较大，X_1、X_3、X_6、X_8与各因子对 A 交互作用的 q 值相对较大；En-Em 型村庄，X_3、X_6与各因子对 B_1、B_2的交互作用 q 值相对较大，X_7、X_8与各因子对 B_3的交互作用 q 值相对较大，X_6、X_7、X_8与各因子对 A 的交互作用 q 值相对较大。

此外，En 型村庄 $X_6 \cap X_3$、$X_6 \cap X_4$、$X_6 \cap X_5$、$X_7 \cap X_1$、$X_7 \cap X_4$、$X_8 \cap X_6$对 B_1的交互值超过 0.4，且 $X_6 \cap X_4$、$X_7 \cap X_4$对 B_1产生强势影响；$X_4 \cap X_1$、$X_5 \cap X_1$、$X_7 \cap X_1$、$X_8 \cap X_4$、$X_8 \cap X_5$对 B_2的交互值超过 0.4；$X_3 \cap X_1$、$X_4 \cap X_3$、$X_5 \cap X_3$、$X_6 \cap X_3$、$X_7 \cap X_3$、$X_8 \cap X_3$对 B_3的交互值超过 0.4；$X_4 \cap X_1$、$X_5 \cap X_1$、$X_6 \cap X_3$、$X_7 \cap X_1$、$X_7 \cap X_3$、$X_7 \cap X_6$、$X_8 \cap X_4$、$X_8 \cap X_5$、$X_8 \cap X_6$对 A 的交互值超过 0.3。En-Em 型村庄，$X_3 \cap X_1$、$X_8 \cap X_3$、$X_8 \cap X_6$对 B_1的交互值超过 0.4；$X_5 \cap X_4$、$X_6 \cap X_1$、$X_6 \cap X_3$对 B_2交互值超过 0.5；$X_8 \cap X_7$对 B_3的交互值超过 0.4；$X_5 \cap X_3$、$X_6 \cap X_1$、$X_6 \cap X_3$对 A 的交互值超过 0.4。

产业融合	q值	X_1	X_2	X_3	X_4	X_5	X_6	X_7	X_8
B_1	X_1	$\frac{0.024^{**}}{0.021^{**}}$	0.085	0.473	0.221	0.272	0.209	0.253	0.179
	X_2	0.073	$\frac{0.018^{**}}{0.001^{**}}$	0.296	0.118	0.171	0.121	0.098	0.143
	X_3	0.276	0.123	$\frac{0.088^{***}}{0.051^{**}}$	0.393	0.415	0.450	0.450	0.457
	X_4	0.334	0.130	0.27	$\frac{0.062^{**}}{0.048^{**}}$	0.115	0.299	0.300	0.166
	X_5	0.287	0.113	0.252	0.331	$\frac{0.082^{**}}{0.07^{***}}$	0.474	0.288	0.177
	X_6	0.379	0.185	0.411	0.537	0.443	$\frac{0.075^{**}}{0.133^{***}}$	0.195	0.494
	X_7	0.465	0.22	0.445	0.542	0.362	0.233	$\frac{0.025^{**}}{0.139^{***}}$	0.373
	X_8	0.234	0.189	0.322	0.254	0.196	0.478	0.278	$\frac{0.056^{**}}{0.136^{***}}$
B_2	X_1	$\frac{0.063^{**}}{0.068^{**}}$	0.128	0.365	0.317	0.283	0.521	0.255	0.178
	X_2	0.186	$\frac{0.005}{0.004}$	0.119	0.178	0.091	0.132	0.078	0.087
	X_3	0.165	0.084	$\frac{0.011}{0.018^{**}}$	0.289	0.294	0.569	0.250	0.337
	X_4	0.485	0.201	0.282	$\frac{0.092^{***}}{0.090^{***}}$	0.639	0.419	0.152	0.162
	X_5	0.456	0.223	0.275	0.125	$\frac{0.042^{**}}{0.083^{***}}$	0.168	0.315	0.332
	X_6	0.305	0.102	0.225	0.234	0.285	$\frac{0.083^{***}}{0.078^{**}}$	0.372	0.278
	X_7	0.449	0.186	0.304	0.186	0.187	0.293	$\frac{0.022^{**}}{0.116^{***}}$	0.124
	X_8	0.324	0.167	0.246	0.480	0.492	0.357	0.277	$\frac{0.036^{**}}{0.066^{**}}$
B_3	X_1	$\frac{0.046^{**}}{0.081^{**}}$	0.162	0.300	0.296	0.300	0.329	0.344	0.231
	X_2	0.153	$\frac{0.039^{**}}{0.010}$	0.171	0.149	0.091	0.091	0.290	0.169
	X_3	0.439	0.152	$\frac{0.038^{**}}{0.089^{**}}$	0.259	0.299	0.344	0.319	0.263
	X_4	0.267	0.059	0.464	$\frac{0.050^{***}}{0.008}$	0.130	0.306	0.356	0.198
	X_5	0.277	0.058	0.475	0.037	$\frac{0.015}{0.007}$	0.251	0.294	0.237
	X_6	0.344	0.097	0.472	0.135	0.139	$\frac{0.025^{**}}{0.074^{**}}$	0.295	0.343
	X_7	0.283	0.066	0.473	0.086	0.094	0.182	$\frac{0.126^{***}}{0.125^{***}}$	0.419
	X_8	0.247	0.064	0.488	0.118	0.122	0.195	0.104	$\frac{0.073^{***}}{0.018^{**}}$
A	X_1	$\frac{0.062^{**}}{0.047^{**}}$	0.137	0.289	0.256	0.295	0.443	0.230	0.245
	X_2	0.164	$\frac{0.045^{**}}{0.007}$	0.196	0.143	0.085	0.089	0.183	0.178
	X_3	0.222	0.101	$\frac{0.039^{**}}{0.034^{**}}$	0.260	0.448	0.444	0.232	0.285
	X_4	0.327	0.160	0.283	$\frac{0.052^{**}}{0.051^{***}}$	0.388	0.336	0.180	0.186
	X_5	0.307	0.174	0.287	0.102	$\frac{0.014}{0.051^{**}}$	0.123	0.309	0.369
	X_6	0.288	0.123	0.378	0.258	0.279	$\frac{0.022^{**}}{0.104^{***}}$	0.337	0.287
	X_7	0.353	0.160	0.336	0.222	0.191	0.309	$\frac{0.044^{**}}{0.125^{***}}$	0.237
	X_8	0.265	0.151	0.260	0.373	0.382	0.352	0.214	$\frac{0.085^{***}}{0.045^{**}}$

图 7-4　金昌市 En 型和 En-Em 型村庄乡村产业融合影响因素探测结果

注：带有下划线的数值为 En-Em 型村庄的探测结果；灰色填充表示单因子作用，黄色填充表示交互作用类型为双因子增强，蓝色填充表示交互作用类型为非线性增强。** 、*** 分别表示变量在 5% 、1% 水平上显著

7.7.2 作用机制

1. En 型村庄作用机制

单因子探测结果显示，乡村政治能人的资金获取与配置、技术引进与消化、村庄管理与治理能力等从多个方面对产业融合发展基础、广度和深度及效果产生影响，其中资金获取与配置能力的作用相对广泛，是产业融合发展的决定性因素。乡村政治能人从政府、银行、企业、社会组织等获取资金并合理配置使用的能力越强，对乡村产业融合发展的推动力越强。通过积极争取上级相关部门政策和资金支持，不断完善乡村产业发展的设施保障，如机电井、排灌站、灌溉用水塘和水库等设施的维护、修建，协调电信、移动公司和规划建设部门，加强宽带互联网村村通和手机信号全覆盖建设，为乡村产业融合发展提供基础保障。同时，通过指导、协助农民合作社、专业大户、农场主积极申请国家相关涉农补助，为企业规模化和精细化经营争取资金支持，引导农业生产集约化、规模化经营，延长产业链，增加附加值，促进乡村产业向广度和深度方向发展，进而提高村民收入、吸引外来人才或本村人口返乡创业，实现社会效益和经济效益双提升。

双因子交互作用结果显示，每个影响因子与其他因子的交互作用较单因子强，其中乡村政治能人的年龄、劳动报酬、村庄管理与治理能力、资源获取与转化能力、资金获取与配置能力、技术引进与消化能力等因子相对活跃，与其他因子的交互作用较强。乡村政治能人年龄越大、政治阅历越丰富，拥有扎实的群众基础与管理经验，熟悉村情，具有较好的村庄管理与治理能力，为乡村产业融合发展奠定了良好基础，与其他因子交互，有力促进了乡村产业的融合发展；劳动报酬是对乡村政治能人劳动价值的体现，影响到政治能人参与村庄治理的积极性，进而影响到乡村产业的发展。

2. En-Em 型村庄作用机制

单因子作用较为单一，主要通过资金获取与配置能力影响产业融合效果，而其他因子对产业融合的作用并不明显。在实地调研和访谈中发现，绝大部分 En-Em 型村庄嵌入式政治能人（第一书记）在资金获取与配置能力上具有明显优势，通过体制内优势，为村庄产业融合发展争取资金来源，并加以有效配置，指导、协助农民合作社、专业大户、农场主等积极申请国家相关涉农补助，为企业规模化和精细化经营争取资金支持，提高村民收入和促进社会效益提升，进而影响产业融合的效果。

与 En 型村庄相比，在双因子交互作用过程中，年龄、劳动报酬等因子对产业融合发展的作用明显减弱，而技术引进与消化、资金获取与配置、村庄管理与治理等方面的能力显著增强，反映出该类型村庄嵌入式政治能人（第一书记）治理能力的重要性。

综上所述，乡村产业融合发展是乡村政治能人内涵和外延特征综合作用的结果，内涵因子在 En 型村庄中的辐射作用较 En-Em 型村庄强，外延因子与之相反，表明嵌入型政治能人治理能力对于乡村产业融合的作用较为显著。

7.8 小　　结

本章节在系统检视政治能人-产业融合发展耦合关系和作用机制框架的基础上，分别建构了政治能人治理能力、乡村产业融合发展的测评指标体系，以甘肃省金昌市 139 个行政村为评价单元，采用地理探测器模型，揭示了治理能力与产业融合发展的耦合关系及作用机制，主要结论如下。

1）金昌市 139 个行政村中 63 个为 En 型村庄，76 个为 En-Em 型村庄，分别占行政村总量的 45.32% 和 54.68%；两类村庄中政治能人的年龄、受教育水平、劳动报酬等内涵特征指标值差异较小，而外延指标值在 En-Em 型村庄较 En 型村庄大。

2）金昌市乡村产业融合的基础薄弱、广度和深度不够、效果欠佳、发展水平相对滞后，以中低水平为主。比较而言，En-Em 型村庄产业融合的基础、广度和深度以及效果均好于 En 型村庄，产业融合发展水平整体较好。

3）单因子探测显示两类村庄乡村产业融合受外延因子的影响较内涵因子大，且 En-Em 型村庄单一因子对乡村产业融合的作用较 En 型村庄弱；双因子交互作用对乡村产业融合的影响力显著增强，其中内涵因子在 En 型村庄中的辐射作用较 En-Em 型村庄强，外延因子与之相反，表明乡村嵌入型政治能人治理能力对于产业融合的作用较为显著。

乡村发展与乡村振兴离不开良好的乡村治理。乡村治理是国家治理的基石，也是乡村振兴的基础。乡村治理的核心是“人”，其背后必然涉及与人相关的组织架构、制度体系、资产管理等一系列问题。产业作为乡村振兴的切入点和发力点，是考量乡村治理成效和治理机制的重要视角。本章在村级尺度上分析乡村政治能人的特征以及乡村产业融合的特征，并定量测度了乡村政治能人治理能力与产业融合发展的耦合关系，研究结果对优化以乡村政治能人为核心的乡村治理要素，推动乡村治理体系转型升级，切实推进乡村产业融合发展进而实现乡村产业兴旺具有重要的理论意义和实践价值。一方面，学术界和政府决策部门要重视乡村政治能人对乡村产业融合发展的作用与价值，强调人在落实国家乡村振兴战略中的核心和本体地位；另一方面，要关注“嵌入型”政治能人在乡村产业融合发展及乡村振兴中所发挥的独特作用，严格落实《关于向重点乡村持续选派驻村第一书记和工作队的意见》，优化驻村力量，拓展工作内容，创新完善乡村治理体系，全面提升乡村政治能人的治理能力和水平，走乡村善治之路，在巩固脱贫攻坚成果基础上，早日全面实现乡村振兴。

本章尚存在一些不足之处：一方面，尽管构建了乡村政治能人“治理能力-产业融合发展”的耦合关系理论分析框架，但限于村级资料的可获得性，仅开展了治理能力与产业融合发展的耦合关系研究，对于两者之间的互馈机制未作探讨；且有关乡村政治能人和产业融合异质性研究结论更多是基于定量分析得出，其内在成因及作用过程，以及如何厘清内生和嵌入两种能人类型在产业融合作用过程中存在的权衡博弈关系，还需要开展深入的定性访谈。另一方面，在乡村产业融合发展过程中，人仅是其中一个方面，而资源条件、产业基础、发展政策等地理和社会因素的作用不可忽视，在后续研究中，如何将上述因素纳入理论研究框架中，还有待于进一步思考。此外，由于缺少金昌市139个行政村长时间序列的调查数据，用断面数据分析得出的结论具有一定的局限性，且普适性还有待于其他类似地区开展实证研究加以验证。

第8章 绿洲乡村发展压力与“三留”问题治理

在工业化、城市化和全球化进程中，城乡要素流动频繁，乡村发展受到内外部环境的双重影响，尤其表现生态环境相对脆弱的绿洲荒漠交错区，其易在设施、产业发展、居住环境和资源区位等方面形成发展压力，促使乡村人口向城市迁移以追求美好生活，进而导致乡村出现“三留”人口问题。本章在厘清乡村发展压力与“三留”问题互动关系的基础上，构建乡村发展压力评价指标体系并建立发展压力类型识别模型，明确乡村发展压力类型及特征；同时，构建留守指数及留守类型模型，明确乡村“三留”类型及特征。在此基础上，运用多项 Logistic 回归模型考察乡村发展压力的多个因子对留守类型的影响，识别乡村发展压力与“三留”问题的互馈机制，并分别针对乡村发展压力和留守问题提出相应治理路径。本章可揭示乡村留守问题的形成机理，为落实乡村振兴战略和科学解决乡村“三留”问题提供理论依据。

8.1 引　　言

城乡关系是最基本的经济社会关系，也是国家和区域内最重要的相互依赖关系，城乡关系是否协调，直接影响着经济能否健康、社会能否稳定、民生能否保障（Ji et al., 2019；刘彦随，2018）。伴随着工业化的快速发展，世界各国各地区城乡地域结构、产业结构、就业结构、社会结构等发生了显著的变化（刘彦随等，2016）。城镇化水平持续上升、城市规模不断扩张、设施环境逐步完善、宜居水平持续提高，人类经济社会活动空间分布格局，已经进入以城市为主的时代（何茜，2020）。城市化和城市自身的发展过程，已成为人类活动的地理空间格局和社会结构的深刻变化过程（刘培林，2012）。与之相对，乡村地区亦呈现出强劲的发展态势，居民收入不断增加、人居环境逐步改善、社会保障日趋完善。然而在城乡高速发展的背后，也诱发了以人口拥挤、交通拥堵、环境污染、住房困难为主要特征的城市病的出现，亦产生了农业生产要素非农化、人口老弱化、空心村、环境污损、公共设施短缺、文化空虚、治理无序等一系列乡村问题（刘彦随，2018；郑小玉和刘彦随，2018；刘彦随等，2019；Wang，2020）。与此同时，城乡关系也发生了显著变化，城乡发展差距日益拉大，乡村发展面临巨大压力。

近年来，乡村发展研究受到学术界的广泛关注。学者从乡村发展水平、乡村治理、乡村地域功能、乡村转型与重构等方面开展了大量的研究（刘金海，2016；沈费伟和刘祖云，2016；Marlinde et al.，2018；屠爽爽等，2020），乡村发展面临的压力和问题日益凸显，如何解决乡村发展压力及存在的问题成为世界各国各地区发展面临的重要课题。20世纪60年代，英国、美国等先行工业化国家为解决工业化、城镇化过程中城市出现的诸如市区人口密度过高、交通拥堵等“城市病”问题而推行乡村建设，如美国的新城镇开发建设、英国的农村中心村建设、法国的“农村振兴计划”等（王庆安，2007；龙花楼等，2010；刘彦随，2011）。之后，日本、韩国等工业化后发国家，在其工业化、城市化进程中出现过农村资源快速流入非农产业集聚的城市地区，导致农业与农村衰退、城乡发展差距日益扩大等突出问题，在具备一定经济实力时，这些国家及时推行了农村振兴与建设运动，如20世纪70年代韩国的“新农村运动”、日本的“村镇综合建设示范工程”等（Kanako and Ryo，2015）。我国自1978年改革开放以来，经济增长与社会发展取得了巨大的成就，进入城乡发展的快速转型期，但是长期以来中国城乡二元体制导致城乡分割、土地分治、人地分离的“三分”矛盾，为了有效解决城乡问题，我国先后推行了城乡转型发展、城乡统筹发展、新型城镇化、城乡发展一体化等重大战略（顾朝林和李阿琳，2013；曹智等，2019；李停，2020）。

我国人口众多，农村底子薄、农业基础差、城乡差距大（刘彦随，2011）。随着城镇化和工业化的快速推进，城乡发展和区域发展不平衡、农村发展不充分等问题日益凸显，城乡基础设施、人居环境条件及教育、卫生、文化等公共服务配套方面形成巨大差距（周少甫等，2010；胡金焱和张博，2014）。乡村发展呈现出产业动力不足、农业基础不牢固、发展压力加大、“乡村病”日益严峻、多种矛盾加剧等困境（崔红志，2018）。在此背景下，农村居民为了追求较高的货币收入和生活质量，迅速向城镇转移，农村留守老人、留守妇女、留守儿童数量也随之增加（李梦白，1994；冯应斌和龙花楼，2019）。根据民政部测算数据，2015年全国农村留守老人、留守妇女、留守儿童的数量分别为5000万、4700万、6000万，导致一些地区老人、妇女成为主要劳动力，农村建设主体老弱化明显（叶敬忠和张弘，2009）。“三留”人口难以支撑农村产业和文化的发展，耕地边际化、农村文化衰落现象普遍，同时也给乡村治安与基层治理带来挑战（刘彦随和周扬，2015）。基于此，本研究以甘肃省金昌市为例，借助以行政村为单元的社会经济、资源环境、设施配置、“三留”人口等调查数据，深入分析我国欠发达地区乡村发展压力及“三留”问题的空间差异和特征，并探讨二者之间的关系，以此揭示乡村留守的形成机理，为落实乡村振兴战略和科学解决乡村“三留”问题提供理论依据。

8.2 乡村发展压力与"三留"问题的逻辑体系

8.2.1 乡村发展压力的内涵与现实表征

压力一词广泛运用于心理学、管理学、社会学、生理学、医学等诸多领域，不同学者对压力的界定也不尽相同。早在14世纪，压力一词就已被提及（Hinkle，1973）；Folkman等（1986）认为压力是人与环境相互作用的产物，当内外刺激超过其应对能力时就会产生压力；Robert（1992）认为压力是主体受到外部的负面关系和负面体验后的一种状态。这里的"压力"主要是指情况紧迫或紧张，社会、经济或环境负担的增加，而乡村发展压力是指乡村在发展过程中受到来自系统自生和外部的设施服务、产业发展、居住环境和资源区位等多个层面的所产生的阻碍乡村发展的作用力。

随着社会经济的快速发展，世界各国各地区城乡地域结构、产业结构、就业结构、社会结构等发生显著的变化（刘彦随等，2016）。我国城乡间具有经济发展的相依性、资源的互补性、生态的共生性等特点，但长期以来城市对农村的虹吸效应，使乡村出现了农业生产要素非农化、人口老弱化、空心化、环境污损化、公共设施短缺、文化空虚、治理无序等一系列乡村问题（刘彦随，2018；郑小玉和刘彦随，2018；刘彦随等，2019；Wang，2020），并逐渐受到学者关注，乡村发展面临巨大压力。相关研究发现，城市地区发展产生的压力对城郊型乡村的土地利用形成挤压，导致居民点集聚发展，造成耕地与建成区间的冲突（Tan and Li，2013），远郊型乡村受到城市的辐射带动作用相对较弱，导致人口流失、空心化、设施配置不均衡等问题，形成经济发展压力（霍松涛，2023）、人口压力、生活环境压力（陈霄和李胜会，2023）、资源压力等，乡村内生动力不足，限制乡村进一步发展，形成恶性循环（徐嵩等，2023）。学者们在此基础上基于"压力-状态-响应"模型对乡村生产、生活、生态质量展开评价，以期提高乡村韧性，增强乡村抵抗力、适应力、重构力，减小压力对乡村发展的影响。

8.2.2 乡村"三留"人口的内涵与现实表征

年轻的劳动力前往城市，被留在农村的人口被称为留守人口，老人、妇女、儿童是留守人口的主要群体，统称为"三留"人口。其中，留守老人是指其子女在外打工而自己留在户籍地一定时间的60岁及以上的老人；留守妇女是指丈夫外出打工，自己留在农村生活的60岁以下的妇女；留守儿童是指父母一方或者双方外出打工，自己在农村生活、上学的18岁以下的儿童或青少年。

关于留守人口的研究多集中在发展中国家，发现留守人口多面临心理、经济和社会问题。关于留守老人的研究集中在心理和社会满意度方面，认为由于缺少家庭、社区等的联系，可能导致老年人的孤独、抑郁、焦虑以及自尊心和幸福感的下降，影响留守老人的生活满意度和自我效能感（Miltiades，2002）。留守妇女因进入家庭决策这一角色，在社会地位相应提高的同时也面临着工作量的增加，导致生活压力增大，出现焦虑和孤独等心理（Kaur，2020；Maharjan et al.，2012）。留守儿童的教育问题受到学者的极度重视，研究发现虽受教育机会提升（Arlini et al.，2019），但学习成绩却呈下降趋势，与家庭居住离散，缺少安全感、归属感等心理（Bennett et al.，2015）导致留守儿童社会心理韧性低，难以建立良好的人际关系（Rose-Clarke et al.，2022）。

留守人口是与人口流动相生相伴的社会问题。我国学者们通过人口普查及抽样调查数据对乡村留守人口规模发展趋势进行预测，发现两代或三代人共同留守仍是主要类型，其中三代人共同留守比例增加，独自留守的比例锐减（秦敏和吕利丹，2020）。留守人口转移意愿普遍偏低，其与城镇化水平、土地流转、家庭因素和个体因素均存在一定关系（齐嘉楠等，2021）。对于留守儿童而言，研究主要集中在教育及其留守经历带来的多维贫困影响，发现留守儿童陷入教育贫困的概率相对较低，而健康状况则相对较差（王亚军等，2023）。留守妇女的相关研究主要集中在人口特征研究阶段，发现留守妇女呈分散化趋势，中西部人数规模增长较快，年龄呈现高龄化趋势，身心健康状况、就业和保障等问题不容乐观（段成荣等，2017）。关于留守老人的研究焦点主要集中在养老及关爱服务等方面，认为留守老人在物质经济、照料支持和精神慰藉等方面相对欠缺（杨竹晴，2020）。

8.2.3 乡村发展压力与“三留”问题的互动关系

乡村聚落是乡村地区居民居住、生活、休息和进行各种社会活动的重要场所，是人与地之间进行物质、能量和信息交换时形成的复杂集合体（郭焕成，1988）。目前，我国乡村发展处于乡村转型的关键期、乡村振兴的起步期（何仁伟，2018），乡村内部的物质要素与城市物质要素之间的交流更加频繁，在城乡资源配置和物质交流过程中，乡村发展遭遇瓶颈，出现了劳动力流失、生态环境恶化、经济持续动力不足、公共服务相对滞后、基础设施配套不足等多种问题，这些问题通过压力呈现并对乡村发展产生反向作用。综合来看，由上述问题造成阻碍乡村发展的压力主要表现在设施、产业、居住条件和资源区位四个方面，其中乡村设施均等化程度、服务能力作用于乡村发展并由设施压力体现，乡村产业状况作用于乡村发展并由产业发展压力体现，乡村主体的基本生活条件则由居住环境压力体现，乡村客体的本底条件则由资源区位压力体现。

图 8-1 展示了由乡村发展压力衍生出压力表征而引发的乡村主体心理状态，乡村主体不同的响应行为导致的乡村留守现象的逻辑。设施压力是乡村发展过程中在村庄布设的基

础设施和公共服务设施的服务能力大小，基于系统内部的道路明暗度、交通闭塞程度、宽带覆盖程度，以及养老服务设施、幼儿园、体育健身场所、卫生室等设施的占有量描述该子系统的压力；产业发展压力是系统内部自生的为乡村主体提供高质量生产和可持续发展的能力，包括为乡村主体提供就业、提高系统自身经济水平的合作社和专业户等；居住环境压力是乡村主体为自身生活和生产而建设的内部环境条件，如卫生厕所的普及率、自来水普及率、户均宅基地面积、可支配收入等；资源区位压力是乡村系统本体所拥有的、客观存在的、并不能被改变的自然本底条件。总体而言，设施压力、产业发展压力、居住环境压力、资源区位压力均与乡村发展压力呈正相关，各子系统压力越大，乡村发展压力越大。乡村系统长期受到内外部环境压力影响时，部分乡村主体为寻求更加美好的生活，开始选择进入城市务工，由于举家迁移成本较高，只能将老人和妻儿留在家中，自己选择候

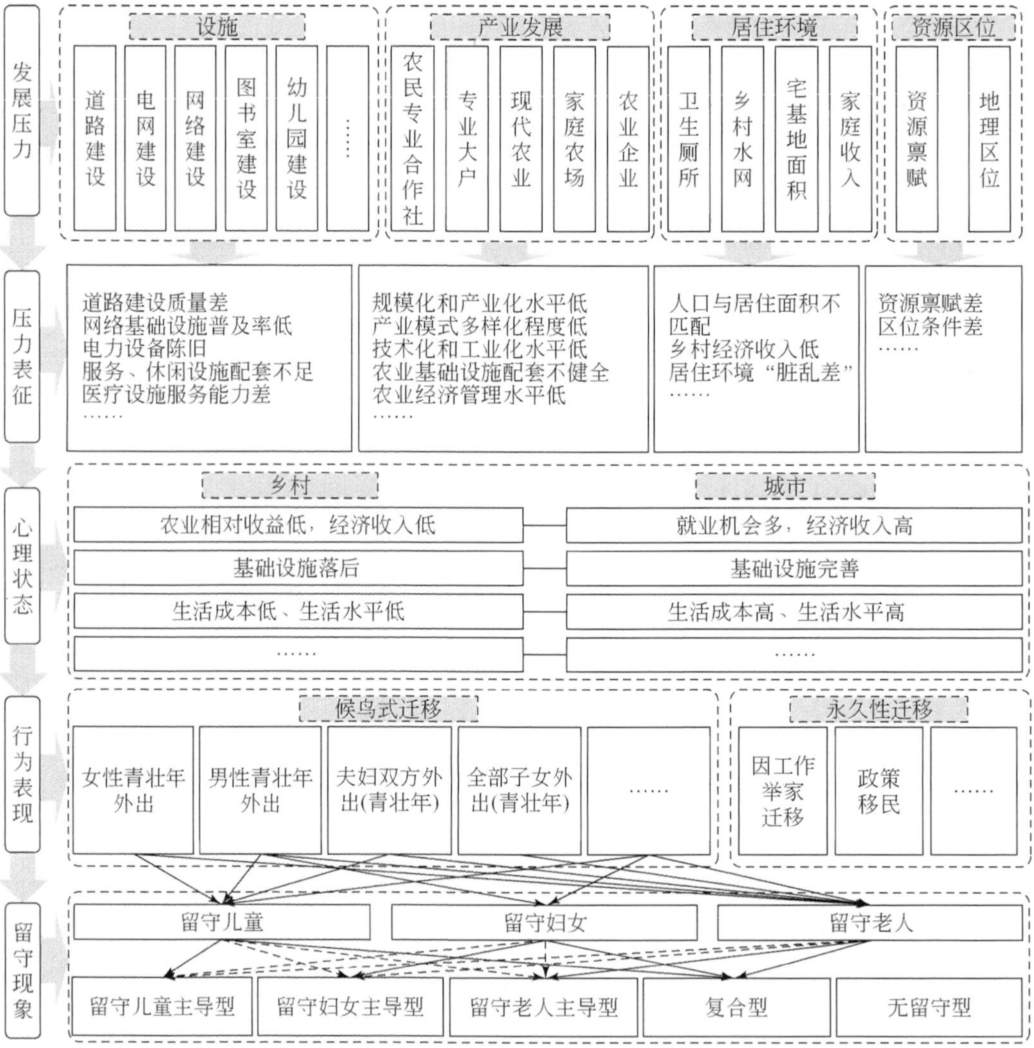

图 8-1　乡村发展压力与“三留”人口的理论框架

鸟式的迁移，在这一过程中乡村系统逐渐变成了空壳化的儿童、妇女和老人的居住地，三个特殊的留守群体由此产生。

8.3 研究方法

8.3.1 乡村发展压力评价方法

1. 乡村发展压力评价指标体系构建

构建全面、有效的评价指标体系是对金昌市 133 个评价单元（在本书研究期间，有 6 个行政村转为社区，因此本章不对其进行研究）乡村发展压力进行准确评价的关键和量化基础。乡村发展压力是一个复杂的系统，由多属性、多层次的子系统构成。从“自然–社会–经济”方面入手，综合考虑指标选择的全面性、目的性、科学性、可操作性等原则，以及乡村发展压力度量的政策相关性、多维综合性、研究对象针对性、数据可获得性等要求，参照国内外乡村发展评价标准，从设施、产业发展、居住环境和资源区位 4 个方面构建乡村发展压力评价指标体系，该指标体系包括 4 个一级指标，25 个二级指标（表 8-1）。乡村基础设施和公共服务水平越差、产业发展水平越低、环境条件越恶劣、区位条件越差，村庄发展压力越大，外出务工意愿越强，留守程度越高；反之，则留守程度较低。

表 8-1 金昌市乡村发展压力评价指标体系及指标权重

一级指标	二级指标	计算方法及指标说明	权重	指标方向
设施压力（0.2673）	道路明暗度	主要道路未设路灯的村民小组数量占本村村民小组数量的比例	0.0998	+
	交通闭塞度	未通公路的村民小组数量占本村村民小组数量的比例	0.2445	+
	有线电视覆盖率	安装了有线电视的村民小组数量占本村村民小组数量的比例	0.2445	–
	宽带覆盖率	通宽带互联网的村民小组数量占本村村民小组数量的比例	0.3381	–
	综合超市占有量	每百人拥有营业面积超过 50 平方米的综合商店或超市数量	0.0103	–
	养老服务设施占有量	每百人拥有的村集体创办的互助型养老服务设施数量	0.0207	–
	幼儿园（托儿所）占有量	每百人拥有的幼儿园（托儿所）数量	0.0101	–
	体育健身场所占有量	每百人拥有的体育健身场所数量	0.0094	–

续表

一级指标	二级指标	计算方法及指标说明	权重	指标方向
设施压力（0.2673）	图书室（馆）、文化站占有量	每百人拥有的图书室（馆）、文化站数量	0.0104	−
	卫生室数量	每个行政村拥有的卫生室数量	0.0122	−
产业发展压力（0.2079）	专业大户占有量	每百户拥有的专业大户量	0.1118	−
	农业企业占有量	每百户拥有的农业企业量	0.1738	−
	家庭农场占有量	每百户拥有的家庭农场量	0.2320	−
	农民专业合作社占有量	每百户拥有的农民专业合作社量	0.1629	−
	现代农业占比	设施农业面积占耕地面积的比例	0.1588	−
	村庄经济发展水平	村庄集体经济收入占常住人口总量的比例	0.1607	−
居住环境压力（0.2825）	卫生厕所普及率	使用卫生厕所的户数占本村常住户数的比例	0.2247	−
	自来水普及率	使用自来水的用户数占本村常住户数的比例	0.1054	−
	户均宅基地面积	宅基地面积/户数	0.2175	−
	可支配收入	农村居民人均可支配收入	0.4524	−
资源区位压力（0.2423）	行政村平均高程	依据 DEM 数据获取	0.2481	+
	行政村平均坡度	依据 DEM 数据获取	0.2216	+
	人均耕地面积	村庄耕地总面积/村庄常住总人口	0.0831	−
	行政村到所在乡镇距离	ArcGIS 提取	0.2228	+
	行政村到县城距离	ArcGIS 提取	0.2244	+

2. 指标权重确定

在对金昌市村域尺度乡村发展压力进行评价时，为了排除不同指标量纲及数值大小对结果的影响，需对初始数据进行标准化处理。指标值越大对乡村发展产生的压力越大时，采用正向指标计算公式（8-1）进行标准化处理；指标值越小对乡村发展产生的压力越小时，采用负向指标计算公式（8-2）进行标准化处理。计算公式具体如下：

正向指标： $$Z_i=(X_i-\min X_i)/(\max X_i-\min X_i) \tag{8-1}$$

负向指标： $$Z_i=(\max X_i-X_i)/(\max X_i-\min X_i) \tag{8-2}$$

式中，X_i和Z_i分别为金昌市各行政村2019年第i指标的原始值和标准化后的数值；$\max X_i$和$\min X_i$分别为第i指标的最大值、最小值。

此外，为了最大限度减少权重确定过程中主观因素对评价结果的影响，采用客观赋值的变异系数法来确定指标权重。其具体方法如下：

$$\delta_i=\frac{D_i}{\bar{Z}_i} \tag{8-3}$$

$$W_i=\frac{\delta_i}{\sum_{i=1}^{n}\delta_i} \tag{8-4}$$

式中，δ_i、D_i、$\bar{Z}_i$和 W_i分别为第 i 指标的变异系数、均方差、均值和权重值。

3. 乡村发展压力评价方法

采用加权求和法分别计算设施压力子系统、产业发展压力子系统、居住环境压力子系统和资源区位压力子系统指数，在此基础上进一步计算乡村发展压力指数，计算公式为

$$P_j = \sum_{i=1}^{n} W_i \times Z_i \tag{8-5}$$

$$\text{RDP} = \sum_{i=1}^{4} W_j \times P_i \tag{8-6}$$

式中，RDP（rural development pressure）为乡村发展压力指数；P_j为第 j 子系统指数值；Z_i为乡村发展压力各评价指标的标准化值；W_i为乡村发展压力评价指标 i 的权重；n 为指标总数；W_j为乡村发展压力第 j 子系统的权重。压力指数 RDP 值越大，表明乡村发展水平越差，反之，则越好。

8.3.2 乡村发展压力类型识别模型

乡村发展压力类型识别方法主要运用自然断点法，分别将设施压力子系统、产业发展压力子系统、居住环境压力子系统、资源区位压力子系统的测度结果划分为高、低两种类型。结合设施子系统（F）、产业发展子系统（I）、居住环境子系统（L）和资源区位子系统（R）对乡村发展的压力大小，从乡村发展压力的主体视角出发，分类判断，从而识别乡村发展压力类型，具体识别方法如图 8-2 所示。

8.3.3 乡村留守评价及类型识别

1. 留守指数

基于调查获取的行政村域尺度留守老人、妇女和儿童数量，构建留守指数反映各行政村的留守程度，计算公式如下：

$$C = \frac{A}{B} \times 100 \tag{8-7}$$

式中，C 为留守指数（%）；A 为某一评价单元留守人口的总数（人）；B 为某一评价单元常住人口总数（人）。

2. 留守类型识别

为了进一步反映各评价单元的留守现状，本研究引入金字塔模型用来识别不同评价单

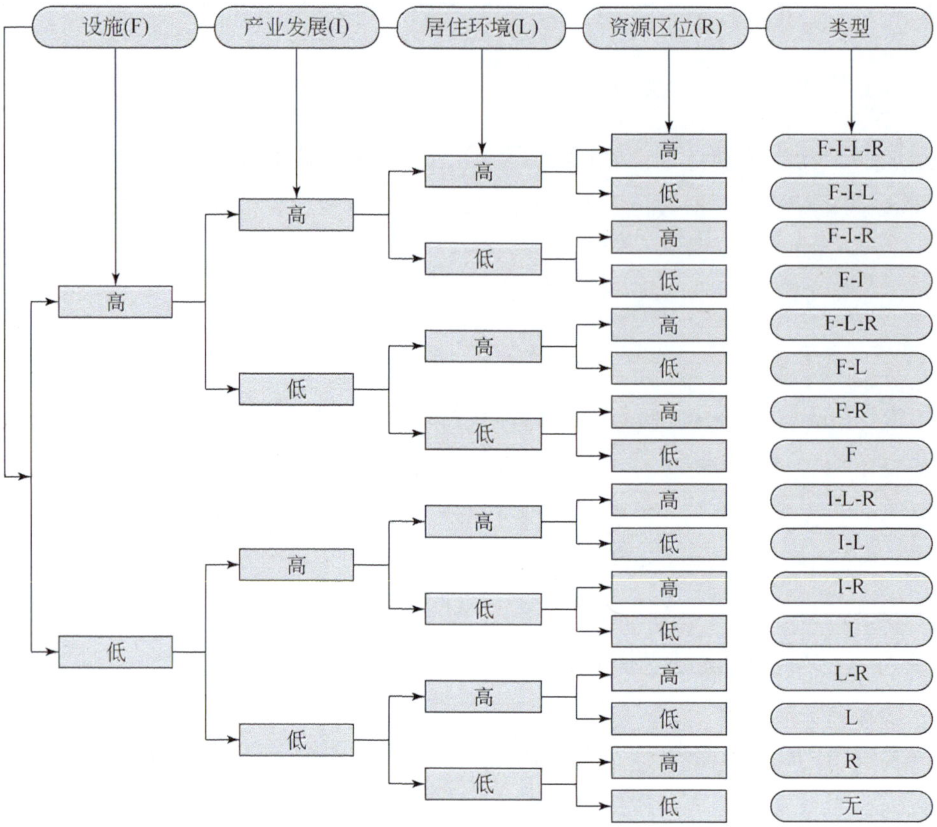

图 8-2　乡村发展压力类型识别

元的留守类型。分别计算各评价单元老人、妇女和儿童占到留守总人口的比例，基于比例构建乡村留守金字塔模型（图 8-3），将金昌市乡村留守划分为老年型、妇女型、儿童型、综合型四种类型。其中，当留守老人占留守总人口的比例为 50% 及以上时，该评价单元为老年型（塔顶尖，塔底宽）；当留守妇女占留守总人口的比例为 50% 及以上时，该评价单元为妇女型（塔身宽，塔顶和塔底尖）；当留守儿童占留守总人口的比例为 50% 及以上时，该评价单元为儿童型（塔尖宽，塔身和塔底尖）；当留守儿童、留守妇女、留守老人占比相当或者其中两类占比较高、另一类占比较小时，该评价单元为综合型。

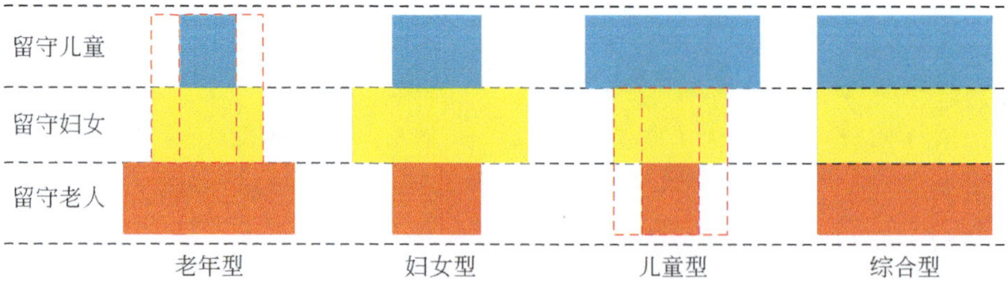

图 8-3　金字塔结构模型示意图

8.3.4 多项 Logistic 回归模型

当分类反应变量的类别为三类及以上，且类别之间并无序次关系时，可以选择应用多项分类 Logistic 模型。被解释变量村庄留守类型有 5 种分类，无留守型=0、儿童型=1、妇女型=2、老年型=3 和综合型=4，是一个多分类无序变量。因此，为了考察乡村发展压力的多个因子对村庄留守类型的影响，尝试建立多项分类 Logostic 回归模型探究不同因子对乡村留守类型的影响程度。

8.4 乡村发展压力与“三留”问题现状评估

8.4.1 乡村发展压力评估及类型识别

1. 单一压力指数

采用乡村发展压力评价方法分别计算设施压力子系统、产业发展压力子系统、居住环境压力子系统、资源区位压力子系统和乡村综合压力指数，借助 ArcGIS 中的自然断点法将乡村发展压力子系统分别分为 5 个等级（表 8-2、图 8-4）：低压力区、较低压力区、中压力区、较高压力区、高压力区。

表 8-2　乡村发展压力指数统计

类型	设施压力	产业发展压力	居住环境压力	资源区位压力	综合压力
低压力区	79	7	16	18	17
较低压力区	31	12	14	51	24
中压力区	11	17	52	37	48
较高压力区	4	40	48	24	28
高压力区	8	57	3	3	16

2019 年，金昌市乡村发展设施压力、产业发展压力、居住环境压力、资源区位压力空间差异显著（图 8-4）。其中，设施压力指数整体偏低，以低压力区和较低压力区为主，达到 79 个和 31 个，二者占到评价单元总数的 82.71%；低压力区主要分布在永昌县国道沿线，较低压力区主要分布在金川区；高压力区和较高压力区数量较少，仅占该子系统的 9.02%，且主要分布在永昌县西端的红山窑乡。产业发展压力普遍较高，以高压力区和较高压力区为主，达到 40 个和 57 个，二者占到评价单元总数的 72.93%，分布范围较广；

低压力区和较低压力区仅有19个行政村，分布在永昌县西南部乡镇。居住环境压力南北差异显著，呈现“南高北低”的分布态势，金川区显著低于永昌县；该指数以中压力区和较高压力区为主，分别占到行政村总数的39.10%和36.09%，高压力区数量最少，仅为3个。资源区位压力以中压力区和较低压力区为主，二者占到行政村总数的66.17%，高压力区数量最少，为3个；金川区以低压力区为主，永昌县中东部以中和较低压力区为主，而西部则以较高压力区为主。

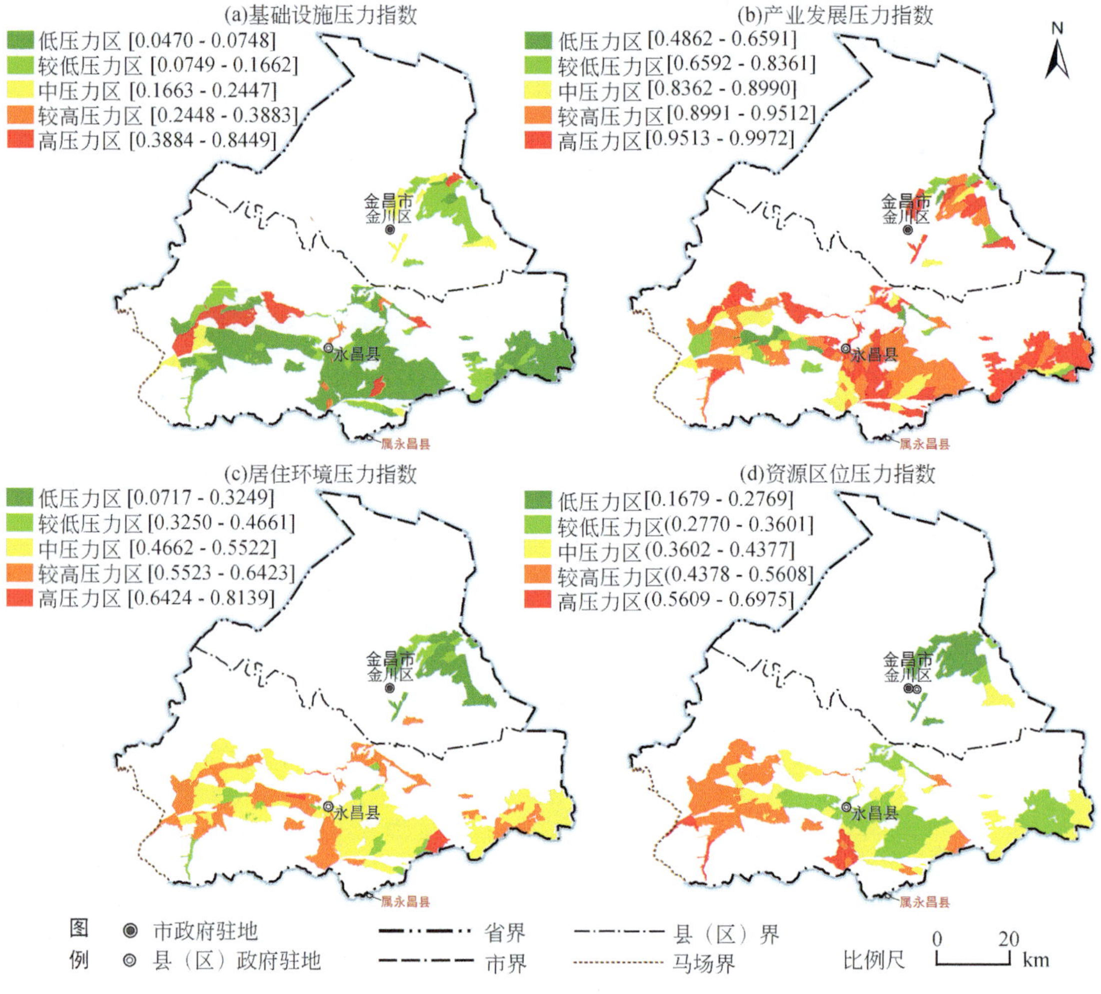

图8-4　金昌市乡村发展压力子系统指数

2. 综合压力指数

2019年，金昌市乡村综合压力5个等级数量呈现正态分布，以中压力区为界，随着压力的升高（或降低）其所包含的行政村数量逐渐减少［图8-5（a）］。其中中压力区达到48个行政村，占到行政村总数的36.09%，较高压力区和较低压力区分别为28个和24

个，占到行政村总数的21.05%和18.05%，高压力区和低压力区分别为16和17个，占到行政村总数的12.03%和12.78%。在空间上，全市综合压力呈现“南高北低”的分布格局，金川区以低压力区和较低压力区为主，占到行政村总数的90%以上；永昌县乡村综合压力较大，在空间上呈现“西高东低”的分布格局。

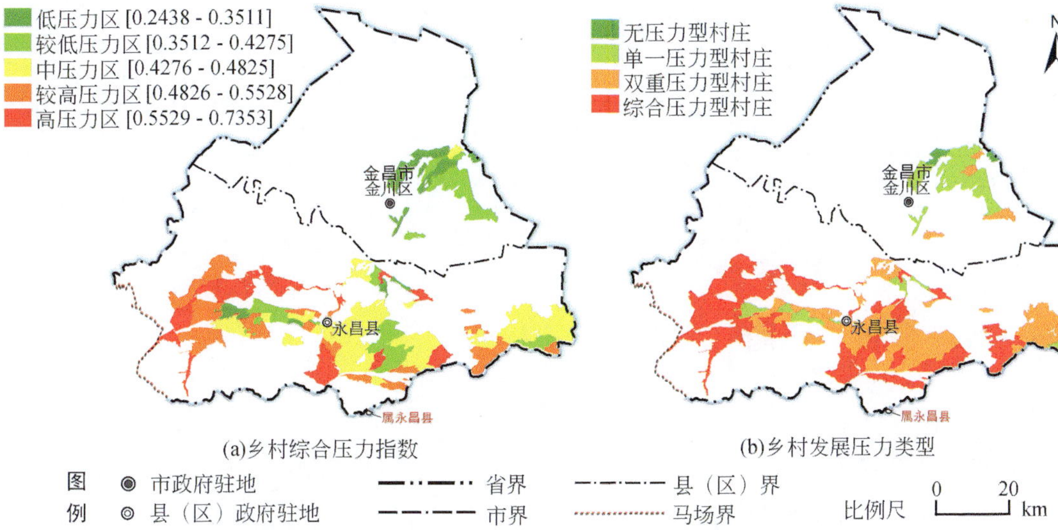

图8-5　金昌市乡村综合压力指数与乡村发展压力类型

3. 压力类型识别

基于金昌市乡村发展水平的评价结果和压力类型识别模型，按照4个压力子系统评价结果的高低和不同行政村压力主导类型，结合金昌市的乡村发展特征，将金昌市乡村综合压力类型划分为单一压力型村庄、双重压力型村庄、综合压力型村庄和无压力型村庄［表8-3、图8-5（b）］。

1）单一压力型村庄。该类村庄是指在4个子系统中，主要受其中某一种子系统的压力影响，村庄发展受限。包括F、I、L、R主导型村庄，共计26个村庄，其中I、L主导型村庄有23个，占到单一压力型村庄的88.46%。单一压力型村庄主要分布在金川区，永昌县分布较少，表明金川区村庄的乡村发展压力主要来自于单一系统的压力，受到其他子系统的压力较小。

2）双重压力型村庄。该类村庄是指在4个子系统中，主要受其中某两个子系统的压力影响，村庄发展受限。包括IL、IR、LR主导型村庄，共计54个村庄，其中IL主导型村庄有47个，占到双重压力型村庄的87.04%。双重压力型村庄主要分布在永昌县，金川区分布较少，且距离永昌县县城相对较近，这表明永昌县外围村庄的乡村发展主要受到产业发展和居住环境的压力较大。

3）综合压力型村庄。该类村庄是指在4个子系统中，主要受其中3种或者4种子系统的压力影响，导致村庄发展受限。包括 FIL、ILR、FILR 主导型村庄，共计 51 个村庄，其中 ILR 主导型村庄有 41 个，占到综合压力型村庄的 80.39%；受到三系统综合压力的村庄有 44 个，受到 4 系统综合压力的村庄有 7 个；综合压力型村庄全部分布在永昌县，且大多数村庄远离永昌县县城，表明距离县城越远，村庄发展受到多种子系统的压力越大。

表 8-3 金昌市乡村发展压力类型

类型	单一压力型村庄	双重压力型村庄	综合压力型村庄	无压力型村庄
数量/个	26	54	51	2
占比/%	19.55	40.60	38.35	1.5

8.4.2 乡村“三留”类型识别

1. 乡村留守特征分析

2019 年金昌市“三留”人口数量为 1642 人，占到乡村人口总量的 1.19%，其中金川区 86 人，永昌县 1556 人。“三留”人口中老人、妇女、儿童分别为 595 人、772 人、275 人，分别占到留守人口总量的 36.24%、47.01%、16.75%。留守人口最多的村庄达到 168 人，占到该行政村人口总数的 25.42%，此外 34 个行政村无留守人口，占到行政村总数的 25.56%。为了进一步分析留守的空间特征，计算乡村留守指数，并按照自然断点法将金昌市划分为 3 类区域（图 8-6）：低留守区（49 个）、中留守区（53 个）、高留守区（31 个）。

2019 年，金昌市以中低留守区为主，二者共计 102 个，占到行政村总数的 76.69%。中留守区数量最多，达到 53 个，占到行政村总数的 39.85%；低留守区次之，为 49 个，占到行政村总数的 36.84%；高留守区 31 个，占所有评价单元的 23.31%。金川区以低留守区为主，占到该区域行政村总数的 72.73%。永昌县则以中留守区为主，达到 49 个，占到该区域行政村总数的 44.14%；其次为低留守区，为 33 个，占到该区域行政村总数的 29.73%。在空间上，低留守区在金川区呈现集中连片分布态势；永昌县 3 类区域交错分布，沿国道线永昌段，两端以中留守区和高留守区为主，中部则以低留守区为主。

2. 乡村留守类型分析

为了进一步分析金昌市乡村“三留”人口的类型特征，借助构建的留守类型金字塔结构模型，对 99 个具有“三留”人员的行政村留守类型进行识别，结果如表 8-4 所示。

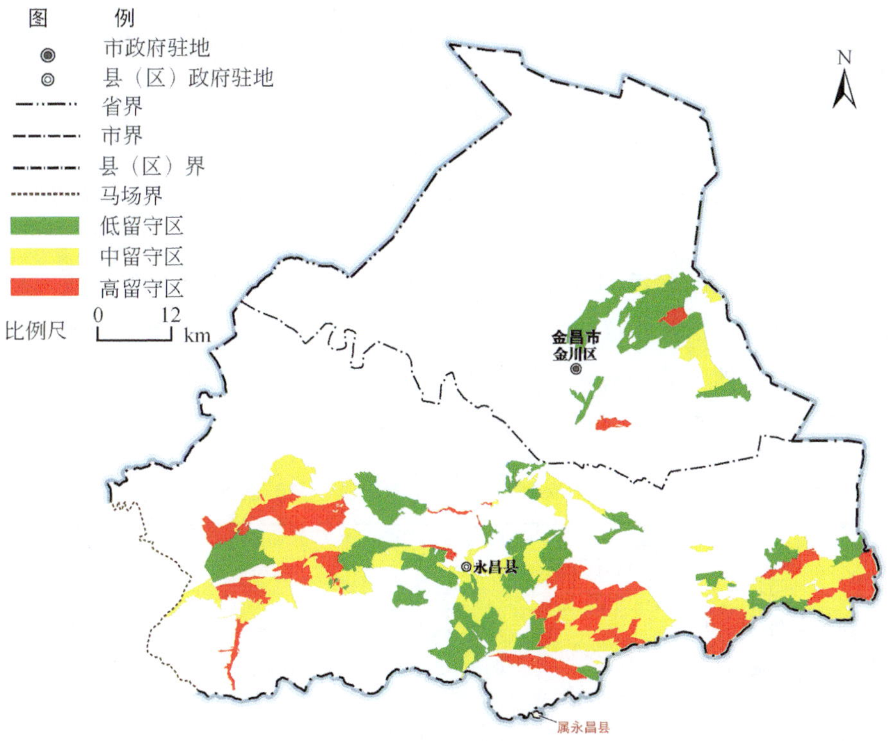

图 8-6 金昌市乡村留守指数

表 8-4 金昌市乡村留守类型统计

类型	儿童型	妇女型	老年型	综合型	总计
数量/个	39	15	32	13	99
比例/%	39.40	15.15	32.32	13.13	100

从表7-4可以看出，2019年金昌市乡村留守以儿童型和老年型为主，二者分别达到39个和32个行政村，占到留守村庄总数的71.72%，妇女型和综合型数量相对较少，二者分别为15个和13个，占到留守村庄总数的28.28%。

8.5 乡村发展压力与“三留”问题的互馈机制

乡村发展压力是产生乡村留守现象发生的主要动因之一。本研究采用多项分类Logistic回归模型进一步分析乡村发展压力与留守之间的关系。在构建多项分类Logistic回归模型时，采用向前逐步法对全部自变量进行选取，进入标准设为0.05，剔除标准设为0.10，最终模型与只包含截距项相比，获得的似然比为54.283，$P=0.000$，说明最终模型显著成立（表8-5）。

表 8-5 乡村留守类型影响因素的模型拟合信息

模型	模型拟合标准	似然比检验		
	-2 倍对数似然值	卡方	df	显著性
仅限截距	405.545			
最终模型	351.262	54.283	24	0.000

为了较好地反映乡村发展压力与留守之间的关系，本研究选择无留守型为参照组，通过对自变量的逐步筛选，最终仅有交通闭塞度、人均耕地面积、户均宅基地面积、宽带覆盖率、幼儿园（托儿所）占有量和农民专业合作社占有量6个影响因子进入最终模型（表8-6），在最终模型中仅有交通闭塞度未通过四个模型的显著性检验。

表 8-6 乡村留守类型影响因素的参数估计

留守类型	影响因素	回归系数	标准误差	Wald	显著性
儿童型	交通闭塞度	-0.652	1.130	0.333	0.564
	人均耕地面积	0.043	0.040	1.180	0.277
	户均宅基地面积	-0.002**	0.001	4.145	0.042
	宽带覆盖率	0.186	1.561	0.014	0.905
	幼儿园（托儿所）占有量	10.119	26.109	0.150	0.698
	农民专业合作社占有量	-0.320	0.335	0.913	0.339
妇女型	交通闭塞度	0.157	1.478	0.011	0.916
	人均耕地面积	0.093	0.056	2.704	0.100
	户均宅基地面积	-0.004**	0.002	4.870	0.027
	宽带覆盖率	24.277***	0.000	6.241	0.000
	幼儿园托儿所占有量	23.770	26.461	0.807	0.369
	农民专业合作社占有量	-1.301	0.794	2.683	0.101
老年型	交通闭塞度	0.183	1.250	0.021	0.884
	人均耕地面积	0.127***	0.047	7.372	0.007
	户均宅基地面积	-0.003*	0.001	3.300	0.069
	宽带覆盖率	23.456***	0.000	14.276	0.000
	幼儿园托儿所占有量	41.935*	23.431	3.203	0.073
	农民专业合作社占有量	-1.266**	0.578	4.794	0.029
综合型	交通闭塞度	-75.960	3056.203	0.001	0.980
	人均耕地面积	0.140**	0.066	4.507	0.034
	户均宅基地面积	-0.005***	0.002	7.127	0.008
	宽带覆盖率	-2.478	2.100	1.392	0.238
	幼儿园托儿所占有量	43.267*	24.151	3.210	0.073
	农民专业合作社占有量	-2.574**	1.108	5.400	0.020

注：该模型的参照组为无留守型；***、**、*分别表示0.01、0.05和0.1水平下显著

（1）户均宅基地面积

户均宅基地面积在四个模型中均通过了显著性检验，回归系数为负，且分别为–0.002、–0.004、–0.003、–0.005，表明和无留守型相比，户均宅基地越小越容易导致村庄出现留守的状况，并且在这四种类型中出现的可能性综合型>妇女型>老年型>儿童型。宅基地是农村居民居住生活的基础，当宅基地面积较小时，人口承载力也较小，家庭居住条件则较差，基于改善居住条件的需求，宅基地面积越小，外出务工的人员越多，更容易出现多种情况的留守类型。

（2）宽带覆盖率

宽带覆盖率通过了妇女型和老年型模型显著性检验，回归系数为正，且分别为24.277和23.456，表明宽带覆盖率越高，越容易出现妇女型和老年型留守型村庄，且出现妇女型村庄的可能性大于出现老年型村庄的可能性。在“宽带乡村”的影响下，宽带逐渐成为乡村配套设施之一，同时也是提升留守妇女、留守老人生活幸福感的设施，因此在妇女型村庄和老年型村庄，宽带覆盖率较高。

（3）人均耕地面积

人均耕地面积通过了老年型和综合型模型显著性检验，回归系数为正，且分别为0.127和0.140，表明和无留守型相比，当人均耕地面积较大时，较容易出现老年型和综合型的留守型村庄，且出现综合型的概率大于老人型。耕地是乡村居民基本生活保障之一，但随着城市化和工业化的进程，城市吸引大部分青壮年劳动力进城，虽然国家出台了一系列惠农政策，但是种粮的比较收益下降，依然无法阻止青壮年劳动力外出的步伐，从而出现了“老龄农业”。

（4）农民专业合作社占有量

农民专业合作社占有量通过了老年型和综合型的模型显著性检验，回归系数均为负，分别为–1.266、–2.547，表明农民专业合作社占有量越小，越容易出现老年型和综合型的留守型村庄，且出现老年型的概率高于综合型。农业专业合作社是乡村地区以农村家庭承包经营为基础，通过提供农产品的销售等与农业生产经营有关的、具有经济互助性的成员互助组织，可以为乡村地区提供一定的就业机会和经济收入，当农民专业合作社占有量较小时，提供的就业机会有限，青壮年劳动力选择外出，大部分老人和部分儿童则留守在农村，因此容易产生老年型和综合型的留守村庄。

（5）幼儿园（托儿所）占有量

幼儿园（托儿所）占有量通过了老年型和综合型模型显著性检验，回归系数为正，且分别为41.935和43.267，表明和无留守型相比，当幼儿园（托儿所）占有量较大时，较容易出现老年型和综合型的留守型村庄，且出现综合型的概率大于老人型。在两期“学前教育三年行动计划”实施后，农村地区学前教育普惠水平快速提升，幼儿园（托儿所）数量快速增加。农村学前教育水平的提升致使农村地区出现两种现象：其一是父母双方或一方为方便儿童上学选择就地就近就业，其二是生活条件较好青年家庭选择的全体外出以享受优质教育资源，因此容易产生老年性和综合性留守村庄。

8.6 乡村“三留”问题的治理路径

8.6.1 乡村发展压力治理路径

乡村发展的本质是乡村系统内部经济增长、社会稳定、文化繁荣、民主参与、权利平等、科技创新和生态平衡等方面的改善，发展压力则是乡村系统内部和外部阻碍这些方面改善的因素。乡村发展水平会影响乡村系统的诸多方面，从而产生乡村人口外流、乡村空心化、老龄化等现象。在乡村振兴战略的背景下，结合金昌市的实际情况，从提高乡村生活质量的角度出发，以区域经济发展为基础，提升乡村发展水平为目的，建立健全乡村发展体制机制和政策体系，通过创新体制机制和制定各领域的发展战略，解决金昌市乡村发展过程中的压力，推动破解乡村留守现象。具体从城市和乡村两方面入手减弱乡村发展压力。

1）城乡要素流动是促进乡村发展基础，推动建立城市资源要素向乡村流动的机制，充分发挥城市的辐射带动作用。一方面完善城市的进入成本，加快推进农民工融入企业、子女融入学校、家庭融入社区的进城，推进医疗保险和养老保险等基本公共服务的均等化，提高教育、就业、养老、住房保障等方面的覆盖面。另一方面推动城市资产入驻乡村，提高农村劳动力就地务工的可能性，减少农村劳动力的外出流量，完善乡村土地征收和流转政策，推动乡村土地规模利用率，从而逐步实现乡村集中化居住、规模化生产、就近化就业。

2）乡村自生条件是乡村发展的基础，通过对乡村环境的改善，增强乡村发展的内生动力，激活乡村经济、社会和文化活力，改善乡村产业规模小、收益差的现状。通过加强乡村基础设施和公共服务设施建设，扩大设施的完善度和服务能力，降低乡村发展压力，逐步解决乡村留守现象。在未来的区域发展中，要将改善乡村发展条件放在重要位置，在乡村振兴的指引下，加快推进乡村发展，改善乡村环境，降低乡村发展压力，逐步破解乡村留守现象，实现乡村振兴。

8.6.2 乡村“三留”人口治理路径

乡村留守人口现象的出现，根本原因在于社会整体是以城市经济增长为导向的发展模式。留守人口现象的彻底化解，在于乡村重拾生机与活力，推动城乡社会、经济、环境等方面要素的平等交换，促进乡村资源的合理布局和城乡协同发展，加大乡村发展投入，提高乡村发展水平。通过对乡村发展压力和乡村留守状况的分析发现，金昌市乡村发展压力指数和乡村留守指数的空间分布规律十分吻合，表明乡村发展压力是导致出现乡村留守状况的主要原因之一。以金昌市乡村发展压力与留守类型的相互关系为基础，分别为留守儿童型、妇女型、老人型和综合型提出针对性发展对策。

1）留守儿童型村庄应大力改善居住环境条件，尤其是扩大住房面积，同时完善以学校为核心，政府、家庭、乡村为支持的教育机制，建设完善学校寄宿制，缓解留守儿童学习自主性差和安全保障力低等问题，改善城乡之间、地区之间、校际之间的教育不均衡现象。

2）留守妇女型村庄在改善居住环境条件的基础上均衡配置各类设施，缩小城乡及区域差距，并重视留守妇女在乡村振兴中的价值和潜能，提升留守妇女的社会参与积极性，保障政治参与的权益，发挥妇女在乡村治理中的作用和优势，缓解农村留守家庭中的矛盾。

3）留守老年型村庄相对脆弱，同时受到设施、产业发展、居住环境、资源区位的影响，需通过改善住房环境、成立优质的农民专业合作社、缩小设施配置和资源区位差异减少劳动力外流，同时可建立以政府财政补助为主的多元化的农村养老公共服务机制，逐步开放老年服务市场，统筹社会各组织的力量，创新养老保障模式，缓解留守老人照料不足的问题，保障留守老人心理和身体健康。

4）综合型村庄可强化镇域范围内的中心村建设，推动农村经济向规模化、专业化、市场化方向发展，优化空间结构和资源配置，完善基础设施，建立健全统筹城乡、惠及全村、城乡一体的基本公共服务和社会保障体系，提高留守人群的生活质量，使其能够老有所养、老有所依、学有所教，加大政策倾斜力度，通过惠农公益计划等活动对留守人口发放一定的津贴支持，给予关怀。

8.7 小　　结

乡村发展长期以来受到世界各国的重点关注，破解乡村发展难题是各国经济社会发展的重要目标。通过评价乡村发展压力和乡村留守状况，识别乡村发展压力类型和乡村留守类型，并探讨乡村发展压力与“三留”人口之间的关系。结果表明，①基础设施压力对乡村发展压力的影响最小，产业发展压力对乡村发展压力的影响最大。金昌市乡村发展综合压力指数呈现出“北低南高”的空间格局，金川区的综合压力指数远低于永昌县。乡村发展压力可分为单一压力型、双重压力型、综合压力型和无压力型四种类型，且以双重压力型和综合压力型为主。金昌市留守人口中以留守老人和妇女居多，全市以中低留守区为主。构建乡村留守金字塔结构模型，将金昌市的村庄分为儿童型、妇女型、老人型、综合型四种类型。2019 年金昌市乡村留守以儿童型和老年型为主，占到留守村庄总数的 71.72%，妇女型和综合型数量相对较少，占到留守村庄总数的 28.28%。②与无留守型村庄相比，户均宅基地面积、宽带覆盖率、人均耕地面积、幼儿园（托儿所）占有量、农民专业合作社占有量 5 个因子是影响出现不同留守类型村庄的主导因子。在此基础上，从城市的辐射涓滴、乡村的内生激活两个方面提出乡村发展压力的治理路径，并依据乡村发展压力对留守人口的作用机制，为四类留守类型村庄提出发展建议。深入分析我国欠发达地区乡村发展压力及“三留”问题的空间差异和特征，并探讨二者之间的关系，可为实现乡村振兴、区域可持续协调发展，建设宜居宜业和美的乡村提供理论借鉴，并为欠发达地区的乡村治理提供实践样本。

第9章

绿洲乡村人居环境质量评价及分区治理

本章将对绿洲乡村人居环境质量进行评价和分区治理研究。首先，对绿洲乡村人居环境的质量进行综合评价，包括自然环境、社会经济环境和人文环境等方面的因素。通过综合评价，可以全面了解绿洲乡村人居环境的状况，为后续的分区治理提供基础数据和科学依据。其次，进行绿洲乡村人居环境的空间分区研究。通过对绿洲乡村空间的划分和优化，将绿洲乡村划分为不同的功能区域，可以最大限度地保护绿洲乡村的生态环境，提高居民的生活品质和幸福感。在本章的研究中还充分考虑了绿洲乡村人居环境的特点和问题，并提出了相应的治理对策，通过这些对策的实施，可以全面提升绿洲乡村的人居环境质量，实现可持续发展目标。综上所述，本章旨在通过评价和分区治理研究，全面了解绿洲乡村人居环境的现状，提出相应治理对策，为提高绿洲乡村人居环境质量提供科学依据和指导，以促进乡村可持续发展。

9.1 乡村人居环境的起源及相关研究动态

9.1.1 乡村人居环境的起源

乡村人居环境不仅是城乡复合人居环境系统的重要组成部分，也是乡村人地关系的综合体现，其与城市合作和功能整合，起着维护乡村居民活动所需的物质和非物质结构的有机结合体的作用（汤礼莎等，2023）。乡村人居环境概念的起源部分可以追溯到19世纪的农村研究，这一时期学者们开始关注农村地区的社会、经济和环境问题，并开始研究农村人居环境的特点和影响因素。这个阶段的重点是观察和描述农村地区的地理环境和人类活动，并从经济学、地理学等角度探讨农村与城市之间的差异和联系。在20世纪初，乡村地理学作为一个独立的学科开始形成，这个阶段，学者们开始系统研究乡村社会和经济发展的地理特点，并开始关注人居环境对农村社会变迁的影响。乡村人居环境逐渐成为研究的重要领域，学者们探讨了乡村人居环境中自然环境、居住环境、社会环境等多个方面的问题。20世纪后半叶以来，随着城市化进程的加速，乡村社会发展面临着更多的挑战和问题，人们对乡村人居环境的关注也越来越大，乡村人居环境的研究逐渐发展为综合研究。到20世纪90年代，吴良镛先生参考道萨迪亚斯等国外学者的研究，结合我国实际，提出人居环境包括自然系统、人类系统、居住系统、社会系统和支撑系统5个子系统，为我国人居环境研究提供了理论框架。现如今，乡村人居环境的研究得到了更加广泛的关注。学者们通过地理信息系统、遥感技术等新工具和方法，开展乡村人居环境的定量研究，并深入探讨乡村地区的人居环境与社会发展的相互关系。此外，乡村人居环境的改善和保护成为政府和社会的重要议题，相关政策和规划也得到了进一步的制定和实施。总的来说，乡村人居环境从关注农村社会地理环境的差异开始，逐渐演变为对乡村人居环境的系统研究，为乡村发展提供了理论和实践支持。

9.1.2 相关研究动态

国外关于人居环境的研究由城市规划学衍生而来，1968年萨蒂亚斯在其专著中最早提出人居环境这一概念（Dahms，1998），西方国家城市化水平较高，人口和生产资料主要集中在城市，国外学者对城市人居环境问题进行了大量研究，关于乡村人居环境的研究相对薄弱。目前，国外对于乡村人居环境质量的研究主要集中于乡村聚落布局与时空演变（Singh，1975）、乡村聚落及其地理理论体现（Bunce，1982；Mandal，2002；Brauer and Dymitrow，2014）、乡村居民的生活环境质量水平（Dahms and Mc Comb，1999）、逆城市化与乡村移居（Shumway and Otterstro，2001；Kuentzel and Ramaswamy，2005；Daniel and Kenneth，2006）、城乡之间的发展关系（Woods，2009）以及乡村人居环境演化机制方面（Dahms，1998；Schnaiberg et al.，2002；Nepal，2005；Gude et al.，2006）。有的学者强调发展循环经济、保护生态环境对乡村发展的重要性（Wie，1998），探讨乡村人居环境建设的可持续性；也有学者从住房条件和基础设施改善等角度入手，关注公共参与在乡村人居环境建设中的作用（Njoh，2011）；乡村转型、城乡差异等问题也是研究热点（Hansen，1970；Jonathan，1990）。随着生活水平的提高，国外对于乡村人居环境质量的量化评价研究逐步深入。在评价方法方面，学者通过构建评价指标体系、预设影响因素、运用回归模型等分析人居环境质量（Casellati，1977；Gregg et al.，2004；Castro et al.，2015）。在评价指标构建上，学术界从主观和客观两方面对人居环境质量进行评价（Josephsirgy et al.，2011；Mc Manus et al.，2012）。在城乡间人居环境关联问题上，国外学者注重城乡之间的协调发展，以改善乡村人居环境推动城市人居环境发展的思想较为突出（Ohrling，1977）。在人居环境评价中，国外学者的研究往往更加注重评价内容的拓展与深入，偏重于研究微观领域的人居环境，在研究时会将居民性别、年龄结构、基础设施、交通便利性等诸多因素列入指标的评价体系之中（Reeves，2014）。

国内的乡村人居环境研究主要集中在乡村环境研究（甘枝茂，2005；王丽华等，2005）、人居环境评价研究（刘传明和曾菊新，2009；刘沛林，2016）、人居环境建设研究

（杨兴柱，2011；李伯华等，2014；张家其等，2018；曾灿等，2020），其中对于农村人居环境的评价研究是当前乡村人居环境研究的主要方式。从评价内容方面看，相关研究主要分为乡村人居环境满意度评价和乡村人居环境质量评价（李伯华和曾菊新，2009；唐宁等，2018）。满意度评价是一种是基于人的主观感受对人居环境现状或者人居环境整治效果进行评价的方法，基于实地调研情况，构建指标体系是现今学者评价居民对乡村人居环境的满意度的主要手段（李伯华和曾菊新，2009）。乡村人居环境质量评价多采用客观数据进行评价分析（孙慧波和赵霞，2019），评价方法上，我国的乡村人居环境评价方法趋于成熟，不同学者根据研究内容和研究目的选用不同的方法，常用的方法有德尔菲法、层次分析法、熵权法、模糊综合评价法和GIS空间分析法等（李健娜等，2006；张萌等，2018；张家其等，2018）。农村人居环境评价尺度方面，多集中于省域、市域和县域等中观、宏观层面，以村域等微观尺度作为研究对象的相对较少。不同的研究尺度的区位和自然地理特征不同，经济、社会和文化也不同，其空间特征与影响机制也会有所差异。按照行政区划来分，可以将人居环境研究尺度划分为国家级、省级、城市级和村（镇）等尺度（李雪铭和田深圳，2015），由于数据资料多按照行政区划进行统计，且大部分资料统计最小单元为县级，因此学者们多采用统计年鉴的数据，从省域、市域和县域尺度采用全排列多边形指数、GIS空间分析、空间计量模型等方法开展乡村人居环境评价研究（宾津佑等，2021）。总体来说，我国学者在乡村人居环境评价尺度选取方面多以较为宏观的省域、市域和县域单元为主，以村域、乡（镇）域作为研究单元的还相对较少。

9.2 研究方法

9.2.1 绿洲乡村人居环境质量指标体系构建

绿洲乡村人居环境作为一个综合开放巨系统，其内容囊括了生活、生产及生态空间有关的基础设施水平、教育文化发展、社会经济状况、产业发展水平、自然地理条件、生态环境等方面，具体包括生活环境子系统、生产环境子系统和生态环境子系统，三者之间既相互联系又相互制衡，共同支撑绿洲乡村人居环境协调与可持续发展。

构建全面、有效的评价指标体系是对绿洲乡村人居环境质量进行准确评价的关键和量化基础（余斌等，2017）。本章综合考虑指标选择的全面性、目的性、科学性、可操作性等基本要求，以及绿洲乡村人居环境质量度量的政策相关性、多维综合性、研究对象针对性、数据可获得性等需求，参照国内外人居环境质量评价标准（朱彬等，2015；李伯华等，2018；王成等，2019），从生活环境、生产环境、生态环境子系统入手，构建金昌市绿洲乡村人居环境质量评价指标体系（表9-1），共9个一级指标，30个二级指标。生活环境子系统由基础设施环境、公共服务设施环境、居住环境方面构成；生产环境子系统由规模产业发展水平、设施农业发展水平、产业融合发展水平方面构成；生态环境子系统由生态环境、地形环境、气候环境方面构成，所涉及指标能较好反映绿洲乡村人居环境质量发展水平。

表 9-1　金昌市人居环境质量评价指标体系

准则层	一级指标	二级指标	权重	指标方向	指标解释与计算方法
生活环境	基础设施环境（0.3262）	道路路灯覆盖率（%）	0.3669	+	主要道路设路灯的村民小组数量占本村村民小组数量的比例
		交通便捷程度（%）	0.2534	+	通公路的村民小组数量占本村村民小组数量的比例
		有线电视覆盖率（%）	0.2466	+	安装有线电视的村民小组数量占本村村民小组数量的比例
		宽带覆盖率（%）	0.1331	+	通宽带互联网的村民小组数量占本村村民小组数量的比例
	公共服务设施环境（0.3655）	综合超市占有量（所）	0.1889	+	每百人拥有营业面积超过 $50m^2$ 的综合商店或超市数量
		养老服务设施占有量（个）	0.1661	+	每百人拥有的村集体创办的互助型养老服务设施数量
		幼儿园（托儿所）数量（个）	0.1759	+	本村幼儿园（托儿所）数量
		体育健身场所占有量（个）	0.1565	+	每百人拥有的体育健身场所数量
		图书室（馆）、文化站占有量（个）	0.1753	+	每百人拥有的图书室（馆）、文化站数量
		卫生室数量（个）	0.1372	+	每百人拥有的卫生室数量
	居住环境（0.3083）	卫生厕所普及率（%）	0.3297	+	使用卫生厕所的户数占本村常住户数的比例
		自来水普及率（%）	0.2966	+	使用自来水的用户数占本村常住户数的比例
		户均居住面积（m^2）	0.3737	+	宅基地面积/户数
生产环境	规模产业发展水平（0.2723）	专业大户占有量（户）	0.2667	+	每百户拥有的专业大户量
		农业企业占有量（个）	0.3613	+	每百户拥有的农业企业量
		家庭农场占有量（个）	0.2254	+	每百户拥有的家庭农场量
		农民专业合作社占有量（个）	0.1466	+	每百户拥有的农民专业合作社量
	设施农业发展水平（0.3489）	先进设施种植面积占比（%）	0.1682	+	先进设施种植面积占本村耕地面积的比例
		设施林业占地面积占比（%）	0.2579	+	设施林业占地面积占本村耕地面积的比例

续表

准则层	一级指标	二级指标	权重	指标方向	指标解释与计算方法
生产环境	设施农业发展水平（0.3489）	设施畜牧养殖面积占比（%）	0.2119	+	设施畜牧养殖面积占本村耕地面积的比例
		设施水产养殖占地（水面）面积比（%）	0.3620	+	设施水产养殖面积占本村耕地面积的比例
	产业融合发展水平（0.3788）	农产品加工企业占有量（个）	0.3746	+	每百户农产品加工企业数量
		开展网上销售农产品的农户数占比（%）	0.3937	+	本村开展网上销售农产品农产数占本村常住户数的比例
		有营业执照、开展休闲农业和乡村旅游的农户数占比（%）	0.2317	+	本村有营业执照、开展休闲农业和乡村旅游农户数占本村常住户数的比例
生态环境	生态环境（0.4571）	生物丰度指数	0.6456	+	用一定空间范围内的生物物种数量的分布频率来衡量
		归一化植被指数	0.3544	+	反映植物生物量、叶面积指数与植被覆盖度之间的关系
	地形环境（0.2041）	地形起伏度	1.0000	-	特定的区域内，最高点海拔与最低点海拔的差值
	气候环境（0.3388）	湿度指数	0.2583	-	特定的区域内的湿润程度
		干度指数	0.3610	-	特定的区域内气候干燥程度
		热度指数	0.3807	+	特定的区域内气温的高低

9.2.2 绿洲乡村人居环境综合质量评价模型

1. 评价指标预处理

在对金昌市村域尺度绿洲乡村人居环境质量进行评价时，需要对原始数据进行标准化处理，用于排除量纲及数值大小对计算结果的影响。指标对绿洲乡村人居环境发展具有正向促进作用时，采用正向指标计算公式（9-1）进行处理；指标对绿洲乡村人居环境发展具有负面抑制作用时，采用负向指标计算公式（9-2）进行处理（Fang et al., 2020）。计算公式具体如下。

正向指标：

$$Z_i=\frac{C_i-\min(C_i)}{\max(C_i)-\min(C_i)} \tag{9-1}$$

负向指标：

$$Z_i=\frac{\max(C_i)-C_i}{\max(C_i)-\min(C_i)} \tag{9-2}$$

式中，C_i和Z_i分别为金昌市各行政村2019年第i指标的原始值和标准化后的数值；$\max(C_i)$和$\min(C_i)$分别为第i指标的最大值、最小值。

此外，为了最大限度减少权重确定过程中主观因素对评价结果的影响，本章确定权重的方法为客观赋值的变异系数法。其具体方法如下：

$$\delta_i=\frac{D_i}{\bar{Z}_i} \tag{9-3}$$

$$W_i=\frac{\delta_i}{\sum_{i=1}^{n}\delta_i} \tag{9-4}$$

式中，δ_i、D_i、$\bar{Z}_i$和W_i分别为第i指标的变异系数、均方差、均值和权重值（表8-1）。

2. 评价模型构建

本章采用加权求和法计算金昌市133个评价单元（在本书研究期章，有6个行政村转为社区，因此本章不对其进行研究）的绿洲乡村人居环境质量综合指数，计算公式为

$$\mathrm{QRHSE}=\sum_{i=1}^{n}W_i\times Z_i \tag{9-5}$$

式中，QRHSE（quality of rural human settlements environment）为绿洲乡村人居环境质量综合得分；Z_i为绿洲乡村人居环境质量各评价指标的标准化值；W_i为绿洲乡村人居环境质量评价指标i的权重；n为指标总数。综合指数QRHSE值越大，表明绿洲乡村人居环境质量越好，反之，则越差。

9.2.3 绿洲乡村人居环境质量影响因素测度

1. 影响因素选取

绿洲乡村人居环境质量受到自然、社会、经济多方面的影响，探究不同影响因子对人居环境质量的影响程度，有助于各行政村因地制宜制定发展策略，有效提升人居环境质量。基于金昌市绿洲乡村人居环境的现状条件，借鉴Ostrom（2011）在考察公共事务治理集体行动的逻辑时从自然物质条件、社区属性和应用规则层面提出的制度分析与发展框架，并参考相关研究成果，从自然地理条件、社会经济条件和社会资本属性三个层面选取相关指标（Vinas，2019）。具体而言，自然地理条件选取距市中心距离、海拔、人均耕地面积；社会经济条件选取劳动力外流比例、村庄集体经济收入、低收入群体；社会资本属性选取村民代表大会召开次数、村干部人数、返乡创业人数。

2. Pearson 关联分析测度方法

运用 Pearson 相关系数法，以人居环境质量为因变量，自然地理条件、社会经济条件及社会资本属性三方面的指标为自变量，分析自变量与因变量统计学关系，在 5% 和 1% 两个置信水平下进行双尾检验，判断其相关性，从数量关系考虑各因素对人居环境质量的影响，具体模型如下（邸琰茗，2017）：

$$C(\text{QRHSE}, X_i) = \pm\max\{|C_1(\text{QRHSE}, X_i)|, |C_2(\text{QRHSE}, X_i)|\} \tag{9-6}$$

$$C_2(\text{QRHSE}, X_i) = \pm\max\left\{\begin{matrix}|C_1(\ln\text{QRHSE}, X_i)|, |C_1(\text{QRHSE}, \ln X_i)| \\ , |C_1(\ln\text{QRHSE}, \ln X_i)|\end{matrix}\right\} \tag{9-7}$$

式中，X_i为第 i 个自变量；C_1(QRHSE，X_i）为 QRHSE 和 X_i之间的相关系数；C_2(QRHSE，X_i）为对数转换后 QRHSE 和 X_i之间的相关系数；C_1(lnQRHSE，X_i)、C_1(QHSE，lnX_i)、C_1(lnQHSE，lnX_i）为 QRHSE 和 X_i 之间三种组合的相关系数；C(QRHSE，X_i）为 QRHSE 和 X_i之间的最强相关系数；符号与原始值保持一致。

3. 地理探测器模型

地理探测器模型是探测空间分异性并揭示其背后驱动力的一组统计学方法，它结合 GIS 空间叠加技术和集合论，获得因子变量和结果变量的相关性。地理探测器模型应用广泛，最初在健康风险评估领域用于识别疾病与风险因子之间的关系（Wang et al，2010）。该模型可用于分析地理要素格局演变，通过检验两个变量在空间上分布的一致性，探究两变量之间存在的因果关系（Liu and Li，2017；武鹏等，2018）。本章利用地理探测器模型，探测绿洲乡村人居环境质量指数分异决定力。为了探测因素 A 与人居环境质量指数 QRHSE 的空间相关性，将人居环境质量指数 QRHSE 图层与 A 因素图层叠置，在 A 因素的第 h 类型（对应一个或多个子区域），y 的离散方差被记为σ_h^2，因素 A 对人居环境质量指数 y 的决定力大小为

$$q = 1 - \frac{1}{n\sigma^2}\sum_{h=1}^{L} n_h\sigma_h^2 \tag{9-8}$$

式中，n_h为在因素 A 的类型 h（对应一个或多个子区域）内的样本数；n 为在整个研究区域 H 内的所有样本数，$n = \sum_{h=1}^{L} n_h$；L 为和 σ^2分别为因素 A 的分类数和方差；q 为影响因素对绿洲乡村人居环境质量的影响程度，值域为［0，1］，值越大，则说明影响因素对绿洲乡村人居环境质量的解释力越强。

9.3 绿洲乡村人居环境质量评价及影响因素分析

9.3.1 绿洲乡村人居环境质量评价

本章从生产环境、生活环境以及生态环境三个方面，综合评价金昌市的133个评价单元的绿洲乡村人居环境。测度结果表明：金昌市绿洲乡村人居环境质量平均得分为0.4290，其中双湾镇许家沟村的人居环境质量最高（0.8238），其评价得分是最低值河西堡镇鸳鸯池村的9.5倍。从绿洲乡村人居环境质量空间分布来看（表9-2），绿洲乡村人居环境质量的高水平区主要分布在北部地区，约占到高水平区总量的60%；较高水平区主要分布在西部地区和东部地区，分别占到该水平区总量的40.54%和24.32%；一般水平区主要分布在高水平区和较高水平区级区的周边，以东部地区朱王堡镇和水源镇为主，共占到对应等级的47.06%；较低水平区和低水平区主要分布在南部地区的5个乡镇，共占到对应等级的80.76%和80.95%，分布较为集中且呈团状聚集。

表9-2 绿洲乡村人居环境质量空间分布统计表

人居环境质量分级	低水平区（0≤QRHSE<0.2633）	较低水平区（0.2633≤QRHSE<0.3556）	一般水平区（0.3556≤QRHSE<0.4575）	较高水平区（0.4575≤QRHSE<0.6054）	高水平区（0.6054≤QRHSE<1.0000）	合计
双湾镇	0	1	2	4	6	13
宁远堡镇	0	0	1	5	3	9
河西堡镇	5	3	2	2	0	12
南坝乡	1	2	1	1	0	5
六坝镇	4	5	2	1	0	12
东寨镇	1	8	2	0	0	11
城关镇	6	3	1	0	0	10
新城子镇	0	1	3	6	3	13
焦家庄镇	0	0	4	7	1	12
红山窑镇	4	2	4	2	0	12
朱王堡镇	0	0	4	8	1	13
水源镇	0	1	8	1	1	11
合计	21	26	34	37	15	133

从空间上看，金昌市内不同绿洲乡村人居环境质量等级的评价单元亦呈现出一定的空间集聚性（图9-1）。凭借着优越的社会经济基础和良好的生态环境质量，北部地区绿洲乡村人居环境普遍较好，在双湾镇周边呈现出高水平集聚状态，绿洲乡村人居环境存在明

显的地域差异。高水平区集中分布在金昌市北部区域，且较高水平区分布在高值区域边缘，绿洲乡村人居环境质量明显受到城市中心的辐射影响。较高水平区主要分布在西南地区和东部地区，分别集中在焦家庄镇、新城子镇和朱王堡镇，其公共服务设施以及基础设施相对较为完善，生产环境以及生态环境较好，适宜发展绿洲乡村人居环境建设。一般水平区主要分布在东部地区的朱王堡镇和水源镇的高值区边缘，一定程度上受到高值区域绿洲乡村经济水平的带动与辐射，基础设施与公共服务设施能够满足当地居民的生活需求，但需要进一步完善。低水平区则主要分布在市域南部地区，是金昌市人居环境发展的劣势区，该部分区域受到中心城市以及县域城市的辐射弱，基础设施与公共服务设施匮乏，农业现代化水平较低，生态环境较差，部分区域位于荒漠和山谷地带，整体发展条件差，亟待改善与发展。

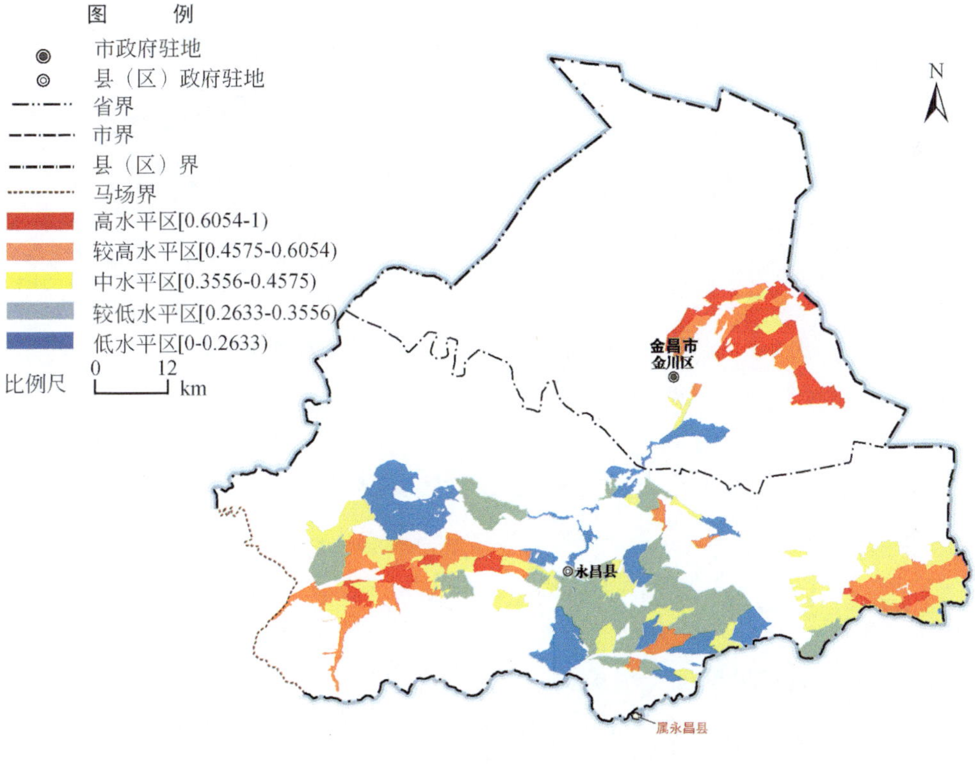

图 9-1　金昌市绿洲乡村人居环境质量空间分异图

利用 ArcGIS 软件对金昌市的 133 个评价单元的绿洲乡村人居环境进行全局自相关分析，探讨其空间集聚特征［图 9-2（a）］。结果显示，金昌市绿洲乡村人居环境质量 Moran's I 指数为正值，且 Z 统计值大于 2.58，P 值为 0.0000，则说明金昌市各村域之间绿洲乡村人居环境质量随机产生此聚类模式的可能性小于 1%，总体上存在显著的空间相关性。进一步使用热点分析工具进行局部空间自相关分析［图 9-2（b）］，金昌市绿洲乡村人居环境空间差异明显，绿洲乡村人居环境质量高水平区主要集中在一个较大的热点区和三个较小的次热点区，前者分布在北部的双湾镇，后者分布在东部的朱王堡镇和西部的新城子镇及焦家庄镇；绿洲乡村人居环境质量低水平区在河西堡镇形成了一个冷点区，在南部和西部形成了 3 个较大的次冷点区。将人居环境质量的局部空间聚集类型图与人居环境质量热点图对比，发现高-高聚集区与低-低聚集区与对应的冷点区、热点区分布特征高度吻合，且显示出较强的集聚性。

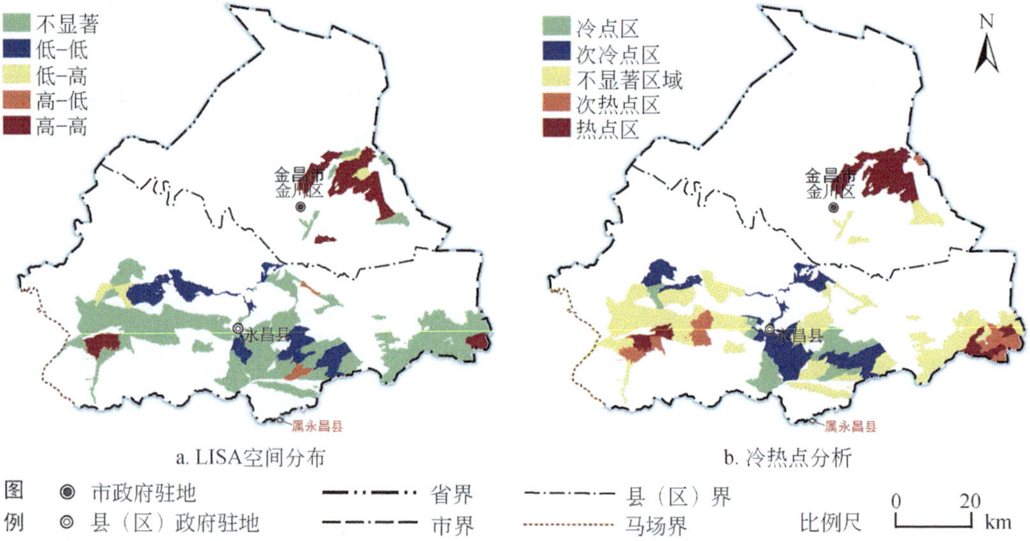

图 9-2　金昌市绿洲人居环境质量 LISA 空间分布和热点分析

9.3.2　绿洲乡村人居环境质量影响因素测度

1. Pearson 关联分析

Pearson 关联分析结果显示（图 9-3），距市中心距离、平均海拔、人均耕地面积、村庄集体经济收入及村民代表大会召开次数与绿洲乡村人居环境质量具有显著相关关系。

结果显示，距市中心距离在 5% 的显著性水平上与绿洲乡村人居环境质量呈现负相关关系，相关系数为-0. 105；村民代表大会召开次数在 5% 的显著性水平上与绿洲乡村人居环境质量呈现正相关关系，相关系数为 0. 179；人均耕地面积在 5% 的显著性水平上与绿洲乡村人居环境质量呈现正相关关系，相关系数为 0. 063；平均海拔在 1% 的显著性水平上与绿洲乡村人居环境质量呈现负相关关系，相关系数为-0. 289；村庄集体经济收入在 1% 的显著性水平上与绿洲乡村人居环境质量呈现正相关关系，相关系数为 0. 221。可以看出，金昌市绿洲乡村人居环境质量受到自然地理条件的影响最大，其次为社会经济和社会资本属性，即海拔越低、距市中心越近、人均耕地面积越大、村庄集体经济收入越高、村

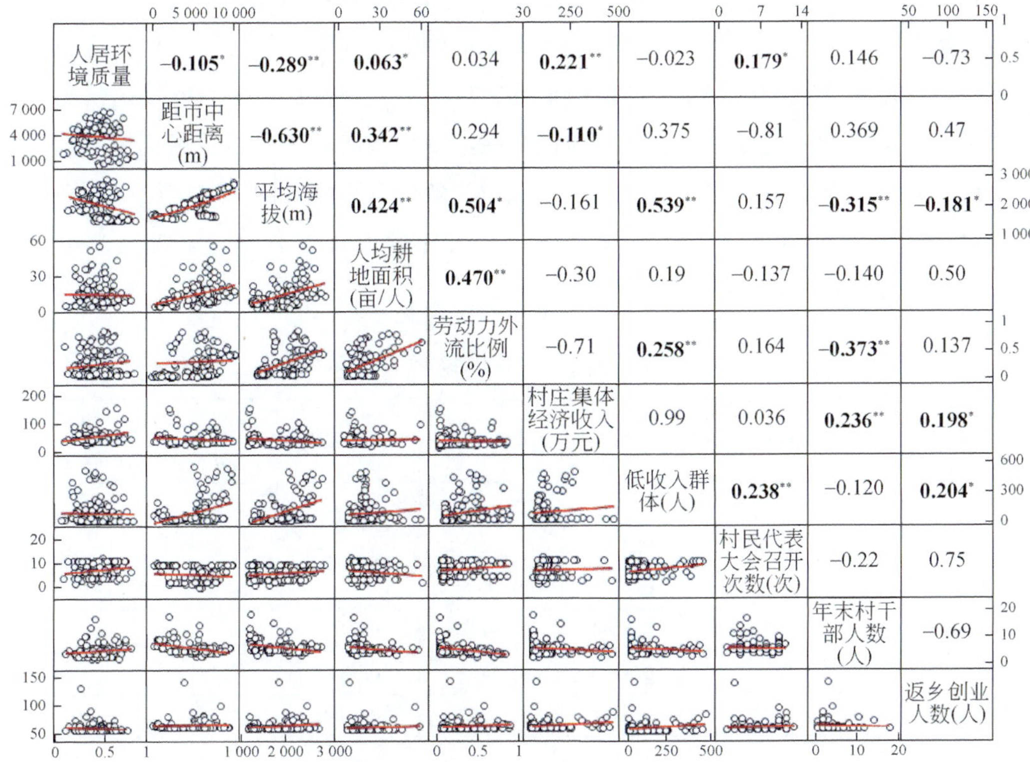

图 9-3 Pearson 关联测度分析图

*、**分别表示变量在 5%、1%水平上显著

庄内部的基层组织水平以及村级基层组织的建设完善度越好，绿洲乡村人居环境质量越好，反之人居环境质量越差。

2. 地理探测分析

利用地理探测器模型，将上述 9 个因子分别与绿洲乡村人居环境质量进行空间探测分析，计算得到自然地理条件中距市中心距离、海拔及人均耕地面积，社会经济条件中低收入群体与村庄集体经济收入，社会资本属性中村民代表大会召开次数对金昌市绿洲乡村人居环境存在显著影响，其决定力依次分别为 0.1277、0.3538、0.1045、0.0465、0.0986 和 0.0593。可以看出，距市中心距离、海拔、人均耕地面积、村庄集体经济收入对绿洲乡村人居环境质量的影响较大，其中海拔和距市中心距离对绿洲乡村人居环境质量的影响最大，而低收入群体和村民代表大会召开次数对绿洲乡村人居环境质量的影响较小。

交互探测结果表明，不同的影响因素之间存在相互增强的作用力，这种交互作用力可以解释为双因子增强和非线性增强两种现象，这说明金昌市绿洲乡村人居环境质量受到多种因素的共同作用影响，并且这种多因素综合影响力大于各个因素单独作用力（表 9-3）。距市中心距离、海拔、人均耕地面积、低收入群体、村庄集体经济收入及村民代表大会召开次数各个因素进行交互后均呈现出了线性增强。从各个因素的交互作用来看，距市中心距离和海拔与其他因素交互作用后的影响力值均达到了 0.3 以上，说明在村庄进行人居环境的建设时，应该充分利用好村庄的自然地理区位优势，在依托市中心的辐射带动作用的同时，加强其他方面的建设，能够更好地促进绿洲乡村人居环境质量的优化提升。由此可见单个影响因素的调控对于绿洲乡村人居环境质量的提升力度有限，在进行绿洲乡村人居环境建设时应该综合考虑，在制定绿洲乡村人居环境优化方案时，更要兼顾多种相关因子。

表 9-3　绿洲乡村人居环境影响因子交互探测结果

要素	距市中心距离	海拔	人均耕地面积	低收入群体	村庄集体经济收入	村民代表大会召开次数
距市中心距离	0.1277					
海拔	0.4417	0.3538				
人均耕地面积	0.3052	0.4311	0.1045			
低收入群体	0.3579	0.5264	0.3444	0.0465		
村庄集体经济收入	0.4023	0.4868	0.2426	0.3318	0.0986	
村民代表大会召开次数	0.3959	0.5514	0.3960	0.2465	0.3531	0.0593

综合 Pearson 关联分析测度方法、地理探测分析方法的结果，最终确定距市中心距离、海拔、村庄集体经济收入、村民代表大会召开次数作为影响金昌市绿洲乡村人居环境质量空间分异的主要影响因素。此外，金昌市绿洲乡村人居环境质量也受到多种因素的共同作用影响，并且这种多因素综合影响力大于各个因素单独作用力。

距市中心距离反映了各评价单元距离金昌市的垂直距离，即距离市中心越远，绿洲乡村人居环境则越低，反之则越高。这是因为金昌市市中心对于周围地区的辐射影响较大，而远离市中心的边缘地区所受辐射影响则较小。海拔反映了各评价单元距离海平面的垂直距离，海拔低的区域其绿洲乡村人居环境相对较好，这是因为海拔低的地区其生态环境相对较好，适宜于人类生存与发展，基础设施的建设成本相对较低，利于集中整治绿洲乡村人居环境并且便于社会资本的引入。另外，海拔低的地区有利于开展生产活动，适宜农作物的生长。村庄集体经济收入反映了村庄内部的经济状况，是村庄内部整体经济水平的体现。在生活环境方面，村庄集体经济收入影响着基础设施和公共服务设施的完善度。只有拥有充足的资金保障，才能够加大村容村貌的整治力度，使得农村基础设施功能得以体现，并且建立完善的公共服务设施体系。在生产环境方面，村庄的集体经济实力可以推动农村先进生产力发展，促进产业融合、发展新型经营主体，与此同时可以繁荣农村先进文化，推动旅游业的发展，最终实现农民的根本利益。在生态环境方面，生态环境的维护以及绿洲乡村污染治理都需要相应的资金投入，因此农村集体经济收入在一定程度上对生态环境质量也有影响。由此可见，村庄的集体经济收入是村庄开展人居环境整治时的必备物质基础。村民代表大会的召开次数反映了村庄内部的基层组织水平以及村级基层组织的建设完善度。通过这种方式，可以按照村民的意愿，解决农村工作中存在的诸多难题，针对性地改善当地绿洲乡村人居环境。与此同时，提升村民对于绿洲乡村人居环境改善的重要性认识，促进文明村风的形成，建设农村精神文明。在产业发展问题上，村务人员可以为村民提供较为有价值的咨询和意见，从而促进农村产业的科学化发展，进一步完善绿洲乡村的产业环境。会议的召开也有利于村民环境保护意识的形成，对生态环境产生一定的积极意义。

9.4 绿洲乡村人居环境质量地域分区与差异化治理

9.4.1 地域分区

乡村地域类型的划分是从特定的地理空间中，基于一定的地理要素划分出具有高度相似的地域子单元，使得不同地域单元之间的差异性尽可能大。科学合理的类型分区能够全面考虑资源、环境、人文、经济等各方面因素，将乡村发展现状与乡村发展方向相结合，并且遵循空间的不间断性和一致性原则。根据前文对于金昌市的绿洲乡村人居环境的评价结果，结合生活环境、生产环境和生态环境子系统的建设水平以及自然地理条件、社会经济条件和社会资本属性等影响因素，运用聚类分析法划分金昌市绿洲乡村人居环境地域类型。

将金昌市的133个评价单元的绿洲乡村人居环境质量得分（生活环境质量、生产环境质量、生态环境质量）导入SPSS中，对数据进行无量纲处理后，通过系统聚类法计算公式进行聚类分析，并结合各地区的自然地理条件、社会经济条件和社会资本属性作为主导因素，将金昌市绿洲乡村人居环境质量地域类型划分为优化提升型、政策引领型、产业驱动型以及生态协同型。在每个大区内部，依据子系统的建设水平和自然地理特征的不同，细分为不同的二级区域，最终依据绿洲乡村人居环境质量将金昌市划分为4个大区和9个二级区域，具体如图9-4和表9-4所示。

表9-4 金昌市绿洲乡村人居环境地域类型分区表

一级区域	二级区域	村庄数量/个
优化提升型（Ⅰ）	双湾综合环境示范区（Ⅰ-1）	15
	宁远堡生活环境优化区（Ⅰ-2）	7

续表

一级区域	二级区域	村庄数量/个
政策引领型（Ⅱ）	城—东综合环境发展区（Ⅱ-1）	21
	南—六综合环境建设区（Ⅱ-2）	17
	河西堡产业环境发展区（Ⅱ-3）	12
产业驱动型（Ⅲ）	红山窑综合环境建设区（Ⅲ-1）	12
	新—焦综合环境提升区（Ⅲ-2）	25
生态协同型（Ⅳ）	朱王堡生态环境培育区（Ⅳ-2）	13
	水源综合环境建设区（Ⅳ-1）	11

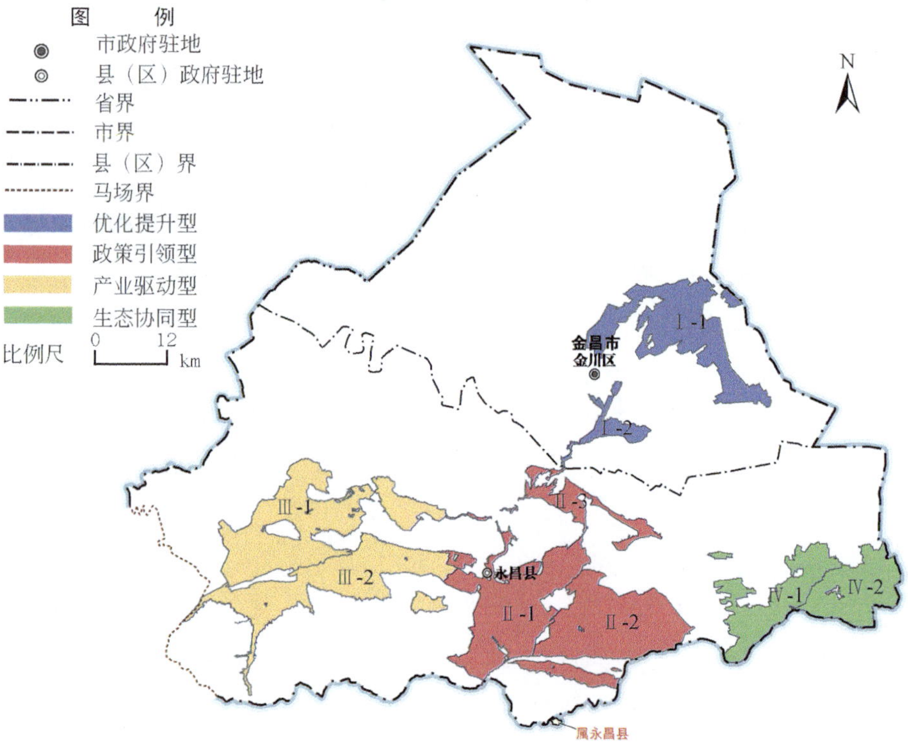

图 9-4　金昌市绿洲乡村人居环境地域类型分区

优化提升型乡村主要包括金昌市北部地区的双湾镇和宁远堡镇的 22 个村庄，该类型区域评价得分普遍较高，是金昌市绿洲乡村人居环境质量高值聚集中心。根据乡村人居环境空间特征分析，这一地区具有充沛的水资源和良好的生态环境，绿洲乡村产业环境较好，非农产业发展迅速，基础设施与公共服务设施相对完善，农民生活环境质量相对较高。该类型区包括双湾综合环境示范区和宁远堡生活环境优化区 2 个二级区域。

政策引领型主要位于市域南部地区，包括河西堡镇、城关镇、东寨镇、六坝镇和南坝乡 5 个乡镇，50 个村庄，是永昌县境内的重要组成部分。该区域内沙漠与绿洲相间，生态环境较差，绿洲乡村产业结构单一，居民生活水平较低。这一地区的绿洲乡村人居环境整体偏低，没有突出的优势，需要充分发挥出政策的引导作用，给予该地区一定力度的扶持。该区域包括城—东综合环境发展区、南—六综合环境建设区、河西堡产业环境发展区3个二级区域。

产业驱动型位于市域西部，包括红山窑镇、新城子镇以及焦家庄镇3个镇，共37个村庄。该类型区域农业基础深厚，但是多以自然和半自然产业为主，产业结构单一，农产品商品率低。这一地区农村基础设施与公共服务设施还有待提高，区域内经济发展依赖于生态环境，设施农业所占面积普遍较低，特色保护村落较多，传统文化丰富但有待进一步挖掘。该类型区共包括新—焦综合环境提升区、红山窑综合环境建设区2个二级区域。

生态协同型位于市域东部，包括东部朱王堡镇和水源镇2个乡镇，共24个村庄。该类型区域农村的基础设施与公共服务设施不够完善，住房条件还有待提高，但是地势平坦，地形以平原为主，戈壁荒漠、绿洲依次排列，西北—东南展开，光热水土资源丰富，绿洲乡村人居环境质量总体处于中等水平以上。其以水源涵养和生态功能为主，可提高水资源利用效率，发展节水农业、循环农业和生态农业，辅助提供农产品及旅游服务功能。该类型区域包括朱王堡生态环境培育区和水源综合环境建设区2个二级区域。

9.4.2 差异化治理

1. 优化提升型

双湾综合环境示范区包括宁远堡镇的马家岸村和西坡村以及双湾镇的15个村庄，该类型区内绿洲乡村人居环境质量普遍较高。这一地区内的生活环境优越，并且产业环境良好，地势平坦、水源充足，优越的生态环境非常适宜人居环境的建设与发展。未来建设重点如下：①根据城市发展要求及村庄改造难度，统筹安排，有序推进城镇化进程，争取改造一段、完善一段，避免“一窝蜂”式改造。②以产业转型为先导，鼓励发展非农产业及蔬菜大棚等高附加值的节水型特色农业及现代观光农业。③深入挖掘三角城遗址等特色传承文化，同时创新绿洲乡村休闲农业、文化和生态旅游模式，将绿洲乡村旅游建设项目与绿洲乡村人居环境建设融为一体，促进绿洲乡村人居环境建设与美丽绿洲乡村建设的有机统一。

宁远堡生活环境优化区包括宁远堡镇除马家岸村、西坡村以外的7个村庄。该类型区人居环境评分较高，生活、生产环境受到中心城区的辐射较大，推动了其绿洲乡村人居环境建设水平的提高，但发展的同时给生态环境带来了一定的负面影响，造成农业农村等诸多问题的显现。未来建设重点如下：①消除城乡差异，逐步过渡到城市地区，实现有序城镇化。②以农业和农村为载体，充分利用各类资源优势，进一步调整与优化产业结构，向周围地区延伸农业产业链条。③深入推进各项环境绿化工程，高度重视生态环境保护，集中处理绿洲乡村环境卫生等突出问题。

2. 政策引领型

城—东综合环境发展区包括城关镇和东寨镇的21个村庄，由于该区域地处内陆干旱地区，受自然和人类活动的影响，自然生态环境十分脆弱，基础设施和公共服务设施相对完善，但农村环保设施建设与管理滞后，农村局部区域生活污水和生活垃圾得不到有效处理，农牧业生产能力大幅度提高的同时产生废弃物也大量增加，成为农村人居环境建设的主要瓶颈。未来建设重点如下：①通过对镇域村庄进行综合分析，合理布局，为村庄持续、健康、快速发展创造内部条件，推动农村全面发展，逐步缩小城乡差距，最终实现城乡一体化。②村庄的发展必须进一步贯彻节约用地的原则，提高土地利用率；减少对生态环境资源和旅游资源的破坏，提升人居环境质量。③优化整合城乡各项资源，以有利生产、方便生活为原则，统一配套基础设施和公共服务设施，同时保证设施的高效利用，防止低水平重复建设。

南—六综合环境建设区包括六坝镇和南坝乡2个乡镇的17个村庄，该区域为金昌市绿洲乡村人居环境质量低值聚集区之一，除乡镇政府所在地以外，其他区域生产、生活环境都比较差。未来建设重点如下：①以产业链延伸、产业范围拓展和产业功能转型为表征，以产业发展和发展方式转变为结果，通过形成新技术、新业态、新商业模式，带动资源、要素、技术、市场需求在绿洲乡村的整合集成和优化重组。②依托高效节水设施农业建设，推广新技术、新品种，新建日光温室、蔬菜拱棚、养殖暖棚等各类农业附属设施，大力提高各类农产品的亩产量，形成规模效应。③从实际需要出发，规划配套完善的农村基础设施和公共服务设施；建设体系合理、布局紧凑、配套完善、集约发展、安全方便的社会主义新农村。

河西堡产业环境发展区包括河西堡的12个村庄，这一地区为金昌市区与永昌县城之间的中心地带，是甘肃省第一工业大镇，区域内山地平川交错，绿洲荒漠相间，是甘肃省重要的商品粮油基地。其基础设施相对完善，设施农业发展较好，但是生态环境制约了绿洲乡村人居环境的建设。未来建设重点如下：①以化工、能源为主，冶金、新型建材工业为辅，全面发展高效农业、商贸、物流、综合服务业，实现产业多元化发展。②遵循第一产业向外延伸的思路，依托优势产业，挖掘生态资源、绿洲乡村景观和民俗文化等特色资源，促进农业与旅游业融合发展。③综合考虑村庄交通区位、人口规模、产业特色以及城镇基本公共服务便利性等方面的差异，结合村庄类型，按需配置不同标准的基本公共服务设施。

3. 产业驱动型

红山窑综合环境建设区主要包括市域西部的红山窑镇的12个村庄，该区域属于金昌市的边缘地区，绿洲乡村人居环境质量低值聚集区之一。这一地区的基础设施匮乏，绿洲乡村产业基础薄弱，区域内戈壁与绿洲相间分布，自然地理条件处于劣势。未来建设重点：①因地制宜，大力发展节水型特色农业，按照集中发展的思路，促进农副产品加工等非农产业的发展。加强村庄社会公共服务设施及基础设施建设。②鼓励发展新型经营主体，推行家庭农场、专业合作社等产业模式；促进产业融合水平，通过网上销售等线上渠道提高农业产品的商品率。③严格保护耕地，坚持土地的集约高效利用，积极推进土地经营权的流转，发挥土地的规模化效益，发展设施农业，减少自然条件的限制。

新—焦综合环境提升区包括新城子镇和焦家庄镇的25个村庄，该类型区域农业基础深厚，但是多以自然和半自然产业为主，产业结构单一，农产品商品率低。这一地区农村基础设施与公共服务设施还有待提高，区域内经济发展较依赖于生态环境，设施农业面积占比普遍较低，特色保护村落较多，传统文化丰富但有待进一步挖掘。未来建设重点如下：①按照循序渐进、因地制宜、量力而行、稳步推进的思路，加强村庄的整理和村容村貌的综合整治，积极建设社会主义新农村，积极吸引周边村庄的人口集聚。②突出绿洲乡村特色、地方特色和民族特色，保护有历史文化价值的古村落和古民宅，结合本地自然及人文旅游资源，鼓励发展绿洲乡村旅游。③加强基础设施与公共服务设施的建设，实现市政、环卫、供电、供水、供气等综合配套，实现教育设施、医疗设施、文体设施等公共服务设施的综合配套。

4. 生态协同型

水源综合环境建设区包括水源镇的11个村庄，该类型区域位于绿洲地区，地势平坦，其设施农业发展相对较好，但是产业融合水平低，缺乏新型经营主体，绿洲乡村整体建设水平较低，农村落后现象较为明显。未来建设重点如下：①引入新观念、新思路，延伸农业产业链，以粮食、无公害蔬菜、水果、牛羊肉等及农副产品深加工为主导方向，建立“专业化+产业化+网络化+现代化”的物流配送机制，为永昌县、金昌市、武威市等提供农副产品配送服务。②以实施农村饮水安全工程为重点，发展城乡供水一体化系统，提高农村自来水入户普及率。③搞好居民点绿化美化规划设计，以居民点周围、道路两旁、房前屋后增绿为重点，营造护村林、护路林，提高居民点绿化覆盖率。

朱王堡生态环境培育区包括市域东部的朱王堡镇的13个村庄，该类型区域内基础设施和公共服务设施建设水平较落后，绿洲乡村产业发展相对缓慢，是金昌市内重要的水源地，生态环境良好。未来建设重点如下：①扩大各类蔬菜、玉米的种植规模，实现品牌化管理。另外以农业种植、农耕文化为载体，打造集“休闲采摘、农事体验、科普教育为主题的生态农业体验基地。②引导开发绿洲乡村旅游业，按照依托一产、村民参与、逐步推进的总体思路，发展民宿、各类农家乐等旅游项目，使之成为绿洲乡村发展的新增长极。③严控养殖污染，改善农村水环境卫生条件，提高村庄污水处理能力，加强农村危房整治改造。

9.5 小　　结

我国乡村振兴战略正处在一个全面推进的阶段，乡村人居环境质量评估与提高已成为实施乡村振兴的重要内容。通过对 2019 年金昌市绿洲乡村人居环境质量空间分异特征及其主要影响因素的研究，探讨了金昌市 133 个行政村的分区治理措施。得出结论主要如下：①金昌市绿洲乡村人居环境子系统空间差异显著。生活环境质量在城市辖区及周边地区明显高于其他地区，总体上呈现出“北高南低”的空间格局；生产环境质量整体水平较低，北部双湾镇和西部新城子镇的部分地区生产环境优于其他地区；生态环境质量呈现出明显的区域差异，东部生态环境整体较好于其他地区。②金昌市绿洲乡村人居环境质量综合指数存在空间异质性和集聚性特征，空间格局表现为由北向南逐渐降低，高值区主要集中在 1 个较大的热点区，低值区主要集中在 3 个较大的冷点区，空间聚集类型以高-高、低-低为主。③金昌市绿洲乡村人居环境质量既受到单一因素的影响，也受到多种因素的共同作用。距市中心距离、海拔、村庄集体经济收入、村民代表大会召开次数是影响金昌市绿洲乡村人居环境质量空间分异的主要影响因素，且各要素交互对其的影响大于单一因素的作用力。④将金昌市 133 个行政村划分为优化提升型、政策引领型产业驱动型、及生态协同型 4 个一级区，从优化绿洲乡村的生活、生产、生态环境的视角，提出发展对策，实行差别化治理。

第 10 章

绿洲乡村宜居水平评价及分类治理

全球化、信息化、城镇化背景下，城乡关系不断发生变化。长期以来，城市对乡村形成的虹吸效应正在使我国乡村人口大量流出，逐渐破坏了我国城乡之间的经济相依性、资源互补性以及生态共生性。因此本章从留守人口的角度对绿洲乡村的宜居水平进行评价及分类治理研究。基于参与式农村评估方法，本章首先从留守老人个性、留守妇女个性、留守儿童个性及三者的共性这四个维度构建乡村宜居性评价指标体系。其次，计算各留守村庄最终的综合宜居水平并进行评价。同时，以三种留守人口个体成长需求为基础，结合乡村的宜居性，实施逐步的分层评估，全面整合各类特征，从而将留守村庄划分为5类：优化提升型、改善短板型、均衡发展型、潜力提升型、综合提升型村庄。最后，针对不同类型的村庄提出不同的治理路径。综上所述，本章旨在通过评价及分类治理研究，从宜居性的角度对绿洲乡村进行分类治理，为提高绿洲乡村的宜居水平以及满足留守人口的发展需求提供科学指导，以期实现绿洲乡村的可持续发展。

10.1 引　　言

全球化、信息化、城镇化推动着城乡关系的不断转型与重塑，全球城乡关系经历了从城乡分割、对立，到城乡协调、一体化、等值化的过程（刘彦随等，2021）。我国城乡间具有经济发展的相依性、资源的互补性、生态的共生性等特点（陆林等，2019），但长期以来城市对农村的虹吸效应使乡村出现了生产要素非农化、乡村主体老弱化、乡村用地空心化、乡村环境污损化等“乡村病”（谭雪兰等，2017）。在乡村振兴战略背景下，拥有适宜优美的自然环境、便利的交通环境、良好的就业环境、丰富的文化环境以及优良的医疗和教育资源成为乡村可持续发展的目标。因此，从微观角度科学构建宜居乡村评价指标体系，正确把握村庄发展类型，提出精准合理的分类治理对策成为乡村可持续发展的关键。

近年来，学者针对城乡人居环境及其宜居性开展了大量的研究。20世纪50年代，希腊建筑规划学家道萨迪亚斯率先提出“人类聚居学”理论，并于1968年出版了《人类居住科学介绍》，其中就提到“人类不再满足他们的居住环境”等言论，开启了关于人居环境的研究。世界卫生组织（WHO）于1961年提出了以安全、健康、便利和舒适为核心的人居环境理念（Marjanne and Marc，2007）。总体来看，关于宜居性的研究在城市领域相对成熟，已经形成了较为完善的评价体系与系统的研究方法（Doxiadis and Athropopolis, 1975；Hahlweg，1997；Dahms，1998；Palej，2000；Nunt，2004；谭雪兰等，2017；Paul and Sen，2018），但在乡村领域相对薄弱。早期的乡村宜居性研究多集中于自然环境与生态安全方面，研究方法多以主观性的描述为主（Singh，1975；Clocke，1983）。20 世纪中后期，行为学、社会学、经济学等学科与地理学的交互越来越频繁，乡村宜居性研究的重心逐渐从自然向乡村经济发展、社会人文方面偏移，多角度、多领域、多学科的科学成果开始广泛应用到乡村宜居的具体研究中，学者普遍认为人口密度、移民、乡村公共政策等因素是影响乡村宜居性的主要因素（姚士谋和吴楚材，1982；Kanbur and Zhang，1999；Schmitt and Henry，2000）。我国关于乡村宜居性的研究始于 20 世纪末吴良镛院士提出的“人居环境科学”（吴良墉，2001）。之后，随着计量革命、行为革命及计算机科学技术的进步，乡村宜居性偏向于系统性综合评价，且多以定性、定量相结合的方法为主，具体的研究对象大多聚集在乡村土地等资源集约利用及乡村景观环境上（Faiz et al.，2012；Qu et al.，2017；郑小玉和刘彦随，2018；文琦和郑殿元，2019；Wang et al.，2019；Qu et al.，2019；Jiang et al.，2020；Li et al.，2020；Xu and San，2020；Xie et al.，2022；Ma et al.，2022）。

长期以来，由于城市化的快速推进，我国大部分乡村面临着空心化、边缘化、老弱化、文化传承断层、历史风貌破坏和自然风貌污损等严峻问题（郑小玉和刘彦随，2018），亟须从城乡动态角度确定乡村振兴发展的有效途径，统筹城乡发展空间、优化乡村分布格局，从而搭建城乡间良性循环的桥梁，实现城乡关系协调情况下的可持续发展。2017 年，党的十九大报告明确提出乡村振兴战略和“产业兴旺、生态宜居、乡风文明、治理有效、生活富裕”的乡村建设总要求。实施乡村振兴战略、建设美丽宜居乡村、发挥农民主体作用，重点针对的应该是那些留在农村不能进城的农民，尤其要关注乡村留守人口［指在城市化进程中家庭核心劳动力外出打工，因主客观条件的限制被留在乡村的人群，包括老人、妇女和儿童（毕安平，2014）］的基本需求。2020 年，我国流动人口规模达到 3.76 亿人，占到人口总量的 26.63%，乡村留守人口规模达到 0.87 亿人，占到乡村人口总量的 17.06%，农村留守人口问题日益突出，成为了社会转型时期必须着力解决的全局性问题。然而，乡村留守人口却成为了城乡发展中“被遗忘的人群”，当前社会各界对乡村留守人口关注较少，作为长年居住在农村的人口主体，他们对乡村宜居性的要求不容忽视。因此，改善农村人居环境，建设适老、适妇、适幼的美丽宜居乡村，已成为我国实施乡村振兴战略的一项重要任务。人是乡村振兴的主体，现有研究虽然关注了人这一主体要素，但多将全体村民作为乡村宜居性评价的主体，忽视了不同群体的不同需求，留守老人、妇女、儿童因其年龄、性别、受教育程度、对于社会的态度等多方面的差异，使得他们对村庄的宜居要求也不相同。留守人口作为城乡关系变化的接受者，综合能力相对较弱，难以实质性参与乡村发展和乡村治理的过程，导致乡村治理存在治理主体缺位和治理无方等问题，面临着家庭内部与外部的双重挑战。因此，针对不同留守群体开展乡村宜居性评价，提出分类治理对策，对于解决留守村庄可持续发展问题具有重要的现实意义。

在城市化和农业现代化进程中，金昌市农村劳动力纷纷外出，寻求更好的发展机会，劳务输出者数量多，农村留守现象严重。2020 年的第七次全国人口普查数据显示，与 2010 年第六次全国人口普查相比，金昌市城镇人口增加 50 840 人，乡村人口减少 76 864 人，城镇人口比例上升 15.30 个百分点，比全国平均水平高 1.09 个百分点。就人口流动而言，它代表了我国大部分农村地区的情况。同时，金昌市属于荒漠绿洲交接的生态脆弱区，人口主要分布在少数绿洲附近，绿洲较高的粮食产量和较多的植被为农业生产和居民生活提供了良好的自然环境条件，对绿洲可持续发展的研究探索，可以更加因地制宜地为宜居乡村建设做出相应指导。基于此，本研究以河西走廊金昌市为例，借助 2020 年 139 个行政村社会经济、基础及公服设施、留守人口等的实地调查数据，在留守村庄类型识别的基础上，建立不同主体“个性+共性”相结合的乡村宜居性评价指标体系，分析金昌市留守村庄的宜居性；综合留守和宜居性的组合特征，构建分类依据对村庄进行分类，并提出分类优化治理的对策，以促进乡村振兴和城乡融合发展。

10.2 理论框架

我国自实行家庭联产承包责任制以来，农村生产力得到解放，户籍制度的控制功能开始弱化，农村劳动力在城乡间的流动成为可能（谭雪兰等，2017）。大量农村人口涌入城镇，致使以土地资源粗放利用、人口过疏化、经济发展动力不足为主要特征的农村空心化现象日渐严重（Ma et al.，2022），农村人口呈现老弱化趋势。年轻的劳动力前往城市，留在农村的人口被称为“留守人口”。老人、妇女、儿童是留守人口的主要群体（Ma et al.，2021），其中留守老人是指其子女在外打工而自己留在户籍地一定时间的 60 岁及以上的老人（杨忍等，2012；Liu et al.，2020；李繁荣，2021）；留守妇女是指丈夫外出打工，自己留在农村生活的 60 岁以下的妇女（武前波等，2022；陶慧等，2022）；留守儿童是指父母一方或者双方外出打工，自己在农村生活、上学的 18 岁以下的儿童或青少年（Li et al.，2018；Huang et al.，2020；Xie et al.，2016）。家庭是实现儿童社会化、发挥婚姻功能以及供养老人的基本单位，但农村家庭主要劳动力的流动促使家庭结构发生变化：留守妇女成为留守家庭的核心劳动力，肩负着教育儿童和照料老人的重担；留守儿童成为留守家庭的精神核心，是留守老人和留守妇女的照顾对象（图 10-1）。

乡村宜居性是乡村能给村民带来的发展机会和外部条件的集中体现（Wang et al.，2019）。2018 年末，我国实施了《美丽乡村建设评价》（GB/T 37072—2018），旨在通过村庄建设、生态环境、经济发展、公共服务四个方面进行美丽乡村建设的综合评价。留守人口在乡村发展过程中经受着经济、生计和精神压力，是需要关怀的弱势群体，其发展需求

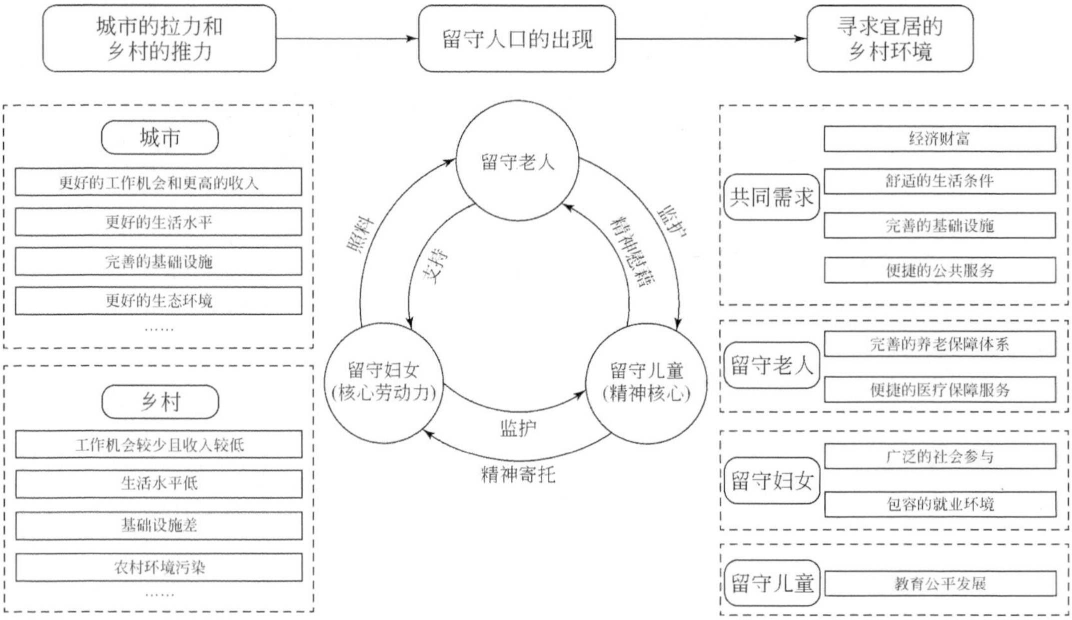

图 10-1　留守人口与农村宜居性的理论分析

不容忽视。准确把握留守人口发展需求，构建相关的乡村宜居水平指标体系，能够揭示目前乡村发展中的短板，找准工作重难点，可以有效指导宜居乡村建设。马斯洛在其《人类动机理论》中将人类的需求划分为五类，五种需求的层次由低到高排列，分别为生理、安全、社交、尊重和自我实现五级需求，一种需求满足之后，另一个更高的需求就会产生，成为引导人的行为的动力。各层次需求满足状况呈现阶梯状态，越低层次的需求，其满足状况越佳。最大限度地满足留守人口需求，能够提升留守人口的“满足感和获得感”，提高乡村宜居水平。舒适健康的居住环境、方便可及的公共服务、城乡一体的基础设施等方面是村民对生理、安全、社交等层次需求的体现。然而，留守群体因不同年龄和社会角色，自身发展需求有异，对于生活环境的需求不同，且与普通农村居民相比，他们抵御风险和发展建设能力较低，发展需求更需要被关注。当前家庭养老模式逐渐向农村社会互助养老的新模式转变，留守老人在缺乏子女陪伴的情况下身心健康往往比较脆弱（Watson and Deller，2017），养老保障及医疗健康成为迫切的需要；留守妇女作为家庭中重要的劳动力，是易被遗忘的群体，面临赡养老人、抚养儿童、维持生计等压力，她们需要良好的就业环境和平等的社会环境以发挥自身的影响和价值；留守儿童在成长过程中缺少父母陪伴的家庭教育，与非留守儿童相比，他们常常会有更多的成长风险、心理负担和行为问题，教师和学校的支持是留守儿童发展的重要资源，可以通过弥补父母情感支持的缺失来降低留守儿童生活中的焦虑（Huang et al.，2020）。

10.3 研究方法及数据来源

10.3.1 参与式农村评估方法

参与式农村评估方法（Participatory Rural Appraisal，PRA）是一种在介入农村社区的条件下，了解农村生活、农村社会经济活动、农村及社区发展问题与机会等内容，对农民及农民的行为进行分析的社会科学调查方法。它吸取了数学、经济学、社会学、人类学、测量绘图学等学科的研究方法，形成了一套较为标准的方法体系。针对金昌市留守人口的社会问题，课题组基于参与式农村评估方法在2021年5月对金昌市进行了为期10天的入村调研。在全面掌握村庄自然基础、发展优劣势、社情民意的基础上，与村干部成员采用半结构式访谈方法，了解村庄发展变迁历史、人口现状及结构、土地利用现状及结构、社会经济发展现状、农户基本情况（农户居住条件、公共卫生、服务设施等现状）等内容。调查过程中严格遵循知情认可、平等和尊重、非受损的研究伦理原则，在沟通交流与互动中完成调查。调查最终获取到2020年139个行政村人口现状、产业发展、居民生活、社会保障、基础设施建设、集体经济等11个方面的有效数据。其中，在产业发展、社会保障、基础设施、村集体经济情况、村干部情况5个方面提取17个相关变量用于指标的建立。调查数据显示，2020年金昌市139个行政村中，有96个行政村存在留守人口，占行政村总数的69.06%。因此，本章选择存在留守人口的96个行政村为研究案例区，称其为留守村庄。

10.3.2 适老、适妇、适幼宜居水平评价

1. 评价指标体系构建

构建合理全面的评价指标体系是对金昌市村庄适老、适妇、适幼环境宜居性进行准确评价的关键和量化基础。一方面，不同留守群体面临不同的留守问题，其对于居住环境的需求亦存在差异；另一方面，不同留守群体生活在相同的环境中，其面对着同样的居住环境。基于此，在构建评价指标体系时，要根据不同留守群体建立不同的个性指标，同时考虑农村整体居住环境建立共性指标。

遵循数据选择的科学性、系统性、综合性等原则，以及乡村宜居性的政策相关性、多维综合性、研究对象针对性、数据可获得性等需求，参照国内外乡村宜居性评价标准，从留守老人、留守妇女、留守儿童所处环境对自身需求的供给建立个性指标，从经济富裕、

居住条件、基础设施、公共服务等乡村人口共同需求的角度建立共性指标（表 10-1）。在经济利益的驱使下，农村青壮年进入城市，其父母因为年龄较大而被留在了农村，形成了留守老人群体（Watson and Deller，2017）。调查中发现，农村留守老人往往生活简朴，居住环境较差，不少仍从事繁重的田地劳作，相当一部分老人患有老年病。留守老人对于养老、医疗等的需求度较高，故从养老保障和医疗保障 2 个方面建立留守老人的个性指标。大量青壮年男性劳动力长期外出务工，由于各种原因不得不与配偶两地分居，形成了留守妇女群体。由于丈夫长期外出，留守妇女往往独自背负巨大的家庭压力，其中经济压力居于首位，但不少农村家庭妇女的收入并不稳定，稳定的就业环境成为留守妇女解决经济压力的主要方向，故从就业环境和社会参与 2 个方面建立留守妇女的个性指标。与此同时，由于经济条件不允许等障碍，外出务工人员只能将子女留在农村生活、学习，形成了大规模的留守儿童群体。留守村庄的生活给这些儿童的身心成长带来了严重而长远的影响，尤其表现在教育资源上，故从教育发展方面建立留守儿童的个性指标（表 10-1）。

表 10-1　针对留守人口的乡村宜居性评价指标体系及指标权重

目标层		一级指标	二级指标	指标方向
个性指标（0.3749）	留守老人	养老保障（0.4752）	人均拥有的互助型养老服务设施个数-X_1（1.0000）	+
		医疗保障（0.5248）	人均拥有卫生室数量-X_2（0.8045）	+
			与一级医院的距离-X_3（0.0586）	−
			与二级医院的距离-X_4（0.0589）	−
			与三级医院的距离-X_5（0.0780）	−
	留守妇女	就业环境（0.7939）	拥有村内农产品加工企业数-X_6（0.1638）	+
			拥有农业企业数-X_7（0.2029）	+
			有营业执照、开展休闲农业和乡村旅游的农户数-X_8（0.2785）	+
			开展网上销售农产品的农户数-X_9（0.3548）	+
		社会参与（0.2061）	女干部在村干部中的百分比-X_{10}（1.0000）	+
	留守儿童	教育发展（1.0000）	与幼儿园的距离-X_{11}（0.2842）	−
			与小学的距离-X_{12}（0.2087）	−
			与初中的距离-X_{13}（0.2669）	−
			与高中的距离-X_{14}（0.2402）	−
共性指标（0.6251）		经济富裕（0.4102）	农村居民人均可支配收入-X_{15}（0.0324）	+
			本村居民人均从村集体获得的收益（分红）-X_{16}（0.9676）	+
		居住条件（0.2028）	宅基地面积/户数-X_{17}（1.0000）	+

续表

目标层	一级指标	二级指标	指标方向
共性指标（0.6251）	基础设施（0.2033）	通公路的村民小组个数/本村村民小组数量-X_{18}（0.0385）	+
		完成改厕的村民小组个数/本村村民小组数量-X_{19}（0.2202）	+
		通天然气的村民小组个数/本村村民小组数量-X_{20}（0.7011）	+
		通宽带互联网的村民小组个数/本村村民小组数-X_{21}（0.0402）	+
	公共服务（0.1837）	人均拥有农民业余文化组织的数量-X_{22}（0.3940）	+
		人均拥有图书室（馆）、文化站的数量-X_{23}（0.2430）	+
		人均拥有体育健身场所的数量-X_{24}（0.3630）	+

注：一、二、三级医院根据《医院分级管理办法》划分

2. 数据标准化处理

在对金昌市村庄适老、适妇、适幼宜居性进行评价时，为了排除不同指标量纲及数值大小对结果的影响，需对初始数据进行标准化处理。指标值越大，宜居性水平越高时，采用正向指标计算公式［式（10-1）］进行标准化处理；指标值越小，宜居性水平越低时，采用负向指标计算公式［式（10-2）］进行标准化处理。计算公式具体如下所示。

正向指标：
$$Z_i=(X_i-\min X_i)/(\max X_i-\min X_i) \tag{10-1}$$

负向指标：
$$Z_i=(\max X_i-X_i)/(\max X_i-\min X_i) \tag{10-2}$$

式中，X_i和Z_i分别为金昌市各行政村2020年第i指标的原始值和标准化后的数值；$\max X_i$和$\min X_i$分别为第i指标的最大值和最小值。

3. 熵值法

为避免了人为因素带来的偏差，本研究采用客观赋权法中的熵值法来计算宜居性评价结果。其具体方法如下：

$$\delta_i=\frac{D_i}{\overline{Z}_i} \tag{10-3}$$

$$W_i=\frac{\delta_i}{\sum_{i=1}^{n}\delta_i} \tag{10-4}$$

式中，δ_i、D_i、$\overline{Z}_i$和W_i分别为第i指标的变异系数、均方差、均值和权重值。

10.3.3 综合宜居水平评价

根据留守金字塔模型识别金昌市村庄的留守类型结果，计算各留守村庄最终的综合宜居水平，计算公式为

$$P = \sum_{i=1}^{5} W_i \times Z_i + \sum_{i=6}^{10} W_i \times Z_i + \sum_{i=11}^{14} W_i \times Z_i \tag{10-5}$$

$$\mathrm{ERL} = P \times W_1 + \sum_{i=15}^{24} W_i \times Z_i \tag{10-6}$$

式中，P 为村庄个性宜居水平；ERL 为乡村综合宜居性水平；W_i为个性宜居水平的权重。ERL 越大，表明乡村宜居性水平越好；反之，则越差。

10.3.4 村庄治理类型划分思路

村庄治理类型划分是在理论框架的基础上，从留守人口发展过程需求要素进行分析，以乡村系统中经济发展、居住条件、基础设施、公共服务、养老保障、医疗保障、就业环境、社会参与以及教育发展等要素的空间分异特征，选择适老宜居水平、适妇宜居水平、适幼宜居水平、共性宜居水平 4 个子系统综合评价，根据村庄各项宜居水平均衡程度，将乡村类型合理归类，从而划定不同类型村落，为分类推进乡村发展提供理论参考依据。

10.4 村庄宜居水平评价

根据村庄宜居性评价指标体系，分别计算留守村庄的个性、共性以及综合宜居水平，并借助自然断点法将其划分为三个等级：低值区（Ⅰ级)、中值区（Ⅱ级）和高值区（Ⅲ级)。

10.4.1 个性宜居水平

村庄适老宜居水平空间差异较大，宜居指数平均值为 0.1874，高于平均水平的评价单元占总评价单元总数的 54.17% [图 10-2（a)]。其中，低值区 44 个，占到留守村庄总数的 45.83%，分散分布在整个研究区；中值区数量最多，达到 47 个，占到留守村庄总数的 48.96%，主要分布在永昌县南部绿洲–荒漠–草原交错带；高值区数量最少，仅为 5 个，占到留守村庄总数的 5.21%，主要分布在永昌县东南部。38 个留守老人型村庄中，低值区数量最多，达到 20 个，占留守老人型村庄总数的 52.63%；中值区 17 个，占留守老人型村庄总数的 44.74%；高值区仅有 1 个，为河西堡镇的西庄子村。

村庄适妇宜居水平整体偏低，宜居平均值为 0.1418，高于平均水平的评价单元占总评价单元总数的 29.17% [图 10-2（b)]。其中，低值区数量最多，达到 58 个，占到留守村庄总数的 60.42%，主要分布在永昌县南部绿洲–荒漠–草原交错带；中值区 28 个，占到留守村庄总数的 29.17%，分散分布在整个研究区；高值区数量最少，仅为 10 个，占到留守村庄总数的 10.41%，主要分布在金川区和永昌县城市外围。21 个留守妇女型村庄中，低值区数量最多，达到 14 个，占留守妇女型村庄总数的 66.67%；中值区 5 个，占留守妇女型村庄总数的 23.81%；高值区仅有 2 个，为双湾镇的天生坑村和宁远堡镇的西坡村。

村庄适幼宜居水平相对较高，宜居平均值为 0.6608，最小值为 0.3746，高于平均水平的评价单元占总评价单元总数的 48.95% ［图 10-2（c）］。其中，低值区 26 个，占到留守村庄总数的 27.08%，主要分布在永昌县西部的草原带和东部的荒漠-绿洲交错带；中值区数量最多，达到 45 个，占到留守村庄总数的 46.88%，主要分布在永昌县南部绿洲-荒漠-草原交错带；高值区数量最少，为 25 个，占到留守村庄总数的 26.04%，主要分布在金川区和永昌县中部。28 个留守儿童型村庄中，低值区为 8 个，占留守儿童型村庄总数的 28.57%；中值区数量最多，为 14 个，占留守儿童型村庄总数的 50%；高值区为 6 个，占到留守儿童型村庄总数的 21.43%。

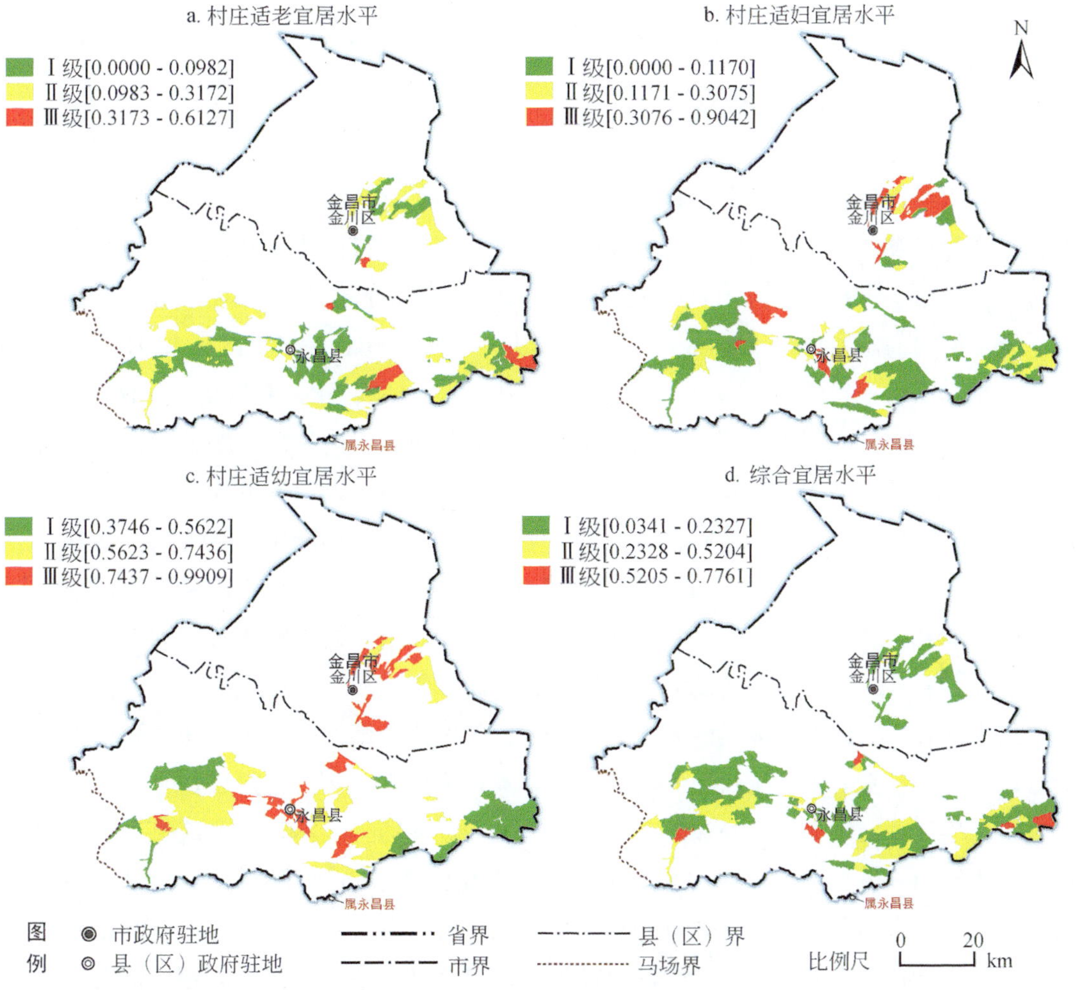

图 10-2　金昌市乡村宜居水平空间分布

10.4.2 综合宜居水平

村庄综合宜居水平整体较低，宜居平均值为0.2336，最小值仅为0.0341，高于平均水平的评价单元占总评价单元总数的40.63%。其中，低值区数量最多，为58个，占到留守村庄总数的60.42%；中值区33个，占到留守村庄总数的30.37%，低值区和中值区均分散分布在整个研究区；高值区数量最少，仅为5个，占到留守村庄总数的5.21%，呈点状分散分布在永昌县。

10.5 村庄治理类型划分及路径选择

10.5.1 村庄治理思路

金昌市整体乡村宜居水平偏低，低值区占比最大，说明对留守人口需求的满足程度低，整体经济发展、公共服务、基础设施的水平和配置有待优化提升，生活和生产条件需要进一步改善。乡村留守人口现象的出现，其根本原因在于社会整体是以经济增长为导向，城市偏向的发展模式（毕安平，2014）。儿童、妇女和老人作为留守人口的主要群体，面临着家庭结构、生活方式、收入、观念的变化，并且本身存在着劳动能力不足、精神压力大、发展活力低的短板，是我国城市化及社会转型过程中产生的问题缩影，作为农村弱势群体，其需要更多的关怀和关注。就精神需求而言，留守人口同其他乡村居民一样，都需要良好的居住条件和基础设施，其中留守老人常常因为劳动和生活压力大、饮食结构不合理、医疗条件不完善等因素而使得身体健康受损（杨忍等，2012），因此迫切需要便利的医疗保障和养老保障。就安全需求而言，留守妇女作为新的家庭核心劳动力肩负起家庭抚养、赡养责任，需要包容的就业环境提供稳定的收入来源，以保障家庭的经济开支。就社交需求而言，家庭部分成员的外出，留守老人的经济基础、生活照料和精神世界受到较大影响；留守妇女心理上会缺乏安全感，主客观环境的变化可能会造成自身心理失衡；留守儿童在生活中面临多种成长风险、心理负担和行为问题，会不同程度地感受孤独和其他心理压力。留守人口都需要在人群交往和公共文化体育活动中得到归属以满足社交需要。就自我实现需求而言，留守儿童可能会因祖辈教育观念滞后、家庭教育环境和家庭情感的缺失等因素，造成学习机会少、学习主动性低、道德品行缺乏管控等问题，学校的约束和管控能在留守儿童的塑造成才方面起到重要的指导作用。

城乡人口的有序流动是重塑城镇格局、重构乡村空间的重要途径（叶敬忠，2011，2019）。乡村人口的流动，其本质目的是寻求更宜居的环境以得到更优质的发展机会，改善生活水平。乡村宜居性水平增强能够显著影响流动人口的留居意愿（Chang et al.，2011），可以减少人才外流，在乡村人才引进的过程中发挥优势，引导流动人口合理流动，减少留守现象的产生。乡村的留守人口发展需求的满足程度是乡村宜居水平的重要体现，乡村宜居水平的提升能够改善留守人口的生活质量，使他们在乡村发展过程中拥有更多的“获得感、幸福感、安全感”。《乡村振兴战略规划（2018—2022 年）》强调，要“促进公共教育、医疗卫生、社会保障等资源向农村倾斜，逐步建立健全全民覆盖、普惠共享、城乡一体的基本公共服务体系，推进城乡基本公共服务均等化”。共享社会发展成果，是对弱势群体的关怀，以此促进乡村权利平等、和谐交融的社会环境。

10.5.2 治理类型划分

从三类留守人口的个性发展需求出发，结合乡村宜居共性水平，进行逐级分类判断（图 10-3），综合组合特征，将留守村庄类型识别为优化提升型、改善短板型、均衡发展型、潜力提升型、综合提升型村庄（图 10-4）。

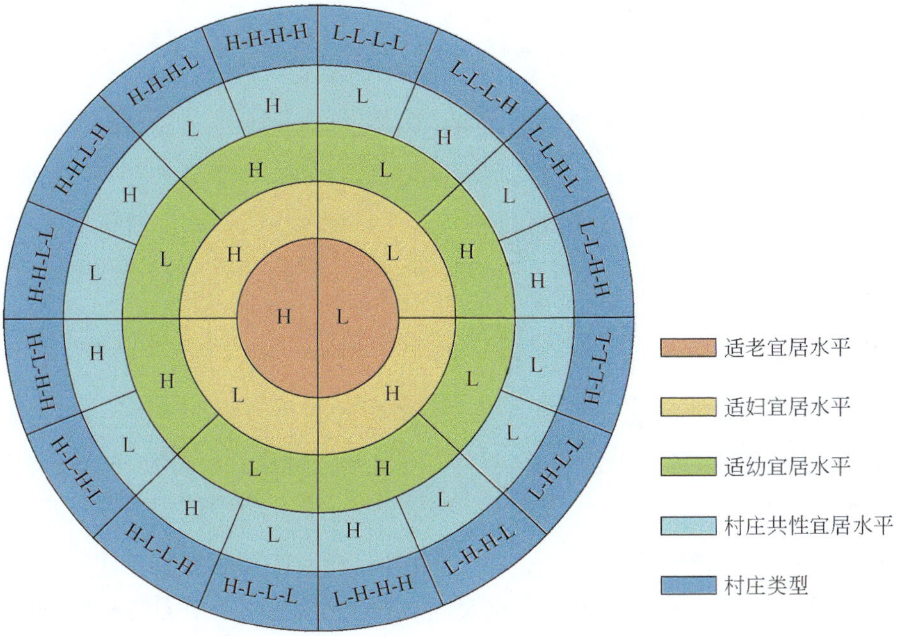

图 10-3　留守村庄治理类型识别

1）优化提升型，该类型主要为 H-H-H-H 型村庄，即适老、适妇、适幼个性宜居水平以及共性宜居水平均较好，村庄地理位置优越，整体人居环境良好，基础设施完备、经济发展水平较高的村庄。该类型村庄共有 2 个，占所有留守村庄数量的 2.08%，分别为双湾镇的金河村和宁远堡镇的西坡村，均隶属于金川区。

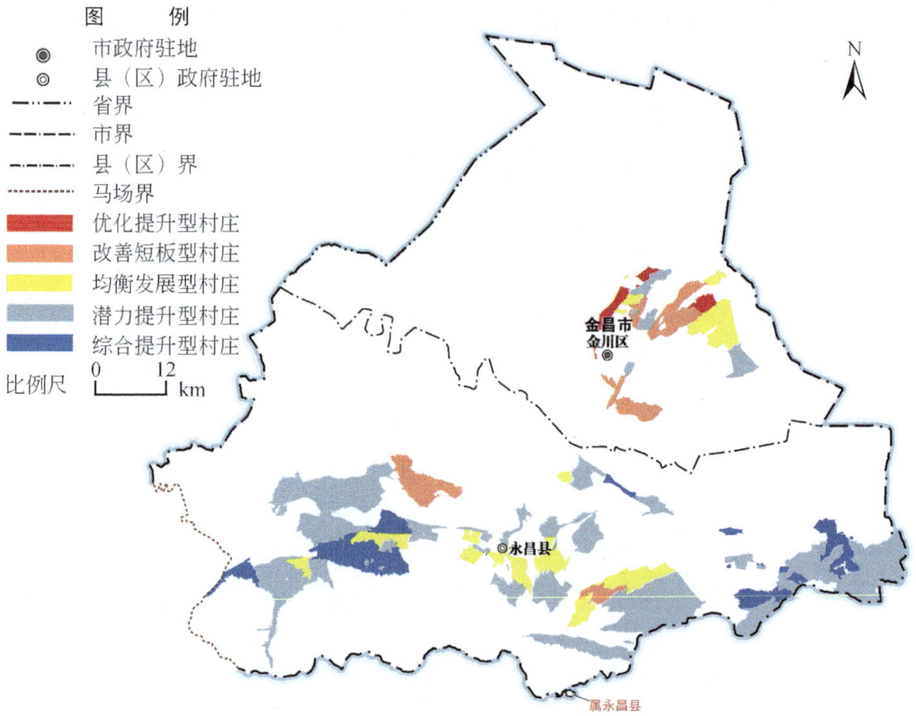

图 10-4 金昌市留守村庄治理类型

2）改善短板型，该类型主要为 L-H-H-H、H-L-H-H、H-H-L-H 和 H-H-H-L 型村庄，即整体宜居性水平较高，资源环境较好，但个别宜居评价结果呈现低水平，发展过程中短板明显的村庄，可注重改善发展中的短板项目，提升村庄空间效率，达到乡村宜居协同发展。该类型村庄共有 8 个，占所有留守村庄数量的 8.33%，其中 75% 的改善短板型村庄集中在金川区。

3）均衡发展型，该类型主要为 H-H-L-L、H-L-H-L、H-L-L-H、L-H-H-L、L-H-L-H 和 L-L-H-H 村庄，即各项宜居水平不一，应继续保持优势内容，整合协调其他功能，各项均衡发展的村庄。该类型村庄共有 16 个，占所有留守村庄数量的 16.67%，分散分布在整个研究区域。

4）潜力提升型，主要包括 H-L-L-L、L-H-L-L、L-L-H-L 和 L-L-L-H 型村庄，即整体宜居水平低，但个别宜居评价结果具有优势，宜居环境具有一定潜力的村庄。该类型村庄数量最多，范围最广，共有 55 个，占所有留守村庄数量的 57.29%，其中 96.36% 的潜力提升型村庄分布在永昌县。

5）综合提升型，该类型主要为 L-L-L-L 型村庄，即适老、适妇、适幼个性宜居水平以及共性宜居水平均呈现低水平，村庄老弱化程度高，空心化严重，经济发展水平较为落后，基础服务设施和公共服务等需要进一步综合提升。该类型村庄数量有 15 个，占所有留守村庄数量的 15.63%，均分布在永昌县。

10.5.3 分类治理路径

1）优化提升型。该类型村庄经济水平良好，基础设施和公共服务完善，位于市区外围。可在“以城带乡，以工促农”的乡村振兴发展模式下促进城乡资源间的互补和流动，发挥周边城镇涓滴效应（Xu and Sun，2020），实现城乡融合以及乡村转型升级，加快城乡之间基础设施互联互通、公共服务共建共享的步伐，提升留守人口的生活质量；具有乡村旅游优势的村庄，可积极探索疫情常态化防控背景下“旅游+”产业融合发展，保护乡村特色资源，满足城乡居民消费升级的需求，构建规模化、专业化、特色化、多元化的乡村旅游产业体系，激发乡村新活力，打造宜居宜业、可游可憩的乡村。

2）改善短板型。该类村庄未来发展中注重补齐短板，留守老人型村庄可建立以政府财政补助为主的多元化的农村养老公共服务机制，逐步开放老年服务市场，统筹社会各组织的力量，创新养老保障模式，缓解留守老人照料不足的问题，保障留守老人心理和身体健康。留守妇女型村庄可组织女性人大代表和妇联干部等到村内宣传，提升留守妇女的社会参与积极性，保障政治参与的权益，发挥妇女在乡村治理中的作用和优势，缓解农村留守家庭中的矛盾，让留守妇女在社会参与的过程中重塑自身发展价值。留守儿童型村庄需要完善以学校为核心，政府、家庭、乡村为支持的教育机制，改善城乡之间、地区之间、学校之间的教育不均衡现象。

3）均衡发展型。该类型村庄宜居评价处于中等水平，可依据村庄发展基础和资源禀赋，着重提升乡村产业的就业带动能力，依托国道集中发展现代产业园区，打造优势品牌，构建信息化、专业化的乡村产业形态，提供丰富就业岗位，实现留守妇女的就业转型；在传统农业的基础上，以畜牧养殖和高原蔬菜为重点发展特色产业，形成集种养加、产供销于一体的农业产业体系（Chang et al.，2011），探索“互联网+农业”模式，延长农产品产业链条，推动农业网络销售进程。

4）潜力提升型。该类型村庄应重点保障公共服务设施的配置与供应，结合留守人口实际发展需求，设置乡村基本公共设施的综合配套体系、调整与优化设施的空间布局（Pan and Dong，2020），达到城乡公共服务均等化的目标。留守老人型和留守儿童型村庄可依据留守人口时间、空间行为以及发展需求，基于乡村血缘、地缘和业缘关系的变化，重组乡村生活圈（Yi et al.，2014），完善学校、医疗设施的建设，提升设施的完备度，促使教育和医疗资源向薄弱地区倾斜，优化空间布局。学校可完善寄宿制建设，缓解留守儿童学习自主性差和安全保障力低等问题。留守妇女型村庄可结合城镇和工业园区产业发展乡村产业，增加留守妇女“家门口就业”的机会，开展劳动技能培训，为乡村产业发展提供坚强的人力资源保障，从而改善农村的就业环境，减轻留守家庭的负担。

5）综合提升型。该类村庄乡村主体老弱化严重，发展活力不足，在人口外流的背景下，未来可强化镇域范围内的中心村建设，推动农村经济向规模化、专业化、市场化方向发展，优化空间结构和资源配置，以带动周围其他乡村的发展；进一步完善基础设施，建立健全统筹城乡、惠及全村、城乡一体的基本公共服务和社会保障体系，改善留守人群的生活质量，使其能够老有所养、老有所依、学有所教；加大政策倾斜力度，可通过“春蕾计划”和“金色人才计划”等活动对留守人口发放一定的津贴支持，给予关怀。

10.6 小　　结

1）金昌市留守村庄可分为留守儿童型、留守妇女型、留守老人型和综合型四种类型，且以留守老人型和留守儿童型为主，二者分别达到38个和28个，占到留守村庄总数量的68.75%。留守村庄主要集中在永昌县，占全部留守村庄的84.21%。

2）村庄适老、适妇、适幼个性宜居水平整体偏低，以中低水平为主。适幼宜居水平指数平均值最大，达到0.6608，适妇宜居水平指数平均值最小，仅为0.1418。此外，适老和适幼宜居水平均以中值区为主，分别为47个和45个，占到留守村庄总数的48.96%和46.88%，而适妇个性宜居水平以低值区为主，达58个，占到留守村庄总数的60.42%。

3）村庄综合宜居水平整体较低，宜居水平指数平均值为0.2336，最小值仅为0.0341，高于平均水平的评价单元占总评价单元总数的40.625%。这表明金昌市乡村对留守人口需求的满足程度低，整体经济发展、公共服务、基础设施的水平和配置有待优化提升，生活和生产条件需要进一步改善。

4）基于村庄个性宜居水平和共性宜居水平的空间差异和均衡程度，可将留守村庄类型划分为优化提升型、改善短板型、均衡发展型、潜力提升型、综合提升型村庄，未来需要从提升治理、补齐短板、协调均衡、综合提质等多个层面开展分类治理，以实现乡村可持续发展的最终目标。

第 11 章

绿洲农村居民点整理方案设计与策略选择

农村居民点作为乡村地区人类社会经济活动的集中场所，是乡村人地关系调整的核心和关键抓手，对其进行整理是人地系统优化调控在空间上的重要手段。当前，在新型城镇化和乡村振兴的大背景下，居民点整理已成为乡村地理、土地资源管理等领域研究关注的热点内容。作为调控乡村地域人地关系的重要手段，农村居民点整理需考虑来自内部要素协调性和外部环境优越性的双重影响。为此，农村居民点整理有必要运用系统评价和特征组合的方法科学地进行类型划分，按照分区统筹、分类施策的原则，因地制宜地调整人口、土地及产业的相互作用关系，将提升、改造、挖潜、合并、拆迁等形式与制度组织、政策实施、主体培育、产业发展等内容有机融合，实现农村居民点人口质量提升、土地集约利用、产业培育升级。基于此，本研究从农村居民点系统的内部要素结构和区域外部环境两个方面切入，以甘肃省金昌市为例，建立“人-地-业”协调发展和“城镇-道路”综合区位优势度评价指标体系，通过量化分析和特征组合，构建农村居民点整理分区概念模型，针对不同分区提出居民点整理的多种思路与策略。

11.1 引 言

在城乡融合的现实背景下，乡村聚落转型加快，其要素结构、空间功能、组织关系与社会文化等都在快速变动，农村居民点也逐渐由同质同构向异质异构转变。近年来，乡村振兴战略和农业农村现代化建设为乡村聚落建设提供了重大机遇，在一定程度上补齐了乡村地区基础设施欠缺、水土环境污染、生产方式落后等短板。但是，受利益诉求、价值观念、生产方式和城乡二元体制等的长期影响，乡村聚落发展仍面临青壮年持续外流、文化认同逐渐降低、一户多宅与宅基地废弃、土地利用粗放低效、用地结构混乱失衡、空间权属关系模糊和空间功能紊乱失调等一系列问题。如何激发乡村聚落的生存机制与活力，构建合理的空间秩序已成为当前亟须解决的关键问题。基于人地关系视角并聚焦到乡村地域，当前研究不仅从理论层面提出乡村振兴的内容逻辑（李小建等，2021）和乡村聚落转型的概念模式（曲衍波，2020），还从实践层面探究农村居民点演变过程（Shi et al., 2022）、转型机理（商冉等，2020）和整治策略（洪舒蔓等，2013）。在此背景下，农村居民点整理迎来新的契机，开展“人-地-业”协调和区位优势双重视角下的农村居民点整理研究，可有效整合土地资源、提升乡村价值，对于引导宜居宜业和美乡村建设具有指导意义，亦可为绿洲乡村转型发展提供科学依据。

近年来，关于农村居民点的研究主要围绕空间优化这一主线展开，学者大多从以下几个方面进行研究：一是运用多元线性回归、最小累积阻力和地理探测器等方法，从自然条件、经济条件、政策制度和社会文化等方面探讨乡村聚落时空演变的影响因素及驱动机制（Yang et al.，2019；张海朋等，2019；杨凯悦等，2020）；二是基于参与主体意愿、空间特征差异和房屋建筑形式等方面构建出理论潜力的修正指标体系，对农村居民点整理的现实潜力进行测算与分级（郭杰等，2017；孙建伟等，2017；王云平等，2019）；三是从空间格局特征、乡村地域功能及要素结构特征等方面对乡村空间和发展类型进行划分（黄亚平和郑有旭，2021；杨忍等，2021；方方等，2020）；四是基于空间组合特征、景观生态安全、“三生”功能协调、系统动力学等多元视角，运用最小累积阻力模型、场强模型、协调度模型、系统动力学模型等方法，针对不同典型区域提出了农村居民点优化路径和整理模式（孙建伟等，2017；倪琳等，2019；Huang et al.，2020；曲衍波等，2021）。

纵观相关研究，我们不难发现农村居民点空间优化实质上是以空间结构调整为切入点协调乡村地域人地关系的过程（龙花楼和屠爽爽，2018）。但对于这一过程，很少有学者通过系统性思维综合考虑农村居民点地域系统中内部要素结构与区域外部环境的复合作用，并以此探究农村居民点优化与整理模式。农村居民点整理需正确认识和处理“人口-土地-产业”的关系，深刻把握内外环境的变化趋势，综合考虑生产生活空间布局与产业发展、人口发展、区位条件、政策制度等方面的联系。基于此，本研究在人地系统理论的指导下，对农村居民点内部要素和外部条件进行梳理，以甘肃省河西走廊金昌市为研究对象，以133个行政村为评价单元，运用耦合协调度和区位优势度测算方法，分析其要素发展水平、耦合协调关系和区位优势的空间格局特征，探索农村居民点整理的模式分类和策略选择，以期为科学合理地开展农村居民点整理提供科学依据。

11.2 农村居民点整理分区框架

乡村地域系统是以一定的乡村地域范围为空间载体（龙花楼和屠爽爽，2017），本质上由人文、经济、资源与环境在相互联系、相互作用下构成的，具有一定结构、功能和区际联系的乡村空间体系（刘彦随等，2019）。其中，“人口-土地-产业”相辅相成又相互制约（屠爽爽等，2015），构成乡村地域系统发展的核心要素（Li et al.，2018）。而农村居民点作为农村居民在长期生产、生活过程中集聚而形成的定居场所（马利邦等，2018）和乡村地域系统的重要部分，同样是由诸多要素交互作用而构成的、具有复杂人地关系地域系统特征的复合开放系统（刘晶等，2018；Huang et al.，2020）。乡村内部、城乡之间频繁进行物质、能量和信息交换，促使农村居民点内部人口结构、产业结构和土地利用结构由相对均质向异质性和差异化转变，推动乡村地域系统人地关系的转型和发展。总体上，农村居民点的形成与演变过程受内外因素的综合作用影响，人口、土地、产业的变化及其相互作用是影响到农村居民点面积、结构及形态变化的内部要素，自然本底、道路交通、城镇辐射、发展机遇是影响到农村居民点发展的外部环境（图11-1）。

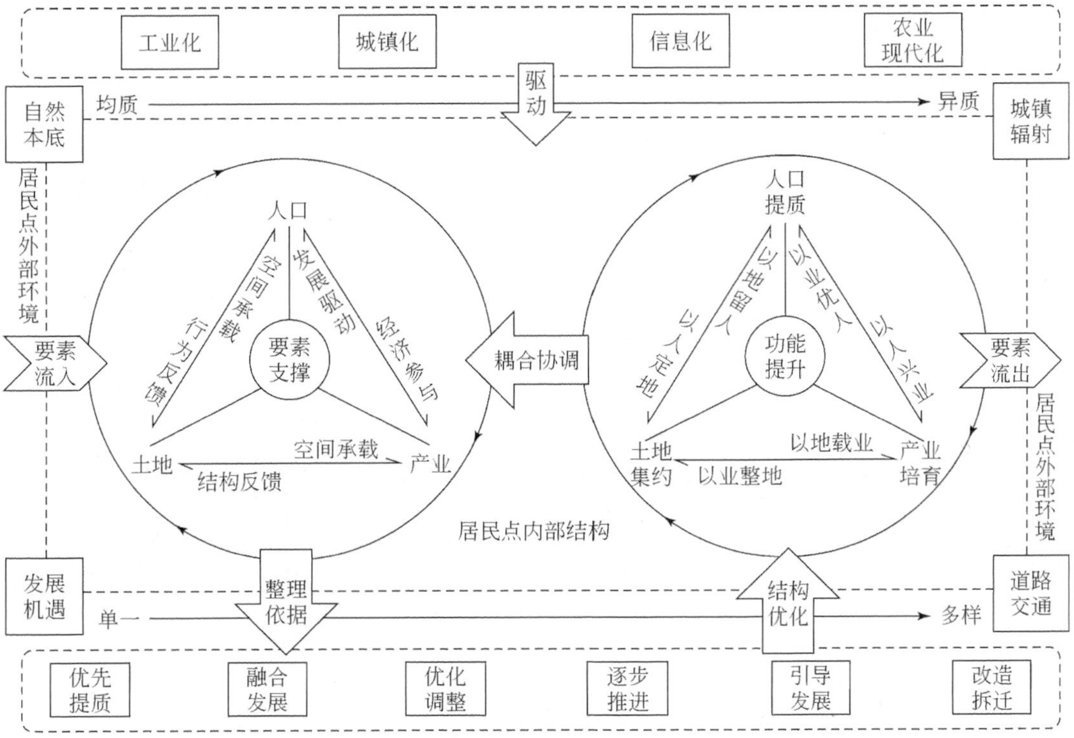

图11-1　基于要素耦合协调和外部环境优势的居民点整理分区框架

“人–地–业”作为乡村发展的核心要素，其发展变化趋势、相互作用机制和耦合协调程度对农村居民点的形成和演变产生直接影响，具体表现为：①土地作为人口和产业的承载空间，为农村居民的居住、生产和生活提供场所，其用地数量结构、类型结构和空间结构的合理性在一定程度上限制或促进了人口、产业子系统的发展，进而对农村居民点的面积、布局等产生影响。②人口作为乡村发展的主体，一方面，以生产者、经营者、消费者等身份参与到农村经济活动中，其结构和规模直接影响着产业的发展水平；另一方面，通过转移农业劳动力、产生用地需求、改变人居环境等行为对土地产生正向或负向反馈，进而对居民点内部的土地利用结构与效率产生影响。③产业作为乡村发展的主要动力，是实现乡村振兴的关键要素。随着农村新产业、新业态和新型经营主体的不断涌现，农村产业发展模式呈现多元化趋势，农村产业结构转变针对土地利用现状向土地资源重新配置提出新的诉求；同时，产业结构优化升级促使部分农村人口向更高劳动报酬部门和行业转移，人口就业结构、收入结构和文化观念也因此发生变化，进而对农村居民点的延续和发展产生影响。

自然本底、道路交通、城镇辐射、机遇政策等要素作为农村居民点发展的外部条件，是不同地域单元居民点空间差异形成的主要原因，能够为居民点因地制宜、分区施策整理提供科学依据。其中，自然资源禀赋和环境承载能力在一定程度上限制了农村人口的活动方式和活动强度，不合理的资源开发利用往往会导致乡村生态环境失衡，限制乡村可持续发展；道路作为保障农村社会经济发展的重要基础设施之一，除作为居民点内外连接的纽带外，还具有较强的空间溢出效应，对推动农业农村现代化具有重要意义；城镇作为连接广袤农村的重要支点，对周边邻近区域具有明显的辐射带动和引领示范作用，城镇辐射作用的发挥是促进城乡融合发展、补齐乡村发展短板、实现乡村全面振兴的有效手段；发展机遇可以理解为国家或区域层面的农村发展政策，现阶段农村居民点优化提升要抓住以实施乡村振兴战略为主导的重大机遇，深化农村改革，推进农业农村现代化建设。

基于上述分析，作为调控乡村地域人地关系的重要手段，农村居民点整理需考虑来自内部要素协调性和外部环境优越性的双重影响。在“人–地–业”协调及环境适宜的基础上，按照分区统筹、分类施策的原则开展农村居民点整理优化，调整人口、土地及产业的相互作用关系，实现农村居民点人口质量提升、土地集约利用、产业培育升级，推动农村居民点发展由失调无序态势转向协调有序态势，助力乡村可持续发展与全面振兴。

11.3 研究方法

11.3.1 “人–地–业”耦合协调测算方法

1. 指标体系构建

“人–地–业”系统协调与否是农村居民点现状条件分析、整治方向判别及空间位置选择的重要基础，本研究遵循数据选取的系统性、综合性、代表性及可操作性等原则，基于“人–地–业”系统发展机理的解析，参照国内外乡村发展质量评价标准，共选取 17 项指标反映行政村乡村人口、土地、产业的发展情况（表 11-1）。其中，乡村人口主要选取反映乡村人口分布和生活水平的指标，乡村土地主要选取反映用地格局、强度和结构的指标，乡村产业主要选取农村第一产业、第二产业、第三产业发展水平的指标。

表 11-1 “人–地–业”系统协调发展水平评价指标体系

目标层	准则层	指标层	指标释义	正负
人口 P	农村人口分布 P_1	空心程度 P_{11}	（户籍人口–常住人口）/户籍人口	–
		人口中心度 P_{12}	农村常住人口/村组数量	+
	农民生活水平 P_2	人均可支配收入 P_{21}	值越大，说明生活水平越高	+
		低收入人群比例 P_{22}	值越大，说明生活困难群众占比越多	–
土地 L	居民点用地格局 L_1	斑块形状指数 L_{11}	值越大，说明农村居民点斑块越不规整	–
		斑块平均邻近指数 L_{12}	值越小于 1，越趋于空间集聚；越大于 1，越趋于随机分布	–
	居民点用地强度 L_2	居民点用地强度指数 L_{21}	人均农村居民点面积/区域人均居民点面积标准	–
		居民点用地结构指数 L_{22}	值越大，说明居民点用地类型越多样、结构越复杂	+
	居民点用地结构 L_3	公共设施用地占比 L_{31}	公用设施用地面积/建设用地总面积	+
		产业用地占比 L_{32}	产业用地面积/建设用地总面积	+
		道路用地占比 L_{33}	道路用地面积/建设用地总面积	+
产业 I	第一产业发展水平 I_1	设施农业发展水平 I_{11}	设施农用地面积/耕地总面积	+
		农业规模经营程度 I_{12}	规模经营耕地面积/耕地总面积	+
		人均耕地面积 I_{13}	值越大，农业收入越高	+
	第二、第三产业发展水平 I_2	每百人超市占有量 I_{21}	衡量农村居民点商业服务业发展水平	+
		每百人农业企业数 I_{22}	衡量农村居民点农产品加工业发展水平	+
		从事新兴产业户数比例 I_{23}	衡量农村居民点新兴产业发展水平	+

2. 耦合协调度测算模型

为了客观、科学判断人口、土地、产业之间的内在协调关联性，本研究借鉴物理学中的容量耦合（capacitive coupling）概念及容量耦合系数模型，得到耦合系统的耦合度函数，进而从耦合度的视角衡量三者之间内在的协调性。模型应用如式（11-1）~式（11-3）所示。

$$C=3\times\sqrt[3]{(P\times L\times I)/(P+L+I)^3} \tag{11-1}$$

$$T=\alpha P+\beta L+\gamma I \tag{11-2}$$

$$D=\sqrt{C\times T} \tag{11-3}$$

式中，P、L、I 分别为人口、土地、产业各子系统发展水平；C 为“人–地–业”系统的耦合度，因研究需要将其划分为 4 个等级［低水平耦合阶段（$C\leqslant 0.3$），拮抗阶段（$0.3<C\leqslant 0.5$），磨合阶段（$0.5<C\leqslant 0.8$），高水平耦合阶段（$0.8<C\leqslant 1$）］；T 为发展度；D 为耦合协调度；α、β、γ 为各子系统综合指数的待定系数，考虑到人口、土地、产业子系统对农村居民点地域系统的影响作用同等重要，三者均赋值为 1/3。通常，协调度可分为 10 个等级（表 11-2）。

表 11-2　协调等级划分标准

耦合协调度	协调等级	耦合协调度	协调等级
[0, 0.10)	极度失调	[0.50, 0.60)	勉强协调
[0.10, 0.20)	严重失调	[0.60, 0.70)	初级协调
[0.20, 0.30)	中度失调	[0.70, 0.80)	中级协调
[0.30, 0.40)	轻度失调	[0.80, 0.90)	良好协调
[0.40, 0.50)	濒临失调	[0.90, 1.0]	优质协调

11.3.2　区位优势度测算方法

1. 区位优势度测算方法

区位不仅指代某事物的空间位置，也包含某事物与其他事物的空间联系。本研究借助区位优势度衡量村庄依托自身地理位置与外部事物间空间联系的强弱程度。村庄区位优势度越高，其与外部的空间联系程度越强；反之，村庄与外部的空间联系程度则相对有限。考虑到金昌市农村居民点自然本底的相似性和发展机遇的相对同步性，村庄发展主要受交通和城镇的影响。道路系统是连接乡村居民点间的轴线，是城乡生产要素互通流动的重要通道和空间载体，深刻影响着周边农村居民点的空间布局。此外，城镇作为“城市之尾、农村之首”，是沟通城市与乡村的重要桥梁，城镇对周围地区的辐射带动作用是农村经济社会发展的重要推动力，并在一定程度上通过扩散效应影响农村居民点的产业结构、技术发展、社会管理、资源配置等，使不同区位条件下的农村居民点表现出显著的区域差异性，这也在一定程度上决定了农村地域的经济基础及发展潜力。因此，本书拟选取干线邻近度和城镇辐射度作为区位优势度测算的基本指标，计算公式如式（11-4）所示：

$$L=aT+bU \tag{11-4}$$

式中，T 和 U 分别为某行政村干线邻近度（AP）和城镇辐射度（UI）的标准化值；a、b 为权重。

2. 干线邻近度测算方法

干线邻近度反映农村居民点与周围交通干线中心距离的远近程度，是评价农村居民点对外联系便捷程度的重要指标，是不同级别的道路对特定计算单元的影响度的叠加。随着道路中心到计算单元距离的增加，道路对计算单元的影响度减小直至消失。干线邻近度测算方法如式（11-5）所示：

$$\mathrm{AP}=\sum_{1}^{n}\frac{M_n}{M}\times R_n \tag{11-5}$$

式中，AP 为某行政村的干线邻近度；n 为缓冲区的数量；M_n为第 n 个缓冲区内部某行政村居民点的面积；M 为某行政村居民点的总面积；R_n 为第 n 个缓冲区的道路赋值，利用 ArcGIS 10.4 中的缓冲区分析和叠置分析工具，对各级交通干线设置三级缓冲区，由内而外分别赋值为 3、2 和 1，国道、省道、县乡道和其他道路的第一级缓冲区距离分别为 600m、500m、400m 和 300m，次一级缓冲区距离是上级缓冲区距离的 1/2。

3. 城镇辐射度测算方法

城镇辐射度反映腹地范围内农村居民点受城镇带动作用的程度，其大小与中心城镇经济社会发展水平呈正相关，与距离城镇远近呈负相关，可以用农村居民点到各级城镇的可达性来表征。根据《金昌市城乡总体规划（2009—2020 年）》，将城镇等级划分为中心城市、副中心城镇、重点镇、一般镇四级。根据《公路工程技术标准》（JTG B01—2014），结合区域实际，对不同等级公路（不包括高速公路）赋予不同的车行速度：国道 80km/h、省道 60km/h、县乡道 40km/h、其他道路 30km/h。城镇辐射度测算方法如式（11-6）所示：

$$\mathrm{UI} = \sum_{i=1}^{e} \frac{M_e}{M} \times R_e \tag{11-6}$$

式中，UI 为某行政村受到的城镇辐射度；e 为圈层的数量；M_e为第 e 圈层内部某行政村居民点的面积；M 为某行政村居民点的总面积；R_e为第 e 圈层的权重赋值。利用 ArcGIS 10.4 网络分析模块中的服务区分析工具，求得不同时间成本下服务区的范围，并按照距离衰减规律将各级城镇的时间成本范围分成三个圈层，由内而外分别权重赋值为 3、2、1，中心城市、城镇副中心、重点镇和一般镇第一圈层的时间成本范围分别为 0 ~ 14min、0 ~ 10min、0 ~ 7.5min 和 0 ~ 5min，下级圈层时间成本范围是上级圈层的 1/2，如一般镇第二圈层的时间成本范围为 5 ~ 7.5min。

11.4 “人–地–业”耦合协调度和区位优势度测算

11.4.1 “人–地–业”耦合协调度测算结果

1. “人–地–业”子系统发展水平

根据人口、土地、产业发展指数测算方法计算三个子系统发展水平，并按照等间距划分方法将其划为 5 个等级：低值区［0 ~ 0.2）、较低值区［0.2 ~ 0.4）、中值区［0.4 ~ 0.6）、较高值区［0.6 ~ 0.8）和高值区［0.8 ~ 1.0）（图 11-2）。

对于人口子系统而言，2019 年金昌市 133 个行政村人口发展平均指数为 0.504。其

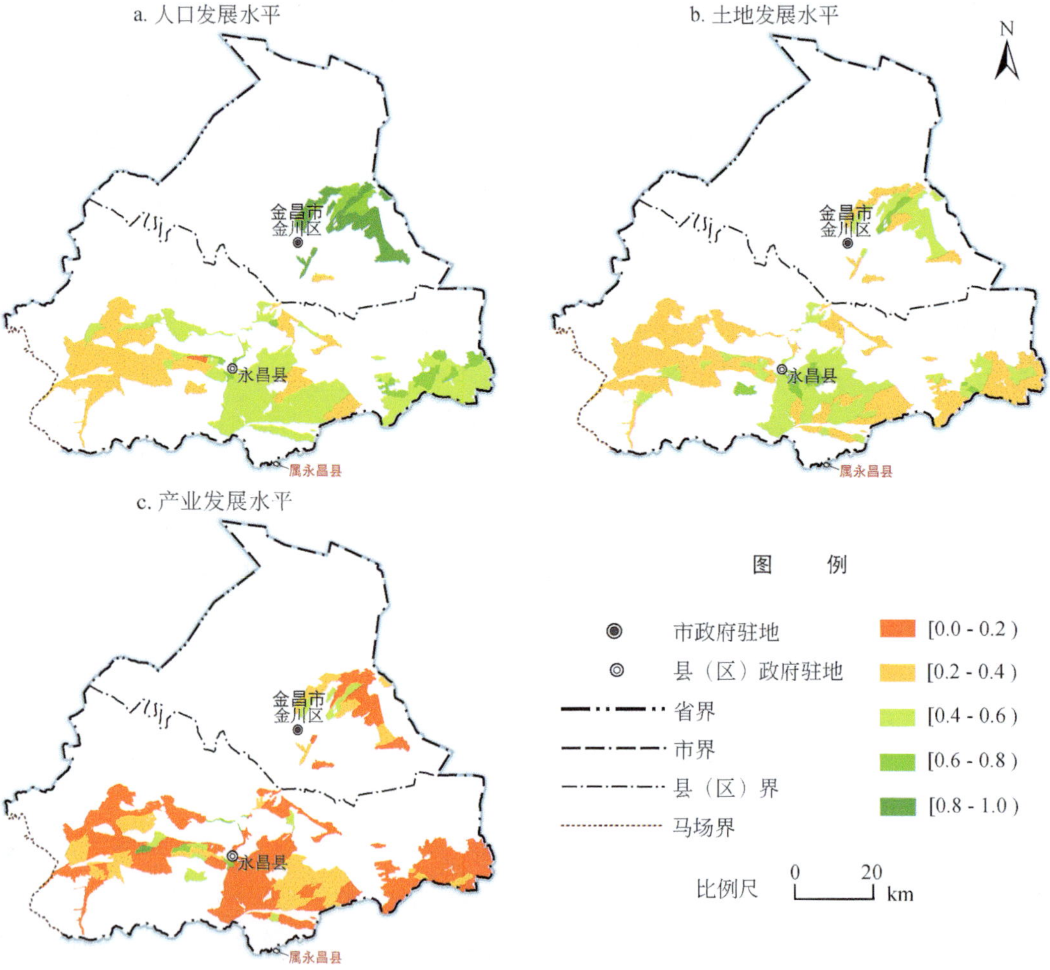

图 11-2　金昌市“人–地–业”子系统发展水平分布图

中，陈家沟村人口发展指数最高，达到 0.998；陈家寨村最低，仅为 0.101；74 个行政村人口发展指数值超过平均水平，占到所有评价单元总数的 55.64%。人口发展水平空间分异显著，整体上呈现“北部高、东南部居中、西部偏低”的空间分布格局。地处北部的金川区人口发展水平以较高值区和高值区为主，该区域村庄主要沿国道、省道等重要交通线分布，人口密度较大，且受金川区企业较多的影响，农民外出务工较少，收入和生活质量处于相对较高水平。永昌县城以西人口发展水平以低值区和较低值区为主，一方面由于城镇就业岗位有限，大量农民外出务工，农村人口空心化现象严重；另一方面，该区域自然条件相对较差，长期发展受限，低收入人群比例较高，因收入不足、资源有限而导致的发展不充分、不平衡问题突出。

对于土地子系统而言，2019 年金昌市土地发展水平整体偏低，以中等和较低水平为主，占到所有评价单元总数的 96.2%。133 个行政村土地发展指数的平均值仅为 0.393，陈家沟村土地发展指数最高，达到 0.684；夹河村最低，仅为 0.202。土地发展水平的中值区主要分布在G570线东侧，受城镇和交通的影响较大，二三产业发展相对较好，居民点用地相对集约、结构功能多样、空间布局较为集聚。较低值区主要集中分布在西南部，该区域农民外出人员数量较多，大量宅基地常年闲置，且分布零散，集约化程度不高；村庄发展模式传统，二三产业活动诉求低，居民点以居住用地为主，产业用地、公共管理与服务设施用地占比小，用地结构简单，功能相对单一。

而对于产业子系统而言，2019年金昌市产业发展以低和较低水平为主，分别为97个和23个行政村，分别占到评价单元总量的72.93%和17.29%，产业发展较为滞后。总体上，金昌市作为河西走廊地区的工业城市，但城市和工业发展对乡村与农业发展的带动作用较弱。传统农业向现代农业转型缓慢、产业结构和农业生产结构相对单一、产业融合发展效率低下成为金昌市农村产业发展水平滞后的主要原因。产业发展水平相对较好的13个村庄，一是依托农业、文化等资源发展乡村旅游、农村电商等新产业、新业态，如骊靬村、黄家学村和金川西村；二是通过调整农业生产结构、改进生产技术、适度规模经营促进农业现代化，如农林场村；三是依托区位和交通优势，围绕市场需求，发展二三产业，如水磨关村和永安村。

2. “人–地–业”系统耦合度

利用耦合度模型计算得到金昌市133个行政村“人–地–业”系统耦合度指数，如图11-3所示。2019年，金昌市农村“人–地–业”耦合度在0.258～0.999，其中处于高水平耦合阶段的行政村有88个，占到评价单元总数的66.17%；处于磨合阶段的行政村有43个，而处于低水平耦合阶段和拮抗阶段的行政村仅有2个。这表明金昌市农村人口、土地、产业3个子系统之间具有良好的共振性，各子系统之间差异较小，呈现出协同发展的状态。

从空间格局上看，金昌市农村“人–地–业”耦合度空间分布特征明显。处于低水平耦合和拮抗阶段的行政村全部分布在永昌县城区附近。这些村庄在城乡一体化过程中虽然很好地实现了公共基础设施的覆盖，但由于对城市产业的过度依赖，自身生产功能存在缺陷，产业发展水平远滞后于人口和土地发展水平，三要素呈现低值耦合状态。处于高水平耦合阶段的行政村主要分布在西南部以及城镇周边区域，表现为“人–地–业”低水平耦合和高水平耦合两种现象：①“人–地–业”低值区间、高值耦合的村庄主要分布在西部和南部部分地区，在自然条件限制下形成“绿洲–居民点”与戈壁荒漠相间分布的空间格局，农业区的地理分布和投入产出很大程度上决定了居民点布局形态与人口承载数量，人口、土地、产业发展均呈现为低水平状态；②“人–地–业”高值区间、高值耦合的村庄主要分布在城镇周边区域，与其他村庄相比，这些村庄具有明显的社会经济优势，在城镇辐射带动和原生力量推动下，其人口、土地、产业发展均呈现为较高水平。处于磨合阶段的行政村主要分布在东南部地区，这些村庄大多呈现产业滞后于土地、土地滞后于人口的发展

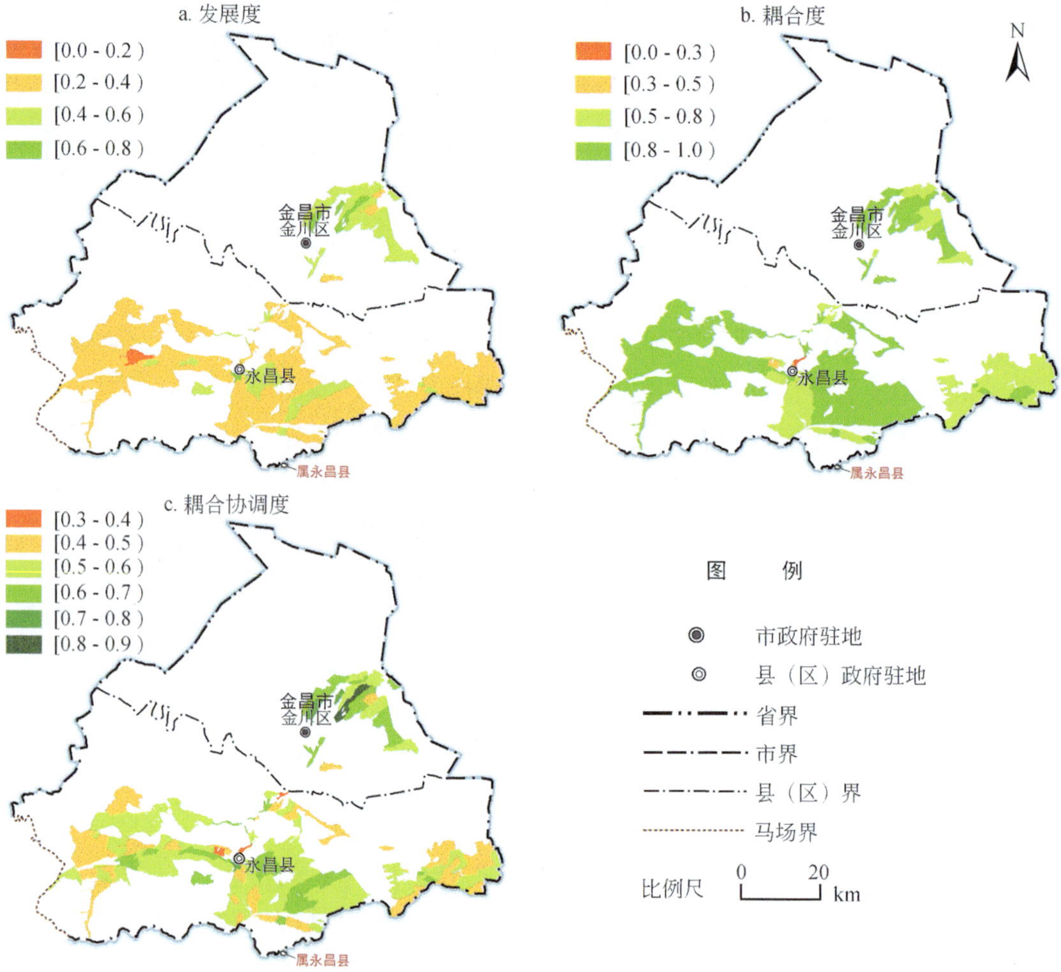

图 11-3　金昌市农村居民点耦合协调格局

状态。

3. “人–地–业”系统耦合协调度

利用协调度模型对金昌市 133 个行政村人口、土地、产业三个子系统相互作用、协调发展程度进行分析，结果如图 11-3 所示。金昌市农村“人–地–业”耦合协调度均值为 0.540，最大值为 0.820，最小值为 0.301，将其划分为三个阶段：低度协调阶段［0.3～0.5）、一般协调阶段［0.5～0.7）和良好协调阶段［0.7～0.9）。总体而言，金昌市农村“人–地–业”协调发展总体处于一般协调阶段。

从空间格局上看，金昌市农村“人–地–业”耦合协调度空间差异性显著。受城镇辐射和交通等综合影响，农村“人–地–业”耦合协调水平在区位上具有明显的城镇指向和交通指向。在城镇指向方面，南部的南坝乡以及北部的宁远堡镇“人–地–业”耦合协调水平由乡镇层级中心或市县层级中心向周边农村整体呈现明显的梯度递减趋势；南部农村

"人-地-业"耦合协调水平沿 G312 国道、永昌县城区、东寨镇和六坝镇镇区所构成的发展轴线向两翼呈现出显著的梯度变化规律；中部地区和北部的双湾镇"人-地-业"耦合协调水平也具有一定程度的"核心-边缘"分布特征。综上所述，金昌市农村"人-地-业"耦合协调水平具有一定程度"核心高-边缘低"空间分布特征，且与市县层级中心相比，乡镇层级中心对于农村"人-地-业"耦合协调程度的影响作用更大。在交通指向方面，不同等级交通道路对周围辐射区域内的农村"人-地-业"耦合协调水平的影响存在一定差异。县道作为市域内部各居民点进行物质流、信息流、能量流相互流动的重要通道，很大程度上影响了该地区农村居民点的人口流动、产业发展和土地利用，而更高等级的省道和国道作为连接城市与城市间的通道，相比于县道，具有便利性强、通达性高、流量大等优势，这些优势的发挥对其所辐射区域农村各系统发展水平的提高具有重要意义。此外，研究也表明县道与耦合协调水平较高的农村居民点在空间分布上具有高度一致性，特别是在北部地区和西部地区，村庄呈现出明显的沿路布局发展趋势；国道与耦合协调水平较高的农村居民点仅在局部地区上表现出空间一致性，大部分沿线村庄的交通优势没有得到很好的发挥。

11.4.2 区位优势度测算结果

根据区位优势度测算方法分别对金昌市各行政村的"城镇-道路"综合区位优势进行量化，利用自然间断点分级法将其划分为优势区、次优区和劣势区三种类型区域，如图 11-4 所示。金昌市区位优势度均值为 0.542，优势区、次优区和劣势区三者分别占到所有评价单元总量的 27.8%、33.1% 和 39.1%。

从空间格局上看，金昌市不同地区农村区位优势度空间差异显著。金昌市北部地区农村居民点区位优势度较高，位于优势区的农村居民点共 14 个，占北部地区农村居民点总数的 63.6%；中部和南部地区次之，位于优势区的农村居民点数量分别占各自区域农村居民点总数的 50.0% 和 36.0%；东部和西部地区农村居民点区位优势度较低，两地都仅有 4 个农村居民点位于优势区，而位于劣势区的农村居民点数量占比分别为 62.5% 和 76.0%。在城镇辐射和道路交通的综合作用下，农村区位优势度由城镇中心向外围基本呈三级递减态势，同时受道路网络密度和交通干线级别影响，高优势度区域向不同方向做出不同程度的延伸。由天生坑村沿 X182、G570 和 G302 道路至红庙墩村的农村在中心城市、副中心城市及重点镇的辐射作用下形成"S"形的高优势度密集区；东部农村以水源镇和朱王堡镇镇区为圆心向外形成"∞"形的双环中心外围分布格局；西部农村以高古城村、河沿子村、姚家寨村一线呈中心对称的中心外围分布格局。

此外，农村居民点区域优势度与村域面积和形状有一定相关性。村域面积较大、形状呈块状的农村居民点往往区域优势度较小；而村域面积较小、形状较狭长的农村居民点往

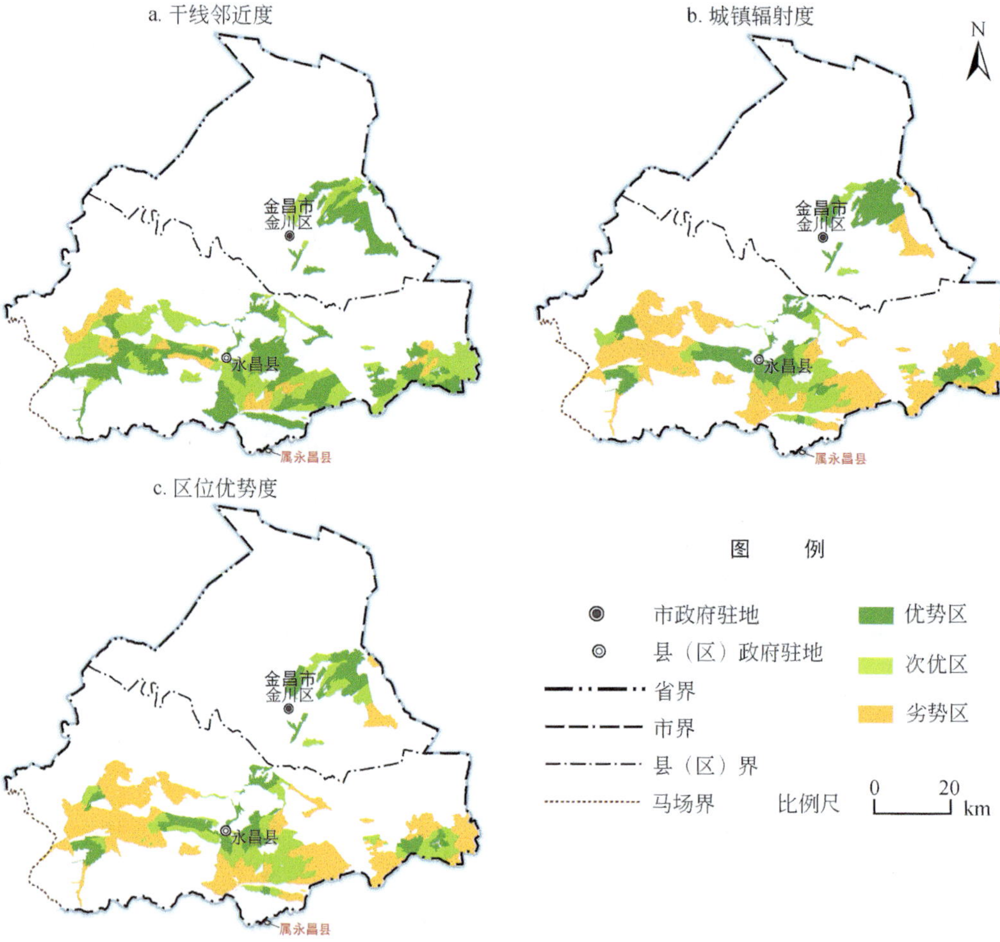

图 11-4　金昌市农村居民点区位优势度格局

往区位优势度较大。这主要是由于前者地广人稀，居民点分布相对分散，村庄受城镇辐射和道路交通的内部差异大；后者人口密度大，聚落分布相对集中，多呈条带状沿交通干线分布，村庄受道路交通影响大，同时还便于接受城镇辐射。

11.5　农村居民点整理分区与策略选择

11.5.1　农村居民点整理分区类型

在一定地域空间内，自然地理环境与社会经济要素之间的综合作用构成具有内在联系和空间规律的人地关系地域系统，由此使得区域划分成为地理学最基本和最重要的工作方法（樊杰，2015）。《乡村振兴战略规划（2018—2022 年）》也明确提出要分类推进乡村发展，并将村庄划分为集聚提升、城郊融合、特色保护、搬迁撤并四类。乡村地域“内核-外缘”系统及乡村发展要素的交互作用塑造了农村居民点的空间形态和结构体系，并对农村居民点整理的空间模式、运作方式和推进速度产生重要影响（屠爽爽和龙花楼，2020）。为此，农村居民点整理有必要运用系统评价和特征组合的方法科学地进行类型划分，按照分区统筹、分类施策的原则，因地制宜地调整人口、土地及产业的相互作用关系，将提升、改造、挖潜、合并、拆迁等形式与制度组织、政策实施、主体培育、产业发展等内容有机融合，实现农村居民点人口质量提升、土地集约利用、产业培育升级。基于此，本研究从内部要素结构协调性和区域外部环境差异性对农村居民点系统演化与分异的主导作用入手，通过“人-地-业”耦合协调水平和“城镇-道路”区位优势的量化分析，结合金昌市村庄发展实际，构建农村居民点整理分区概念模型（图 11-5）。根据不同组合特征可划分为以下 6 种类型：优化提质类、融合发展类、优化调整类、逐步推进类、引导发展类和改造拆迁类（表 11-3）。

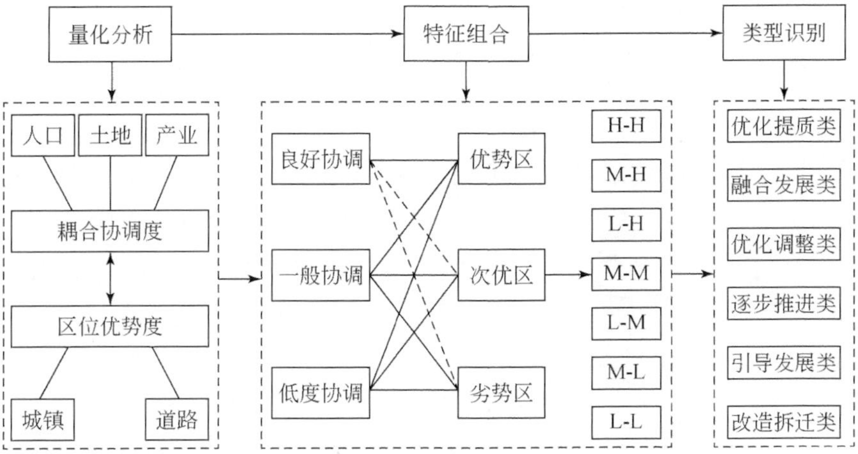

图 11-5　农村居民点整理分区概念模型

表 11-3　农村居民点整理思路与分区

空间单元类型	组合状态	整理思路	村庄名称
优化提质类	H-H	城镇接轨 产业提升 设施优化 高效集约	陈家沟村、黄家学村、马家岸村、油籽洼村

第11章　绿洲农村居民点整理方案设计与策略选择

续表

空间单元类型	组合状态	整理思路	村庄名称
融合发展类	M–H L–H	整体统筹 空间融合 良性流动 功能契合	北海子村、大坝村、河东堡村、金河村、梅南村、鸳鸯池村、白家咀村、北地村、陈家寨村、高岸子村、河西堡村、红光园艺场、红庙墩村、焦家庄村、金川东村、龙源村、龙寨村、梅家寺村、沙窝村、双桥村、水磨关村、唐家坡村、西庄子村、下二坝村、下三坝村、下洼子村、新城子村、新粮地村、许家沟村、永安村、永宁村、中庄子村、朱王堡村
优化调整类	M–M	肌理分析 调整分类 优化分步 空间集约	八坝村、陈仓村、二坝村、方沟村、河滩村、红山窑村、黄家泉村、金川西村、康盛村、六坝村、龙口村（东寨镇）、楼庄子村、梅北村、南沿沟村、七坝村、三角城村、沙沟岔村、山头庄村、上六坝村、上四坝村、天生坑村、西坡村、西湾村（宁远堡镇）、下七坝村、下四分村、新安村、新二坝村、新华村、杏树庄村、营盘村、玉宝村、赵家庄村
逐步推进类	L–M	逐步推进 先保障 后发展 再改造	北泉村、祁庄村、三沟村、邵家庄村、寺门村、汤宁村、头沟村、小坝村、新堡子村、永丰村（南坝乡）、兆田村、宗家庄村
引导发展类	M–L	政府引导 多方参与 补齐短板 提升动力	董家堡村、杜家寨村、古城村、何家湾村、河沿子村、华家沟村、九坝村、九个井村、骊靬村、刘克庄村、流泉村、龙口村（双湾镇）、马家坪村、毛卜喇村、毛家庄村、南湾村、南庄村、农林场村、上三坝村、胜利村、双磨街村、宋家沟村、塔儿湾村、通信堡村、头坝村、团庄村、王信堡村、五坝村、下排村、下四坝村、星海村、姚家寨村、永胜村、赵定庄村、赵沟村、
改造拆迁类	L–L	分类调控 积极引导 应改尽改 应拆尽拆	大寨子村、东沟村、高古城村、夹河村、刘正村、马营沟村、青山堡村、上三庄村、水泉子村、土沟村、西沟村、西校村、下汤沟村、新沟村、永丰村（东寨镇）、郑家堡村、直峡山村

优化提质类：包括陈家沟村、黄家学村、马家岸村、油籽洼村 4 个行政村。从区域外部环境来看，该类农村居民点全部分布在城市边缘或中心城镇地区，交通便捷、发展机遇良好、受城镇辐射作用强、与城镇互动程度高，区位优势十分明显。从内部要素结构来看，居民点人口密度大且分布集中，二三产业发展势头良好，非农就业和非农收入的居民多，用地数量和类型结构相对合理，土地利用集约高效，三要素耦合协调水平高。

融合发展类：包括北海子村、河东堡村、白家嘴村等 33 个行政村。该类农村居民点虽然“人–地–业”的耦合协调水平较低，但“城镇–道路”区位优势明显，且大部分村庄集中连片分布，整理后社会和经济效益将有明显改善，可作为实施城乡统筹发展的先行区域。

优化调整类：包括红山窑村、楼庄子村、康盛村等32个行政村，主要集中分布在北部和南部地区。该类农村居民点在耦合协调度和区位优势度上均处于中等水平。按要素基本情况可划分为两类：一是集聚型村庄，该类村庄居民点主要沿交通干线呈条带状或团状集中分布，虽然一定程度上具备发展二三产业的潜力，但用地结构功能相对单一，人口中心度较高，部分村庄有严重的空心化现象；二是分散型村庄，该类村庄大多数村域面积较大、村落较多、零散分布，居民点用地以提供居住场所为主要功能，人口中心度较低，大部分村庄有严重的空心化现象，产业结构以农业为主。

逐步推进类：包括兆田村、邵家庄村、北泉村等12个行政村。该类居民点除北部地区外，在其他地区呈零散分布，且主要分布于乡镇政府所在行政村毗邻的区域。虽然该类型区村庄在区位上有一定优势，但三要素耦合协调水平较低，若通过综合优化、整村推进的方式进行居民点整理可以取得较好效果。

引导发展类：包括董家堡村、杜家寨村、古城村等35个行政村。该类村庄主要分布在西部、南部和东部地区。村庄要素间良性互动较多，耦合协调水平较高，但“城镇-道路”区位处于劣势，难以凭借内生力量发展，可依靠多方参与主体引导、依托农村土地制度改革、农村“三变”改革开展居民点整理工作。

改造拆迁类：包括大寨子村、高古城村、西校村等17个行政村。此类村庄“城镇-道路”区位处于劣势，“人-地-业”低度协调，村庄发展有明显的衰退现象，对于人口严重流失的村庄，可采取“拆迁撤并”的整理模式，而对于人口数量较多的村庄，应将“内部改造”作为居民点整理的主导方向。

11.5.2 农村居民点整理具体策略

优化提质类：按照“城镇接轨、产业提升、设施优化、高效集约”的思路进行整理。依据发展现状合理规划居民点各类用地，在空间形态、配套水平、建管方式等方面与城镇接轨，充分考虑二三产业发展用地，推动居民就业与收入向非农领域转移；完善生产生活基础设施，探索新型农村社区模式，提升人居环境质量，实现居民点用地高效集约利用。

融合发展类：按照“整体统筹、空间融合、良性流动、功能契合”的思路开展农村居民点整理工作。打破城镇与农村居民点发展之间的壁垒，统筹安排和合理配置城乡各类资源要素，以中心城区、中心镇为支点，以交通干线为轴带，以产业体系合理化、农村人口城镇化、居住空间社区化为重点内容，着力实现城乡间经济、社会、地理空间有效融合。加速城乡间资本、产业、人口、土地等要素的流动，通过农业规模化产业化经营、农村新产业新业态发展、农业新型经营主体培育，促进农民边际收益提高和城镇转移能力增强。实现农村剩余劳动力转移与农村人口质量提升的同时，建立和规范农村集体经营性建设用地和宅基地退出与市场准入机制，引导产业与居住空间合理分离，提升产业发展环境与居住环境质量。

优化调整类：按照“肌理分析、调整分类、优化分布、空间集约”的思路对农村居民点进行整理。对村庄的空间格局、功能组成、景观风貌等肌理特征进行分析，在此基础上因村制宜地提出优化调整方案。对于分散型村庄，可通过“中心村”建设的模式开展居民点优化调整工作，选择规模较大、区域位置较优、经济发展条件较好的居民点为中心，充分考虑耕作半径、农户意愿、经济条件上的可行性，分地区分时段逐步引导本村庄或周围村庄居民向中心整合，并对原居民点用地进行集中整理、连片复垦，以实现居民点居住集中、产业集聚和土地集约。对于集聚型村庄，要注重村庄肌理的延续与更新，限制居民点规模扩张，将土地整治与环境综合整治结合起来，根据自身能力和政府支持积极进行内部更新改造，重点整理绝对零散、低效闲置的建设用地，推进宅基地内部流转，塑造村庄景观风貌，逐步优化用地结构与功能。

逐步推进类：按照“逐步推进、先保障、后发展、再改造”的思路对农村居民点进行内部优化。首先，初步协调人口与土地的关系，由于该区域居民点空间分布较为集中、形态结构比较稳定，进行村庄基础设施和公共服务设施布局建设的难易程度较小，因而可以先对人口密集的居民点进行生活功能特别是居住和休闲功能的初步优化，保障大部分居民生活品质；其次，重点协调农业与人口的关系，由于这些村庄居民收入来源以农业和外出务工为主，产业结构为单一农业且发展水平低，短时间内二三产业无法实现有效提升，所以需转变传统农业生产方式，培养新型农民，创新土地流转模式，优化农业生产结构、合理配套农业生产设施，促进农业提质增效与农民持续增收；最后，在前两步的基础上进一步进行内部改造，推进宅基地内部流转，引导居民点向设施齐全的中心区域整合，将整合后的闲置宅基地通过增减挂钩项目进行复垦，并预留部分作为未来村庄发展所需的公益性公共设施用地和经营性用地。

引导发展类：确定“政府引导、多方参与、补齐短板、提升动力”的整理思路，充分肯定村民主体地位，突出政府引导和企业帮扶作用，建立健全“政村企”共建机制，推动村庄健康可持续发展。可以将该类型区内村庄作为人居环境综合整治工程和城乡建设用地增减挂钩等项目实施的重点区域，推进拆旧拆废、拆旧建新和拆旧复垦，引导居民集中居住。推动农村集体经营性建设用地入市，深化农村“三变”改革，以股权为纽带，盘活农村土地、资金、劳动力等要素资源，促进农民增收和产业升级。引导社会资本下乡，通过村企“联姻”，补齐村庄发展短板，发挥龙头企业在特色旅游、现代农业、基础设施建设等方面的帮扶作用。同时，充分发挥农户主体作用，依托政府、企业帮扶，激发农民人才活力，鼓励农民创新创业，提升村庄发展内生动力。

改造拆迁类：确定“分类调控、积极引导、应改尽改，应拆尽拆”的整理思路，将其整理模式细分为两类：一是挖潜型村庄，主要分布在东部地区。该类型村庄居民点用地集聚度较高，人口较为密集，但土地利用集约化水平低，土地结构和功能单一，农业发展相对滞后。这一类型村庄应采取“内部改造”的模式，严格控制农村居民点外延扩张，加大对一户多宅用地、房前屋后空闲地和废弃厂房校舍的整治，促进宅基地内部流转，提高土地利用集约水平。合理优化村庄空间布局，通过完善基础设施配套建设和居民点绿化美化，改善农村生产、生活和生态环境。二是迁移型村庄，主要分布在西部地区。该类型村庄村组数量多而分散，一户多宅现象较少，青壮年人口大量外流，主体构成趋于老弱化，农业劳动力出现严重不足，农地规模经营程度和效率低，大量宅基地也相应闲置或废弃，适合采取“搬迁撤并”的模式进行居民点整理，在遵循村庄发展规律和尊重农户意愿的双原则下，合理适度、逐步有序地引导居民向优势区域搬迁。同时，对村庄废弃建设用地进行复垦，增加耕地集中连片度，实现土地科学有序流转，推进农业现代化、产业化、规模化经营。

11.6 小　　结

在农业现代化进程和社会可持续发展需要的要求下，农村居民点整理已成为提高土地利用效率、优化空间布局和改善农村生产、生活条件的重要手段，是乡村地域空间重构的一项基础性工程。在不同特征导向下，农村居民点的整理方向和整理策略存在显著差异，合理分析影响农村居民点系统演化与分异的内外因素，综合考虑内部要素协调及外部环境适宜，以系统性思维因地制宜地提出分区整理类型和优化策略，既顺应乡村地域系统发展一般规律，又符合城乡空间重构的实际需要。本章从农村居民点系统的内部要素结构和区域外部环境两个方面切入，以甘肃省金昌市为例，构建“人-地-业”协调发展和“城镇-道路”综合区位优势度评价指标体系，并据此构建农村居民点整理分区概念模型，针对不同分区提出居民点整理的多种思路与策略。

研究发现，金昌市农村居民点产业和土地发展相对滞后于人口发展，“人-地-业”三个系统以高水平耦合为主，整体处于勉强协调状态，要素发展与耦合协调空间分异现象明显，在区位上具有明显的城镇指向和交通指向；农村居民点“城镇-道路”区位优势由城镇中心向外围地区基本呈三级递减态势，干线等级和路网密度对优势分区产生重要影响，不同区域呈现出不同类型的空间分布格局。研究进一步指出，金昌市农村居民点整理可分为优化提质类、融合发展类、优化调整类、逐步推进类、引导发展类和改造拆迁类 6 类。优化提质类可按照“城镇接轨、产业提升、设施优化、高效集约”的思路进行整理；融合发展类可按照“整体统筹、空间融合、良性流动、功能契合”的思路进行整理；优化调整类可按照“肌理分析、调整分类、优化分布、空间集约”的思路进行整理；逐步推进类可按照“逐步推进、先保障、后发展、再改造”的思路进行整理；引导发展类可按照“政府引导、多方参与、补齐短板、提升动力”的思路进行整理；改造拆迁类可按照“分类调控、积极引导、应改尽改、应拆尽拆”的思路进行整理。

第 12 章

绿洲乡村振兴模式与路径

本章首先提出绿洲乡村振兴分区分类体系构建的思路、框架和方法，即采用 SOM 模型实现绿洲乡村地域类型分区，对“经济发展、产业融合、城乡融合、生态宜居、返贫风险”五个子系统进行综合评价从而划分类型。其次介绍绿洲乡村振兴空间分区，并基于分区提出相应发展指引。最后识别乡村振兴类型，提出八条乡村振兴发展模式和实施路径。此外，对乡村教育设施、乡村文化设施等不同类型的基础设施和公共服务配套提出振兴建议，以改善农民生活、推动乡村发展。

12.1 绿洲乡村振兴分区分类体系构建

12.1.1 绿洲乡村振兴分区分类的思路框架

分区是指基于一定的地理要素对地域进行区域划分，以揭示地理要素的空间分异特征及其规律。在这一过程中，区划原则是制定区划方法、形成区划体系的重要依据，通常包括综合性原则、主导因素原则、资源利用与环境整治相一致原则、综合分析与主导因素相结合原则、多级划分原则等。新时代的乡村地域类型划分要服务于乡村振兴战略的实施，重在诊断出乡村发展的短板和不足，从而为乡村振兴战略的实施提供依据。由于同一乡村发展类型在发展基础、结构特征、生产组合、发展方向等方面具有一定的相似性，因此绿洲乡村地域类型划分遵循的原则包括综合性测度和主导性因素相结合、资源环境基础与社会经济发展相结合、发展现状与发展方向相结合、定量综合评价与定性描述分析相结合、空间连续性与区内一致性相结合。

在一定地域空间内，自然地理环境与社会经济要素之间的综合作用构成具有内在联系和空间规律的人地关系地域系统，由此使得区划成为地理学最基本和最重要的工作方法。基于乡村发展水平的综合测度，结合经济子系统、产业子系统、城乡子系统、环境子系统、生活子系统各指标，采用聚类分析对绿洲乡村地域类型进行分区，并在分区数量的合理性、类型的明确性、对象的互斥性、要素的科学性等基本要求的基础上，采用“自上而下”的分类法确定具体的分区，形成绿洲乡村地域类型划分。在分区名称上，采用“地域范围+主导因素+发展水平”的命名法则。绿洲乡村振兴分区分类框架如图 12-1 所示。

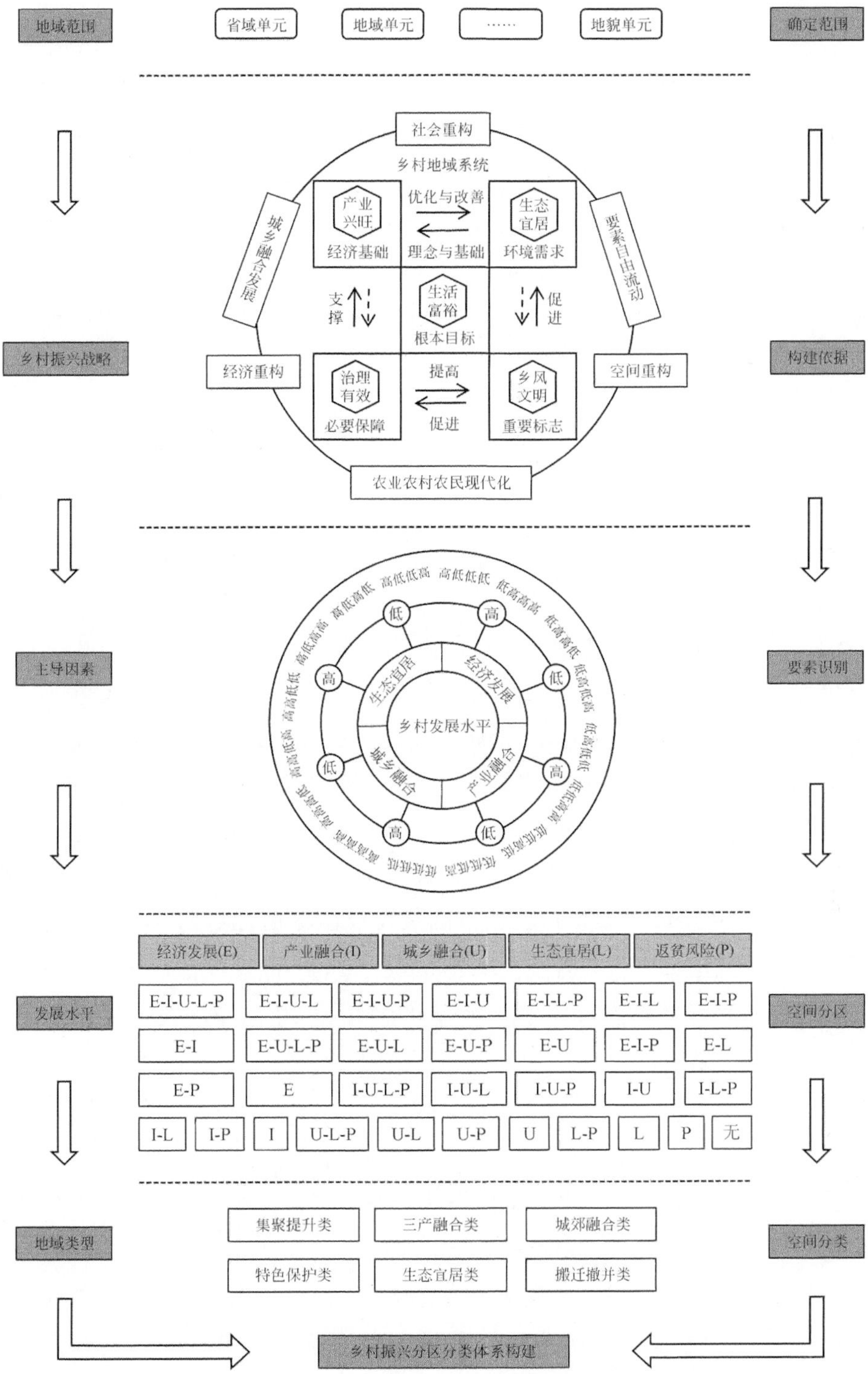

图 12-1　绿洲乡村振兴分区分类框架

12.1.2 绿洲乡村振兴地域类型划分方法

1949 年以来，秉持地理学研究为国民经济发展服务，尤其是为农业发展服务的宗旨，老一辈地理学者积极推进农业地域类型的理论与实践研究，编制了中国农业区划初步方案。改革开放后，以周立三院士为首的专家小组历时三年编制完成了《中国综合农业区划》，将全国划分为 10 个一级农业区和 38 个二级农业区，并指明各区的发展方向和建设途径。新时期，立足于"四化"协同发展，刘彦随等学者研制了中国现代农业区划方案，将全国划分为 15 个农业一级区和 53 个农业二级区，为促进农业现代化发展提供了重要决策参考。

1. 分区方法

乡村地域类型的划分重在从特定空间单元中识别出在资源、环境、人文、经济等方面具有较高相似度的地域子单元，使得不同子单元之间差异性尽可能大。然而，需要注意的是，分区过多会导致分区过于混乱，而分区过少又难以发现存在的地域分异规律，因此，选择适当的聚类分析方法成为能否有效划分乡村地域类型之关键。通常来说，聚类分析方法主要有统计方法、机器学习方法、神经网络方法、面向数据库的方法等。其中，自组织映射神经网络（self-organizing maps，SOM）作为一种无监督学习方法，能通过网络结构的自主执行寻找数据中的内在规律和本质属性，进而将数据划分为不同的类别，是脑认知科学和数据挖掘的有机结合。SOM 模型通过竞争学习的方式在隐藏层找到与输入数据最匹配的节点，无须事先确定分类个数，适合于聚类数目未定的多维数据聚类分析。借鉴前人的研究，本研究亦采用 SOM 模型对甘肃省绿洲乡村地域类型进行划分。结合实际情况，具体操作过程中对分区结果进行了微调，确保分区结果的空间连续性和区内一致性，据此进一步从经济发展水平、产业融合、城乡融合发展状况、生态角度及返贫风险等进行区域划分。

2. 分类方法

乡村振兴村落类型识别是在乡村地域系统和城乡融合发展理论的基础上，从乡村振兴的过程支撑要素进行系统分析，以乡村地域系统的人口、产业、资源环境承载力、基本公共服务保障程度等要素的空间分异特征，结合国家乡村振兴战略提出的"产业兴旺、生态宜居、乡风文明、治理有效、生活富裕"具体内容，选择"经济发展、产业融合、城乡融合、生态宜居、返贫风险"5 个子系统进行综合评价，根据城乡发展关系中乡村的价值、功能和极化的动力要素，通过乡村类型识别系统逐项判断主导类型，结合专家意见将乡村类型合理归类，从而划定不同类型的村落，为分类推进乡村发展提供理论参考依据。

遵循地域相似性和村域主导因素一致性的原则，将经济发展、产业融合、城乡融合、生态宜居和返贫风险的测度结果分别划分为高、低两种类型。结合经济发展、产业融合、城乡融合、生态宜居以及返贫风险对乡村振兴的影响，从乡村振兴的主体视角出发，依据农户-产业-环境的乡村振兴机制，进行决策逐级分类判断，从而识别绿洲乡村振兴村落主导类型（图 12-2）。

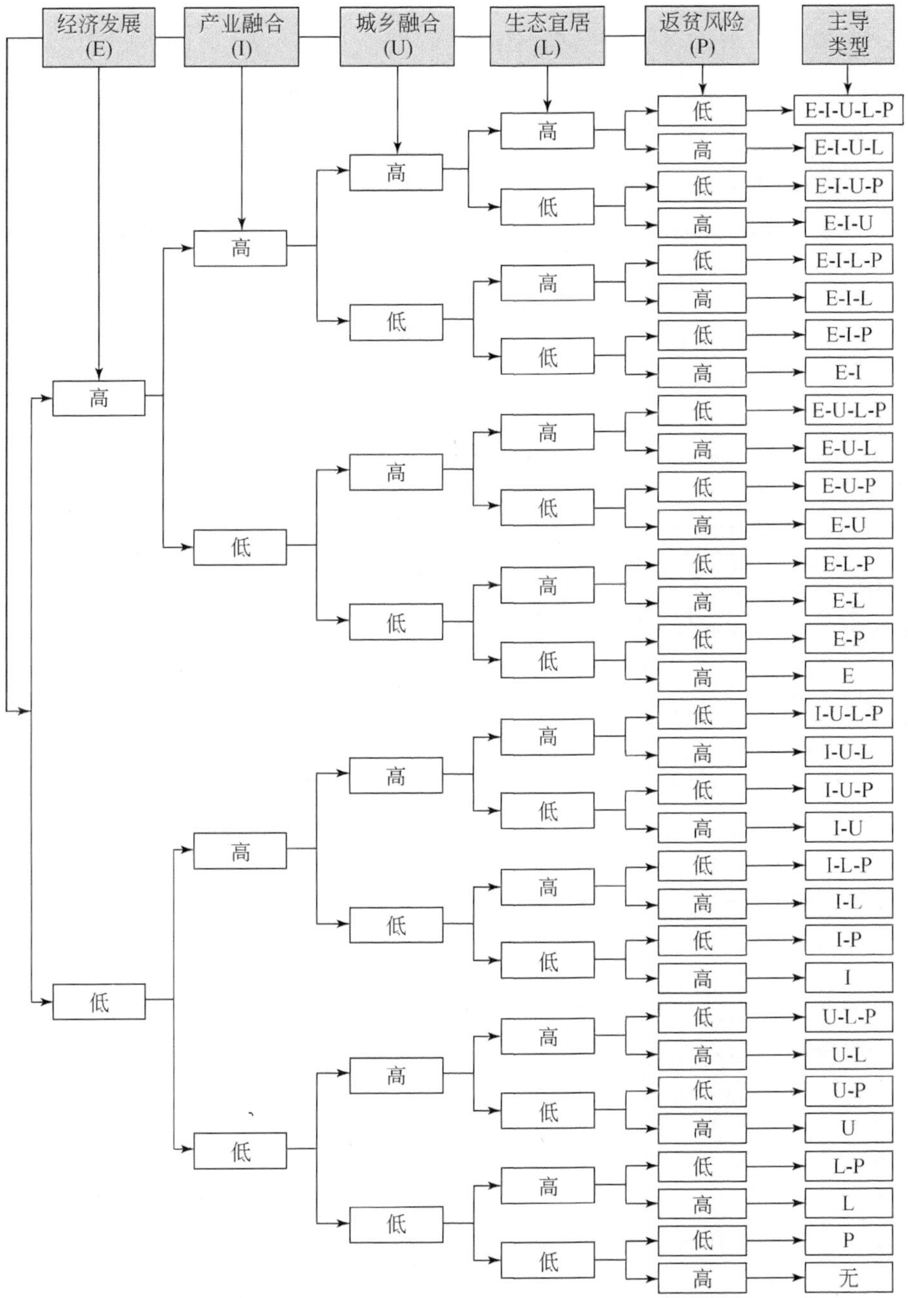

图 12-2　绿洲乡村振兴村落类型识别路线

12.2　绿洲乡村振兴区域划分及发展指引

12.2.1　绿洲乡村振兴空间分区

基于对各子系统的综合评价，对SOM模型进行多次调试，并结合上述区划原则对模型结果进行微调，最终划定甘肃省绿洲乡村地域类型的4个分区，分别为敦煌综合型高水平区、酒嘉综合型高水平区、金川综合型中水平区、河西走廊城乡融合制约型低水平区（表12-1）。敦煌综合型高水平区包括敦煌市；酒嘉综合型高水平区包括嘉峪关市、肃州区、玉门市；金川综合型中水平区包括金川区；河西走廊城乡融合制约型低水平区包括永昌县、凉州区、民勤县、古浪县、天祝藏族自治县、甘州区、肃南裕固族自治县、民乐县、临泽县、高台县、山丹县、金塔县、瓜州县、肃北蒙古族自治县、阿克塞哈萨克族自治县。

表12-1　甘肃省绿洲乡村地域类型分区

地域类型分区	县（区）名称
敦煌综合型高水平区	敦煌市
酒嘉综合型高水平区	玉门市、嘉峪关市、肃州区
金川综合型中水平区	金川区
河西走廊城乡融合制约型低水平区	肃北蒙古族自治县、瓜州县、阿克赛哈萨克族自治县、金塔县、肃南裕固族自治县、高台县、临泽县、甘州区、民乐县、山丹县、永昌县、民勤县、凉州区、古浪县、天祝藏族自治县

12.2.2　绿洲分区发展指引

实施乡村振兴战略旨在实现乡村地区产业兴旺、生态宜居、乡风文明、治理有效、生活富裕的发展目标，实现农业农村现代化。但是，由于经济发展水平、产业融合状况、城乡融合状况及生态环境等差异，以及受区位条件、历史文化等多种因素影响，不同地区乡村发展水平差异明显，面临的挑战和困难也不同。因此，着眼于区域差异，乡村振兴宜因地制宜、循序渐进，基于各乡村发展分区的主要限制性因素，明确发展方向和发展途径。借鉴刘彦随等对中国现代农业分区发展的思路，结合本研究划定的乡村地域类型区内制约乡村发展的主导因子，研究提出甘肃省绿洲乡村地域类型分区的发展方向。

1. 敦煌综合型高水平区

该区域位于甘肃省河西走廊最西端，地处马鬃山南麓、祁连山北麓间的党河冲积绿洲，东为三危山，南为鸣沙山，西侧为沙漠，与塔克拉玛干沙漠相连，北面为戈壁，与天山余脉相连，面积 26 718.30km^2，约占甘肃省总面积的 6.32%，绿洲面积约 1400km^2。2022 年该区域农村人口为 52 100 人，约占甘肃省农村总人口的 0.46%；农业总产值为 128 178 万元，约占甘肃省农业总产值的 0.82%；全年农作物播种面积为 19.6 万亩，较上一年增加 1.1 万亩。

分区定位：打造全国优质高产棉花、甜瓜生产基地，将其建设为特色农副产品加工循环经济基地。

发展方向：一是依托地域优势，大力发展特色农业，持续加大对葡萄、李广杏、紫胭桃、蜜瓜等特色林果农产品品牌的培育营销投入，立足敦煌蜜瓜、红枣、葡萄和棉花四大产业，发展以农作物种植和农产品加工、流通、储藏、销售为主的现代农业。基于生产专业镇、专业村，完善农资储备配送物流体系，推进产业规模化经营和现代化发展。二是推动畜牧业规模化、标准化发展，形成生产、加工、包装、营销一体化的全产业链。三是农场为周边村民提供就业岗位，带动周边农村经济的发展，引进先进技术和优良品种，促进农业科技创新水平提升，提高农产品的质量和产量。四是发展地方特色农产品“种养殖-加工-综合利用”的循环经济产业链条，增大农业附加值，推动区域农业整合发展，注重科技投入和市场拓展。五是推进粮食烘干加工中心、瓜菜育苗基地、尾菜处理及有机肥加工、绿色蜜瓜生产基地等项目建设，建立现代农业示范园区。

2. 酒嘉综合型高水平区

该区域地处陇海兰新经济带甘肃西段，西连新疆维吾尔自治区，南邻青海省，北与内蒙古自治区和蒙古国相接，范围包括酒泉市的肃州区、玉门市和嘉峪关市。该区域绿洲分布在东南、东北，绿洲随地貌被戈壁分割为点、块、条、带状，面积为17 891km^2，约占甘肃省总面积的 4.23%。2022 年，该区域农村人口为 18.68 万人，约占甘肃省农村总人口的 1.64%；农业总产值为 853 310 万元，占甘肃省农业总产值的 5.47%。

分区定位：建立全国重点名胜旅游基地、特色农产品生产加工基地和全国统筹城乡发展先行区。

发展方向：一是构建绿洲农业现代产业体系，推动农村产业结构转型升级。坚持把优化产业结构作为加快转变经济发展方式的战略重点，调整产业布局，实现农村产业转型升级，努力形成以现代农业为基础、现代服务业为引领、战略性新兴产业为主体、传统优势产业为支撑的现代产业体系，不断提高产业核心竞争力，促进地方经济的可持续增长。二是加快城乡基本公共服务均等化步伐，力争在西北地区率先实现全面建设小康社会目标。

三是依托肃州区国家现代农业示范区和玉门市省级现代农业示范区平台，打造国内一流的现代农业发展示范样板区。四是实施现代化产业体系建设，推动农村产业结构的升级转型，有效提升当地农业的生产效率和产品品质，促进农民增收致富。

3. 金川综合型中水平区

该区域位于甘肃省河西走廊东段，范围包括金川区，阿拉善台地、巴丹吉林沙漠南缘，腾格里沙漠西北，面积3060km^2，绿洲主要分布在双湾镇。2022 年，该区域农村人口为2. 24 万人，约占甘肃省农村总人口的0. 2%；农业总产值为95 222 万元，占甘肃省农业总产值的0. 61%。

分区定位：建设蔬菜产业化基地，打造优质养殖基地和奶源生产基地及香草花卉产业基地，建成国家农产品质量安全区。

发展方向：一是促进农业全面升级，切实抓好粮食生产，推动藏粮于地、藏粮于技落实落地，着力发展现代丝路寒旱农业，认真实施循环农业生态产业专项行动计划，在环境保护和可持续发展原则的前提下，采用先进的技术和管理模式，促进农业生产方式的转变。二是加快发展戈壁农业，增加优质绿色农产品供给，抓好蔬菜产业化基地、优质蔬菜产销一体化、尾菜处理和综合利用等项目，通过提高质量和产量，拓宽市场供应，加强产销整合；立足以双湾绿洲为核心的主要农业发展区，依托金昌市现代特色农业交易配送中心等平台，推动农业产业链的延伸，加强农产品的质量控制和市场推广。三是发展以优质牛羊肉、紫花苜蓿为主的草食畜牧产业，加快畜牧业转型升级与绿色发展步伐；发展以薰衣草、万寿菊、油菜花为主的香草花卉产业，重点实施金川区戈壁香草园等项目，进一步优化农业产业和产品结构等。四是优化调整种植业结构，引导菜草畜特色农业发展向优势区集聚。通过高标准农田建设、田园综合体项目、经济作物种植以及乡村旅游等多元产业的发展，提升农民的收入水平，促进农业经济稳步增长。

4. 河西走廊城乡融合制约型低水平区

该地区地域广阔，属温带干旱半干旱气候，区内为岛状分布的绿洲，具备人口聚集和农业开发的良好条件，灌溉便利，产出水平高，人均灌溉土地面积、人均粮食产量、单位耕地产值等均处于甘肃省前列。其面积198 082km^2，约占甘肃省总面积的46. 84%。2022 年，该区域农村人口为145. 97 万人，约占甘肃省农村总人口的12. 78%；农业总产值为4 855 308 万元，约占甘肃省农业总产值的31. 10%。

分区定位：建成绿洲生态保护区、绿洲农业示范区，打造文化乡村以及依山傍水、小巧玲珑、民族风情的山水小城。

发展方向：一是发挥资源优势，充分利用现代农业技术，加快农田水利建设，合理调整农业生产结构与布局，依靠科技支撑，推进土地集约和适度规模开发。依据资源基础发展现代农业，如在民勤、张掖东北部等沙地、戈壁荒滩区域大力发展设施农业、节水型农业，以应对不断变化的自然环境和气候条件。二是强化粮食生产和安全保障，大力发展制种、棉花、油料、酿造原料和果蔬、牛羊肉、冷水鱼等特色农产品生产及深加工。三是充分利用天然草场和农区秸秆，大力发展牧区和农区畜牧业，打造河西走廊黄金奶源基地、优质绿色食品生产加工基地。科学管理草场和秸秆资源，优化畜禽饲养环境，提高养殖效率，进一步完善畜牧业生产体系。此外，积极营造农田防护林、水源涵养林和防风固沙林，保护绿洲环境和生态系统，修复植被，减少水土流失，提高土地生产力和生态环境质量。

12.3 绿洲乡村振兴类型划分及发展模式和路径

12.3.1 绿洲乡村振兴类型划分

基于绿洲乡村振兴村落类型识别体系和绿洲乡村发展水平的空间差异性，按照乡村主体、产业发展、人居环境和资源禀赋的层次，以及评价结果高低，依据不同村落主导类型的相似性，采用专家征询方法，综合判断组合特征，将绿洲乡村振兴村落类型识别为集聚提升类村庄、三产融合类村庄、城郊融合类村庄、特色保护类村庄、生态宜居类村庄、搬迁撤并类村庄。

1. 集聚提升类村庄

该类型村庄主要包含 E-I-L-P、E、E-L 主导型村域，村庄主体呈现老弱化趋势，产业发展占主导，有村集体经济和农村合作社等生产组织存在，人居环境和资源禀赋较差。该类型村庄应逐步完善农业基础设施条件和农村养老后续保障机制，提升农业机械化水平和生产技术，促进老年农业发展；制定相关人才引进与返乡创业政策激励机制，鼓励具有乡土情怀并致力于乡村建设的有志之士返乡创业，实现保障留人、待遇留才和感情留士；通过城乡资源共享，人才人力互助，市场需求互动，产业优势互补，建立城乡良性互动循环体制机制，构建城乡人才双向流动体制，促进城乡先进技术、思想、理念的共同进步，提升乡村的凝聚力和吸引力。

2. 三产融合类村庄

该类型村庄主要包括 I、E-I、E-I-P、I-P、E-I-L、I-L-P 主导型村域，村庄乡村主体较好，但缺乏产业支撑，村庄整体经济发展落后。该类型村庄应注重产业培育和发展，结合区域优势，在传统农业基础上，依靠现代农业技术投入，发展节水灌溉农业，培育耐旱作物，实现农业的优化发展；加强农民种植养殖技能培训，构建新型职业农民队伍；通过政策倾斜鼓励企业到农村投资发展农业项目，逐步发展村集体经济和乡村产业，构建以种植、加工、生产、销售为一体的标准化、规模化的现代农业产业体系；搞好乡村公共服务设施配套，推进山水林田路综合治理，支持乡村环境集中连片整治，加大乡村污水处理和改厕力度，加快改善村庄卫生状况，加强乡村周边工业“三废”排放和城市生活垃圾堆放监管治理。

3. 城郊融合类村庄

该类型村庄主要包括 E-I-U-L-P、E-U-L-P、U-L、I-U、U-P 主导型村域，村庄地理区位优越，资源环境较好，农民市民化趋势增强。该类型村庄应着力构筑区域性交通网络，确保在交通线路的线形、断面设计、建设水平等方面与城市交通形成有机对接，促进人流、物流的顺利流通。同时，应完善城乡布局结构，统筹城乡发展空间，在“以城带乡，以工促农”的乡村振兴发展模式下，更好地发挥周边城镇涓滴效应，缩小城乡差距，促进城乡资源要素共享。此外，还应发挥基础设施的引导作用，在区域层面实现与周边城市基础设施的共建共享，优化乡村设施合理配置，社会保障体系全覆盖，满足居民生活需要，增强村庄自身极化作用，推进乡村地区重点镇、中心镇的建设，实现就地城镇化。

4. 特色保护类村庄

该类型村庄主要为 P 主导型村域，村庄资源禀赋好，地理区位优越，产业发展基础较好，地域特色鲜明。其应依据村庄发展规模、人口分布特征、交通道路建设、农户耕作半径、公共设施服务范围等因素，重新构建乡村内部生产空间、生活空间、生态空间，增强聚落空间集聚、盘活耕地存量、美化生活环境、提升公共资源社会服务效率，缩小城乡公共服务差距。同时，应建立健全法律法规，落实责任义务，制定保护发展规划，出台支持政策，鼓励特色村镇和传统村落公众参与保护与开发。全面保护文物古迹、历史建筑、传统民居等传统建筑。整治文化遗产周边公共环境，完善特色村镇和传统村落区域内道路、供水、垃圾和污水治理等基础设施，完善消防、防灾避险等必要的安全设施。同时，应加强对传统村落投资收益机制的管理、协调和掌握。

5. 生态宜居类村庄

该类型村庄主要为 L、L-P、E-L-P 主导型村域，是生态优美、环境污染少的地区，村庄生态环境优势明显，具有传统的田园风光和乡村特色。其应以建设地绿、水净、安居、乐业、增收的美丽宜居乡村为目标，以乡村垃圾污水治理、乡村厕所改造和村容村貌提升为主攻方向，全面提升乡村生态环境、人居环境、发展环境质量。深入实施乡村生态保护与生态修复工程，完善生态系统保护制度，强化生态空间管制，加快国土综合整治，实施农村土地综合整治重大行动促进乡村生产生活环境逐步改善，实现自然生态系统功能和稳定性全面提升。依托内生性动力，引进农业创意产业理念，打造“农业游”模式，延长产业链，增加农业收入；同时应完善交通、住宿、餐饮、娱乐等旅游配套基础设施，打造特色文旅基地。

6. 搬迁撤并类村庄

该类型村庄生态环境脆弱或资源禀赋较差，乡村主体老弱化、产业空心化、资源贫瘠化、环境污损化。该类型村庄应坚持村庄拆迁撤并与新型城镇化、农业现代化相结合，依托适宜区域进行安置。注重凸显迁出区的生态恢复和保育功能，以及迁入区社会重构和治理能力提升，避免新建孤立的村落式移民社区。通过易地搬迁、生态补偿、小村整合等搬迁撤并方式，改善农民生产生活环境，促进生态环境脆弱区恢复。同时，完善新社区的基础设施和公共服务设施建设，构建新的村规民约，增强农户认同感和归属感，以及乡村内部的凝聚力，在自治、法治和德治的结合下，完善基层民主自治制度，充分尊重民意，鼓励能人治村，提高村民的多元参与和组织化程度，建立良性互动的现代化乡村组织治理体系。

12.3.2 绿洲乡村振兴发展模式

乡村发展模式，既要体现区域性，又要反映功能性，不同区域、不同功能导向下乡村发展所面临的问题同样存在差异。每一种乡村振兴模式，又分别代表了某一类型乡村在各自的自然资源禀赋、社会经济发展水平、产业发展特点以及民俗文化传承等条件下振兴乡村的成功路径和有益启示。

绿洲区乡村类型多样，推进乡村振兴必须因地制宜，充分考虑区位条件、资源禀赋、产业形态、发展基础等诸多支撑要素，按照集聚提升、三产融合、城郊融合、特色保护、生态宜居、搬迁撤并等分门别类进行推进。本研究立足于布局区域性、功能主导性和问题制约性的综合视角，着力构建绿洲区高质量推进乡村振兴的经典模式。

1. 城郊综合发展模式

（1）多功能农业

城市近郊区以及县城城镇所在地的乡村，具备成为城市后花园的优势，也具有向城市转型的条件。相对于城市而言，城郊区乡村具有土地价格相对较低、可开发土地面积相对较大、生产生活成本较低、劳动力成本较低等优势，但同时又存在着基础设施相对落后、资金相对缺乏、工业基础薄弱、青壮年劳动力缺乏、经济社会发展相对滞后等劣势。相对于非城郊区乡村而言，城郊区有着产业结构相对丰富、交通相对较为发达、与中心城市的联系相对较为紧密等优势（图12-3）。

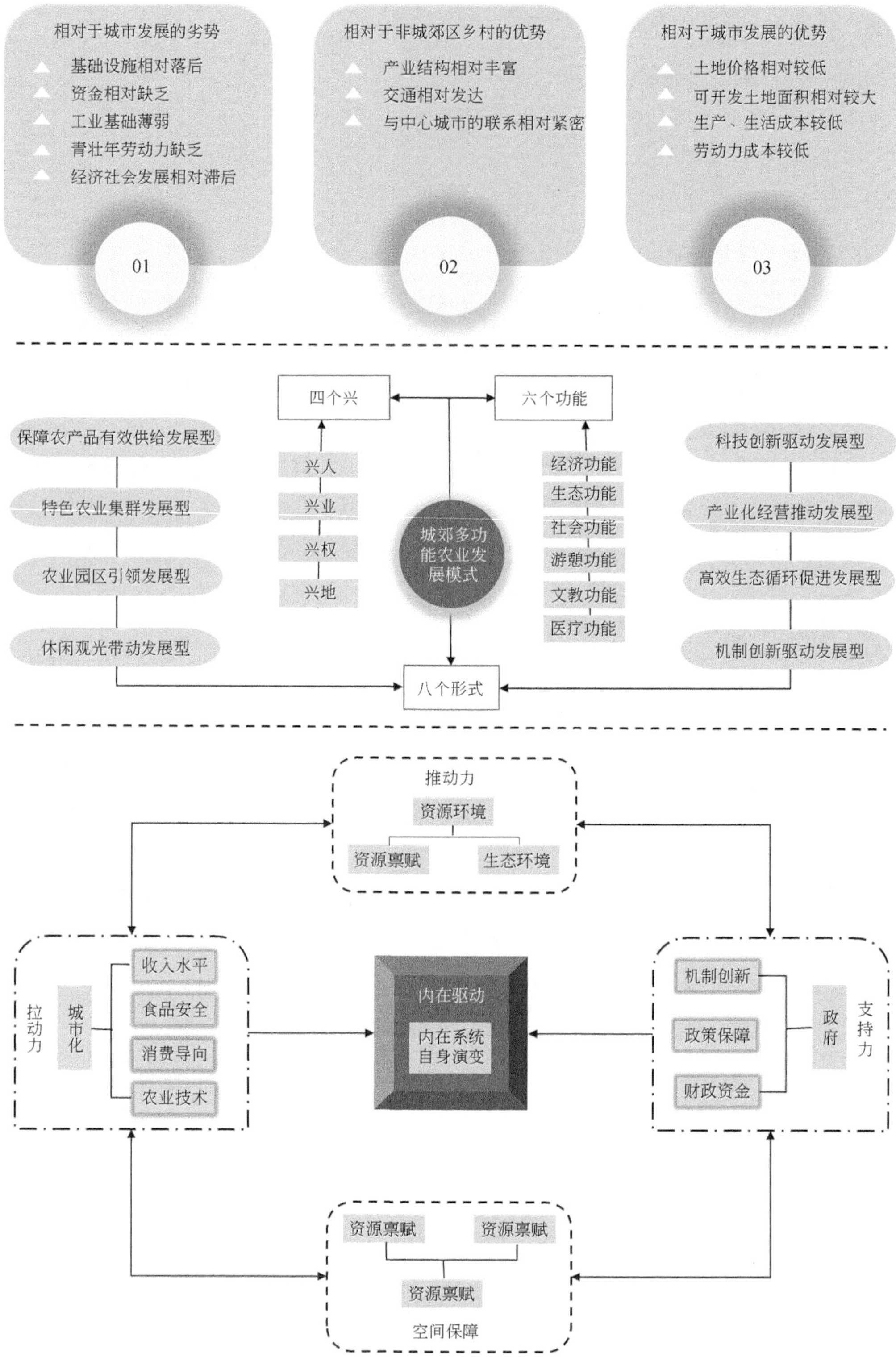

图 12-3　城郊多功能农业发展模式

城郊多功能农业发展模式是指充分利用农业在生产、生态、经济、文化和社会等方面的多功能性，在大中城市郊区发展观光农业、休闲农业、采摘农业、体验农业等多功能农业，以适应为城市居民享受高质量休闲新体验的需求。该模式是城市发展与农业发展相融合的一种高质高效的现代农业形式，依托的自然和社会环境主要有：①距离城市中心近，区位优势明显，经济条件较好，基础设施和公共设施较为完善；②巨大的城市消费市场；③良好的生态环境和乡村景观；④农业资源丰富且具有地域特色，农业规模化、集约化经营规模高，土地产出率和农民收入也相对较高。

城郊多功能农业发展模式旨在利用其区位优势条件，在城市需求的动力下，培育优质特色产业，提供乡村采摘、体验式农业、休闲观光、旅游度假等，在其过程中乡村实现兴人、兴地、兴业、兴权，有效激发乡村活力、能力、动力和竞争力，系统推进城乡融合、协调、一体和等值化。其中，兴人，就是既要加快人才的培养，又要壮大人才的数量，为乡村发展注入新动力；兴地，就是既要农村土地承包经营权“长久不变”，又要赋予土地更充分的权益；兴业，就是要促进农村一、二、三产业融合发展；兴权，就是落实土地承包权、经营权的确权登记。

城郊多功能农业发展模式由生产型向消费型、服务型转变，表现为观光休闲农业的迅速发展。典型案例如武威市天祝藏族自治县依托优越的地理位置以及自然地理资源优势，大力发展观光农业、体验农业以及创意农业等多功能农业，不仅解决了当地居民的就业问题，还为绿洲区乡村经济发展探索出一条可行之路。

（2）田园综合体

田园综合体是“现代农业+休闲旅游+田园社区”一体的乡村综合发展模式，是在城乡一体格局下，顺应农村供给侧结构性改革促进中国乡村现代化、推动新型城镇化及乡村社会经济全面可持续发展，为实现经济社会全面发展和产业结构优化升级而提出的一种跨产业、多元化的新型农业农村发展模式。田园综合体更多的是从地域空间开发和农村发展角度提出的对乡村资源的合理性开发，以乡村为发展平台，以农业为基础，以农民为参与主体，以农业、农村用地为载体，以功能复合化、开发园区化、主体多元化为特征，通过资源聚合、功能整合和要素融合，进行跨产业、多功能、全要素的综合规划、开发、运营，推动乡村旅游发展、农村三次产业融合、区域经济转型升级发展的新型复合载体，是实现乡村振兴的有效途径，是解决“三农”问题的重要载体（图12-4）。

相对于城郊多功能农业发展模式而言，田园综合体范围更大、综合性更强，规模化经营程度也更高，体现为综合开发的特征。该模式适用于农民合作社经营实力强，区域交通、通信、物流、人流、信息流等基础设施相对完善，已形成产业群雏形、具备投资价值的地区，并需要后期对田园综合体进行合理定位、规划、投资与运营服务。例如，张掖市甘州区甘浚镇甘浚村是通往丹霞大景区西入口的必经之处，该地区以“丹霞门户，度假核心”为主题，占地356.06亩，通过深入挖掘祁连民俗文化和产业资源，打造集现代农业、休闲旅游、田园社区、生态度假等功能于一体的田园综合体，并在 S18 线以南部分增设花海别墅及田间农房，配套完善基础设施和景观设施，进一步丰富园区业态。

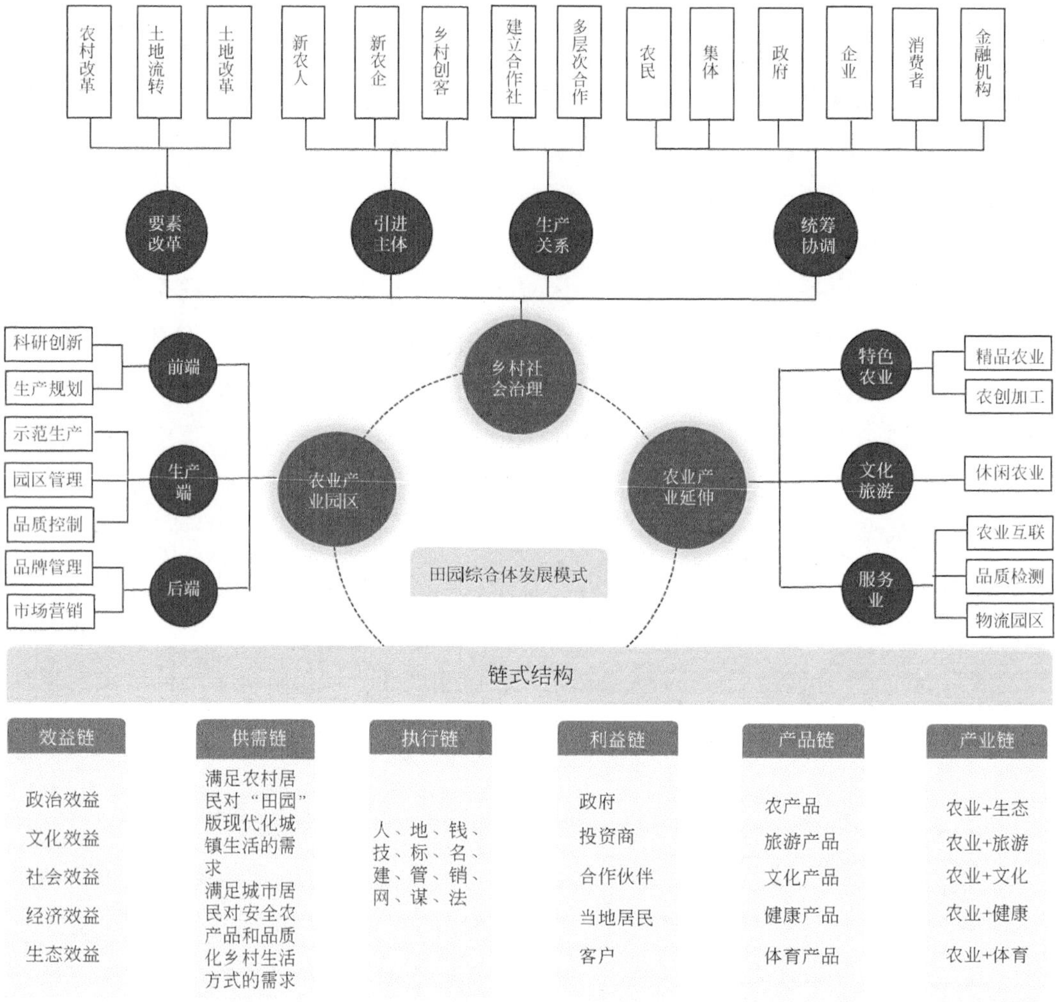

图 12-4　田园综合体发展模式

2. 三产融合发展模式

三产融合发展模式是指通过对农村三次产业之间的优化重组、整合集成、交叉互渗，使产业链条不断延伸，产业范围不断拓展，产业功能不断增强，产业层次不断提升，从而实现乡村产业振兴。2019 年，由国务院印发的《关于促进乡村产业振兴的指导意见》中表明乡村产业振兴要促进产业融合发展，增强乡村产业聚合力。培育多元融合主体，形成“农业+”多业态发展态势，打造产业融合载体，构建利益联结机制。乡村产业根植于县域，以农业农村资源为依托，以农民为主体，以农村一二三产业融合发展为路径，以地域特色鲜明、创新创业活跃、业态类型丰富、利益联结紧密为特点，是提升农业、繁荣农村、富裕农民的产业。促进乡村产业振兴，要坚持因地制宜、突出特色、市场导向、政府支持、融合发展、联农带农、绿色引领、创新驱动等原则，把以农业农村资源为依托的二三产业尽量留在农村，把农业产业链的增值收益、就业岗位尽量留给农民（图 12-5）。

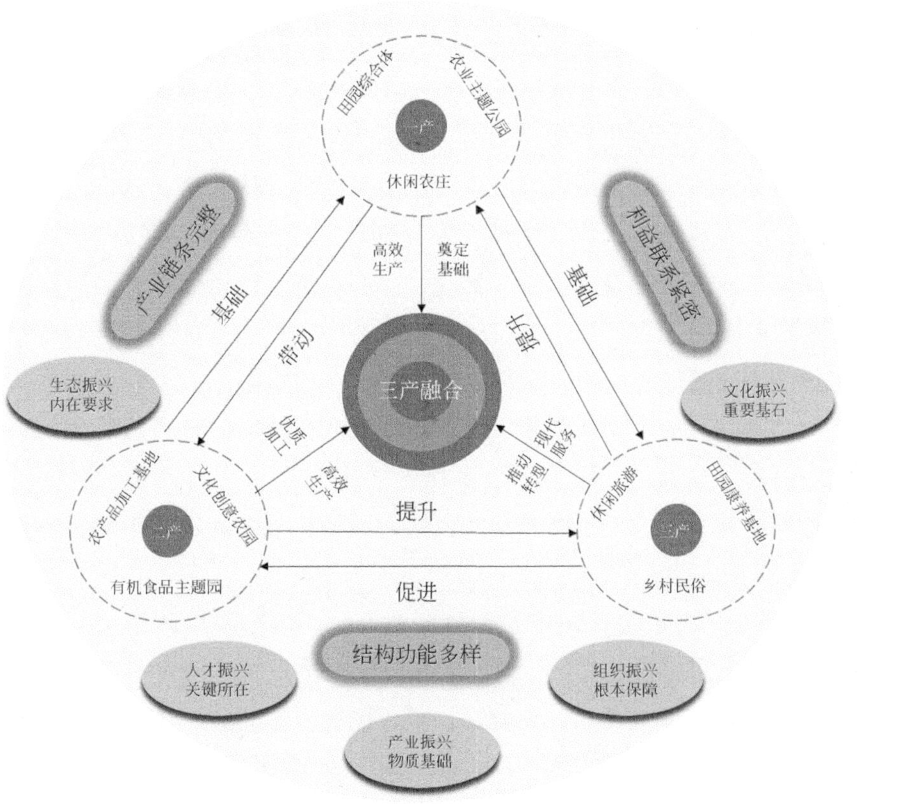

图 12-5　三产融合发展模式

自 2017 年国家发展和改革委员会开展农村产业融合发展示范园创建以来，甘肃绿洲区先后共有 5 个示范园列入国家农村产业融合发展示范园名单，分别是张掖市民乐县国家农村产业融合发展示范园、张掖市临泽县农村产业融合发展示范园、武威市凉州区国家农村产业融合发展示范园、武威市天祝藏族自治县国家农村产业融合发展示范园、酒泉市肃州区国家农村产业融合发展示范园。这些园区均通过发展自身特色产业，发挥示范引领作用，带动农村一二三产业融合发展，促进农业增效、农民增收、农村繁荣，带动乡村振兴。

3. 乡村旅游拉动模式

乡村旅游市场需求旺盛、富民效果突出、发展潜力巨大，是新时代促进居民消费扩大升级、实施乡村振兴战略、推动高质量发展的重要途径。2023 年以来，甘肃乡村旅游市场回归繁荣，年接待游客 1.53 亿人次，较 2022 年增长 70.74%，较 2019 年增长 19.84%。

同时，甘肃实现乡村旅游收入481.93亿元。而旅游业是实现乡村振兴的重要推动力量，被认为是替代林业、种植业、渔业等滑坡产业，避免农村人口过度下降、保持乡村文化传承的重要手段。旅游型乡村具有上下传承的作用，在接受城市资源辐射的同时还能大面积地吸聚来自乡村向城市的资源外溢，在城乡统筹下实现城乡互动发展。旅游型乡村作为城乡共同发展的衔接环节，依托乡村的特色资源要素，寻找有效的产业切入点，通过旅游开发运作来满足城市居民体验自然环境的需求，在本地经济、社会良性发展互动的同时，本地居民的收入方式变得多元化，其生活水平的提高出现新的契机。

乡村旅游拉动模式是指在适宜发展乡村旅游的地区，依托乡村特有的自然风光、人文遗迹、民俗风情、农业生产、农民生活及农村环境，因地制宜开展旅游活动的发展模式。该模式通过开发乡村的自然景观、人文景观、生产景观及民俗风情等旅游资源，发展乡村旅游，转移乡村剩余劳动力，同时在发展乡村旅游中进行生态环境保护与修复、乡村文化价值挖掘与传承，改善居民生产、生活条件，通过乡村旅游与三产融合的方式，推动乡村振兴战略落地。其具有的主要特征有：①充分依托乡村地区的特色旅游资源，带动乡村振兴，促进乡村可持续发展；②逐步建设乡村各项旅游设施，满足农民增收、乡村经济繁荣、城乡统筹发展的要求；③适度开发乡村旅游项目，吸引周边城市游客前来游玩，实现城乡融合发展（图12-6）。

根据2019年6月发布的《文化和旅游部办公厅　国家发展改革委办公厅关于开展全国乡村旅游重点村名录建设工作的通知》，乡村旅游重点村应符合下列标准：文化和旅游资源富集，自然生态和传统文化保护较好，乡村民宿发展较好，旅游产品体系成熟、质量较高，基础设施和公共服务较完善，就业致富带动效益明显。自2019年7月，确定并公示全国乡村旅游重点镇（乡）和全国乡村旅游重点村名录乡村名单以来，甘肃绿洲区先后共有2个镇和15个村入选（表12-2）。

表12-2　甘肃绿洲区全国乡村旅游重点镇（乡）和全国乡村旅游重点村名录

序号	村庄	类型	入选批次
1	甘肃省酒泉市敦煌市月牙泉镇	全国乡村旅游重点镇（乡）	第一批
2	甘肃省武威市天祝藏族自治县天堂镇	全国乡村旅游重点镇（乡）	第二批
3	酒泉市敦煌市月牙泉镇月牙泉村	全国乡村旅游重点村	第一批
4	武威市天祝藏族自治县天堂镇天堂村	全国乡村旅游重点村	第一批
5	酒泉市敦煌市阳关镇龙勒村	全国乡村旅游重点村	第一批
6	张掖市民乐县民联镇东寨村	全国乡村旅游重点村	第一批
7	张掖市临泽县板桥镇红沟村	全国乡村旅游重点村	第一批
8	张掖市肃南裕固族自治县康乐镇榆木庄村	全国乡村旅游重点村	第二批
9	敦煌市月牙泉镇杨家桥村	全国乡村旅游重点村	第二批
10	张掖市甘州区长安镇前进村	全国乡村旅游重点村	第二批
11	酒泉市肃州区泉湖镇永久村	全国乡村旅游重点村	第二批

续表

序号	村庄	类型	入选批次
12	嘉峪关市峪泉镇黄草营村	全国乡村旅游重点村	第二批
13	武威市天祝藏族自治县大红沟镇大红沟村	全国乡村旅游重点村	第二批
14	金昌市金川区宁远堡镇龙景村	全国乡村旅游重点村	第二批
15	张掖市山丹县李桥乡高庙村	全国乡村旅游重点村	第二批
16	甘肃省武威市凉州区高坝镇蜻蜓村	全国乡村旅游重点村	第三批
17	甘肃省武威市凉州区张义镇灯山村	全国乡村旅游重点村	第四批

4. 乡村电商助力模式

农村电商是指利用互联网、计算机等现代信息技术，为从事涉农领域的生产经营主体提供在网上完成产品或服务的销售、购买和电子支付等业务交易过程的经营主体。农村电商是转变农业发展方式的重要手段，是乡村振兴的重要载体。农村电商具有草根创业、作坊式生产、同业集聚、协同性等特征，以县域电子商务和淘宝村带动形成的农村电商集群，已成为促进乡村经济发展的有效模式。加快农村电商发展，促进实体经济与互联网深度融合，有利于促消费、扩内需，推动农业升级、农村发展、农民增收，有助于乡村振兴战略的全面实施。利用互联网、大数据、现代物流等最新技术，能进一步推动城乡融合发展和现代化建设。

乡村电商助力模式是指以电子商务为载体和动力，利用农村资源优势发展乡村适宜产业，通过人岗匹配安置农村剩余劳动力，促进乡村社会经济的转型与发展（即农业的转型、农村的发展、农民的转型），实现乡村振兴的发展模式（图 12-7）。该模式适用于具有产业特色优势和地区品牌且配套服务相对完善的乡村地区。这种发展模式主要体现如下：①培养乡村建设主体，增创就业机会。农村电商日益成为返乡民工、高校毕业生等返乡创业的首选项目。②减小收支差距，促进城乡融合发展。③推进农业供给侧结构优化，促进农村产业转型升级。农村电商会带动配套加工、生产、储藏、物流和服务业的发展，创造符合全面发展原则的新型产业，实现“线上+线下”新零售模式、“实体+网络”带动传统产业升级转型的模式。

农村电商为农村经济发展壮大提供了新的思路和途径，典型案例如张掖市高台县。该县加快构建现代农业产业链，抢抓全国数字乡村建设试点县和国家电子商务进农村综合示范项目建设机遇，大力促进物联网、人工智能、大数据等现代信息技术与农业全产业链深度融合，将农村电商发展作为促进群众增收致富的创新举措，不断壮大电商从业队伍，畅通“农产品进城、工业品下乡”双向流通渠道，积极打造区域公共品牌“丰登高台”，有力促进了乡村产业发展和农民增收致富，为乡村全面振兴注入了动力、活力。

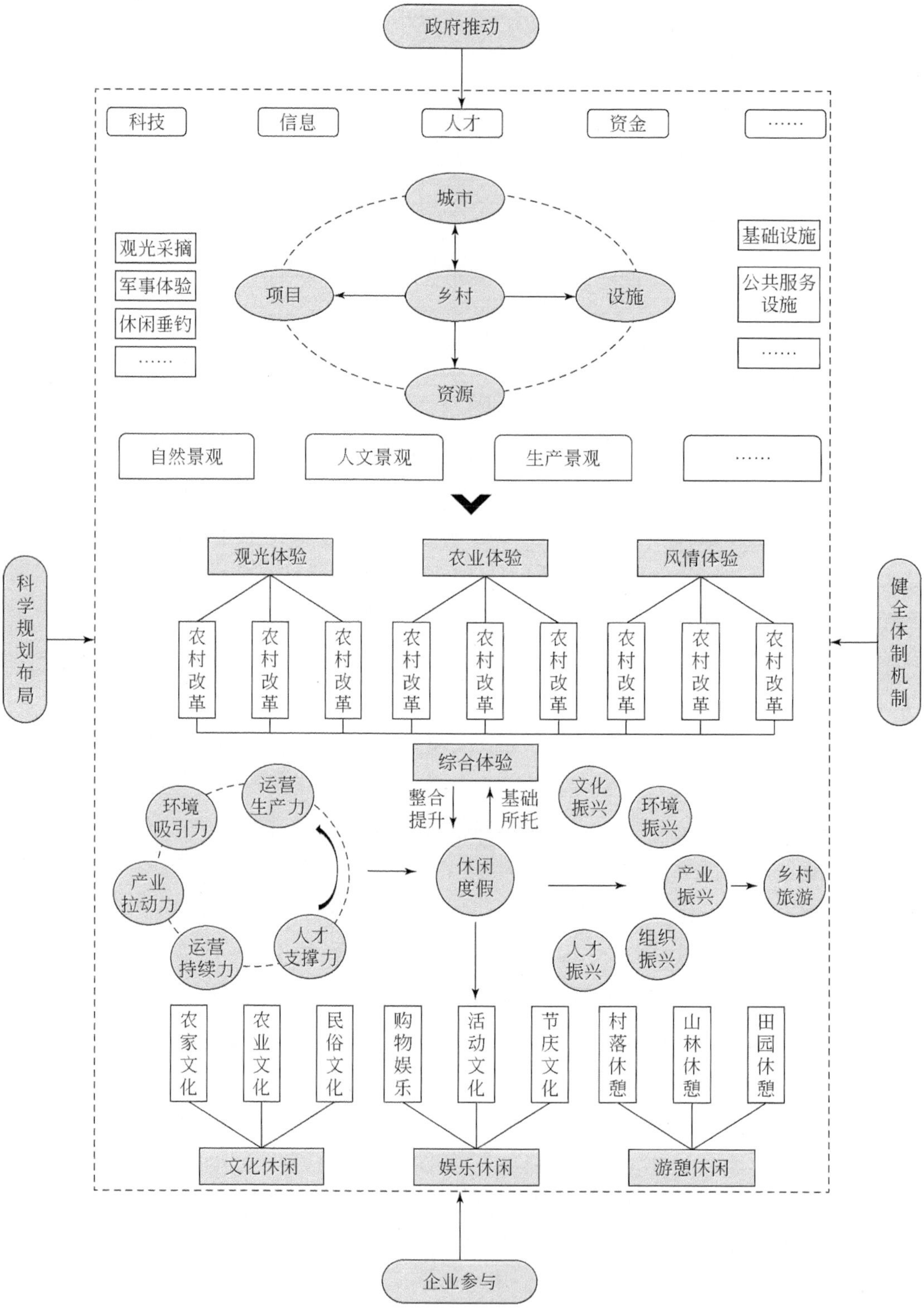

图 12-6　乡村旅游拉动模式

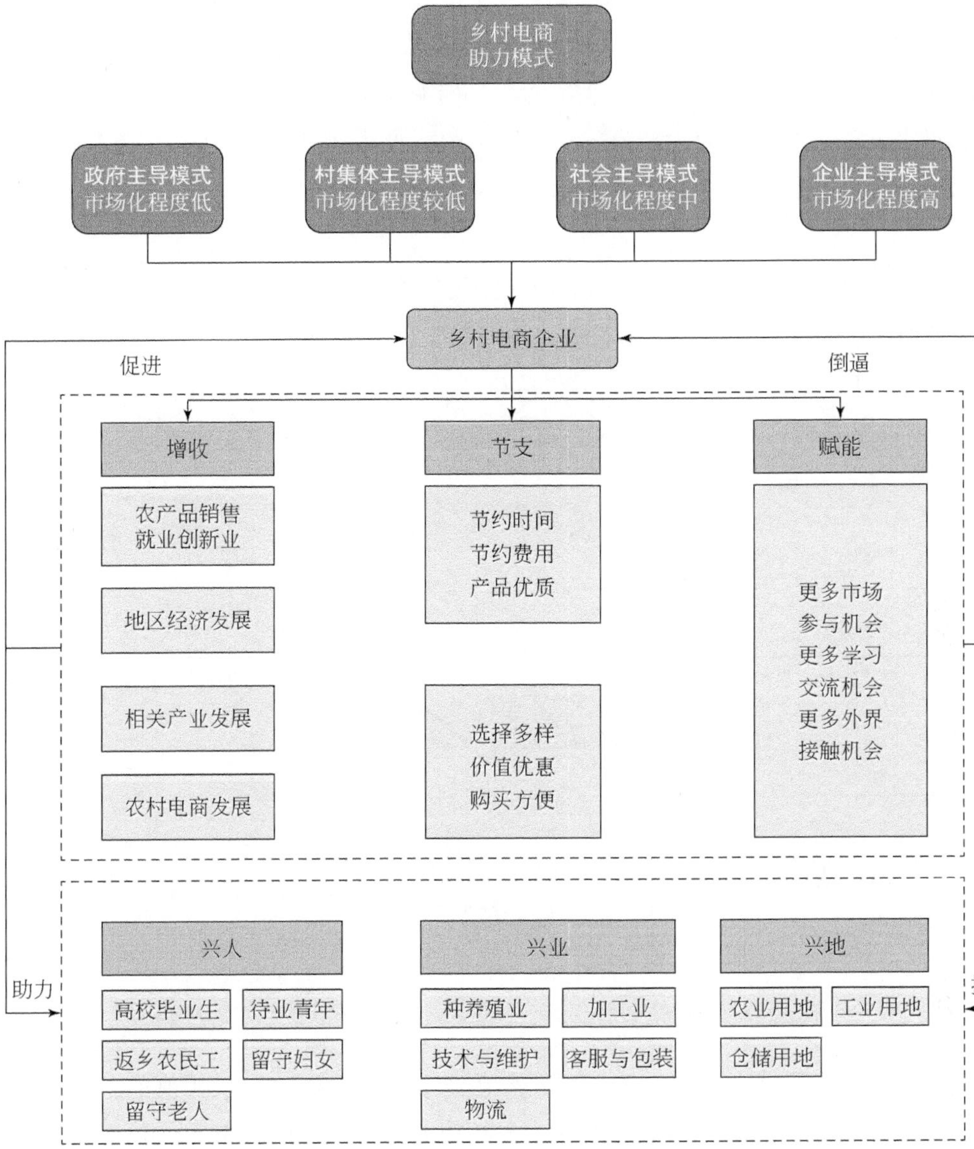

图 12-7　乡村电商助力模式

5. 高效农业驱动模式

高效农业是以市场为导向，运用现代科学技术，充分合理利用资源环境，实现各种生产要素的最优组合，最终实现经济、社会、生态综合效益最佳的农业生产经营模式。高效农业驱动模式是指通过农业产业组织的制度创新，克服“小生产”弊端，提高农业生产专业化、组织化，从而延长农业产业链，吸引更多农户参与到经营管理中，带动乡村发展的发展模式（图 12-8）。龙头企业带动是高效农业驱动模式的重要形式，指由龙头企业作为现代农业开发经营主体，通过土地承包经营权流转，将分散在农民手中的土地集中以投入到企业的规模化生产经营活动中。

典型案例如武威市大力发展高效节水技术，围绕打造沿山沿川沿沙“三大特色产业带”和“8+N”现代农业优势主导产业，加强高标准农田建设，加快构建绿色可持续发展的现代高效节水农业体系，着力调整优化农业结构，大力推动农艺节水、工程节水、制度节水有效融合，有效提升农业水资源利用水平和效益，取得明显成效。

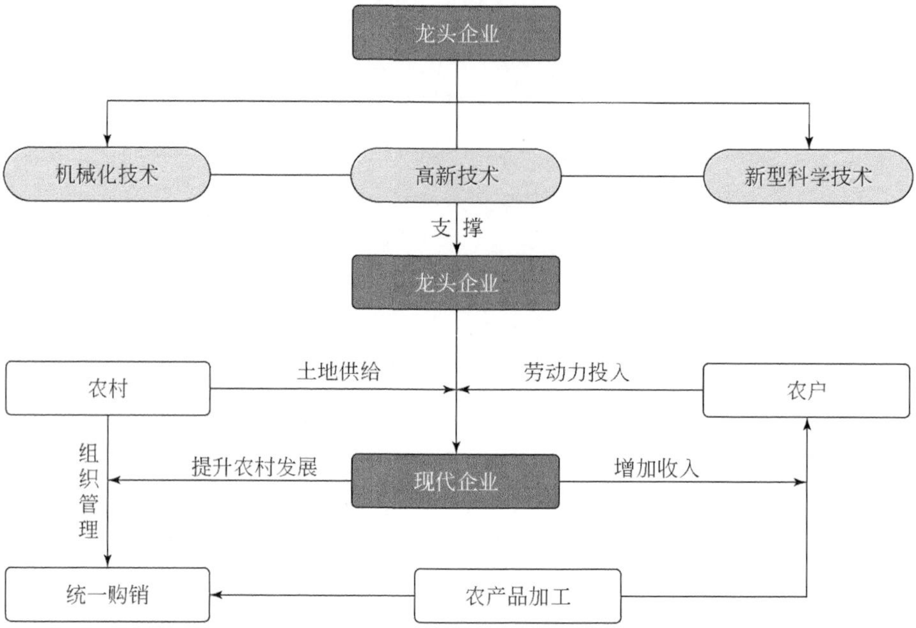

图 12-8　高效农业驱动模式

6. 乡村文化推动模式

乡村是中华传统文化生长的家园。乡土文化是中华优秀传统文化的根柢，是社会主义先进文化和革命文化的母版，是坚定中国特色社会主义文化自信的根本依托。树立乡土自信不仅是增强文化自信的内在要求，也是实现乡村文化振兴的必要前提。乡村文化振兴，就是在实施乡村振兴战略中，坚持物质文明和精神文明一起抓，繁荣兴盛农村文化，培育文明乡风、良好家风、淳朴民风，改善农民精神风貌，不断提高乡村社会文明程度，焕发乡村文明新气象。

乡村文化推动模式主要是在具有特殊人文景观，包括古村落、古建筑、古民居及传统文化的地区开展以文化为主要推手的乡村振兴，其特点是乡村文化资源丰富，具有优秀民俗文化及非物质文化，文化展示和传承的潜力大（图 12-9）。

7. 生态经济发展模式

生态经济发展模式适合于生态优美、环境污染少的地区，其特点是自然条件优越，水

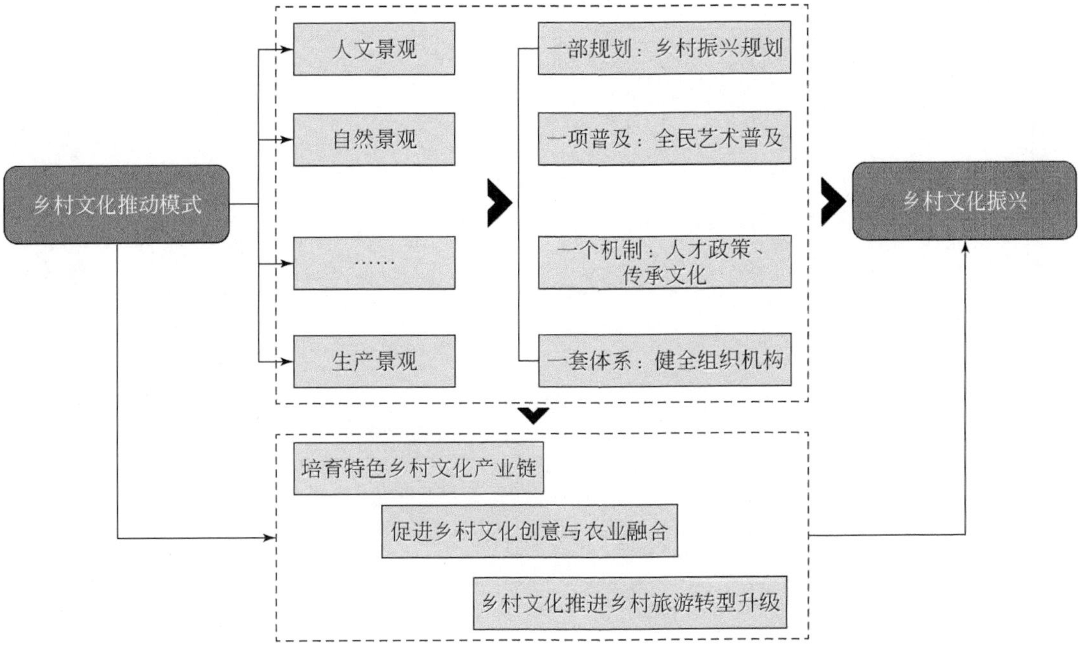

图 12-9　乡村文化推动模式

资源和森林资源丰富，具有传统的田园风光和乡村特色，生态环境优势明显，把生态环境优势变为经济优势的潜力大，适宜发展生态旅游。

生态经济发展模式主要是依托当地天然的生态资源，形成以生态促经济发展，以经济反哺生态的发展思路（图 12-10）。近年来，武威市全力打造“1+N”生态环保产业链，编制产业链图谱，探索实践生态治沙增汇与光伏治沙减排的双向碳中和模式，拓展创新“光伏+现代农业”等“光伏+”应用平台，稳步推进光伏治沙工程，发展绿色低碳产业，实现沙漠生态治理、沙漠旅游、群众增收、经济高质量发展多赢目标，推动经济发展“高质量”和生态环境“高颜值”协同并进，为甘肃省生态环境保护以及乡村振兴树立了榜样。

8. “易地搬迁+”发展模式

易地搬迁工程可破解生存条件恶劣、生态环境脆弱、自然灾害频发等地区的乡村发展难题。通过改善搬迁群众生产生活条件，实现农村生活城镇化，从而破解城乡统筹协调发展的难题。“易地搬迁+”发展模式指通过“易地搬迁+基础配套”“易地搬迁+乡村旅游”“易地搬迁+农村改革”等“易地搬迁+”形式，实现农民安居乐业，促进乡村振兴的发展模式（图 12-11）。该模式适用于生存条件恶劣、生态环境脆弱、自然灾害频发等地区的村庄，或人口流失严重的村庄。

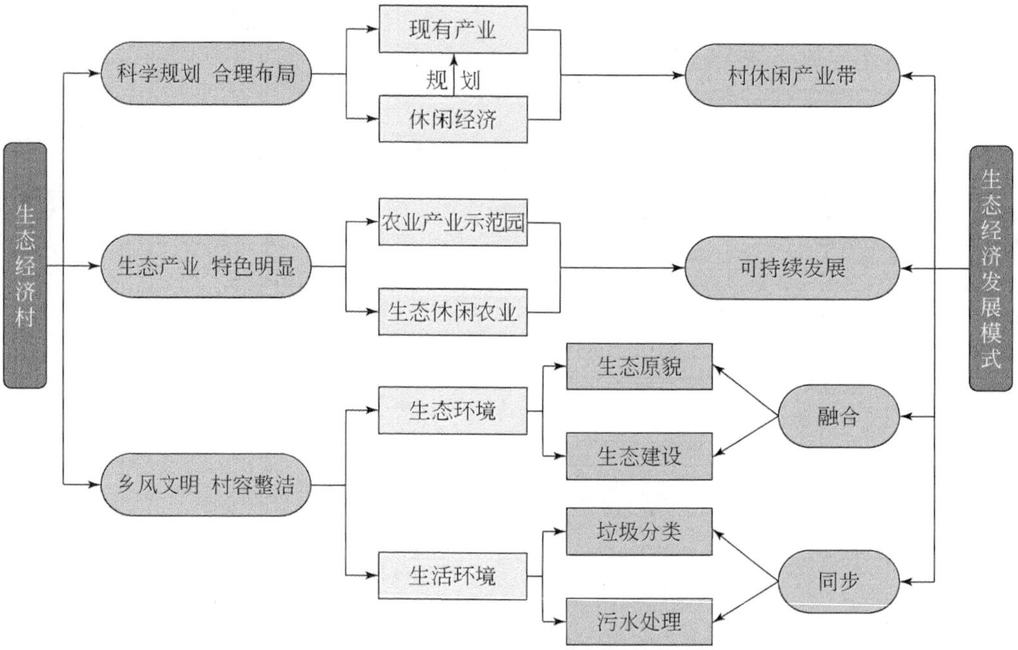

图 12-10 生态环保发展模式

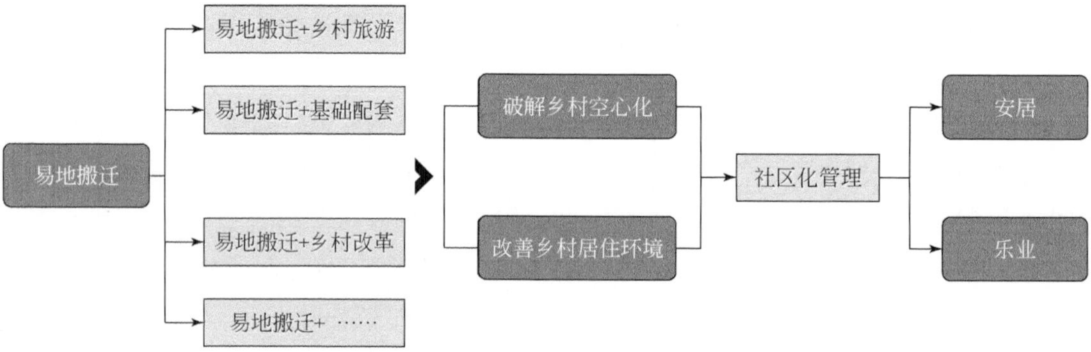

图 12-11 “易地搬迁+”发展模式

2023 年，酒泉市对 7 县（市、区）涉及生态及地质灾害避险搬迁的区域进行“会诊”，对照六大搬迁类型明确了酒泉市搬迁区域。在此基础上，对群众进行精准摸排，逐户开展调查摸底，一家一户核实，逐户逐人登记，完成县级确认、市级审核、省级复核的三级认定工作，对符合搬迁标准的居民做到不漏一户、不落一人，确定了全市 2023 年度 2275 户搬迁任务。

乡村振兴战略下，不同类型乡村地域可结合自身的资源、环境基础及区位条件，大力发展具有比较优势的特色产业。通过不同乡村地区优势发挥和潜力挖掘，不断提高乡村自身发展能力与竞争实力，进而推进乡村振兴和城乡经济社会协调发展。但同时应注意，各类模式是各功能区的典型模式，但并非仅局限于本区域，在其内外部条件适宜时也可发展。

12.3.3 绿洲乡村振兴实施路径

1. 必须重塑城乡关系，走城乡融合发展之路

乡村振兴与以人为核心的新型城镇化是推进现代化，解决“三农”问题的重要途径，二者相互促进、相辅相成。要坚持城乡融合发展，建立健全城乡融合发展体制机制和政策体系，推动城乡要素自由流动，平等交换，推动新型工业化、信息化、城镇化、农业现代化同步发展，加快形成工农互促、城乡互补、全面融合、共同繁荣的新型工农城乡关系。要继续推进以人为核心的城镇化，建立健全在城镇稳定就业和生活的农业转移人口市民化的长效机制，提高城镇化的质量，同时要坚持农业农村优先发展，在要素上优先满足、在资金投入上优先保障、在公共服务上优先安排，促进城乡公共资源均衡配置，健全农村基础设施长效机制，推动城镇公共服务向农村延伸，努力让农村的产业留住人，让农村的环境留住人。乡村振兴战略，关键要靠人才。要建立自主培养与人才引进相结合、学历教育、技能培训、实践锻炼等多种形式并举的人力资源开发机制，大力培育新型农民，加强农村专业人才队伍建设，造就更多乡土人才。要打破城乡人才资源双向流动的制度藩篱，畅通智力、技术、管理下乡渠道，建立有效激励机制，以乡情乡愁为纽带，鼓励城市专业人才和社会各界投身乡村建设，参与乡村振兴。

2. 促进三产融合发展，加快农业结构调整

发展乡村产业是促进乡村振兴的根本所在，要实现农业农村产业全面发展，尤其是要以现代农业产业发展为基础，加快其产业链、价值链的拓展，进而实现一二三产业的深度融合，以提升农业产业和产品的附加价值。对三产融合，第一，由于内外环境的不同，各地要因地制宜选择发展模式；第二，融合的方式应是多种多样的；第三，三产融合，不能单纯理解为单一经营主体在一产基础上拉长其二三产业链条。不同经营主体按照专业化分工生产经营选择自身环节，进行融合，更能实现专业化、规模化、集约化基础上的质量和效率提升。要大力推进乡村产业高质量发展，把提高产品质量摆在重中之重的位置，全面改造和提升乡村产业的生产经营体系，加快健全产品质量安全监管和检验检测体系。要坚持走市场化的发展路子，加强食品等最终消费产品研发，加快健全乡村流通体系，以市场最终消费需求倒逼农业转型升级。要立足资源禀赋打造主导产业，因地制宜确定乡村产业发展主攻方向，积极推进大宗农产品加工流通规模化、标准化发展，大力推进特色产业发展，加快发展具有绿洲特色的地理标志产品。要充分发挥农民主体作用，引导返乡下乡人员和工商资本积极参与乡村产业发展，立足县域统筹规划发展布局，全面加大支持保障力度，推进乡村产业振兴不断取得新成效。

3. 推动乡村旅游发展，拉动乡村经济发展

通过大力发展乡村旅游，形成种类丰富、档次适中的乡村旅游产品体系，把乡村旅游业培育发展成为繁荣和壮大我国农村经济的特色优势产业，把乡村旅游业发展成为旅游业新的主要力量，通过发展乡村旅游业着实启动乡村旅游消费市场，形成新的社会消费热点。最终，把广大乡村建设发展成为国内旅游的重要目的地和客源输出地，建成统筹城乡的国民旅游消费大市场；推进我国乡村旅游实现消费大众化、产品特色化、发展产业化、服务规范化、效益多元化发展。因地制宜，与文化旅游相结合，大力开发体验性、知识性农业旅游项目，挖掘文化内涵。观光农业是一种文化性很强的产业，发展农业旅游不能只以田园风光、农事活动等作为吸引物，必须发掘农村文化中丰富的内涵，做到文化、乡情、景观三者的和谐统一。

乡村旅游正处于转型升级阶段，乡村旅游开发要加强规划引领、研究制定政策标准、推行规范化建设。绿洲区旅游乡村应大胆尝试乡村旅游规划引领美丽乡村规划与乡村振兴规划，通过专业的旅游规划，形成科学的旅游项目与产品体系，培养乡村旅游品牌、强化乡村旅游公共体系建设，切实把乡村旅游打造成为农民就业增收的增长极。

4. 发挥乡村电商作用，助力乡村振兴实施

农村电子商务是转变农业发展方式的重要手段，是实现乡村振兴的重要载体。加快农村电子商务发展，促进实体经济与互联网深度融合，有利于促消费、扩内需，推动农业升级、农村发展、农民增收，有助于乡村振兴战略的全面实施。利用互联网、大数据、现代物流等最新技术，能进一步推动城乡融合发展和现代化建设。要更新观念，大力拓展农村电商新业态新模式。农村电商不但要促进“工业品下乡”，更要推动本地“农产品上线”，促使二者紧密结合。在推动农村电商的过程中，不能片面强调“工业品下乡”，即为商品拓展农村消费市场，而忽略了本地农产品上线服务，对信息服务的双向性认识不足。在推动“农产品上线”过程中也不能单纯追求“种什么卖什么”，要突出“绿洲”特色，同时要避免同质化竞争严重的问题。解决这一矛盾，要进一步推动“种什么卖什么”向“要什么种什么”转变，即从需求端入手，实施订单化生产，满足客户个性化定制要求，深入推动农业供给侧结构性改革。要进一步扩大农村电商服务范围，推动更多的涉农企业、机构连接入网，通过互联网提供商品与服务，着力推进农村商业的生态建设。

5. 提高农业生产水平，驱动乡村农业转型

我国农业正处于由传统向现代转变的关键时期，必须以科学发展观统领农业农村工作，加快农业发展方式转变，加快推进农业生产手段、生产方式和生产理念的现代化，实现农业又好又快发展。按照“减量化、再利用、资源化”要求，积极推广新农业新技术，

推广生态农业生产技术、生态健康养殖技术和农牧结合技术，改善农业生态环境；积极推广使用有机肥、缓释肥，扩大绿肥种植面积，减少化肥、农药使用量，加大测土配方施肥力度；加快实施规模畜禽场沼气治理和农村“一池三改”户用沼气工程，大力推广猪-沼、猪-沼-果等生态循环模式，提高资源综合利用率，推进农业废弃物循环利用。并在尊重农民意愿的基础上，实现土地流转，多渠道、多形式地筹措发展资金，并结合当地资源优势，重点培育龙头企业和优势产业，积极推进农业产业化经营。运用高新技术和先进适用技术改造和提升传统农业，尤其发展“工厂化农业”的农业“制造化”，不断提升农产品的技术含量，拓展农业空间的技术集成与创新，为发展农业循环经济提供技术支撑。充分发挥市场在资源配置中的导向作用，形成以经济手段为主的节约机制，通过资源优化配置，不断提高资源的利用效率和效益，促进经济、资源、环境的协调发展，实现人与自然和谐发展。

6. 激活乡村文化动力，延续乡村文化血脉

切实推进乡村文化振兴，既要注重物质投入的硬件建设，更要重视提高乡村人口素质的软件建设，真正提升农民自身素质和能力。必须统观乡村振兴战略全局，坚持优先发展、融合发展思路，从思想理念、顶层设计、组织保障、资金投入等方面入手，充分整合政府、社会组织、村庄和农民等各方面的力量，充分激发与发挥各方面的活力和能量：要强化意识形态特性，明晰乡村文化发展的正确方向；要总结历史现实经验，建构乡村文化内质的民族特色；要更新思想理念，正确认识乡村文化建设的重要地位；要强化顶层设计，深化乡村文化建设国家发展战略；要创新组织形式，完善乡村文化建设人才体系；要加大资金支持，探索乡村文化建设资金投入管理模式；要整合文化资源，构建乡村文化建设立体网络；要搭建文化活动平台，营造乡村文化的生成发展空间；要拓展媒介传播渠道，增强乡村文化要素的辐射力度；要加强考核力度，建立健全乡村文化建设考评体系。要牢牢把握乡村文化建设的民族性、科学性和创造性，致力于乡村文化整体的开放性、精神内涵的民族性、文化特质的地域性、审美趣味的现代性、表现方式的融合性、文化元素的丰富性、文化品格的高尚性，不断探索“既富口袋又富脑袋”甚至“脑袋比口袋更富有”的乡村文化振兴路径，真正调动农民的积极性、主动性和创造性，不断提升农民自身的文化素质和能力，培养培育新时代知识型、技能型、创新型、爱农村、爱农业的农民队伍，为乡村振兴的可持续发展提供源源不断的文化支撑、智力支持和精神动力。

7. 建立生态经济体系，促进乡村生态改善

加强绿色生态的教育，提高全民素质。绿洲区是生态脆弱区，要更加注重生态教育，动员全民参与，从根本上改善环境状况。可以通过媒体、网络等途径加大宣传力度；走进社区进行说教，让人们认识到环境保护不只是国家的事、政府的事，更是每一个人力所能

及的事；定期开展讲座等相关活动，加强对青年一代的教育。

建立健全相关法律体系，以提供制度保障。国家要完善相应法律制度，提供相关保障，以利于绿色发展的进行。虽然目前法律已非常重视生态的建设，但仍有很多不足之处，针对这些地方理应加强修改完善；要利用法律的威严性去引导企业和个人进行绿色建设的投入；可以建立奖惩制度，对破坏环境的行为适当处罚，对有利于绿色发展的个人给予一定奖励。

大力发展科技创新，将科技放在重要位置。科学技术是第一生产力。科技是一个国家发展至关重要的动力，只有利用好某些先进的科学技术，才能更好地发展生态经济，如新时代诞生的太阳能发电机等，既方便了生活又节约了能源又维护了生态。为此必须要把科技放在重要位置，加大创新力度。

建立完善生态补偿机制。要通过法律或规章制度等，建立起生态补偿机制。对破坏环境的企业进行处罚，对保护环境的个人进行奖励，以平衡经济发展与生态发展，使经济活动不超过生态环境的承载力。

12. 3. 4　绿洲区乡村振兴设施配套

农业农村基础设施建设和公共服务对农村经济社会发展具有巨大的直接效应和间接效应，改善乡村公共服务是改善农民生活、促进乡村发展的重要基础保障，是推动农业农村发展的动力引擎。《乡村振兴战略规划（2018—2022 年)》强调，要“促进公共教育、医疗卫生、社会保障等资源向乡村倾斜、逐步建立健全全民覆盖、普惠共享、城乡一体的基本公共服务体系，推进城乡基本公共服务均等化”，将农业农村基础设施建设和公共服务供给摆在了突出地位，充分体现了党和国家对农业农村基础设施建设和公共服务的高度重视。长期以来，绿洲区基础设施配套不健全，地区分布不均，有效使用率低等问题突出。其中在生产设施方面，反映最突出的就是水利灌溉问题，水利系统不健全，灌溉成本高，制约了绿洲农村产业发展。在生活设施方面，农村的水、电、气、路、教育、文化和网络依然存在供给不足的问题，特别是在欠发达乡村和偏远的农村地区。解决绿洲区乡村基础设施配套工作任重道远。

1. 乡村教育设施

统筹规划布局农村基础教育学校，保障学生就近享有高质量的教育。科学推进义务教育公办学校标准化建设，全面提高薄弱学校和寄宿制学校办学条件，提升乡村教育质量，实现县域校际资源均衡配置。继续实施农村义务教育学生营养改善计划。加强农村学前教育，鼓励普惠性幼儿园发展，提高幼儿园保育教育质量。继续实施特殊教育提升计划，支持有条件的农村地区普通中小学附设特殊教育班，不断提升农村特殊教育水平。稳妥推进民族地区乡村中小学双语教育，坚定不移推进国家通用语言文字教育。大力发展面向农村的职业教育，加快推进职业院校布局结构调整，加快县级职业教育中心建设，有针对性地设置专业和课程，满足乡村发展和振兴需要。探索推进校企合作、产教融合，逐步推进职业教育面向社会、服务基层农村。推动优质学校辐射农村薄弱学校常态化，强化乡镇中心学校辐射和指导作用，进一步完善城乡学校对口支教制度，推进城乡教师交流轮岗。积极发展“互联网+教育”，推进农村学校信息化基础设施建设，优化数字教育资源公共服务体系。落实好乡村教师支持计划，继续实施农村义务教育学校教师特设岗位计划，落实并完善乡村教师生活补助政策，加强乡村学校教师和民族地区双语教师培训，建好建强乡村教师队伍。

2. 乡村文化设施

深入挖掘甘肃丝绸之路文化中和平交流、包容开放、向善守正的思想精髓，敦煌文化中各美其美、美美与共的文化精神，传统农耕文化中天人合一、崇尚和谐、敬畏自然、以民为本的理念，民族文化中平等尊重、相互交融、和谐共处的内涵，西部文化中阳刚正义、百折不挠、开拓进取的英雄主义，现代文化和革命文化中热爱祖国、无私奉献、艰苦奋斗、勇攀高峰的长征精神、航天科技精神、南梁精神、铁人精神等，构建优秀文化研究阐发、普及教育、实践养成、保护传承、传播交流“五大体系”。持续推进农村精神文明建设，提高农民综合素质和精神风貌，倡导科学文明生活，不断提高乡村社会文明程度，奠定乡村振兴的思想道德基础。深度挖掘甘肃绿洲乡村文化丰富内涵，立足丝路文化、敦煌文化、农耕文化、民族文化、西部文化和革命文化等特色文化，积极吸取城市文明及外来文化优秀成果，在保护传承的基础上，创造性转化、创新性发展，不断赋予时代内涵、丰富表现形式，为增强文化自信创造优质载体。进一步加强乡村公共文化服务基础设施建设，推动城乡公共文化服务体系融合发展，增加优秀乡村文化产品和服务供给，活跃繁荣农村文化市场，为广大农民提供高质量的文化产品，提升乡村文化服务质量。

3. 乡村医疗卫生设施

深入推进乡村卫生服务，实施国家基本公共卫生服务项目，完善项目补助政策，稳步提高农村人均基本公共卫生服务经费补助标准，提供基础性全方位全周期的健康管理服务。推进国家中医药产业发展综合试验区建设，深入挖掘绿洲区特色中药材种植，提高农村中医药服务能力。深化农村计划生育管理服务改革，增强妇幼健康服务能力，优生优育。重点关注农村儿童、孕产妇、老年人等人群，丰富服务内容，扩大服务覆盖面，提高服务质量。加强慢性病综合防控，大力推进农村地区精神卫生、职业病和重大传染病防治，提高重点疾病筛查率和早诊早治率。切实加强乡村医生队伍建设，提高基层卫生服务能力和水平，持续提升农村就诊率和群众满意度。全面建立分级诊疗制度，支持和引导病人优先到基层医疗卫生机构就诊。深入推进基层卫生综合改革，建立基层医疗卫生机构绩效工资制度。规范开展家庭医生签约服务。深入开展乡村爱国卫生运动和健康素养提升工程，广泛开展健康教育活动，倡导科学文明健康的生活方式，持续提升群众文明卫生素质。

4. 乡村社会保障体系

按照兜底线、织密网、建机制的要求，全面建成覆盖全民、城乡统筹、权责清晰、保障适度、可持续的多层次社会保障体系。进一步完善城乡居民基本养老保险制度，加快建立城乡居民基本养老保险待遇确定和基础养老金标准正常调整机制。完善统一的城乡居民基本医疗保险制度和大病保险制度，做好农民重特大疾病救助工作，健全医疗救助与基本医疗保险、城乡居民大病保险及相关保障制度的衔接机制，巩固城乡居民医保全国异地就医联网直接结算。推进低保制度城乡统筹发展，健全低保标准动态调整机制。全面实施特困人员救助供养制度，提升托底保障能力和服务质量。推动各地通过政府购买服务、设置基层公共管理和社会服务岗位、引入社会工作专业人才和志愿者等方式，为农村留守儿童和妇女、老年人以及困境儿童提供关爱服务。加强和改善农村残疾人服务，将残疾人普遍纳入社会保障体系予以保障和扶持。

5. 乡村就业服务体系

健全覆盖城乡的公共就业服务体系，提供全方位公共就业服务。加强乡镇、行政村基层平台建设，扩大就业服务覆盖面，提升服务水平。开展农村劳动力资源调查统计，建立农村劳动力资源信息库并实行动态管理。加快公共就业服务信息化建设，打造线上线下为一体的服务模式。推动建立覆盖城乡全体劳动者、贯穿劳动者学习工作终身、适应就业和人才成长需要的职业技能培训制度，增强职业培训的针对性和有效性。在整合资源基础上，合理布局建设一批公共实训基地。健全人力资源市场法律法规体系，依法保障农村劳动者和用人单位合法权益。完善政府、工会、企业共同参与的协调协商机制，构建和谐劳动关系。落实就业服务、人才激励、教育培训、资金奖补、金融支持、社会保险等就业扶持相关政策。通过订单、定向和定岗式培训，对农村未升学初高中毕业生等新生代农民工开展就业技能培训；充分利用现有设施设备，结合地区实际，构筑布局合理、定位明确、功能突出、信息互通、协调发展的职业技能实训基地网络；加强县级公共就业和社会保障服务机构及乡镇、行政村基层服务平台建设，推进基层公共就业和社会保障服务全覆盖；推进乡村公共就业服务全程信息化，开展网上服务，进行劳动力资源动态监测。开展基层服务人员能力提升计划。

6. 乡村养老服务设施

适应农村人口老龄化加剧形势，建立以居家为基础、社区为依托、机构为补充的多层次农村养老服务体系。建立健全农村留守老人关爱服务体系，将其纳入农村养老服务体系统筹安排，提升农村养老服务水平。加大对敬老院等农村特困供养服务机构建设和改造的投入力度，为农村特困人员提供供养服务。推动已建成农村日间照料中心持续运营，鼓励开展自助式、互助式养老服务。落实经济困难老年人补贴制度，重点关注经济困难家庭、计划生育特殊家庭的高龄、失能留守老年人，为符合条件的农村留守老年人发放居家养老服务补贴，愿意入住养老机构的优先安排入住。积极开展养老护理人员培训，鼓励社会工作者、志愿服务者开展对农村留守老人的关爱保护和心理疏导、咨询等服务。通过邻里互助、亲友相助、志愿服务等模式，大力发展农村互助养老服务。依托农村社区综合服务中心（站）、综合性文化服务中心、村卫生室、农家书屋、全民健身设施等，为老年人提供关爱服务。

7. 乡村信息化基础设施

实施新一代信息基础设施建设工程。实施数字乡村战略，加快物联网、地理信息、智能设备等现代信息技术与农村生产生活的全面深度融合，深化农业农村大数据创新应用，推广远程教育、远程医疗、金融服务进村等信息服务，建立空间化、智能化的新型农村统计信息系统。认真贯彻落实电信普遍服务试点工作，按照“中央资金引导、地方协调支持、企业为主推进”的总体原则，充分利用中央财政补助资金，积极引导地方统筹各类资源全力支持电信普遍服务试点工程实施。

8. 乡村交通物流设施

加强农村公路建设，保障农村地区基本出行条件，加快解决村民出行不便的问题。在优先保证“两不愁三保障”和“一户一策”种养产业增收等项目的前提下，县区政府根据财力和农村经济社会发展需求，结合农村人居环境整治，量力而行，有序组织实施自然村组道路建设。推进“四好农村路”建设，在乡镇设立农村公路管理所，深化农村公路管理养护体制改革，健全管理养护长效机制。加大农村公路安全生命防护工程和危桥改造实施力度，全面提升农村公路网的安全保障能力。推进产业路、资源路、旅游路等道路建设，在有条件的地区建设房车露营地，改善特色小镇、农村旅游景点景区、产业园区和特色农业基地等交通运输条件，大力发展乡村自驾游。鼓励建设具有农村客运、物流、邮政、供销等服务功能的乡镇运输服务站，推进城乡客运服务一体化，推动城市公共交通线路向城市周边的农村地区延伸，推进有条件的地区实施农村客运班线公交化改造，提高运营安全水平。创新农村物流发展模式，加快构建农村物流基础设施末端网络，创建农村物流节点和配送体系，积极服务农村“三园一体”建设。

9. 乡村水利基础设施

抓重点、补短板，着力构建大中小微相结合、长期发挥效益的农村水利基础设施网络，着力提高节水供水和防洪减灾能力。科学有序推进重大水利工程建设，加强山洪灾害防治、农村防汛预报预警体系建设，统筹推进中小型水利工程和抗旱应急能力建设。推进城乡供水公共服务均等化，综合采取新建配套、改造升级、连通联网等方式，继续实施农村饮水安全巩固提升工程，健全工程建设和运行管护体系，强化水质保障，全面提升农村供水保障和管理水平。加快推进流域防洪治理，全面完成规划内中小河流治理任务。推进大中型灌区续建配套节水改造与现代化建设，在有条件的灌区开展现代化灌区试点建设。巩固提升农村饮水安全保障水平，有序新建一批节水型、生态型灌区，实施大中型灌排泵站更新改造。推进小型农田水利设施达标提质，实施水系连通和河塘清淤整治等工程建设。深化农村水利工程产权制度与管理体制改革，健全基层水利服务体系，促进工程长期良性运行。

10. 乡村现代能源体系

优化农村能源供给结构，大力发展太阳能、地热能、生物质能等，因地制宜开发利用水能和风能。完善农村能源基础设施网络，加快新一轮农村电网升级改造，加快推进生物质热电联产、生物质供热、规模化生物质天然气和规模化大型沼气等燃料清洁化工程，推动供气设施向农村延伸。积极推广新技术新产品，集中搞好改水、改灶、改暖、改圈等专项整治，推广新能源，推行绿色生活方式。推进农村能源消费升级，提高电能在农村能源消费中的比例，加快实施农村地区冬季清洁取暖，积极稳妥推进散煤替代。推广农村绿色节能建筑和农用节能技术、产品。大力发展“互联网+”智慧能源，探索建设农村能源革命示范区。因地制宜建设农村分布式清洁能源网络，开展分布式能源系统示范项目；开展可再生能源乡村示范区；启动农村燃气基础设施建设，扩大清洁气体燃料利用规模。

11. 乡村防灾减灾救灾能力建设

坚持防灾抗灾救灾相结合、灾前灾中灾后相统筹，全面提高抵御气象、旱涝、地震、地质、火灾等灾害综合防范能力。加强农村自然灾害监测预报预警，加快省市县突发事件预警信息发布系统建设，建立健全重大灾害预警信息全网发布机制，通过多种途径将灾害预警信息发送到户到人，解决农村预警信息发布“最后一公里”问题。加强抗旱防汛、防震抗震、应急避险、防寒抗冻、防沙治沙、森林防火、草原防火、病虫害防治、动物疫病防控等防灾减灾救灾工程建设。大力推进农村公共消防建设，改善农村消防安全条件。分步实施自然灾害高风险区农村困难群众危旧房改造，加快推进农牧业、林业和农村住房灾害保险工作，提升农村住房设防水平和抗灾能力。

参 考 文 献

安悦，周国华，贺艳华，等. 2018. 基于“三生”视角的乡村功能分区及调控：以长株潭地区为例. 地理研究，37（4）：695-703.

白宇. 2023. 北方农牧交错带人地系统演化探究. 西安：长安大学.

毕安平. 2014. 乡村地域系统退化研究进展. 中国农学通报，30（34）：112-116.

边慧芹，王雪梅. 2020. 基于 NDVI 的塔里木盆地北缘绿洲—荒漠过渡带时空演变分析. 生态科学，39（3）：80-87.

宾津佑，唐小兵，陈士银. 2021. 广东省县域乡村人居环境质量评价及其影响因素. 生态经济，37（12）：203-209，223.

曹智，李裕瑞，陈玉福. 2019. 城乡融合背景下乡村转型与可持续发展路径探析. 地理学报，74（12）：2560-2571.

陈安，李景吉，王茂生，等. 2022. 西藏“一江两河”流域生态系统服务变化及权衡与协同关系研究. 水土保持研究，29（2）：313-319，329.

陈慧琳. 2013. 人文地理学. 北京：科学出版社.

陈剑波，陈锡文. 2009. 中国农村制度变迁 60 年. 北京：人民出版社.

陈霄，李胜会. 2023. 乡村振兴背景下农村人居环境韧性治理：机制与路径. 华南理工大学学报（社会科学版），25（3）：116-126.

陈秧分，黄修杰，王丽娟. 2018. 多功能理论视角下的中国乡村振兴与评估. 中国农业资源与区划，39（6）：201-209.

陈玉福，孙虎，刘彦随. 2010. 中国典型农区空心村综合整治模式. 地理学报，65（6）：727-735.

陈正祥. 1944. 塔里木盆地. 南京：国立中央大学出版社.

陈仲全，詹启仁. 1995. 甘肃绿洲. 北京：中国林业出版社.

陈宗兴，陈晓键. 1994. 乡村聚落地理研究的国外动态与国内趋势. 世界地理研究，（1）：72-76.

崔红志. 2018. 乡村振兴与精准脱贫的进展、问题与实施路径：“乡村振兴战略与精准脱贫研讨会暨第十四届全国社科农经协作网络大会”会议综述. 中国农村经济，9：136-144.

戴尔阜，王晓莉，朱建佳，等. 2016. 生态系统服务权衡：方法、模型与研究框架. 地理研究，35（6）：1005-1016.

邸琰茗. 2017. 基于 GIS 的重庆市开县乡村聚落空间分布特征影响因素初探. 首都师范大学学报（自然科学版），38（4）：72-76.

丁四保. 2009. 中国主体功能区划面临的基础理论问题. 地理科学，29（4）：587-592.

丁文晖，孟宝. 2005. 绿洲水资源与绿洲城镇化的关系探讨：以西北地区为例. 内蒙古师范大学学报（自然科学版），34（4）：502-505.

丁志刚. 2014. 如何理解国家治理与国家治理体系. 学术界，（2）：65-72，307.

杜宏茹，刘毅. 2005. 我国干旱区绿洲城市研究进展. 地理科学进展，24（5）：69-79.

杜相佐，王成，蒋文虹，等. 2015. 基于引力模型的村域农村居民点空间重构研究：以整村推进示范村重庆市合川区大柱村为例．经济地理，35（12）：154-160.
段成荣，秦敏，赖妙华．2017. 我国留守妻子状况研究．人口学刊，39（1）：5-17.
樊杰．2004. 地理学的综合性与区域发展的集成研究．地理学报，（S1）：33-40.
樊杰．2007. 解析我国区域协调发展的制约因素探究全国主体功能区规划的重要作用．中国科学院院刊，22（3）：194-201.
樊杰．2015. 中国主体功能区划方．地理学报，70（2）：186-201.
樊杰．2018. “人地关系地域系统”是综合研究地理格局形成与演变规律的理论基石．地理学报，73（4）：597-607.
樊杰．2019. 地域功能-结构的空间组织途径：对国土空间规划实施主体功能区战略的讨论．地理研究，38（10）：2373-2387.
方创琳，鲍超，申玉铭．2004. 水资源约束下西北干旱区城市扩张特征与变动趋势分析：以西陇海兰新经济带城市为例．自然资源学报，19（2）：248-256.
方方，李裕瑞，何仁伟．2020. 基于等级合理性和居业协同度的村庄类型识别与振兴路径研究．地理科学进展，39（6）：1060-1072.
方芳．2021. 绿洲乡村人居环境质量评价及优化对策研究．兰州：西北师范大学．
费孝通．2013. 乡土中国．上海：上海人民出版社．
冯应斌，龙花楼．2019. 基于乡村人口转移和农村道路建设的空间贫困破解机理及其对策研究：以贵州省为例．地理研究，38（11）：2606-2623.
付翠莲．2016. 我国乡村治理模式的变迁、困境与内生权威嵌入的新乡贤治理．地方治理研究，（1）：67-73.
傅超．2017. 河南省乡村地域功能评价及其演进分析研究．资源与生态学报，8（3）：242-250.
甘枝茂．2005. 陕北黄土丘陵区乡村聚落土壤水蚀观测分析．地理学报，60（3）：519-525.
高千，张英魁．2019. 乡村振兴战略下乡村治理主体冲突及其化解策略．宁夏社会科学，（6）：131-139.
高小琛，石培基，潘竟虎．2011. 基于耦合关系的干旱绿洲区农村居民点整理分区研究：以张掖市甘州区为例．地球科学进展，26（10）：1071-7178.
戈大专，龙花楼．2020. 论乡村空间治理与城乡融合发展．地理学报，75（6）：1272-1286.
公丕祥．2019. 新中国 70 年进程中的乡村治理与自治．社会科学战线，（5）：10.
顾朝林，李阿琳．2013. 从解决“三农问题”入手推进城乡发展一体化．经济地理，33（1）：138-141，148.
郭焕成．1988. 乡村地理学的性质与任务．经济地理，（2）：125-129.
郭杰，肖善才，欧名豪，等．2017. 基于参与主体意愿的农村居民点整理现实潜力测算．中国土地科学，31（10）：86-94.
郭晓东，马利邦，张启媛．2012. 基于 GIS 的秦安县乡村聚落空间演变特征及其驱动机制研究．经济地理，32（7）：56-62.
海贝贝，李小建，许家伟．2013. 巩义市农村居民点空间格局演变及其影响因素．地理研究，32（12）：2257-2269.
海贝贝，李小建．2013. 1990 年以来我国乡村聚落空间特征研究评述．河南大学学报（自然科学版），43

(6)：635-642.
郝丽娜，粟晓玲. 2015. 黑河干流中游地区适宜绿洲及耕地规模确定. 农业工程学报，31（10）：7.
何迪，于水. 2019，柔性引才：农村空心化治理的路径选择. 台湾农业探索，(1)：49-55.
何茜. 2020. 中国城乡居民收入差距来源的结构分解. 统计与决策，36（20）：76-79.
何仁伟. 2018. 城乡融合与乡村振兴：理论探讨、机理阐释与实现路径. 地理研究，37（11）：2127-2140.
赫尔曼·哈肯. 2013. 协同学：大自然构成的奥秘. 凌复华，译. 上海：上海译文出版社.
贺艳华，范曙光，周国华，等. 2018. 基于主体功能区划的湖南省乡村转发展评价. 地理科学进展，37(5)：667-676.
贺艳华，唐承丽，周国华，等. 2014. 论乡村聚居空间结构优化模式：RROD 模式. 地理研究，33（9）：1716-1727.
洪惠坤，廖和平，李涛，等. 2016. 基于熵值法和 Dagum 基尼系数分解的乡村空间功能时空演变分析. 农业工程学报，32（10）：240-248.
洪惠坤. 2016. "三生"功能协调下的重庆市乡村空间优化研究. 重庆：西南大学.
洪舒蔓，郝晋珉，艾东，等. 2013. 基于人地关系的黄淮海平原土地综合整治策略. 农业工程学报，29(24)：251-259.
胡金焱，张博. 2014. 社会网络、民间融资与家庭创业：基于中国城乡差异的实证分析. 金融研究，10：148-163.
胡晓亮，李红波，张小林，等. 2020. 乡村概念再认知. 地理学报，75（2）：398-409.
黄耿志，周进. 2021. 中国社会升级的测度与时空格局及驱动机制. 地理学报 (12)：3043-3060.
黄亚平，郑有旭. 2021. 江汉平原乡村聚落形态类型及空间体系特征. 地理科学，41（1）：121-128.
霍松涛. 2023. 中国乡村经济韧性测度及时空演变特征研究. 云南财经大学学报，39（6）：1-17.
蒋辉，张康洁，张怀英，等. 2017. 我国三次产业融合发展的时空分异特征. 经济地理，37（7）：105-113.
角媛梅，肖笃宁，马明国. 2003. 绿洲景观中居民地空间分布特征及其影响因子分析. 生态学报，23(10)：2092-2100.
孔雪松，金璐璐，郄昱，等. 2014. 基于点轴理论的农村居民点布局优化. 农业工程学报，30（8）：192-200.
李伯华，刘沛林，窦银娣，等. 2014. 景区边缘型乡村旅游地人居环境演变特征及影响机制研究——以大南岳旅游圈为例. 地理科学，34（11）：1354-1360.
李伯华，曾灿，窦银娣，等. 2018. 基于"三生"空间的传统村落人居环境演变及驱动机制——以湖南江永县兰溪村为例. 地理科学进展，37（5）：677-687.
李伯华，曾菊新. 2009. 基于农户空间行为变迁的乡村人居环境研究. 地理与地理信息科学，25（5）：84-88.
李伯华，周鑫，刘沛林，等. 2018. 城镇化进程中张谷英村功能转型与空间重构. 地理科学，38（8）：1310-1318.
李繁荣. 2021. 中国乡村振兴与乡村功能优化转型. 地理科学，41（12）：2158-2167.

李红波，张小林，吴江国．2012. 欠发达地区聚落景观空间分布特征及其影响因子分析：以安徽省宿州地区为例．地理科学，32（6）：711-716.
李红波．2020. 韧性理论视角下乡村聚落研究启示．地理科学（4）：556-562.
李华胤．2019. 我国乡村治理的变迁与经验探析 2. 毛泽东邓小平理论研究，（5）：58.
李欢欢，宋伟，陈百明．2019. 农村居民点时空格局演化模拟研究综述．中国农业资源与区划，40（1）：79-88.
李建琴，李增垠，张剑波．2023. 乡村基础教育服务供给侧改革：可为、所为与何为．教育探索，（1）：25-30.
李健娜，黄云，严力蛟．2006. 乡村人居环境评价研究．中国生态农业学报，（3）：192-195.
李梦白．1994. 城市流动人口膨胀与乡村劳动力转移．农村经济与社会，（2）：22-27.
李敏，姚顺波．2021. 治理制度、村干部素质与村级治理能力．华南农业大学学报（社会科学版），20（5）：105-117.
李平星，陈雯，孙伟．2014. 经济发达地区乡村地域多功能空间分异及影响因素——以江苏省为例．地理学报，69（6）：797-807.
李强彬．2006. 乡村“能人”变迁视角下的村社治理．经济体制改革，（5）：89-92.
李汝资，刘耀彬，谢德金．2017. 中国产业结构变迁中的经济效率演进及影响因素．地理学报，72（12）：2179-2198.
李森，王涛，张志山．2020. 生态输水后民勤盆地绿洲适宜规模及结构变化．中国沙漠，40（6）：7.
李停．2020. 农地金融创新、人地依附关系改变与城乡统筹发展．农村经济，（4）：91-97.
李小建，胡雪瑶，史焱文，等．2021. 乡村振兴下的聚落研究——来自经济地理学视角．地理科学进展，40（1）：3-14.
李雪铭，田深圳．2015. 中国人居环境的地理尺度研究．地理科学，35（12）：1495-1501.
李瑛，陈宗兴．1994. 陕南乡村聚落体系的空间分析．人文地理，9（3）：13-21.
李西珺．2018. 我国传统乡村治理方式的当代价值及运用．济南：山东师范大学．
李裕瑞，常贵蒋，曹丽哲，等．2020. 论乡村能人与乡村发展．地理科学进展，39（10）：1632-1642.
李裕瑞，刘彦随，龙花楼．2012. 黄淮海典型地区村域转型发展的特征与机理．地理学报，67（6）：771-782.
李增元．2013. 协同治理及其在当代农村社区治理中的应用．学习与实践，（12）：98-106.
李志刚．2010. 环境伦理与干旱区人居环境发展：以河西走廊为例．城市与区域规划研究，（3）：165-180.
李治，王一杰，胡志全．2019. 农村一、二、三产业融合评价体系的构建与评价：以北京市为例．中国农业资源与区划，40（11）：111-120.
梁晨，曾坚．2021. 城乡交错带的三维动态识别及空间演变机制——以厦门市为例．地理研究，40（5）：1404-1420.
林坚，武婷，张叶笑，等．2019. 统一国土空间用途管制制度的思考．自然资源学报，34（10）：2200-2208.
刘传明，曾菊新．2009. 乡村人居环境的居民满意度评价及其优化策略研究：以石首市久合垸乡为例．人

文地理，24（1）：28-32
刘华超，任春颖，王宗明，等.2022. 大兴安岭生态功能区生态系统服务功能动态及权衡协同关系研究. 生态与农村环境学报，38（5）：587-598.
刘继来，刘彦随，李裕瑞.2017. 中国“三生空间”分类评价与时空格局分析. 地理学报，72（7）：1290-1304.
刘金海.2016. 乡村治理模式的发展与创新. 中国农村观察，（6）：67-74，97.
刘晶，金晓斌，范业婷，等.2018. 基于“城-村-地”三维视角的农村居民点整理策略——以江苏省新沂市为例. 地理研究，37（4）：678-694.
刘培林.2012. 世界城市化和城市发展的若干新趋势新理念. 理论学刊，（12）：54-57.
刘沛林.2016. 农户空间行为变迁与乡村人居环境优化研究评价. 地理研究，35（1）：203.
刘普幸，赵雪雁，等.2003. 绿洲生态环境建设与可持续发展. 北京：科学出版社.
刘卫东.2014. 经济地理学与空间治理. 地理学报，69（8）：1109-1116.
刘彦随，龙花楼，李裕瑞.2021. 全球乡城关系新认知与人文地理学研究. 地理学报，76（12）：2869-2884.
刘彦随，刘玉，陈玉福.2011. 中国地域多功能性评价及其决策机制. 地理学报，66（10）：1379-1389.
刘彦随，刘玉，翟荣新.2009. 中国农村空心化的地理学研究与整治实践. 地理学报，64（10）：1193-1202.
刘彦随，严镔，王艳飞.2016. 新时期中国城乡发展的主要问题与转型对策. 经济地理，36（7）：1-8.
刘彦随，周扬，李玉恒.2019. 中国乡村地域系统与乡村振兴战略. 地理学报，74（12）：2511-2528.
刘彦随，周扬.2015. 中国美丽乡村建设的挑战与对策. 农业资源与环境学报，32（2）：97-105.
刘彦随.2011. 中国新农村建设地理论. 北京：科学出版社.
刘彦随.2018. 中国新时代城乡融合与乡村振兴. 地理学报，73（4）：637-650.
刘彦随.2020. 现代人地关系与人地系统科学. 地理科学，40（8）：1221-1234.
刘一鸣，辜婧玲，张梓钰，等.2021. 基于地理探测器的地域社会认同空间分异研究. 地理研究，40（2）：495-512.
刘玉，郜允兵，潘瑜春，等.2021. 基于多源数据的乡村功能空间特征及其权衡协同关系度量. 地理研究，40（7）：2036-2050.
刘玉，蒋治，王浩森.2020. 北京农业地域功能空间分异及影响因素. 自然资源学报，35（10）：2444-2459.
刘玉，刘彦随.2012. 乡村地域多功能的研究进展与展望. 中国人口·资源与环境，22（10）：164-169
刘自强，周爱兰，鲁奇.2012. 乡村地域主导功能的转型与乡村发展阶段的划分. 干旱区资源与环境，26（4）：49-50.
龙花楼，胡智超，邹健.2010. 英国乡村发展政策演变及启示. 地理研究，29（8）：1369-1378.
龙花楼，李裕瑞，刘彦随.2009. 中国空心化村庄演化特征及其动力机制. 地理学报，64（10）：1203-1213.
龙花楼，屠爽爽.2017. 论乡村重构. 地理学报，72（4）：563-576.
龙花楼，屠爽爽.2018. 乡村重构的理论认知. 地理科学进展，37（5）：581-590.

隆超，聂应德 . 2021. 中国共产党百年乡村治理的历程、经验及启示 . 云南农业大学学报（社会科学），15（5）：146-153.
陆林，任以胜，朱道才，等 . 2019. 乡村旅游引导乡村振兴的研究框架与展望 . 地理研究，38（1）：102-118.
吕立刚，周生路，周兵兵，等 . 2013. 区域发展过程中土地利用转型及其生态环境响应研究：以江苏省为例 . 地理科学，33（12）：1442-1449.
罗光杰，李阳兵，谭秋，等 . 2010. 岩溶山区聚落格局变化及其 LUCC 响应分析：以贵州省为例 . 资源科学，32（11）：2130-2137.
马晨，王宏卫，谈波 . 2022. 新疆典型绿洲城乡聚落规模体系特征及空间重构：以渭干河—库车河三角洲绿洲为例 . 地理学报，77（4）：17.
马利邦，范昊，石培基，等 . 2015. 陇中黄土丘陵区乡村聚落空间格局：以天水市为例 . 生态学杂志，34（11）：3158-3165.
马利邦，田亚亚，郭晓东，等 . 2018. 基于格网的河西绿洲乡村聚落时空演变及其与水土资源的空间耦合关系 . 自然资源学报，33（5）：775-787.
马晓冬，李全林，沈一 . 2012. 江苏省乡村聚落的形态分异及地域类型 . 地理学报，67（4）：516-525.
穆桂金，贺俊霞，雷加强 . 2013. 再议绿洲—沙漠过渡带：以策勒绿洲沙漠过渡带为例 . 干旱区地理，36（2）：195-202.
南刚志，季丽新 . 2003. 乡村治理中的能人政治模式 . 行政论坛，（4）：77-79.
倪琳，宋安安，郑艳东，等 . 2019. 基于生态约束的山区农村居民点整治分区研究——以河北省涞源县为例 . 中国农业资源与区划，40（10）：26-33.
宁志中 . 2019. 中国乡村地理 . 北京：中国建筑工业出版社 .
牛丽楠，邵全琴，宁佳，等 . 2022. 西部地区生态状况变化及生态系统服务权衡与协同 . 地理学报，77（1）：182-195.
齐嘉楠，刘鸿雁，李伯华，等 . 2021. 农村留守劳动人口转移意愿研究：基于十省流出地的调查 . 人口与发展，27（1）：63-72，62.
乔标，方创琳，黄金川 . 2006. 干旱区城市化与生态环境交互耦合的规律性及其验证 . 生态学报，26（7）：2183-2190.
乔标，方创琳，李铭 . 2005. 干旱区城市化与生态环境交互胁迫过程研究进展及展望 . 地理科学进展，24（6）：32-39.
秦敏，吕利丹 . 2020. 我国农村留守人口规模、家庭结构与发展趋势 . 延安大学学报（社会科学版），42（4）：77-84.
庆磊，马雯秋，曲衍波，等 . 2021. 宅基地多功能演变与形成机理 . 资源科学，43（7）：1454-1466.
曲衍波 . 2020. 论乡村聚落转型 . 地理科学，40（4）：572-580.
曲衍波，刘敏，朱伟亚，等 . 2021. 农村居民点多功能空间格局与协调性优化模式 . 自然资源学报，36（3）：659-673.
曲衍波，张勇，李慧燕，等 . 2017. 基于“五量”协同模型的山东省建设用地集约利用评价及障碍调控 . 资源科学，39（6）：1013-1025.

全球治理委员会 . 1995. 我们的全球伙伴关系 . 伦敦：牛津大学出版社 .
冉娜，金晓斌，范业婷，等 . 2018. 基于土地利用冲突识别与协调的“三线”划定方法研究：以常州市金坛区为例 . 资源科学，40（2）：284-298.
任晓，穆桂金，徐立帅 . 2015. 塔里木盆地南缘 2000—2013 年人工绿洲扩张特点 . 干旱区地理，38（5）：1022-1030.
商冉，曲衍波，姜怀龙 . 2020. 人地关系视角下农村居民点转型的时空特征与形成机理 . 资源科学，42（4）：672-684.
尚平 . 2011. 当前中国乡村治理研究：以社会资本为视角 . 济南：山东大学 .
申元村，汪久文，伍光和，等 . 2001. 中国绿洲 . 开封：河南大学出版社 .
沈费伟，刘祖云 . 2016. 发达国家乡村治理的典型模式与经验借鉴 . 农业经济问题，37（9）：93-102，112.
师满江，颉耀文，曹琦 . 2016. 干旱区绿洲农村居民点景观格局演变及机制分析 . 地理研究，35（4）：692-702.
石忆邵 . 1992. 乡村地理学发展的回顾与展望 . 地理学报，1：80-88.
世界环境与发展委员会 . 1997. 我们共同的未来 . 王之佳，柯金良，译 . 长春：吉林人民出版社 .
苏敬媛 . 2010. 从治理到乡村治理：乡村治理理论的提出、内涵及模式 . 经济与社会发展，8（9）：73-76.
孙帆，王弋，陈亚宁 . 2020. 塔里木盆地荒漠–绿洲过渡带动态变化及其影响因素 . 生态学杂志，39（10）：3397-3407.
孙贵艳，王传胜，肖磊，等 . 2011. 快速城市化地区农村居住用地布局变化及其影响因素研究：以深圳市龙岗区为例 . 地理科学进展，30（3）：352-360.
孙慧波，赵霞 . 2019. 中国农村人居环境质量评价及差异化治理策略 . 西安交通大学学报（社会科学版），39（5）：105-113.
孙建伟，孔雪松，田雅丝，等 . 2017. 基于空间组合特征的农村居民点重构方向识别 . 地理科学，37（5）：748-755.
谭雪兰，于思远，欧阳巧玲，等 . 2017. 快速城市化区域农村空心化测度与影响因素研究——以长株潭地区为例 . 地理研究，36（4）：684-694.
谭雪兰，安悦，苏洋等 . 2018. 长株潭地区农业功能的时空变化特征及发展策略研究 . 地理科学，38（5）：708-716.
谭雪兰，蒋凌霄，安悦，等 . 2021. 湖南省传统农区乡村功能时空演变及影响因素研究 . 地理科学，41（12）：2168-2178.
谭雪兰，刘卓，贺艳华，等 . 2015. 江南丘陵区农村居民点地域分异特征及类型划分：以长沙市为例 . 地理研究，34（11）：2144-2154.
汤礼莎，龙花楼，戈大专 . 2023. 乡村人居环境弹性形成的空间分异特征与机制——以洞庭湖区为例 . 地理学报，78（6）：1339-1354.
唐林楠，刘玉，潘瑜春，等 . 2016. 基于 BP 模型和 Ward 法的北京市平谷区乡村地域功能评价与分区 . 地理科学，36（10）：1514-1521.

唐宁，王成，杜相佐.2018. 重庆市乡村人居环境质量评价及其差异化优化调控. 经济地理，38（1）：160-165，173.
唐霞，李森.2021. 历史时期河西走廊绿洲演变研究的进展. 干旱区资源与环境，35（7）：48-55.
陶慧，张梦真，刘家明.2022. 共生与融合：乡村遗产地“人—地—业”协同发展研究——以听松文化社区为例. 地理科学进展，41（4）：582-594.
屠爽爽，龙花楼，李婷婷，等.2015. 中国村镇建设和农村发展的机理与模式研究. 经济地理，35（12）：141-147，160.
屠爽爽，龙花楼，张英男，等.2019. 典型村域乡村重构的过程及其驱动因素. 地理学报，74（2）：323-339.
屠爽爽，龙花楼.2020. 乡村聚落空间重构的理论解析. 地理科学，40（4）：509-517.
屠爽爽，郑瑜晗，龙花楼，等.2020. 乡村发展与重构格局特征及振兴路径：以广西为例. 地理学报，75（2）：365-381.
王成，李颢颖，何焱洲，等.2019. 重庆直辖以来乡村人居环境可持续发展力及其时空分异研究. 地理科学进展，38（4）：556-566.
王丹玉，王山，潘桂媚，等.2017. 农村产业融合视域下美丽乡村建设困境分析. 西北农林科技大学学报（社会科学版），17（2）：152-160.
王鹤.2014. 浙北地区乡村人居环境现状分析及评价. 杭州：浙江农林大学.
王蕙，赵文智，常学向.2007. 黑河中游荒漠绿洲过渡带土壤水分与植被空间变异. 生态学报，（5）：1731-1739.
王继庆.2007. 我国乡村旅游可持续发展问题研究. 哈尔滨：东北林业大学.
王嘉妮，陈海，史琴琴，等.2019. 陕西省县域土地利用多功能性时空分异及影响因素研究. 中国农业资源与区划，40（5）：101-108.
王介勇，刘彦随，陈玉福.2010. 黄淮海平原农区典型村庄用地扩展及其动力机制. 地理研究，29（10）：1833-1840.
王介勇，周墨竹，王祥峰.2019. 乡村振兴规划的性质及其体系构建探讨. 地理科学进展，38（9）：1361-1369.
王劲峰，徐成东.2017. 地理探测器：原理与展望. 地理学报，72（1）：116-134.
王丽华，张小林，俞金国.2005. 我国乡村社会地理研究述评. 地理与地理信息科学，21（6）：100-104.
王录仓，高静.2014. 基于灌区尺度的聚落与水土资源空间耦合关系研究——以张掖绿洲为例. 自然资源学报，29（11）：1888-1901.
王明，周忠学，冯海建.2015. 西安都市圈都市农业多功能协调性研究. 干旱区地理，38（4）：858-866.
王庆安.2007. 美国战后新城镇开发建设及其启示. 国际城市规划，22（1）：63-66.
王涛.2010. 我国绿洲化及其研究的若干问题初探. 中国沙漠，30（5）：995-998.
王亚军，郑晓冬，方向明，等.2023. 留守经历对新生代农民工多维贫困的影响：来自中国流动人口动态监测调查的经验证据. 农业技术经济，335（3）：53-70.
王云平，杨伟伟，魏梦君，等.2019. 考虑农村建筑安全性的居民点整理潜力界定及估算方法研究. 农业工程学报，35（13）：262-269.

王忠静，王海峰，雷志栋 . 2002. 干旱内陆河区绿洲稳定性分析 . 水利学报，23（5）：26-30.
文琦，郑殿元 . 2019. 西北贫困地区乡村类型识别与振兴途径研究 . 地理研究，38（3）：509-521.
吴传钧 . 1991. 论地理学的研究核心：人地关系地域系统 . 经济地理，（3）：1-6.
吴良镛 . 2001. 人居环境科学导论 . 北京：中国建筑工业出版社 .
吴雄妹 . 2016. 乡贤文化与现代乡村治理：基于江西省乐平市乡村治理实践分析 . 地方治理研究，18（3）：65-71.
武鹏，李同昇，李卫民 . 2018. 县域农村贫困化空间分异及其影响因素——以陕西山阳县为例 . 地理研究，37（3）：593-606.
武前波，叶佳钰，陈玉娟 . 2022. 乡村振兴背景下东部沿海发达地区乡村性空间格局——以浙江省为例 . 地理科学，42（3）：466-475.
夏宁丽 . 2014. 湖南省乡村地域多功能性评价及发展决策 . 长沙：湖南师范大学 .
夏荣静 . 2016. 推进农村产业融合发展的探讨综述 . 经济研究参考，（3）：46-53.
肖黎姗，余兆武，叶红，等 . 2015. 福建省乡村发展与农村经济聚集耦合分析 . 地理学报，70（4）：615-624.
谢高地，鲁春霞，甄霖，等 . 2009. 区域空间功能分区的目标、进展与方法 . 地理研究，28（3）：561-570.
谢花林 . 2004. 乡村景观功能评价 . 生态学报，（9）：1988-1993.
谢余初，巩杰，钱大文 . 2015. 绿洲时空变化数量方法的评述 . 干旱区研究，32（6）：1247-1254.
谢臻，张凤荣，陈松林，等 . 2019. 中国乡村振兴要素识别与发展类型诊断：基于 99 个美丽乡村示范村的信息挖掘分析 . 资源科学，41（6）：1048-1058.
徐凯，房艳刚 . 2021. 辽宁省乡村多功能评价和演变特征分析 . 经济地理，41（1）：147-157.
徐磊，董捷，陈恩 . 2018. 基于“三生”功能的长江中游城市群国土空间利用协调特征 . 水土保持研究，25（2）：257-263.
徐嵩，李奥迪，马婕 . 2023. 基于“压力—状态—响应”模型的超大城市远郊乡镇生态韧性评价研究：以天津市蓟州区为例 . 小城镇建设，41（4）：19-27.
徐勇 . 2003. 乡村治理与中国政治 . 北京：中国社会科学出版社 .
徐勇 . 2007. “政党下乡”：现代国家对乡土的整合 . 学术月刊，（8）：13.
许鹏 . 1997. 新疆北疆平原荒漠生态特征、问题与对策 . 草业学报，（4）：7-11.
杨发相 . 1990. 新疆绿洲型城镇的分布类型与兴衰 . 干旱区地理，13（2）：58-61.
杨凯悦，宋永永，薛东前 . 2020. 黄土高原乡村聚落用地时空演变与影响因素 . 资源科学，42（7）：1311-1324.
杨丽霞，李胜男，苑韶峰，等 . 2019. 宅基地多功能识别及其空间分异研究——基于嘉兴、义乌、泰顺的典型村域分析 . 中国土地科学，33（2）：49-56.
杨忍，陈燕纯，张菁，等 . 2020. 20 世纪 90 年代以来西方乡村地理研究的主要理论演变与启示 . 地理科学，40（4）：544-555.
杨忍，刘彦随，陈秧分 . 2012. 中国农村空心化综合测度与分区 . 地理研究，31（10）：1876-1882.
杨忍，张菁，陈燕纯 . 2021. 基于功能视角的广州都市边缘区乡村发展类型分化及其动力机制 . 地理科学，41（2）：232-242.
杨薇，靳宇弯，孙立鑫，等. 2019. 基于生产可能性边界的黄河三角洲湿地生态系统服务权衡强度. 自然资源学报，34（12）：2516-2528.
杨兴柱. 2011. 基于城乡统筹的乡村旅游地人居环境建设. 旅游学刊，26（1）：9-11.
杨竹晴. 2020. 代际关系视角下农村留守老人养老问题对策研究：基于2015年流动人口动态监测调查数据. 劳动保障世界，571（15）：14-15.
姚华松，邵小文. 2020. 中国乡村治理的新视域：基于现代性与认同互动的角度. 地理科学，40（4）：581-589.
姚建衢. 1993. 乡村经济功能分类的初步研究：以黄淮海地区为例. 自然资源学报，8（3）：213-222.
姚龙，刘玉亭. 2015. 基于聚类分析的城郊地区乡村发展类型——以广州市从化区为例. 热带地理，35（3）：427-436.
姚士谋，吴楚材. 1982. 我国农村人口城市化的一种特殊形式——试论我国的亦工亦农人口. 地理学报，（2）：155-163.
叶超，于洁. 2020. 迈向城乡融合：新型城镇化与乡村振兴结合研究的关键与趋势. 地理科学，40（4）：528-534.
叶敬忠. 2011. 留守人口与发展遭遇. 中国农业大学学报（社会科学版），28（1）：5-12.
叶敬忠. 2019. 农村留守人口研究：基本立场、认识误区与理论转向. 人口研究，43（2）：21-31.
叶敬忠，张弘. 2009. 透视中国农村留守人口. 社会科学论坛（学术评论卷），（3）：102-115.
叶强，钟炽兴. 2017. 乡建，我们准备好了吗：乡村建设系统理论框架研究. 地理研究，36（10）：1843-1858.
伊宏斌. 2019. 治理现代化背景下乡村治理的困境与出路. 宁波：宁波大学.
余斌，卢燕，曾菊新，等. 2017. 乡村生活空间研究进展及展望. 地理科学，37（3）：375-385.
袁成浩. 2011. 城乡一体化下城市近郊地区人居环境建设研究. 成都：西南石油大学.
袁镜身. 1987. 当代中国的乡村建设. 北京：中国社会科学出版社.
曾灿，李伯华，龚文静，等. 2020. 聚落"双修"视角下传统村落人居环境转型发展研究——以江永县兰溪村为例. 华中师范大学学报（自然科学版），（2）：278-288.
曾鹏. 2022. 韧性城市与城市韧性发展机制. 人民论坛·学术前沿，（11）：35-45.
曾尊固，陆诚. 1989. 江苏省乡村经济类型的初步分析. 地理研究，8（3）：78-84.
张佰林，张凤荣，周建，等. 2015. 农村居民点功能演变的微尺度分析：山东省沂水县核桃园村的实证. 地理科学，35（10）：1272-1279.
张碧天，闵庆文，焦雯珺，等. 2021. 生态系统服务权衡研究进展. 生态学报，41（14）：5517-5532.
张敦富. 2006.《区域人力资本研究》评述. 地理学报，61（3）：336.
张海朋，樊杰，何仁伟，等. 2019. 青藏高原高寒牧区聚落时空演化及驱动机制——以藏北那曲县为例. 地理科学，39（10）：1642-1653.
张家其，段维维，朱烜伯. 2018. 湘西农村贫困地区人居环境综合评价. 企业经济，37（9）：176-181.
张列，王成，杜相佐，等. 2017. 农村居民点用地的多功能性划分及其农户利用差异性评价. 农业工程学报，33（12）：278-285.

张萌，郑华伟，高春雨，等 . 2018. 基于农民主体视角的村庄环境整治满意度研究——以江苏省 4 个地区的调查为例 . 中国农业资源与区划，(4)：145-151.
张青青，徐海量，樊自立 . 2012. 玛纳斯河流域生态问题的潜在风险性评估 . 自然灾害学报，(3)：70-78.
张小雷，雷军 . 2006. 水土资源约束下的新疆城镇体系结构演进 . 科学通报，51 (1)：148-155.
张小林 . 1998. 乡村概念辨析 . 地理学报，(4)：79-85.
张衔毓，唐林楠，刘玉 . 2020. 京津冀地区乡村功能分区及振兴途径 . 经济地理，40 (3)：160-167.
张勇 . 2020. 人力资本贡献与中国经济增长的可持续性 . 世界经济，43 (4)：75-99.
赵海 . 2015. 论农村一二三产业融合发展 . 农村经营管理，(7)：26-29.
赵克俭，韩丽蓉，宁黎平 . 2005. 绿洲人居环境的评价 . 青海大学学报：自然科学版，23 (1)：26-29.
赵瑞东，方创琳，刘海猛 . 2020. 城市韧性研究进展与展望 . 地理科学进展，39 (10)：1717-1731.
郑度 . 1998. 关于地理学的区域性和地域分异研究 . 地理研究，1：5-10.
郑小玉，刘彦随 . 2018. 新时期中国“乡村病”的科学内涵、形成机制及调控策略. 人文地理，33 (2)：100-106.
周国华，贺艳华，唐承丽 . 2011. 中国农村聚居演变的驱动机制及态势分析 . 地理学报，66 (4)：515-524.
周立三 . 1990. 周立三论文选集 . 合肥：中国科技大学出版社 .
周少甫，亓寿伟，卢忠宝 . 2010. 地区差异、城市化与城乡收入差距 . 中国人口·资源与环境，20 (8)：115-120.
朱彬，张小林，尹旭 . 2015. 江苏省乡村人居环境质量评价及空间格局分析 . 经济地理，35 (3)：138-144.
朱秉启 . 2021. 中纬度荒漠区河西走廊沙丘地貌的演化特征及其环境指示 . 地理学报，76 (11)：2710-2729.
朱跃，杨兴柱，杨周，等 . 2021. 主体功能视角下皖南旅游区乡村多功能演化特征与影响机制 . 地理科学，41 (5)：815-823.
卓蓉蓉，余斌，曾菊新，等 . 2020. 中国重点农区乡村地域功能演变及其影响机理——以江汉平原为例 . 地理科学进展，39 (1)：56-68.
Abedi S A，Ingram V. 2020. Perceptions and practices of rural council participatory forest governance：Closed comanagement in Chehel-Chay，Iran. Forest Policy and Economics，117：102202.
Amir A F，Ghapar A A，Jamal S A. 2015. Sustainable tourism development：A study on community resilience for rural tourism in Malaysia. Procedia-Social and Behavioral Sciences，168：116-122.
Anthopoulou T，Kaberis N，Petrou M. 2017. Aspects and experiences of crisis in rural Greece. Narratives of rural resilience. Journal of Rural Studies，52：1-11.
Appendini K. 2014. Reconstructing the maize market in rural Mexico. Journal of Agrarian Change，14 (1)：1-25.
Arlini S M，Yeoh B S A，Yen K C，et al. 2019. Parental migration and the educational enrolment of left-behind children：Evidence from rural Ponorogo，Indonesia. Asian Population Studies，15 (2)：190-208.
Aspinall E，Rohman N. 2017. Village head elections in Java：Money politics and brokerage in the remaking of

Indonesia's rural elite. Journal of Southeast Asian Studies, 48 (1): 31-52.

Battamo A Y, Varis O, Sun P, et al. 2021. Mapping socio-ecological resilience along the seven economic corridors of the Belt and Road Initiative, Journal of Cleaner Production, 309: 127341.

Beel D E, Wallace C D, Webster G. 2015. Cultural resilience: The production of rural community heritage, digital archives and the role of volunteers. Journal of Rural Studies, 54: 459-468.

Bennett E M, Peterson G D, Gordon L J. 2009. Understanding relationships among multiple ecosystem services. Ecology Letters, 12 (12): 1394-1404.

Bennett R, Hosegood V, Newell M L, et al. 2015. An approach to measuring dispersed families with a particular focus on children 'left behind' by migrant parents: Findings from rural South Africa. Population, Space and Place, 21 (4): 322-334.

Berkel D, Verburg P H. 2011. Sensitising rural policy: Assessing spatial variation in rural development options for Europe. Land Use Policy, 28 (3): 447-459.

Berkes F, Folke C. 1998. Linking Social and Ecological Systems: Management Practices and Social Mechanisms for Building Resilience. Cambridge, UK: Cambridge University Press.

Bixler R P, Lieberknecht K, Atshan S, et al. 2020. Reframing urban governance for resilience implementation: The role ofnetwork closure and other insights from a network approach. Cities, 103: 102726.

Brauer R, Dymitrow M. 2014. Quality of life in rural areas: A topic for the Rural Development policy? Bulletin of Geography. Socio-economic Series, 25: 25-54.

Bunce M. 1982. Rural Settlement in an Urban World. New York: Martins Press.

Carpenter S, Walker B, Anderies J M, et al. 2001. From metaphor to measurement: Resilience of what to what. Ecosystems, 4 (8): 765-781.

Casellati A. 1997. International Making Cities Livable Conferences. California: Gondolier Press.

Castro C P, Ibarra I, Lukas M, et al. 2015. Disaster risk construction in the progressiveconsolidation of informal settlements: Iquique and Puerto Montt (Chile) casestudies. International Journal of Disaster Risk Reduction, 13: 109-127.

Chang H Q, Dong X Y, MacPhail F. 2011. Labor migration and time use patterns of the left-behind children and elderly in rural China. World Development, 39 (12): 2199-2210.

Cinner J, Barnes M L. 2019. Social dimensions of resilience in social- ecological systems. One Earth, 1 (1): 51-56.

Clocke P. 1983. Rural Settlement Planning. London: Methuen.

Cloudsley-Thmpson J L. 1984. Man and Biology of Arid Zones. College Park: Mariland University Press.

Daftary D. 2019. Elected local bodies, space, and the governance of market expansion in rural India. Geoforum, 103: 105-113.

Dahms F, Mc Comb J. 1999. Counterurbanization, interaction and functional change in a rural amenity area: A Canadian example. Journal of Rural Studies, 15 (2): 129-146.

Dahms F. 1998. Settlement evolution in the Arena society in the urban field. Journal of Rural Studies, 14 (3): 299-320.

Daniel T, Kenneth M. 2006. Emerging rural settlement patterns and the geographic redistribution of America's new immigrants. Rural Sociology, 71 (1): 109-131.

Doxiadis C A, Athropopolis C. 1975. Action for Human Settlements. Athens : Athens Publishing.

Doxiadis C A. 1977. Ecology and Ekistics. London: Westview Press.

Etxano I, Barinaga-Rementeria I, Garcia O. 2018. Conflicting values in rural planning: A multifunctionality approach through social multi-criteria evaluation. Sustainability, 10 (5): 346-348.

Faiz A, Faiz A, Wang W, et al. 2012. Sustainable rural roads for livelihoods and livability. Procedia-Social and Behavioral Sciences, 53: 1-8.

Fan L, Dang X, Tong Y, et al. 2019. Functions, motives and barriers of homestead vegetable production in rural areas in ageing China. Journal of Rural Studies, 67: 12-24.

Fang F, Ma L, Fan H, et al. 2020. The spatial differentiation of quality of rural life based on natural controlling factors: A case study of Gansu province, China. Journal of Environmental Management, 264, 110439.

Fisher L. 2015. More than 70 ways to show resilience. Nature, 518 (7537): 35-35.

FleischerA, Tchetchik A. 2005. Does rural tourism benefit from agriculture? . Tourism Management, 26 (4): 493-501.

Folke C. 2006. Resilience: The emergence of a perspective for social-ecological systems analyses. Global Environmental Change, 16 (3): 253-267.

Folkman S, Lazarus R S, Dunkel- Schetter C, et al. 1986. Dynamics of a stressful encounter: Cognitive appraisal, coping, and encounter outcomes. Journal of Personality and Social Psychology, 50 (5): 992-1003.

Fu C. 2017. Analysis and research on rural regional function evaluation and evolution in Henan Province. Journal of Resources and Ecology, 8 (3): 242-250.

Geng B, Tian Y G, Zhang L H. 2023. Evolution and its driving forces of rural settlements along the roadsides in the northeast of Jianghan Plain, China. Land Use Policy, 129 (3): 106658.

George W H. Hoffman. 1964. Transformation of rural settlement in Bulgaria. Geographical Review, 54 (1): 45-64.

Georgios C, Barraí H. 2021. Social innovation inrural governance: A comparative case study across the marginalised rural EU. Journal of Rural Studies.

Giraud J. 2009. The evolution of settlement patterns in the eastern Oman from the Neolithic to the Early Bronze Age (6000-2000 BC) . Comptes Rendus Geoscience, 341 (9): 739-749.

Golany G. 1982. Selecting sites for new settlements in arid lands: Negev case study. Energy and Buildings, 4 (1): 23-41.

Gomez-Limon J, Vera-Toscano E, Rico-Gonzalez M. 2012. Measuring individual preferences for rural multifunctionality: The importance of demographic and residential heterogeneity. Journal of Agricultural Economics, 63 (1): 1-24.

Gregg G, Douglas M, Stephen I, et al. 2004. Drivers and consequences of citizen satisfaction: An application of the american customer satisfaction index model to New York City. Public Administration Review, 64 (3): 331-341.

Grossman D, Sonis M. 2016. A reinterpretation of the rank-size rule: Examples from England and the land of Israel. Geography Research Forum, (9): 67-108.

Gu X, Xie B, Zhang Z, et al. 2019. Rural multifunction in Shanghai suburbs: Evaluation and spatial characteristics based on villages. Habitat International, 92: 102041.

Gude P, Hansen A, Rasker R, et al. 2006. Rates and drivers of rural residential development in the Greater Yellowstone. Landscape and Urban Planning, 77 (3): 131-151.

Guo H, Ling H, Xu H. 2016. Study of suitable oasis scales based on water resource availability in an arid region of China: A case study of Hotan River Basin. Environmental Earth Sciences, 75 (11): 984.

Hahlweg D. 1997. International Making Cities Livable Conferences. California: Gondolier Press.

Hansen N M. 1970. Rural Poverty and the Urban Crisis: A Strategy for Regional Development. Birmingham: Bloomington Indiana University Press.

Hao L N, Su X L, Singh V P. 2019. Suitable oasis and cultivated land scales in arid regions based on ecological health. Ecological Indicators, 102: 33-42.

Hinkle L E. 1973. The concept of "stress" in the biological and social sciences. Science, Medicine and Man, 1 (1): 31-48.

Holling C S. 1973. Resilience and stability of ecological systems. Annual Review of Ecology and Systematics, 4 (4): 1-23.

Holmes J. 2006. Impulses towards a multifunctional transition in rural Australia: Gaps in the research agenda. Journal of Rural Studies, 22 (2): 142-160.

Holmes J. 2008. Impulses towards a multifunctional transition in rural Australia: Interpreting regional dynamics in landscapes, lifestyles and livelihoods. Landscape Research, 33 (2): 211-223.

Huang Q, Song W, Song C. 2020. Consolidating the layout of rural settlements using system dynamics and the multi-agent system. Journal of Cleaner Production, 274: 123150.

Huang Y F, Hui E C M, Zhou J M, et al. 2020. Rural revitalization in China: Land-use optimization through the practice of place-making. Land Use Policy, 97: 104788.

Hubert W, Dalchowa C, Glemnitz M. et al. 2006. Indicators for multifunctional land use-Linking socio-economio requirements with landscape potentials. Ecological Indicators, 6 (1): 238-249.

Ji X, Ren J Y, Sergio U. 2019. Towards urban-rural sustainable cooperation: Models and policy implication. Journal of Cleaner Production, 213: 892-898.

Jiang C, Zhang H Y, Wang X C, et al. 2019. Challenging the land degradation in China's Loess Plateau: Benefits, limitations, sustainability, and adaptive strategies of soil and water conservation. Ecological Engineering, 127: 135-150.

Jiang X L, Wang L Y, Su X F, et al. 2020. Spatial heterogeneity in and distributional characteristics of rural ecological livability in China: The case of Fujian Province. PLoS One, 15 (12): e0244238.

Jonathan B. 1990. Small Town Africa: Studies in Rural-Urban Interaction. Uppsala: Scandinavian Institute of African Studies.

Josephsirgy M, Rhonda P, Rahtz D. 2011. Community Quality-of-Life Indicators: Best Cases V. New York:

Springer Netherlands.

Kallert A, Belina B, Miessner M, et al. 2021. The cultural political economy of rural governance: Regional development in Hesse (Germany) . Journal of Rural Studies, 87: 327-337.

Kanako M, Ryo F. 2015. One village one product: Evaluations and lessons learnt from OVOP aid projects. Development in Practice, 25 (3): 389-400.

Kanbur R, Zhang X. 1999. Which Regional Inequality? The Evolution of Rural-Urban and Inland-Coastal Inequality in China from 1983 to 1995. Journal of Comparative Economics, 27: 686-701.

Kandel A W, Conard N J. 2012. Settlement patterns during the Earlier and Middle Stone Age around Langebaan Lagoon, Western Cape (South Africa) . Quaternary International, 270 (23): 15-29.

Karanikolas P, Sfoundouris K, Kovanis G. 2008. Local rural policy making and governance: Evidence from Greece//Coccossis H, Psycharis Y. Regional Analysis and Policy: The Greek Experience. Heidelberg: Physica-Verlag: 375-393.

Kaur A P. 2020. Impact of migration on gender roles: study of left behind wives in rural Punjab. IndianJournal of Health and Wellbeing, 11 (7-9): 407-411.

King P, Annandale D, Bailey J. 2003. Integrated economic and environmental planning in Asia: A review of progress and proposals for policy reform. Progress in Planning, 59 (4): 233-315.

Kuentzel W, Ramaswamy V. 2005. Tourism and amenity migration: A longitudinal analysis. Annals of Tourism Research, 32 (3): 419-438.

Le Goff U, Sander A, Lagana M H, et al. 2022. Raising up to the climate challenge-Understanding and assessing farmers' strategies to build their resilience. A comparative analysis between Ugandan and Swiss farmers. Journal of Rural Studies, 89: 1-12.

Lee S H, Masuhara N, Yoo S H et al. 2023. Transboundary water-food nexus based on physical-virtual water embedded in food trade network. Journal of Hydrology, 623, 129-819.

Li J T, Jia L R, Liu Y S, et al. 2018. Measuring model of rural transformation development path in Fuping County of Beijing-Tianjin-Hebei region. Habitat International, 74: 48-56.

Li T, Dong Y, Liu Z. 2020. A review of social-ecological system resilience: Mechanism, assessment and management. Science of the Total Environment, 723: 138113.

Li Y H, Jia L R, Wu W H, et al. 2018. Urbanization for rural sustainability-Rethinking China's urbanization strategy. Journal of Cleaner Production, 178: 580-586.

Li Y R, Qiao L Y, Wang Q Y, et al. 2020. Towards the evaluation of rural livability in China: Theoretical framework and empirical case study. Habitat International, 105: 102241.

Ling H, Xu H, Fu J. 2013. Suitable oasis scale in a typical continental river basin in an arid region of China: A case study of the Manas River Basin. Quaternary International, 286: 116-125.

Liu W P, Yang C X, Liu Y. 2018. Impacts of concentrated rural resettlement policy on ruralrestructuring in upland areas: A case study of Qiantang Town in Chongqing, China. Land Use Policy, 77 (7): 732-744.

Liu X P, Liang X, Li X. 2017. A future land use simulation model (FLUS) for simulating multiple land use scenarios by coupling human and natural effects. LandscapeAnd Urban Planning, 168 (14): 94-116.

Liu Y S, Li Y H. 2017. Revitalize the world's countryside. Nature, 548 (7667): 275-277.

Liu Y S, Yang Y Y, Li Y R. 2017. Conversion from rural settlements and arable land under rapid urbanization in Beijing during 1985-2010. Journal of Rural Studies, 51 (16): 141-150.

Liu Y S, Zang Y Z, Yang Y Y. 2020. China's rural revitalization and development: Theory, technology and management. Journal of Geographical Sciences, 30 (12): 1923-1942.

Livneh R W, Svoray T, Gilead I. 2010. Settlement patterns, social complexity and agricultural strategies during the Chalcolithic period in the Northern Negev, Israel. Journal of Archaeological Science, 37 (2): 284-294.

Long H L, Liu Y S, Li X B, et al. 2010. Building new countryside in China: A geographical perspective. Land Use Policy, 27 (2): 457-470.

Long H L, Qu Y. 2018. Land use transitions and land management: A mutual feedback perspective. Land Use Policy, 74: 111-120.

Long H L, Zhang Y N, Tu S S. 2019. Rural vitalization in China: A perspective of land consolidation. Journal of Geographical Sciences, 29 (4): 517-530.

Ma J H, Chen J, Yang X J, et al. 2021. Influence of land use change on rural social resilience in arid areas: Taking the Minqin Oasis as an example. Resources Science, 43 (8): 1615-1627.

Ma L B, Cui X J, Yao Y, et al. 2021. Gradient difference of structure of rural construction land in Loess Hilly Region: A case study of Yuzhong county, Gansu province, China. Land, 10 (4): 349.

Ma L B, Dou H J, Wu S S, et al. 2022. Rural development pressure and "three- stay" response: A case of Jinchang City in the Hexi Corridor, China. Journal of Rural Studies, 91: 34-46.

Ma L B, Guo X D, Tian Y Y, et al. 2017. Micro- study of the evolution of rural settlement patterns and their spatial association with water and land resources: A case study of Shandan County, China. Sustainability, 9: 2277.

Ma W, Jiang G, Li W, et al. 2019. Multifunctionality assessment of the land use system in rural residential areas: Confronting land use supply with rural sustainability demand. Journal of Environmental Management, 231: 73-85.

Ma Y, Li Y P, Zhang Y F, et al. 2021. Mathematical modeling for planning water- food- ecology- energy nexus system under uncertainty: A case study of the Aral Sea Basin. Journal of Cleaner Production, 308: 127-368.

Maharjan A, Bauer S, Knerr B. 2012. Do rural women who stay behind benefit from male out- migration? A case study in the hills of Nepal. Gender, Technology and Development, 16 (1): 95-123.

Mandal R B. 2002. Introduction to Rural Settlements. New Delhi: Non Basic Stock Line.

Mao S X, Lv J W, Li M C et al. 2023. Trade- off and driving factors of water- energy- food nexus in Mu Us sandy land, China. Journal of Cleaner Production, 434, 139-852.

Marjanne S, Marc A. 2007. Settlement models, land use and visibility in rural landscapes: Two case studies in Greece. Landscape and Urban Planning, 80: 362-374.

Marlinde E K, Elke R, Evy M, et al. 2018. The role of multi-actor governance in aligning farm modernization and sustainable rural development. Journal of Rural Studies, 59: 252-262.

Marques-Perez I, Segura B, Maroto C. 2014. Evaluating the functionality of agricultural systems: Social preferences for multifunctional peri-urban agriculture. The "Huerta de Valencia" as case study. Spanish Journal of Agricultural Research, 12 (4): 889-901.

Marsden T. 1996. Rural geography trend report: The social and polit-ical bases of rural restructuring. Progress in Human Geography, 20 (2): 246-258.

Marzieh K, Reihaneh S M. 2021. Assessing rural households' resilience and adaptation strategies to climate variability and change. Journal of Arid Environments, 184: 104323.

Mc Carthy J. 2005. Rural geography: Multifunctional rural geographies-reactionary or radical. Progress in Human Geography, 29 (6): 773-782.

Mc Manus P, Walmsley J, Argent N, et al. 2012. Rural community and rural resilience: What is important to farmers in keeping their country townsalive. Journal of Rural Studies, 28 (1): 20-29.

Michael R. 2002. Rural geography: Searching rural geographies. Progress in Human Geography, 26 (6): 823-829.

Miltiades H B. 2002. The social and psychological effect of an adult child's emigration on non-immigrant Asian Indian elderly parents. Journal of Cross-Cultural Gerontology, 17: 33-55.

Márton Lendvay. 2021. Watermelon production as the driver of community resilience: More-than-human agency and the transforming rural assemblage. Journal of Rural Studies, 86 (2021): 376-385.

Neil M A, Peter J S, Trevor G. 2005. Tracing the density impulse in rural settlement systems: A quantitative analysis of the factors underlying rural population density across South-Eastern Australia. Population & Environment, 27 (2): 151-190.

Nepal S. 2005. Tourism and remote mountain settlements: Spatial and temporal development of tourist infrastructure in the Mt. Everest Region, Nepal. Tourism Geographies, 7 (2): 205-227.

Neumeier S. 2012. Why do social innovations in rural development matter and should they be considered more seriously in rural development research? Proposal for a stronger focus on social innovations in rural development research. Sociologia Ruralis, 52 (1): 48-69.

Njoh A J. 2011. Municipal councils, international NGOs and citizen participation in public infrastructure development in rural settlements in Cameroon. Habitat International, 35 (1): 110.

Norris F H, Stevens S P, Pfefferbaum B, et al. 2008. Community resilience as a metaphor, theory, set of capacities, and strategy for disaster readiness. American Journal of Community Psychology, 41 (1-2): 127-150.

Nunt. 2004. Cities-engines of rural development. Habitat Debate, 10: 1-24.

OECD. 2001. Multifunctionality: Towards an Analytical Framework. Pains: OECD Publishing.

OECD. 2006. The New Rural Paradigm: Policies and Governance. Pains: OECD Publishing.

Ohrling S. 1977. Rural Change and Spatial Reorganization in Sri Lanka: Barriers against Development of Traditional Sinhalese Local Communities. London: Curzon Press.

Olander L P, Johnston R J, Tallis H. 2018. Benefit relevant indicators: Ecosystem services measures that link ecological and social outcomes. Ecological Indicators, 85 (19): 1262-1272.

Ostrom E. 2011. Background on the institutional analysis and development framework. Policy Studies Journal, 39

(1): 7-27.

Palej A. 2000. Architecture for, by and with children: A way to teach livable city// International Making Cities Livable Conferences. Vienna: Lennard Institute for Livable Cities.

Pan Z H, Dong W Z, 2020. Can money substitute adult children's absence? Measuring remittances' compensation effect on the health of rural migrants' left-behind elderly parents. Journal of Rural Studies, 79: 216-225.

Paul A, Sen J, 2018. Livability assessment within a metropolis based on the impact of integrated urban geographic factors (IUGFs) on clustering urban centers of Kolkata. Cities, 74: 142-150.

Paul J C. 1980. New emphases for applied rural geography. Progress in Human Geography, 4 (2): 181-207.

Paul O. 2009. Rural settlement and economic development in Southern Italy: Troia and its contado. Journal of Medieval History, 31 (4): 327-345.

Ploeg J, Renting H, Brunori G, et al. 2000. Rural development: From practices and policies towards theory. Sociologia Ruralis, 40 (4): 391-408.

Poizot E, Mear Y, Garnaud S, et al. 2005. The application of geostatistics in defining the characteristic distance for grain size trend analysis. Computers & Geosciences, 32 (3): 360-370.

Qu G B, Zhao T Y, Zhu B W, et al. 2019. Use of a modified DANP-mV model to improve quality of life in rural residents: The empirical case of Xingshisi Village, China. International Journal of Environmental Research and Public Health, 16 (1): 153.

Qu Y B, Jiang G H, Zhao Q L, et al. 2017. Geographic identification, spatial differentiation, and formation mechanism of multifunction of rural settlements: A case study of 804 typical villages in Shandong Province, China. Journal of Cleaner Production, 166: 1202-1215.

Rahmani M, Jahromi S H, Darvishi H H. 2023. SD-DSS model of sustainable groundwater resources management using the water-food-energy security Nexus in Alborz Province. Ain Shams Engineering Journal, 14 (1): 101-812.

Reeves D. 2014. Putting women and gender in the frame: A consideration of gender in the Global Reporton Human Settlement Planning Sustainable Cities 2009. Habitat International, 43: 293-298.

Rivera-Arriaga E, Williams-Beck L, Hernández L E V, et al. 2021. Crafting grassroots' socio-environmental governance for a coastal biosphere rural community in Campeche, Mexico. Ocean & Coastal Management, 204 (4): 105518.

Robert A. 1992. Book Review: The adolescent criminal: An examination of today's juvenile offender. Criminal Justice Review. 17 (1): 165-166.

Robinson P S. 2003. Implications of rural settlement patterns for development: A historical case study in Qaukeni, Eastern Cape, South Africa. Development Southern Africa, 20 (3): 405-421.

Rocha J, Lanyon C, Peterson G. 2022. Upscaling the resilience assessment through comparative analysis. Global Environmental Change, 72: 102419.

Rose-Clarke K, Nambutr W, Kongkamud A, et al. 2022. Psychosocial resilience among left-behind adolescents in rural Thailand: A qualitative exploration. Sociology of Health & Illness, 44 (1): 147-168.

Salehi M. 2022. Global water shortage and potable water safety: Today's concern and tomorrow's crisis.

Environment International, 158: 106-936.

Schmitt B, Henry M S. 2000. Size and growth of urban centers in French labor market areas: Consequences for rural population and employment. Regional Science and Urban Economics, 30 (1): 1-21.

Schnaiberg J, Riera J, Turner M et al. 2002. Explaining human settlement patterns in a recreational lake district: Vilas County, Wisconsin, USA. Environmental Management, 30 (1): 24-34.

Sevenant M, Antrop M. 2007. Settlement models, land use and visibility in rural landscapes: Two case studies in Greece. Landscape and Urban Planning, 80 (4): 362-374.

Shi Z, Ma L, Zhang W, et al. 2022. Differentiation and correlation of spatial pattern and multifunction in rural settlements considering topographic gradients: Evidence from Loess Hilly Region, China. Journal of Environmental Management, 315: 115127.

Shumway J, Otterstro S. 2001. Spatial patterns of migration and income change in the Mountain West: The dominance of service-based, amenity rich counties. Professional Geographer, 53 (3): 492-502.

Siebert S, Häser J, Nagieb M, et al. 2005. Agricultural, architectural and archaeological evidence for the role and ecological adaptation of a scattered mountain oasis in Oman. Journal of Arid Environments, 62 (1): 177-197.

Singh R L. 1975. Readings in Rural Settlement Geography. India: National Geographical Society of India.

Sonis M, Grossman D. 1984. Rank- size rule forrural settlements. Socio- Economic Planning Sciences, 18 (6): 373-380.

Sun P, Zhou L, Ge D Z, et al. 2021. How does spatial governance drive rural development in China's farming areas? Habitat International, 109 (3): 102320.

Surová D, Pinto-Correia T. 2009. Use and assessment of the 'new' rural functions by land users and landowners of the montado in southern portugal. Outlook on Agriculture, 38 (2): 44-46.

Tan M, Li X. 2013. The changing settlements in rural areas under urban pressure in China: Patterns, driving forces and policy implications. Landscape and Urban Planning, 120: 170-177.

Tian Y S, Liu Y F, Kong X S. 2018. Restructuring rural settlements based on mutualism at a patch scale: A case study of Huangpi District, central China. Applied Geography, 92: 74-84.

Tobler W. 2004. On the first law of geography: areply. Annals of the Association of American Geographers, 94 (2): 304-310.

Vinas C. 2019. Depopulation processes in European rural areas: A case study of Cantabria (Spain). Eur Countryside, 11 (3): 341-343.

Wang J, Li X, Christakos G. 2010. Geographical detectors-based health risk assessment and its application in the neural tube defects study of the Heshun region, China. International Jounnal of Geographical Infonmation Science, 24 (1): 107-127.

Wang S B. 2020. Spatial patterns and social- economic influentialfactors of population aging: A global assessment from 1990 to 2010. Social Science & Medicine, 253: 112963.

Wang Y, Zhu Y M, Yu M J. 2019. Evaluation and determinants of satisfaction with rural livability in China's less-developed eastern areas: A case study of Xianju County in Zhejiang Province. Ecological Indicators, 104:

711-722.

Watson P, Deller S. 2017. Economic diversity, unemployment and the great recession. The Quarterly Review of Economics and Finance, 64: 1-11.

Wie Y J. 1998. Rural sustainable development in America. Re-gional Studies Association, 32 (2): 199-207.

Willemen L, Hein L, Martinus E F, et al. 2010. Space for people, plants, and livestock? Quantifying interactions among multiple landscape functions in a Dutch rural region. Ecological Indicators Landscape Assessment for Sustainable Planning, 10 (1): 62-73.

Wilson G A. 2012. Community resilience, globalization, and transitional pathways of decision-making. Geoforum, 43 (6): 1218-1231.

Wilson G A, Hu Z, Rahman S. 2018. Community resilience in rural China: The case of Hu Village, Sichuan Province. Journal of Rural Studies, 60: 130-140.

Woods M. 2007. Engaging the global countryside: Globalization, hybridity and the reconstitution of rural place. Progress in Human Geography, 31 (4): 485-507.

Woods M. 2009. Rural geography: Blurring boundaries and making connections. Progress in Human Geography, 33 (6): 849-858.

Xie G D, Zhen L, Zhang C X, et al. 2010. Assessing the multifunctionalities of land use in China. Journal of Resources and Ecology, 1 (4): 311-318.

Xie H L, Zhu Z H, He Y F, et al. 2022. Integrated framework of rural landscape research: Based on the global perspective. Landscape Ecology, 37 (4): 1161-1184.

Xie Y, Jiang Q B. 2016. Land arrangements for rural-urban migrant workers in China: Findings from Jiangsu Province. Land Use Policy, 50: 262-267.

Xu W, Sun T. 2022. Evaluation of rural habitat environment in under-developed areas of Western China: A case study of Northern Shaanxi. Environment, Development and Sustainability, 24 (9): 10503-10539.

Yang L, Feng Q, Adamowski J F, et al. 2020. Causality of climate, food production and conflict over the last two millennia in the Hexi Corridor, China. Science of the Total Environment, 713: 136587.

Yang R, Xu Q, Xu X, et al. 2019. Rural settlement spatial patterns and effects: Road traffic accessibility and geographic factors in Guangdong Province, China. Journal of Geographical Sciences, 29 (2): 213-230.

Yi J Y, Zhong B, Yao S Q. 2014. Health-related quality of life and influencing factors among rural left-behind wives in Liuyang, China. BMC Women's Health, 14: 67.

Yin X, Feng Q, Zheng X, et al. 2021. Assessing the impacts of irrigated agriculture on hydrological regimes in an oasis-desert system. Journal of Hydrology, 594: 125976.

Yucedag C, Kaya L G, Cetin M. 2018. Identifying and assessing environmental awareness of hotel and restaurant employees' attitudes in the Amasra District of Bartin. Environmental Monitoring and Assessment, 190: 60.

Zhang D, Zhao W, Zhang G. 2018. Soil moisture and salt ionic composition effects on species distribution and diversity in semiarid inland saline habitats, northwestern China. Ecological Research, 33 (2): 505-515.

Zhao Q, Jiang G, Ma W, et al. 2019. Social security or profitability? Understanding multifunction of rural housing land from farmers' needs: Spatial differentiation and formation mechanism-Based on a survey of 613 typical farmers in Pinggu District. Land Use Policy, 86: 91-103.

Zhou X Y, Li X Q, John D, et al. 2016. Rapid agricultural transformation in the prehistoric Hexi corridor, China. Quaternary International, 426: 33-41.

Zhu F, Zhang F, Li C, et al. 2014. Functional transition of the rural settlement: Analysis of land- use differentiation ina transect of Beijing, China. Habitat International, 41: 262-271.

Zipf G K. 1949. Human Behavior and the Principle of Least Effort. Cambridge: Addison-Wesley.